苏·区·振·兴·智·库

共享理念下的赣南等中央苏区脱贫攻坚研究

田延光◎主编 刘善庆 张明林◎著

GONGXIANG LINIAN XIA DE GANNAN DENGZHONGYANGSUQU TUOPIN GONGJIAN YANJIU

图书在版编目（CIP）数据

共享理念下的赣南等中央苏区脱贫攻坚研究/田延光主编；刘善庆，张明林著．—北京：经济管理出版社，2017.4

ISBN 978-7-5096-5044-8

Ⅰ．①共… Ⅱ．①田… ②刘… ③张… Ⅲ．①中央苏区—经济发展—研究—江西
Ⅳ．①F129.6

中国版本图书馆 CIP 数据核字（2017）第 073349 号

组稿编辑：丁慧敏
责任编辑：丁慧敏
责任印制：司东翔
责任校对：超　凡　熊兰华

出版发行：经济管理出版社
（北京市海淀区北蜂窝 8 号中雅大厦 A 座 11 层　100038）
网　　址：www. E-mp. com. cn
电　　话：(010) 51915602
印　　刷：北京玺诚印务有限公司
经　　销：新华书店
开　　本：720mm×1000mm/16
印　　张：23.25
字　　数：456 千字
版　　次：2017 年 4 月第 1 版　2017 年 4 月第 1 次印刷
书　　号：ISBN 978-7-5096-5044-8
定　　价：69.00 元

目录

第一章 引 言

第一节 目的和意义

扶贫、反贫困是中国共产党一直以来极为重视的一项民生工程。早在苏区时期，党就出台了政策，积极扶贫济困；如在中央苏区组织各种合作社，尤其是生产合作社的建立和运行，极大地缓解了困难户劳动力不足的困境，发展了战时经济。

中华人民共和国成立以后，党和政府一如既往地重视这项工作，尤其对革命老区一直高度重视，不仅成立专门机构，而且持续拨出大量专门经费支持老区重建、恢复、发展。早在20世纪50年代初，就成立了从中央到地方的各级老革命根据地建设委员会（办公室），统筹规划革命老区各项建设事业。改革开放以后，几乎每年都要召开老区等经济不发达地区建设会议。如早在1980年4月，国务院就召开了关于支援经济不发达地区发展资金问题座谈会。为贯彻国务院座谈会精神，同年7月5日，江西省第一次召开了全省老区建设工作会议。此后，每年都召开全省性的老区建设工作会议，专门研究、布置老区建设工作。

毛泽东、邓小平、江泽民、胡锦涛、习近平等历届党和国家领导人十分关心革命老区的建设和老区人民生产、生活。特别是中共十八大以来，习近平总书记先后多次深入河北西柏坡、山东临沂、福建古田、陕西延安、贵州遵义、江西井冈山、安徽金寨等革命老区考察。习近平总书记深入革命老区、苏区考察的频次和数量均超过了共和国历史上历任党和国家主要领导人，这充分说明习近平总书记高度关注革命老区，表明老区人民的生活、老区的建设受到党和政府前所未有的重视。

“小康不小康，关键看老乡”，其中关键的关键就取决于革命老区的老乡是否达到小康水平。党中央提出了确保2020年实现全面建成小康社会的宏伟目标，为了实现这个目标，党和政府采取了各种措施，推动革命老区等广大经济欠发达地区发展。虽然如此，处于广大中西部地区的革命老区、苏区，仍然有相当数量与小康社会存在不小的差距。由于客观条件和发展基础等原因，苏区仍处于较低的发展水平，产业层次低，经济总量小，与发达地区相比仍然差距巨大，已经成为我国集中连片特殊困难地区，是全面建成小康社会需要攻克的重点和难点。尤其是赣南苏区人均 GDP、人均财政收入大概只有江西省人均 GDP、人均财政收入的 2/3，不到全国平均水平的一半；全市 70 万贫困人口，贫困人口总数超过全省的 1/3；小康总体目标实现程度只有 75.5%，与全国同步全面建成小康社会压力巨大。受能力不足的限制，农民脱贫人力资本薄弱、技术能力低、物质资本不足、社会资本缺乏、政策利用有限。"能力贫困"导致农民陷入"发展贫困"，难以实现国家预期目标，还需"输血"与"造血"并举，攻坚克难。为此，应该以提高农民脱贫能力为着力点，加大政府政策扶持力度，加快农民脱贫（刘思等，2016）。

习近平同志指出，"没有老区的全面小康，特别是没有老区贫困人口脱贫致富，那是不完整的"。综观习近平总书记的多次老区调研，老区人民的扶贫、脱贫是他最为关注的问题。他屡次强调"不能让老区群众在全面建成小康社会进程中掉队"、"要通过实施精准扶贫，确保 2020 年实现全面建成小康社会目标是过硬的"。显然，革命老区扶贫事关全局，成为党和政府的中心工作之一。

赣南等中央苏区振兴是历史赋予我们的神圣使命。中央苏区在中国革命斗争中地位特殊，为中国革命的胜利做出了特殊贡献，更做出了巨大牺牲，也承载着无数革命先烈的奋斗理想。只有振兴苏区，才能告慰先烈，勉励后人。

2011 年 12 月 31 日，习近平同志在《赣南苏区经济社会发展情况调查报告》上作出重要批示："……如何进一步帮助和支持赣南苏区发展，使这里与全国同步进入全面小康，使苏区人民过上富裕、幸福的生活，应当高度重视和深入研究"。习近平同志的批示直接促成了《国务院关于支持赣南等原中央苏区振兴发展的若干意见》（以下简称《若干意见》）在 2012 年 6 月 28 日正式出台。《若干意见》指出："振兴发展赣南等原中央苏区，既是一项重大的经济任务，更是一项重大的政治任务，对于全国革命老区加快发展具有标志性意义和示范作用。"

在党中央和国务院的决策、领导、指挥下，赣南等中央苏区掀起了一场声势浩大的精准扶贫行动，至今已是第五个年头。五年来，赣南等中央苏区充分发挥苏区精神，求真务实，大胆创新，在精准扶贫方面积极探索，积累了相当多的经验，形成了诸多模式，如著名的赣州模式。

《关于支持赣南等原中央苏区振兴发展的若干意见》明确指出，通过赣南等中央苏区振兴发展的实践，既要实现赣南等中央苏区自身的振兴发展，还要"为全国革命老区扶贫开发、群众脱贫致富、全面建设小康社会积累经验，提供示范”。本书就是这方面的一个尝试。希望通过对赣南等中央苏区精准扶贫的梳理，总结其成功的经验和做法，并力图从理论上说明其若干模式的含义和特征，从而为正致力于改变革命老区贫困落后面貌的各个地区提供借鉴和参考。

第二节　研究方法和主要内容

一、研究方法

本书主要采取了实地调研法、文献研究法等研究方法。

（一）实地调研法

2012 年以来，苏区振兴研究院研究人员先后承担了一系列重大课题，如“振兴原中央苏区的现实条件、产业布局和财税政策研究”、“实施中央苏区振兴规划政策研究”、“江西与全国同步建设小康社会发展战略研究”、“赣闽粤中央苏区内陆开放型经济体系建设研究”等。为提高课题研究质量，确保所提政策建议切实有效，课题组深入中央苏区开展实地调研，收集了大量资料、图片。

实地调研的方法主要有三个：座谈会、实地察看、问卷调查。

座谈会是收集研究资料的重要形式。几年来，苏区振兴研究院与江西省苏区振兴办、市苏区振兴办、县（市、区）苏区振兴办建立了紧密的工作关系，为资料收集创造了良好的条件。足迹遍布江西省赣州市、吉安市、抚州市等地。

为了更好地收集资料，座谈会一般分层次召开，即省级层面、市级层面、县级层面。

（1）省级层面的座谈会。2016 年 4 月 9 日，“汇聚苏区振兴对策，打造江西特色智库”研讨会在江西师范大学召开。出席会议的领导和专家有江西省人大常委会原副主任胡振鹏、江西师范大学党委书记、苏区振兴研究院院长田延光、江西省赣南等中央苏区振兴发展工作办公室副主任谢宝河、省农业厅副厅长唐安来、省政府参事王志国、原中央苏区振兴发展工作办公室苏区振兴发展处处长江东灿、赣州市赣南苏区振兴发展工作办公室副主任缪小征、南昌大学经管学院院长刘耀彬、南昌大学中国中部经济社会发展研究中心常务副主任傅春、江西师范大学社会科学处处长董圣鸿、江西师范大学商学院副院长张明林、苏区振兴研究院常务副院长刘善庆、苏区振兴研究院副院长黎志辉和黄小勇等。与会领导和专家就赣南等中央苏区振兴发展的重大战略问题及对策建议等提出了真知灼见，收集了相当多的信息（见图 1–1）。

图 1-1　省级层面的座谈会

资料来源：刘善庆提供。

（2）市级层面的座谈会。2012 年，由江西师范大学党委书记、苏区振兴研究院院长陈绵水教授带队，在抚州市、吉安市、赣州市三个市的市政府分别组织召开座谈会，为重大课题研究提供资料、信息。2012 年 7 月，赣州市政府组织“江西师范大学课题调研会”（见图 1-2），市属各部门领导与会，提供了书面报

图 1-2　2012 年在赣州市的调研

资料来源：课题组提供。

告、统计年鉴等资料。

尤其是赣州市赣南苏区振兴发展工作办公室多次牵头，专门为江西师范大学苏区振兴研究院组织赣州市属各个部门召开座谈会（见图 1-3）。与会部门高度重视，派出负责人参会，并积极提供比较翔实的书面资料供研究之用。

图 1-3　2015 年赣州市苏区振兴办组织的调研座谈会

资料来源：熊震宇拍摄。

（3）县级层面的座谈会。2012 年以来，先后多次在瑞金市、南康区、南城县、兴国县、大余县、信丰县等县（市）组织召开座谈会，其中，在瑞金市、南城县、南康市、大余县的调研座谈会由县（市）委、县（市）政府组织召开，其他座谈会则由所在县的苏区振兴办公室组织召开。南城县委书记高度重视，亲自出席座谈会，大余县两位县委常委、副县长不仅亲自主持座谈会，还全程陪同实地考察，为课题调研提供了极大方便。

在座谈会上，根据课题研究情况，发放事先设计好的调查问卷，进行问卷调查，为课题研究提供条件。国家统计局江西调查总队联合赣州调查队，在赣南地区组织开展了农村贫困家庭扶贫政策意向调查，该调查报告刊发于江西省扶贫和移民办公室所办的《扶贫攻坚情况交流》2015 年第 5 期（2015 年 6 月 23 日），本书也将引用其部分成果。

座谈会后，座谈会组织了实地调研。一般地，实地调研主要通过三种方式收集研究资料：①当面倾听情况介绍，通过口头介绍了解调研对象的基本情况；

②通过实地察看、拍照等方式（见图 1–5），收集调研对象的影像资料；③与相关人员交流、访谈，加深对调研对象的了解。

图 1–4　2016 年由大余县委组织召开的座谈会

资料来源：熊震宇拍摄。

图 1–5　2016 年 7 月 25 日兴国县苏区振兴办组织的调研座谈会

资料来源：熊震宇拍摄。

图 1-6 调研人员实地察看信丰油茶、旱稻扶贫基地

资料来源：熊震宇拍摄。

（二）文献研究法

几年来，通过在抚州市、吉安市、赣州市召开座谈会等形式，本项目收集了相当丰富的精准扶贫文献；江西省苏区振兴办、赣州市苏区振兴办为苏区振兴研究院提供了近年来苏区振兴的相关资料和数据；中央苏区各级政府、管理部门官网存储了大量数据和信息，尤其是江西省扶贫和移民办公室官网，关于革命老区、苏区精准扶贫的资料相当丰富。各县（市）扶贫和移民办关于本地开展精准扶贫的报告（报道）多达 1500 篇（件）。所有这些，都为本书的文献研究奠定了坚实的基础。

二、主要研究内容

本书主要研究赣南等中央苏区脱贫攻坚问题，具体研究了四个问题，即精准脱贫的通道建设、精准脱贫的平台建设、精准脱贫的战略布局、精准脱贫的具体实施情况。其中，精准脱贫的具体实施是研究重点，具体研究了赣南苏区精准脱贫的实践情况，所占篇幅多达七章。需要说明的是，本书中经常使用赣州、赣南一词，实际上都是指同一地区；所不同的是，赣南更多的是从自然地理角度出发，赣州则是对这个区域的行政区分，是从行政角度出发而言的，因此，二者通常是通用的。

为贯彻《国务院关于支持赣南等原中央苏区振兴发展的若干意见》关于为全

国革命老区提供示范的精神，本书的写作不同于一般的学术著作，没有着力于学理的思辨与探讨，更多的是对赣南等中央苏区振兴发展尤其是精准脱贫实践的描述以及经验的总结。为保持各地精准脱贫实践的真实性记录，并尊重实践者的劳动成果，书中大量引用原文，希望以此尽量避免对苏区各地实践经验的误解、曲解。全书由田延光教授策划和指导，张明林教授撰写了第一章，刘善庆教授撰写了其余章节。各章节内容如下：

第一章，引言。介绍了本书的研究目的、意义、研究方法和主要内容。

第二章，赣南等中央苏区脱贫攻坚战略研究。具体研究了四个问题：赣南等中央苏区贫困状况描述；脱贫攻坚的通道建设情况；脱贫攻坚的平台建设情况；脱贫攻坚的战略布局。

第三章，危旧土坯房改造与异地搬迁脱贫。主要研究了三个问题：赣州、吉安、抚州等苏区农村大规模土坯房改造；赣州、吉安、抚州等苏区贫困村整村推进；赣州、吉安、抚州等苏区异地搬迁。

第四章，广泛动员社会参与精准脱贫。主要研究了三个问题：政府部门的对口帮扶；企业帮扶；个人帮扶。

第五章，财政与金融精准脱贫。主要研究了三个问题：财政涉农扶贫资金的改革与创新；赣州财政与金融精准脱贫的改革与实践；吉安等地财政与金融精准脱贫的改革与实践。

第六章，教育脱贫拔贫根。主要研究了四个问题：教育脱贫概述；赣州教育脱贫概况；吉安教育脱贫概况；抚州等地教育脱贫概况。

第七章，建设新型产业脱贫体系。主要研究了四个问题：产业扶贫概述；赣州市在产业脱贫中的创新情况；吉安市产业脱贫概况；抚州等市产业脱贫概况。

第八章，深化党建脱贫。主要研究了两个问题：党建脱贫概述；党建脱贫实践。

第九章，完善社会保障兜底脱贫。主要研究了三个问题：社会保障精准扶贫的必要支撑；赣州市社会保障兜底扶贫的创新情况；吉安、抚州社会保障兜底扶贫概况。

第十章，赣南等中央苏区脱贫攻坚模式的理论思考。主要研究了三个问题：扶贫成效；赣南中央苏区脱贫攻坚的主要特点；脱贫攻坚的赣州模式。

第二章　赣南等中央苏区脱贫攻坚战略研究

第一节　赣南等中央苏区贫困状况描述

一、数据来源

赣南等中央苏区贫困状况描述的数据来自以下三个方面。

第一，本项目调查所得数据。自2012年以来，江西师范大学苏区振兴研究院研究人员先后赴赣州、吉安、抚州调研，足迹遍布瑞金市、南康区、大余县、信丰县、兴国县、宁都县、寻乌县、南城县等地，通过市、县、乡干部座谈会、问卷调查、实地访谈等方式，收集了大量的精准扶贫、精准脱贫的第一手资料。

第二，2015年国家统计局江西调查总队联合赣州调查队，在赣南苏区组织开展了农村贫困家庭扶贫政策意向调查。调查范围覆盖了上犹、宁都、于都、兴国、会昌等11个贫困（罗霄山脉）县和信丰、全南2个非贫困县，共13个县。从13个调查县中随机抽选了38个贫困村、390个农村贫困户作为调查样本，从抽样方式和样本覆盖广度看，有较强的代表性。该调查报告由陈志诚等撰写，本书引用了其中大量的数据以及研究结论。

第三，2016年，江西财经大学精准扶贫调研课题组，选择了吉安县、永新县、遂川县、井冈山市4个苏区县，也是国家级贫困县（市）的16个行政村作为调查点，共发放问卷400份，回收有效问卷317份，深入访谈48位贫困户，组织召开了5次市、县、乡镇、村干部座谈会，获得了丰富的精准扶贫、精准脱贫资料。

二、贫困户的生计现状

根据江西财经大学精准扶贫调研课题组对吉安县、遂川县、永新县及井冈山市四县（市）317户已建档贫困户的调查，样本贫困户家庭人均年收入约为江西省农村居民人均年可支配收入的1/3。贫困户家庭月平均支出达到了1352.1元。家庭支出除日常开支外，主要是医疗支出、子女教育支出。

调查表明，外出务工为贫困户最主要的收入来源。在吉安，有46.7%的贫困户家庭以“外出务工”作为主要收入来源，比例最高；赣州只有37.89%的贫困户家庭将“外出务工”作为主要收入来源。其次是“农业生产”收入，吉安占27.8%，赣州占27.15%，两者比例相差无几。吉安只有11.1%的贫困户选择“政府低保等救济收入”作为家庭主要收入来源，赣州则高达23.63%的收入来源于政府救济。

三、致贫原因分析

为了更清楚地了解赣南等中央苏区贫困户的致贫原因，本章既进行一般性分析，也选择兴国县作为个案分析。

（一）一般性分析

总体来看，赣南等中央苏区贫困户致贫原因大致可以分成个体性因素、区域性因素。

1. 个体性因素

从调研情况看，在致贫原因中，个体性因素呈现明显的趋同性，具体情况如下。

第一，因病致贫。家庭成员大病、久病或致残致贫。现阶段，大病、久病已成为赣南等中央苏区贫困户致贫的第一诱因。但是，各地程度又有所不同，其中，赣州占30.97%，问卷中吉安因“患病或残疾”致贫比例为63.1%。

第二，文化程度低。文化程度低，意味着这部分劳动力可能既缺乏资金，也缺乏技术或技能，因而在劳动力市场上缺乏竞争优势，从而导致获得高收入的可能性大大降低。在赣州，贫困户家庭人口文化程度整体偏低，小学或以下文化程度人员近七成，占63.75%；初中文化程度只有不到1/3，占29.78%；高中及以上文化程度极少，其中高中文化占4.77%，大专以上文化占1.7%。吉安47.8%的调查对象认为缺乏技能和文化教育水平低是贫困户致贫的重要因素；赣州贫困户因缺资金、技术致贫的占19.10%。

第三，农业比较效益低。我国行业收入差距明显是公开的秘密。农业增收渠道单一，收入微薄，也是致贫的关键因素之一。如吉安县，54%的贫困户选择了该因素。

第四，劳动力偏少。在对赣州市的抽选调查户中，因缺劳动力致贫的占17.80%。户均家庭人口4.13人，劳动力1.59人，户均家庭劳动力占38%，而江西省平均水平为65%，仅为江西省平均水平的一半，其中每户外出务工人员0.63人，而江西省平均水平为0.85人。劳动力是家庭收入的主要获得者和创造者。贫困户劳动力偏少的状况，决定了这部分家庭收入来源渠道过窄。

第五，家庭负担重。调查显示，家庭抚养负担过重也是赣南等中央苏区贫困户致贫的重要原因，或“抚养子女负担过重”（占30.9%），或“赡养老人负担重”（占13.1%）。在赣州市的调查对象中，平均每户需要赡养0.41个70岁以上老人，需供养1.03个在校学生，需抚养0.69个患有重大疾病或慢性病的病人。由于家庭负担总体偏重，导致这些家庭基本上处于入不敷出的状态，生存性消费比重高，发展和改善性消费比重偏低。其中在家庭支出中43.41%用于基本生活保障，32.43%用于医药费，而用于其他各项支出的总费用不足1/4（陈志诚等，2015）。

第六，突发事件致贫。调查表明，因残、因祸、因灾等突发事件也是致贫的重要因素，占总量的15.48%。其他因素也不可忽视，占比高达16.65%。

2. 区域性因素

除了个体因素致贫外，区域性因素也是致贫的重要原因。所谓一方水土养一方人，人们生活的地域环境与其生活状况呈现高度的正相关性。赣南等中央苏区

图2–1 兴国县南坑乡贫困户住房

资料来源：360网。

贫困户大多地处偏远、基础设施落后的区域，村级经济基础薄弱，公共服务水平较低，难以自救，不仅难依靠自身能力脱贫，有的甚至完全依靠外力帮扶。如兴国县南坑乡的南坑村等地，地处兴国、永丰、宁都三县交界的地方，只有一条低等级公路与兴国县城相通，远离县城 70 公里，是第一次反围剿的核心地区，山高水冷，土地贫瘠，老百姓普遍贫困；多数家庭依靠外出打工维持生计。由于当地扶贫资源和能力十分有限，目前村干部工资和正常办公费用完全靠转移支付维持，更不用说用多余的资源帮扶贫困。

（二）兴国县的个案分析

根据调查摸底情况，至 2013 年底，兴国县农村家庭人均纯收入 2300 元以下的贫困人口有 14.38 万人。其中，扶贫户 22605 户 94638 人；扶贫低保户 7447 户 28236 人；纯低保户 6265 户 17474 人；五保户 3049 户 3503 人。在这些贫困户中，因为交通落后致贫的有 885 人；因为缺技术致贫的有 19142 人，占 13%；因缺劳力致贫的有 9999 人，占 0.06%；因缺水致贫的有 321 人；因缺土地致贫的有 1120 人；因缺资金致贫的有 26211 人，占 18%；因病致贫的有 47473 人，占 33%；因残致贫的有 9358 人，占 0.06%；因学致贫的有 13728 人，占 0.09%；因灾致贫的有 1807 人；因自身发展动力不足的有 1914 人；其他原因致贫的有 11893 人，占 0.08%。李伟（2015）的调查数据表明，经过几年的扶贫工作，虽然兴国县贫困人口已经降到 10.83 万人，贫困发生率为 16.1%，但是仍然高出赣州全市 1.82 个百分点，高出全省 8.4%，其中，因病致贫的约占 30%，较前稍有下降，大病、重大慢性病仍然是部分家庭承受不起的痛。

兴国县长岗乡唐石村是苏区干部好作风的发源地，是第四届全国文明村镇，全村 1078 户 4680 人，其中贫困户 121 户 328 人，占该村总人数的 7.01%，占全乡贫困人数的 7.31%，全村因病导致生活水平下降的有 50 余户，占总数的 4.8%；因病陷入贫困的近 30 户，占总户数的 2.8%；患病人群中能够自己支付医药费的占 45%，需向亲戚朋友借钱看病的占 55%。治病费用使农民背上沉重的包袱（李伟，2015）。

国家统计局江西调查总队、赣州调查队调查报告指出，由于贫困户普遍存在劳动力相对缺乏、劳动力文化程度偏低等现状，家庭创收能力弱。同时，由于家庭负担重，贫困户用于维持生存消费和治病的两项支出就占到了消费支出的 75.84%，严重地挤压了生产投资和改善性消费，进而影响到家庭致富和发展。

相对于一般农户，赣南等中央苏区贫困户普遍存在以下特征：久病大病，文化程度低，农业比较收入低，劳动力偏少，家庭负担重，突发事件致贫。其中，久病大病、突发事件是致贫表征，文化程度低、农业比较收入低、劳动力偏少、家庭负担重则是致贫的最根本因素，因而，可以将其归结为能力贫困。

四、对脱贫政策的态度

（一）对脱贫政策的支持程度

（1）政策知晓面宽。根据国家统计局江西调查总队、赣州调查队的数据，在390户调查对象中，有370户贫困家庭表示知道正在或即将实施精准脱贫、结对帮扶政策，占94.87%。从传播途径来看，乡村干部宣讲是主要渠道，占55.13%；次之为扶贫或“三送”队员宣讲，占39.50%；报纸、电视等其他途径宣传占5.37%（陈志诚等，2015）。

（2）政策满意度高。在知晓政策的370户贫困家庭中，有78.65%的家庭表示对政策“非常满意”；17.30%的家庭表示“较满意”，两项合计满意度高达95.95%；仅有3.24%的家庭表示“一般”；有0.81%的家庭表示“不满意”。

以上数据表明，帮扶政策已深入人心，且得到中央苏区绝大多数贫困家庭的拥护和支持，从而为党和政府在全社会顺利推进精准扶贫、结对帮扶奠定了坚实的民意基础。

（二）对脱贫攻坚政策的信心

（1）八成贫困户对政策的脱贫效果充满信心。根据国家统计局江西调查总队、赣州调查队的数据，79.23%的贫困家庭对目前开展的精准扶贫、结对帮扶政策效果充满信心；17.95%的家庭表示“不好说”，仅有2.82%的家庭表示“没有信心”，主要是极少数有重病患者的家庭。如信丰县有一位常年患重病的老人（因病致贫户），他说，现有的大病救助、新农合等政策很好，但我病了这么多年，总也治不好，以后还要花很多钱，家庭负担很重，新的帮扶政策能否有效，我心里没底（陈志诚等，2015）。

（2）65.69%的贫困户认为3年内脱贫政策会大见成效。国家统计局江西调查总队、赣州调查队的数据表明，贫困群众在对精准扶贫政策脱贫效果充满信心的同时，还对政策发挥效果的时间表达了自己的看法。据调查，认为政策需要3年会发挥作用，帮助贫困户脱贫的占43.04%；认为2年会发挥作用的占22.65%；认为5年才能发挥作用的占16.50%；认为需要4年才能发挥作用的占11.65%。平均时间为3.3年（陈志诚等，2015）。

家底的薄弱不仅是脱贫的障碍，也影响着他们脱贫的信心。据调查，有46.15%的贫困家庭表示，在帮扶的过程中，最担心“自身因素影响帮扶效果”。

五、贫困户对脱贫攻坚政策的期待

《中国农村扶贫开发纲要（2011~2020年）》提出，要通过精准扶贫，确保到2020年实现扶贫对象“两不愁，三保障”（扶贫对象不愁吃、不愁穿，保障其义务教育、基本医疗和住房）目标。国家统计局江西调查总队、赣州调查队调查发现，贫困户对哪些方面急需帮扶、什么程度才算脱贫等问题的看法并不一致。

（一）帮扶需求各异

（1）“造血式”帮扶。对于劳动力条件较好的贫困家庭而言，他们需要提高“造血功能”帮扶，其中，21.54%的调查对象中表示需要“生产帮扶”，如帮扶毛竹、茶油等种植指导，帮扶蜜蜂、灰鹅、牛、水产等养殖指导；9.74%的农户急需“就业帮扶”，希望得到引导，提高就业收入；6.41%的农户急需“技术培训”帮扶，想要提高生产效益；4.87%的农户希望得到小额贷款、创业指导等方面的帮扶。

（2）“输血式”帮扶。对于缺乏劳动力或劳动力素质偏低的贫困家庭而言，他们则表示急需“输血”帮扶，其中，34.87%的贫困户希望“增加政府补助”；14.10%的农户希望“物质帮扶解决温饱”；8.47%的家庭希望得到“子女教育”帮扶。

（二）脱贫心理预期不一

国家统计局江西调查总队、赣州调查队调查数据表明，对于脱贫的收入预期，也呈现差异，其中，60.77%的贫困家庭将脱贫期望值定在4000元以上，脱贫期望值定在2800~3000元、3000~3300元、3300~3700元、3700~4000元分别占10.0%、10.51%、11.03%、7.69%。

第二节　脱贫攻坚的通道建设

一、赣南等中央苏区交通长期落后

（一）交通的重大作用

交通属于基础设施，是国民经济各项事业发展的基础。在现代社会中，经济越发展，对基础设施的要求越高。完善的基础设施对加速社会经济活动，促进其空间分布形态演变起巨大的推动作用，建立完善的基础设施往往需较长时间和巨额投资。

2016年5月，国家发展改革委、交通运输部联合印发《交通基础设施重大工程建设三年行动计划》（以下简称《行动计划》）。《行动计划》指出，2016~2018年，拟重点推进铁路、公路、水路、机场、城市轨道交通项目303项，涉及项目总投资约4.7万亿元，以完善快速交通网、基础交通网、城际城市交通网为重点，推动形成国内国际通道连通、区域城乡覆盖广泛、枢纽节点功能完善、一体衔接便捷高效的综合交通网络，更好地发挥组合优势和网络效益。

在当前经济下行压力巨大的情况下，加快交通建设不仅对促投资、调结构、稳增长将发挥重要作用，而且有利于更好地支撑国家战略目标的实现。《行动计划》指出，近年来，我国交通基础设施网络不断完善、能力逐步提升，在促投资、调结构、稳增长方面发挥了显著作用，成为国家实施宏观调控、精准施策的重要抓手。但是，长期以来，限于财力，我国交通等基础设施欠账比较严重，与经济社会发展需求相比，交通基础设施在网络密度、覆盖范围、质量水平等方面还存在较大的提升空间。因此，在当前和今后一个时期，亟须加快实施一批现实需求紧迫、基础条件成熟、有利于长远发展的交通重大工程，提升网络整体能力，保持较高建设强度和投资增速。

中国是世界上最大的发展中国家，扶贫开发是长期而艰巨的任务。发展不足仍是解决贫困问题的最大制约，提高人均水平仍是解决贫困问题的主要任务。城乡、区域、行业之间差距过大的趋势还没有得到扭转，特别是平均数掩盖了贫困问题，差距拉大引发一些矛盾。全国有 14 个连片特困地区，592 个贫困县片区县，12.9 万个贫困村，按照国家现行标准，全国贫困人口有 8249 万人①。参照国际标准还有 2 亿，贫困规模大、贫困面广、贫困程度深，仍是我国的基本国情。2020 年我国要全面建成小康社会，贫困地区、贫困人口是突出“短板”，解决贫困问题是我们工作的重点和难点。

目前，中西部广大贫困地区发展不足的重要表现是这些地区大多交通不便，基础设施和公共服务条件较差。革命老区大多自然环境较为恶劣，交通不便。如何通过大力发展交通等基础设施建设，加速建设制约发展的主要经济大通道，尽快改善老区的经济环境，解决其贫困问题就成为当务之急。

“要想富，先修路”。以遂川县戴家埔乡为例，该乡地处罗霄山脉深处，是整个罗霄山集中连片特困地区最穷的地区之一。但近几年，借助交通状况的改善，当地大力发展茶叶种植，如今已成为狗牯脑茶叶种植基地，茶叶种植成为当地脱贫致富的主要产业。可见，交通等基础设施的投入与建设，对于加快贫困地区的农民脱贫致富至关重要（巴庚明，2016）。

---

① 关于中国现行标准下的贫困人口数量有不同的口径。《中华工商时报》“2016 年中国力争再减少农村贫困人口 1000 万人”一文引用国务院扶贫办主任刘永富提供的数据认为，“十二五”期间，我国现行标准下农村贫困人口从 2010 年的 1.66 亿人减少到 2015 年底的 6000 万人左右。据此，本处的 8249 万人包括城市贫困人口。

（二）赣南等中央苏区落后的交通状况

关于赣南等中央苏区交通落后的情况，《赣南等原中央苏区经济社会发展状况调研报告》做了比较详尽的描述，赣南等中央苏区县大部分处于边远山村，交通非常不便，信息闭塞，自然经济或半自然经济特色很浓。这种情况下，在民主革命时期，是建立和巩固革命根据地的有利条件，是苏区发展革命建立红色政权的优势，但在和平年代则成了脱贫和经济发展的"瓶颈"。地处偏远山区，交通不便，使商品生产成本高、损耗大、效益低。即使有廉价的劳动力和比较丰富的自然资源，也难以吸引外部投资。由于信息闭塞，经营者把握不了市场行情，难以实现商品生产"惊险的一跳"。加之苏区旱涝灾害频繁，地方财力微薄，只能维持简单的再生产。1996 年，随着京九铁路的开通，赣南吉安苏区有史以来首次通火车，铁路贯穿赣州、吉安的 11 个苏区县，沿线苏区人民第一次见到火车，交通状况首次有所改善，但在近两年京广线和武广高铁通车、周边地区交通设施极大改善的背景下，大大削弱了赣南苏区的交通优势，缺乏高铁、大吨位水运等运输方式，运输能力和辐射范围有限，跨省区综合交通运输建设整体上没有形成网络效应，人流、物流耗时较长、成本较高，发展潜力得不到充分发挥。

进入 21 世纪以来，全国各地固定资产投资步伐加快，基础设施建设加强。赣南等中央苏区的固定资产投资从 2001 年的 94.19 亿元提高到 2011 年的 1350.46 亿元，10 年增长了 13.3 倍，基础设施得到改善。但由于历史欠账较多，赣南等中央苏区的交通、通信、能源等基础设施仍然相对滞后，不能满足经济社会发展的要求。31 个赣南等中央苏区县中无铁路的县 15 个，无高速公路的县 9 个。农村路、水、电和水利灌溉等基础设施建设欠账更多，赣南等中央苏区有 52.9%的自然村不通客运班车，60%的农田灌溉设施不全，43.7%的人没有安全饮水，16.9%的村收看不到电视节目，8.2%的村组还未通电。

二、赣南等中央苏区通道建设概况

（一）赣南等中央苏区通道规划情况

为了改变赣南等中央苏区落后的交通状况，《赣闽粤原中央苏区振兴发展规划 2014 年》（以下简称《规划》）着力于构建中央苏区的现代交通运输网络，主要体现在以下四个方面。

1. 铁路建设

《规划》加强了赣南等中央苏区的对外铁路通道建设，密切与周边城市和沿海港口城市的高效连接，从而形成纵贯南北、连接东西的铁路网络。为此，开工建设昌（南昌）吉（安）赣（州）铁路客运专线、赣（州）龙（岩）铁路扩能、南（平）三（明）龙（岩）、岳（阳）吉（安）等铁路项目，抓紧开展鹰（潭）

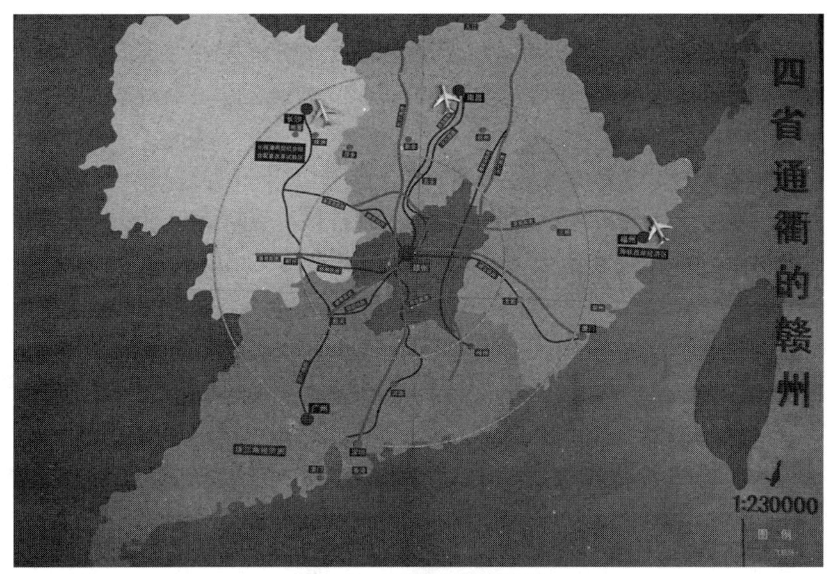

图 2–2　四省通衢的赣州

资料来源：赣南苏区振兴发展主题展览，刘善庆翻拍。

瑞（金）梅（州）、浦（城）梅（州）、赣（州）井（冈山）、梅（州）汕（头）等铁路项目前期工作，规划研究赣（州）深（圳）铁路客运专线、赣（州）韶（关）铁路复线、吉（安）建（宁）铁路等项目。

铁路建设的重点项目分成两个部分：①近期的新建项目；②研究建设项目，这类主要是中长期的项目。其中，新建项目有昌（南昌）吉（安）赣（州）、合（肥）福（州）、赣（州）龙（岩）铁路扩能改造、岳（阳）吉（安）铁路、新（余）宜（春）萍（乡）轻轨、樟树盐化铁路延伸线、漳州港尾铁路。研究建设项目是：鹰（潭）瑞（金）梅（州）、浦（城）梅（州）、梅（州）汕（头）、赣（州）井（冈山）、长（汀）泉（州）、吉（安）建（宁）、赣（州）郴（州）、梅（州）惠（州）、衢（州）宁（德）铁路，赣（州）深（圳）客运专线，赣（州）韶（关）铁路复线，分（宜）文（竹）铁路改造。

2. 公路建设

《规划》积极推进国家高速公路拥挤路段扩容改造，加强国省道改扩建，提高重大通道通行能力。积极推进通县二级公路建设和红色旅游景区公路建设。加快国家公路运输枢纽建设，提高运输集散能力（见图 2–1）。

公路建设的重点项目包括大广高速赣州、吉安繁忙路段扩容，厦蓉高速漳州天宝至龙岩蛟洋段扩容，新建济广高速平远至兴宁段、湄渝高速莆田至建宁段、汕昆高速龙川至英德段及南昌至韶关等国家高速公路，G105、G205 等国道和重要省道改造。

图 2–3　苏区人民的高速梦——县县通高速

资料来源：抚州新闻网。

3. 水运航道建设

赣南等中央苏区的水运航道建设主要包括三个方面：①加快赣江、信江、闽江、九龙江、汀江、北江、韩江、梅江等重要航道建设，建设一批客货运码头，改善抚河通航条件，推进闽江航运整治工程；②完善赣州港功能；③提升潮州港、漳州港客货运水平，加快建设疏港铁路。

航道重点项目包括：①建设赣州—吉安—峡江三级航道、新干航电枢纽；②实施信江、樟树赣江综合治理，袁河航道治理，闽江水口电站枢纽坝下水位治理，沙溪口坝下航道整治，重阳溪生态航道建设，韩江、梅江、石窟河航道整治工程。港口重点项目包括：建设赣江、闽江、梅江、汀江、韩江沿线客货运码头，赣州陡水湖码头，漳州古雷港大型液体化工码头，潮州港客货运码头。

4. 航空建设

赣南等中央苏区的航空建设具体包括两个方面：①积极推进赣州黄金机场、吉安井冈山机场扩建，加快上饶、三明、漳州等新机场建设；②做好武夷山、梅县机场迁建，抚州、鹰潭机场新建前期工作，研究建设瑞金等通勤机场和一批通用机场。

为全力打好交通等基础设施建设攻坚战，赣南等中央苏区在振兴发展进程中，将按照“建设一批、核准一批、储备一批、谋划一批”的要求，加快“十三五”时期重大基础设施项目的谋划，争取将更多项目纳入“十三五”规划和各项专项规划。

在打好交通等基础设施建设攻坚战中，赣南等中央苏区结合稳增长、扩投资的要求，抓好一批重大基础设施项目尽快开工建设、早日投产见效，增强区域发展支撑能力。为此，江西省及赣南等中央苏区各地将重点推动昌吉赣、赣深等高速铁路大动脉和赣粤、赣闽、赣湘出省高速公路建设，争取将赣郴、渝长厦、吉抚武铁路纳入“十三五”规划；加快赣江、信江航道建设，力争 2020 年实现赣州—吉安—峡江三级通航；加快实施赣州黄金机场、吉安井冈山机场等机场改扩建工程，以及抚州、瑞金、鹰潭机场新建工程；加快推进华能瑞金电厂二期、分宜电厂等重点能源项目建设，以及寻乌太湖、宜春四方井、莲花寒山、定南洋前坝、廖坊二期、峡江灌区等重点水利项目建设。

（二）赣南等中央苏区通道规划落实情况

为了改善赣南等中央苏区落后的交通状况，加快构建现代化基础设施支撑体系，建设赣州综合交通枢纽，目前在江西省范围内主要进行了以下四个方面的工作。

（1）铁路建设。向莆铁路、赣韶铁路等已经开通运行；赣龙铁路扩能改造完工；开建了昌吉赣铁路客运专线、岳阳至吉安铁路、蒙华铁路（吉安段）、吉永泉等一批铁路项目；赣深客专正加紧推动开工建设；鹰瑞梅铁路、赣井铁路、衡茶吉东延铁路前期工作正抓紧推进。

图 2–4　赣州沙石大桥建成通车

资料来源：赣南苏区振兴发展主题展览，刘善庆翻拍。

图 2-5　崇义县山间通村公路

资料来源：赣南苏区振兴发展主题展览，刘善庆翻拍。

（2）公路建设。加快推进大庆至广州高速公路赣州吉安繁忙路段扩容改造工程，以及南昌至兴国至赣县、寻乌至全南、广昌至建宁、抚州至金溪至资溪至光泽等高速公路建设，2015 年实现了赣州、吉安、抚州“县县通高速”。加大国省道干线公路改造力度，优先安排中央苏区国省道改造项目，提高省级补助标准，实现“县县通国道”，重点推进通县二级公路建设。加快推进公路场站枢纽建设。

图 2-6　赣州港鸟瞰图

资料来源：熊震宇拍摄。

图 2–7　赣州港鸟瞰图

资料来源：熊震宇拍摄。

（3）机场建设。开工建设了吉安井冈山机场、赣州黄金机场改扩建工程，推动黄金机场航空口岸建设；瑞金、抚州新建机场前期工作正在加紧进行；加密赣州至北京、上海、广州、成都等地航线，新增赣州至香港、昆明等航线。

（4）水运建设。加快赣江航道建设，尽早实现赣州至吉安至峡江三级航道通

图 2–8　赣州港鸟瞰图

资料来源：熊震宇拍摄。

图 2-9　赣州临港经济区布局示意图

资料来源：熊震宇拍摄。

航；加快建设赣州港，力争 2017 年建成水西综合货运码头，并抓紧开展赣粤运河工程规划研究工作。

至此，赣州现有京九、赣龙、赣韶三条铁路，昌赣客运专线正在开工建设。大广高速、厦蓉高速、泉南高速、鹰瑞高速等八条高速公路纵横通达。赣州港可沿赣江上下通航，与长江沿线的省（市）相通。按照 4D 级设计建造的赣州黄金机场是赣粤闽湘四省边际最大规模的民用机场，已形成通达北京、上海、广州、厦门、深圳、南京、重庆、温州、武汉、海口、南昌等全国 50 个省会城市和重要经济城市的航线网络。赣州已经建立了四个口岸作业区，开通了至广州黄埔港、深圳盐田港和厦门港三条“铁海联运”线路。

第三节　脱贫攻坚的平台建设

一、赣南等中央苏区平台规划情况

平台建设是赣南等中央苏区振兴发展的重要举措。为此，《赣闽粤原中央苏区振兴发展规划 2014 年》规划建设赣州综合保税区、赣州“三南”承接加工贸易转移示范地、吉泰走廊等多个区域发展平台，和南方离子型稀土与钨工程技术研究中心、钨新材料新型工业化产业示范基地、南康家具产业基地、吉安电子信息、抚州生物医药等一批产业转型发展平台，以及国家级农业示范区、生态文明示范区、统筹城乡发展综合试验区、瑞（金）兴（国）于（都）经济振兴试验区等支撑县域经济转型发展的平台。2015 年，为了使赣南等中央苏区各重点平台建设落到实处、真正管用，江西省出台了《关于支持赣南等原中央苏区振兴发展重点平台建设的若干政策措施》，重点建设 30 个平台，加快建设全国稀有金属产业基地、先进制造业基地、特色农产品深加工基地、全国著名的红色旅游目的地。这些平台分成三类，具体情况如下。

（1）综合类平台。主要包括赣南承接产业转移示范区、赣州“三南”（全南、龙南、定南）承接加工贸易转移示范地、瑞（金）兴（国）于（都）经济振兴试验区、吉泰走廊“四化”协调发展示范区、向莆产业集聚带（向莆经济带）、赣湘开放合作试验区、信江河谷经济带、上饶市高铁经济试验区、赣州综合保税区。

（2）产业类平台。主要包括赣州经济技术开发区、赣州综合保税区、瑞金经济技术开发区、龙南经济技术开发区、赣州高新技术产业园区、赣州国家钨和稀土新材料高新技术产业化基地、脐橙工程技术研究中心、国家离子型稀土资源高效开发利用工程技术研究中心、吉安电子信息国家新型工业化产业示范基地、井冈山经济技术开发区、吉安高新技术产业园区、井冈山国家农业科技园、赣闽合作产业园、抚州高新技术产业开发区、萍乡市粉末冶金产业基地、鹰潭铜产业循环经济示范区、新余高新技术产业开发区、宜春锂电新能源产业园。

（3）试点示范类平台。主要包括赣州市教育改革发展试验区、赣州市国家旅游扶贫试验区、吉安市国家旅游扶贫试验区、抚州市国家中小学教育质量综合评价改革试验区（省级基础教育综合改革试验区）、鹰潭市国家新型城镇化试点城市、新余资源枯竭转型试点示范城市、袁州区区低碳发展试验区。

二、赣南等中央苏区平台规划落实情况

1. 综合类平台落实情况

从调研掌握的情况看，上述平台规划正在有条不紊地得到落实。综合类平台方面，2013 年 6 月，国家发改委批复，同意设立赣南承接产业转移示范区。示范区规划范围以赣州开发区、综合保税区（含出口加工区）、香港工业园，瑞兴于经济振兴试验区，“三南”加工贸易重点承接地，龙南国家级经济技术开发区，以及省级经济技术开发区、省级工业园、省级特色产业基地、产业集聚区为主体，辐射赣州全境及周边地区。2014 年 7 月，经江西省政府同意，省发改委联合省商务厅印发了《赣州“三南”（龙南、全南、定南）承接加工贸易转移示范

地发展规划》。示范地建设范围为龙南、全南、定南全境，面积 4479.72 平方公里，主体为国家级龙南经济技术开发区、全南工业园、定南工业园、省级特色产业基地以及拟建的赣粤跨省产业合作区，辐射赣州全境及周边地区；示范地的建设将在制度层面上为欠发达地区加快发展、转型发展、跨越发展创造条件，提供示范。《规划》的发展目标是，围绕“确保 2020 年与全国人民同步进入全面小康社会的总体要求”，力争加工贸易年均增长 20%以上，加工贸易出口上千万美元企业超过 10 家，亿美元以上企业 5 家以上，加工贸易出口总额超过 10 亿美元，初步形成“三南城市群”。2015 年 3 月，《吉泰走廊四化协调发展示范区规划》获国家发改委正式复函批复。规划时间为 2015~2020 年，其中，城镇空间格局和基础设施等重大问题将持续到 2025 年。本规划主要通过加强区、县对接统筹，促进产业融合、产城互动、城乡一体，同时优化空间布局来打造“一核两翼三带”的吉泰走廊区域空间结构。规划通过构建特色鲜明、布局合理的现代产业体系来加快新型工业化发展；以建设国家现代农业示范区来推进农业现代化；以产业发展为支撑，引导人口向吉泰走廊集聚，积极推进新型城镇化；以加快交通、能源、水利和信息等基础设施建设，增强区域发展支撑能力来加快基础设施建设；按照城乡服务均衡原则，加快推进以保障和改善民生为重点的社会建设，促进经济社会和谐发展。同年,《瑞（金）兴（国）于（都）经济振兴试验区总体发展规划》(以下简称《规划》) 获国家发展和改革委员会正式批复。《规划》范围包括瑞金、兴国和于都全境，总面积为 8556 平方公里。其战略定位是“一极三区”，即原中央苏区振兴发展的重要增长极，内陆贫困地区开放开发的先导区、赣闽粤边际商贸物流的集散区、全国红色文化传承创新的展示区。国家发改委复函明确提出了要将瑞（金）兴（国）于（都）经济振兴试验区建成赣南等中央苏区扶贫攻坚的先行区、全国红色文化传承创新的引领区、贫困地区统筹城乡发展的创新区、南方丘陵地区生态文明建设的示范区。2016 年 9 月，经江西省政府同意，江西省发展改革委印发了《江西向莆铁路经济带“十三五”发展规划》(以下简称《规划》)。《规划》提出，充分发挥向莆铁路连通赣闽的通道作用，大力促进闽台产业集聚，着力打造赣闽台合作发展的经济走廊。根据《规划》，江西省将建设区域现代物流基地，推动抚州在湄洲湾设立飞地港、莆田等地在抚州建设内陆港，促进赣闽两省共建共享物流、港口等基础设施。

2. 产业类平台的落实情况

赣南等中央苏区特色产业基地建设全面启动。围绕主动承接国际、国内产业转移，实施大开放战略，龙南经济技术开发区、瑞金经济开发区、井冈山经济技术开发区升级为国家级开发区，新余高新技术产业开发区、赣州高新技术产业园区、吉安高新技术产业园区晋升为国家级高新技术产业开发区，赣州市综合保税区于 2014 年正式获批。赣州国家钨和稀土新材料高新技术产业化基地的成功获批，鹰潭（贵溪）铜产业循环经济基地顺利通过实地考察和评审，确定为第四批国家“城市矿产”示范基地，宜春锂电新能源产业园获得江西省发改委批复。

图 2-10　孚能科技汽车动力电池技术优势

资料来源：刘善庆拍摄。

图 2-11　孚能科技赣州扩产计划

资料来源：刘善庆拍摄。

围绕打造全国特色农产品加工基地，开工建设赣南脐橙、南丰蜜橘、广昌白莲、吉安楠木等一批特色农业项目，启动了两个国家级、25 个省级现代农业示范区建设，在赣州和吉安开展了农产品现代流通综合试点。围绕打造全国稀有金属产业基地和先进制造业基地，开建孚能锰酸锂汽车电池等重大产业项目，赣州卷烟厂技改项目建成投产。“三南”、吉泰走廊承接产业转移基地加快推进，深商（龙南）产业园正在加快建设进度。科技创新驱动力度加大，实施了 98 个科技专利计划项目，南方离子型稀土资源高效开发利用和脐橙国家级工程技术中心已经运行。

图 2–12　横贯兴国泰和万安的风能发电工程

资料来源：熊震宇拍摄。

3. 试点示范类平台的落实情况

试点示范类平台方面，2013 年，省政府同意了新余、萍乡、景德镇 3 个设区市资源枯竭城市转型发展规划（2013~2020 年）。也在这一年，国家旅游局、国务院扶贫办批复在赣州、吉安设立国家旅游扶贫试验区，要求试验区积极发挥资源优势，合理保护并开发旅游资源，为探索建立旅游扶贫开发新模式积累了经验。国家旅游局在《关于支持赣南等原中央苏区旅游产业发展的实施意见》中，还从规划、项目、宣传推广、打造精品、区域合作、智慧旅游等十个方面提出了实施意见。继抚州市国家中小学教育质量综合评价改革试验区在 2013 年获得教育部批复后，2014 年 2 月，教育部印发《教育部、江西省人民政府关于共建赣州市教育改革发展试验区的意见》(以下简称《意见》),这标志着部省共建“赣州市教育改革发展试验区”正式获批启动。2015 年,鹰潭市国家新型城镇化试点城市、袁州区低碳发展试验区获批。为加快推动袁州低碳发展试验区建设,2016 年 3 月 25 日,省苏区办在宜春召开袁州低碳发展试验区现场推进会。会议要求,要加强上下联系,通过省、市、区三级联动,共同推进袁州低碳发展试验区建设。

第四节 脱贫攻坚的战略布局

精准脱贫的战略布局具体体现在政策的不断演进和具体落实上。

一、脱贫攻坚政策的演进

(一)脱贫攻坚的理论解释

1. 不平衡理论

消除贫困、改善民生、逐步实现共同富裕,是社会主义的本质要求,是我们党的重要使命。摆脱贫困事关全面建成小康社会,事关人民福祉,事关巩固党的执政基础,事关国家长治久安,事关我国国际形象。在过去 30 多年里,我国在反贫困方面所取得的成就为世界所公认,全球深度贫困人口的减少主要体现在中国深度贫困人口的减少上,这无疑是中国发展对人类发展的重大贡献。同样毋庸置疑的是,贫困问题仍然是我国发展进程中客观存在的重大现实问题。新阶段,我国贫困呈现集中连片的新特点,而且,这些地区主要位于苏区、革命老区等边远山区、经济落后地区。正是在这种背景下,党和政府制定了精准脱贫新战略。无论从不平衡理论、效率与公平理论还是反贫困理论分析,这一战略的提出都具有充分的理论依据。

马克思主义、西方经济学都对不平衡理论进行了论述。

马克思主义认为,平衡和不平衡是唯物辩证法的一对基本范畴。任何事物的发展都是平衡和不平衡的辩证统一。在《资本论》中,马克思从平衡和不平衡的角度对许多经济现象进行了分析研究,指出平衡是以不平衡为前提的,不平衡是经常的,平衡是消除不平衡的结果。

毛泽东在中国革命和建设的实践中对平衡与不平衡的辩证关系极为重视,并对此做过许多深刻的论述,极大地发展了平衡和不平衡的辩证思想。

在社会主义市场经济条件下,把非均衡发展作为一个时期选择和运用的经济发展战略,则是邓小平对马克思主义、毛泽东思想的丰富和发展。邓小平从中国落后的现状出发，制定出正确的经济发展战略，提出允许让一部分人、一部分地区先富起来，以带动和帮助落后的地区，先进地区帮助落后地区是一个义务。邓小平指出："社会主义原则，第一是发展生产，第二是共同致富。……正因为如此，所以我们的政策是不使社会导致两极分化"。为此，邓小平确立了"三步走"战略，并成为党和国家的方略，即第一步，1981~1990 年，国民生产总值翻一番，实现温饱；第二步，1991 年到 20 世纪末，再翻一番，达到小康；第三步，到 21 世纪中叶，再翻两番，达到中等发达国家水平。

按发展阶段的适用性，西方经济学关于不平衡发展理论大体可分为两类：一类是无时间变量的，主要包括循环累积因果论、不平衡增长论与产业关联论、增长极理论，中心—外围理论、梯度转移理论等；另一类是有时间变量的，主要以倒"U"形理论为代表。其共同的特点是，二元经济条件下的区域经济发展轨迹必然是非均衡的，但随着发展水平的提高，二元经济必然会向更高层次的一元经济即区域经济一体化过渡。其区别主要在于，它们分别从不同的角度来论述均衡与增长的替代关系，因而各有适用范围。

弗里德曼的中心—外围理论将经济系统空间结构划分为中心和外围两部分，共同构成一个完整的二元空间结构。中心区发展条件较优越，经济效益较高，处于支配地位，而外围区发展条件较差，经济效益较低，处于被支配地位。因此，经济发展必然伴随着各生产要素从外围区向中心区的净转移。为了分析便利，弗里德曼将经济发展分成三个大的阶段，认为在经济发展初始阶段，二元结构十分明显，最初表现为一种单核结构。随着经济进入起飞阶段，单核结构逐渐被多核结构替代。当经济进入持续增长阶段，随着政府政策干预，中心和外围界限会逐渐消失，经济在全国范围内实现一体化，各区域优势充分发挥，经济获得全面发展。该理论对制定区域发展政策具有指导意义，即政府与市场在促进区域经济协调发展中缺一不可，既要强化市场对资源配置的基础性作用，促进资源优化配置；又要充分发挥政府在弥补市场不足方面的作用，并大力改善交通条件，加快城市化进程，以促进区域经济协调发展。

缪尔达尔的循环累积因果论认为，经济发展过程在空间上并不是同时产生和均匀扩散的，而是从一些条件较好的地区开始，一旦这些区域由于初始优势而比其他区域超前发展，则由于既得优势，这些区域就通过累积因果过程，不断积累有利因素，继续超前发展，从而进一步强化和加剧区域间的不平衡，导致增长区域和滞后区域之间发生空间相互作用，由此产生两种相反的效应：①回流效应，表现为各生产要素从不发达区域向发达区域流动，使区域经济差异不断扩大；②扩散效应，表现为各生产要素从发达区域向不发达区域流动，使区域发展差异缩小。在市场机制的作用下，回流效应远大于扩散效应，即发达区域更发达，落后区域更落后。基于此，缪尔达尔提出了区域经济发展的政策主张。在经济发展初期，政府应当优先发展条件较好的地区，以寻求较好的投资效率和较快的经济增长速度，通过扩散效应带动其他地区的发展，但当经济发展到一定水平时，也要防止累积循环因果造成贫富差距的无限扩大，政府必须制定一系列特殊政策来刺激落后地区的发展，以缩小经济差异。

2. 效率与公平理论

中国共产党关于效率与公平的论述。一般地，效率与公平包括两个不同的层次：其一是分配领域中的效率与公平的关系；其二是经济社会整体领域中的效率与公平的关系。改革开放以来，中共中央文件以及理论界的讨论长时间主要集中在分配领域。中共十八大报告明确拓宽了效率与公平关系的范围，既着眼于从分配领域的层次上处理好效率与公平的关系，也着眼于从整个经济社会的发展上处理好两者的关系。

从中共十三大报告到中共十七大报告，效率与公平问题一直是中央文件和理论界关注的热点。中共十三大报告提出“在促进效率提高的前提下体现社会公平”。效率优先成为当时的工作指针。中共十四大报告改为“兼顾效率与公平”，中共十六大报告进一步明确：“初次分配注重效率，发挥市场的作用……再分配注重公平，加强政府对收入分配的调节职能，调节差距过大收入。”但是仍然将公平放在一个从属的次要地位。面对我国收入差距过分扩大的趋势及其导致的矛盾凸显，党中央调整了关于效率与公平关系的提法。中共十六届四中全会提出：“注重社会公平，合理调整收入分配格局，切实采取有力措施解决地区之间和部分社会成员收入差距过大的问题，逐步实现全体人员的共同富裕。”中共十七大报告进一步提出“初次分配和再分配都要处理好效率和公平的关系，再分配更加注重公平”，强调“把提高效率同促进社会公平统一起来”，以此作为我国摆脱贫困、加快实现现代化、巩固和发展社会主义的十大宝贵经验之一。中共十八大报告提出，初次分配和再分配都要兼顾效率和公平，再分配更加注重公平。中共十八大报告指出：“必须维护社会公平正义。公平正义是中国特色社会主义的内在要求。”要使“中等收入群体持续扩大，扶贫对象大幅减少。社会保障全民覆盖，人人享有基本医疗卫生服务，住房保障体系基本形成，社会和谐稳定”，“全面建成小康社会”。十八届四中全会更加强调从速度至上到公平优先，让经济发展惠及更多的大众，中国经济正逐渐从少数人先富起来走向共同富裕。

脱贫攻坚的提出，是中国共产党效率与公平结合理论的具体运用，体现了立党为公执政为民的执政理念、全心全意为人民服务的宗旨。中国共产党坚持科学执政、民主执政，实现最广大人民的根本利益；政府坚持对人民负责，体现了社会主义的本质要求，也是政府职责的所在，有利于政府树立求真务实的工作作风。也是落实科学发展观、实现中国梦、全面建成小康社会的要求。

大致来看，西方经济学家关于效率与公平的关系存在三种不同的见解：一派强调效率优先于公平，代表人物有新自由主义学派哈耶克、弗里德曼等。另一派反对片面强调效率优先，主张将公平作为优先考虑的目标，如罗尔斯、勒纳、罗宾逊夫人等。他们认为，分配不公会损害工作热情，损害效率，导致两极分化。还有一派主张兼顾效率与公平，如萨缪尔逊、凯恩斯、奥肯等。萨缪尔逊认为，没有政府干预，市场经济自发形成的收入分配可能过分不平等，既要效率又要公平的途径，是通过政府干预来修补市场机制这只“看不见的手”。

3. 反贫困理论

反贫困是现代社会面临的重大课题，中外亦然。反贫困同时具有经济理论与政策实践双重含义。就其本身而言，反贫困至少包含三层含义：①从制度化、规范化的角度，保障贫困人口的基本生活水平，使其能够生存下去；②从体制和政策上，缩小贫富差距，促进收入分配的公平性，减少贫困人口在转型期遭遇的社会剥夺性，谋求经济社会稳定、和谐与持续发展；③提高贫困人口的生存与发展能力，矫正对贫困人口的社会排斥或社会歧视，保证其就业、迁徙、居住、医疗和受教育等应有的权利，维护贫困者的人格尊严，促进贫困阶层融入主流社会，避免他们被疏离化、边缘化，充分张扬反贫困的人文关怀精神。

第二次世界大战以后，针对发展中国家或地区的严重贫困问题，西方发展经济学家提出了内涵不同的反贫困理论，刘易斯、纳克斯、莱宾斯坦、佩鲁、赫希曼、罗斯托、舒尔茨、缪尔达尔等还设计出各式各样的反贫困模式。

马克思的反贫困理论是关于资本主义制度下无产阶级贫困化及其趋势的理论，具有制度分析的特点，最早从制度层面上揭示了贫困的根源。马克思的“制度贫困论”认为，由于不同国家和地区的自然环境、社会文化背景不同，导致贫困的具体原因不同，贫困的实质和表现形式有很大的差别，不同国家、不同地区解决贫困的方式和方法也不相同。我国是社会主义国家，部分人口、部分地区的贫困，虽然不是社会主义制度本身造成的，但是与社会主义制度的具体实现形式有关。也就是说，由于目前经济体制方面的原因，社会主义制度的优越性尚未充分发挥出来。目前，由于我国仍然处于社会主义初级阶段，市场发育、经济发展不充分、不平衡，从而造成了作为劳动载体的企业、产业等发展不充分、不平衡，由此带来的直接后果是作为劳动主体的人的发展不充分、不平衡。

中国共产党自诞生之日起，就把谋取最广大人民的根本利益作为自己的奋斗目标。新中国成立后，以毛泽东为代表的中国共产党人在反贫困方面取得了很大的成就。改革开放以后，邓小平在反贫困思想及对策方面提出了一系列构想，“先富带后富”就是邓小平反贫困理论的核心组成部分。江泽民、胡锦涛认为，扶贫开发是建设中国特色社会主义事业的一项历史任务。习近平高度重视脱贫攻坚事业，他曾在不同时间、多种场合反复强调消灭贫困的重要意义、指导思想和实施方法，并提出了精准扶贫、精准脱贫方略，从而把扶贫开发事业推向了新阶段。习近平关于精准扶贫、精准脱贫系列讲话构成了习近平治国理政思想的重要组成部分。

4. 赣南等中央苏区在中国革命和建设史上的地位

赣南等中央苏区是中国革命前进的伟大基地，是人民共和国的摇篮，是毛泽东思想的发祥地，是苏区精神的发源地。赣南等中央苏区革命历史，从 1927 年大革命失败后赣南农民武装暴动开始，到 1937 年抗日战争爆发后赣粤边等地南方三年游击战争胜利，前后历时 10 年。赣南等中央苏区是党领导的民主革命时期中革命环境最为艰难、斗争形势最为险恶、挫折曲折最为频繁的地区之一。在这里，党和红军经历了刻骨铭心的磨难，进行了感天动地的奋斗，创造了彪炳千秋的伟业，书写了光耀中华的历史。只有振兴赣南等中央苏区，才能告慰先烈，勉励后人。

首先，赣南等中央苏区人民为中国革命做出了重大贡献和巨大牺牲。将近 100 万苏区人民直接参加了革命斗争，占当时苏区总人口的 40%。赣南苏区人民踊跃参军扩红，赣南子弟兵成为中央红军的基本力量。1929 年 1 月红四军下井冈山出击赣南时仅有 3600 多人，1933 年秋中央红军发展到了 12.7 万余人。中央红军的基本力量大部分为赣南籍。赣南 240 万苏区人口中，参军扩红的有 33 万余人，参加赤卫队、担架队、运输队等支前参战的有 60 万余人。中央红军长征

图 2–13　雄壮的红军队伍

资料来源：赣南苏区振兴发展主题展览，刘善庆翻拍。

图 2-14 痴情一生等待丈夫归来的兴国苏区女干部池煜华

资料来源：赣南苏区振兴发展主题展览，刘善庆翻拍。

出发时的 8.6 万余人中，赣南籍红军达 5 万余人，占中央红军总数的 65%。中央红军突围转移前夕，还组建了担负中央机关保卫和抬运沉重物资、机器的中央教导师以及由 5000 名挑夫组成的运输队和担架队。因此，从一定意义上说，没有赣南苏区人民就没有强大的中央红军；没有赣南苏区人民的倾力支援，就没有红军的胜利突围长征。

其次，赣南苏区人民为支持革命战争和苏区建设，先后认购了大量公债。其中认购苏维埃政府发行的两次革命战争公债和经济建设公债 368 万余元，占公债发行总数的 76%；中华苏维埃共和国国家银行直属瑞金支行有存款银元 2600 万元（折合现在相当于近千亿元人民币），长征时也全部带走。赣南苏区人民挖采钨砂，为红军换回了大量的武器弹药和紧缺的药品、食盐。在反“围剿”战争期间，赣南苏区人民群众密切配合和积极支援，为红军提供了大量的军需粮秣和慰劳用品。在中央红军长征前的 5 个月，赣南苏区人民节衣缩食、倾其所有，捐献稻谷 84 万担、被毯 2 万床、棉花 4.3 万公斤、布鞋 5 万双、草鞋 20 万双和军费 150 万元等。中央红军长征出发经过于都河时，苏区群众几乎将家中所有的门板、木料，甚至老人寿棺等一切可用器材都捐献出来，协助红军在 60 里长河段突击架起了 5 座 400 多米长的浮桥，对红军顺利突破封锁线起了重要的物资保障作用。

再次，赣南苏区人民为创建、巩固和发展中央苏区做出了巨大牺牲。据统计，赣南苏区有姓有名的烈士达 10.82 万人，分别占全国、江西省革命烈士总数的 7.5%、43.8%，长征路上平均每公里就有 3 名赣南籍烈士倒下。其中，兴国、瑞金有姓有名的烈士分别是 23213 名、17166 名，在中央苏区“全红县”中名列前两位，特别是兴国籍烈士人数为全国各县烈士人数之首。中央红军主力长征后，国民党军队实行最疯狂、最残酷的报复性屠杀和前所未有的抢掠焚烧，仅据兴国、瑞金、于都、宁都、石城、会昌、寻乌、上犹 8 个县统计，被国民党杀害的干部群众达 3.6 万余人（其中红都瑞金被残杀的就达 1.8 万余人），烧毁房屋 6.9 万间，许多村庄变为瓦砾废墟，成了“血洗村”、“无人村”。诚如国民党政府在报告书中供述，在“清剿”区内，“无不焚之居，无不伐之树，无不杀之鸡犬，无遗留之壮丁，闾阎不见炊烟”，不少家庭“全家革命、满门忠烈”。

最后，新中国成立后，赣南等中央苏区人民依然以革命战争年代的真情、热情，无私地支援着国家建设。赣南被誉为“世界钨都”、“稀土王国”，20 世纪 60 年代初三年困难时期，赣南钨砂大量出口创汇，为国家偿还外债、渡过难关做出了重要贡献。1949 年以来的 60 年里，赣南累计开采钨精矿 130 万吨，占全国一半以上；累计开采稀土 25 万吨，占全国中重稀土总量的七成以上，有力地支持了国防建设和国家经济发展。赣南等中央苏区森林资源丰富，新中国成立初期被列为全国调运木材的重点地区，并修建了森林铁路专门外调木材。仅赣南苏区就累计为国家提供统配木材 2450 万立方米、毛竹 8718 万根。由于长期被过度砍伐，森林面积锐减，水土流失严重。1975~1982 年，赣南林地面积减少 257 万亩，荒山面积增加 183 万亩，水土流失面积 1678 万亩，占林业用地面积的 37.8%。在资源大量输出的同时，历经战争深重创伤的赣南等中央苏区，经济基础薄弱，加上地域偏远、经济欠发达，苏区的主要劳动力大量外出到沿海发达地区，仅 2011 年，赣南等中央苏区跨省输出劳务 185.19 万人，占乡村从业人员的比重达 33.7%，为国家经济建设做出了贡献。

新中国成立特别是改革开放以来，赣南等中央苏区发生了翻天覆地的变化，但是，与全省和全国相比，赣南等中央苏区仍是全国较大的集中连片特殊困难地区，经济发展基础依旧十分薄弱，总体发展水平低、发展差距拉大、群众生产生活条件差、社会事业发展缓慢等问题仍未根本性改变，脱贫致富实现全面小康的任务还很艰巨。主要存在以下五个突出问题。

第一，总体发展水平较低。赣州国土面积占全国的 0.41%，人口占全国的 0.68%，但 2011 年经济总量和财政收入分别仅占全国的 0.28%和 0.17%，主要人均经济指标只有全国平均水平的三成至七成，是中部地区平均水平的五成至七成，与西部地区的差距也在扩大。2011 年，赣南等中央苏区人均 GDP 为 16219 元，分别相当于全省、全国平均水平的 62.7%、46.2%；人均财政总收入 1724

元，分别相当于全省、全国的 46.9%、22.3%；人均地方财政收入 1130 元，分别相当于全省、全国的 48.0%、29.0%；人均固定资产投资 10706 元，分别相当于全省、全国的 54.7%、47.6%；人均社会消费品零售总额 5114 元，分别相当于全省、全国的 66.2%、37.4%；农民人均纯收入 4949 元，分别相当于全省、全国的 71.8%、70.9%。赣南等中央苏区主要指标发展水平均低于全省和全国平均水平，严重制约了赣南等中央苏区全面实现小康社会的进程。

2010年赣州与革命老区发展水平数据对比

	生产总值				地方财政收入				城镇居民可支配收入		农民纯收入	
	总量		人均		总量		人均					
	亿元	排名	元	排名	亿元	排名	元	排名	元	排名	元	排名
江西赣州	1119.7	2	13397	7	79.0	3	945	5	14203	7	4182	7
陕西延安	885.4	6	41093	1	105.2	2	4882	1	17880	4	5173	4
贵州遵义	908.8	5	12047	8	57.6	5	763	7	15279	6	4207	6
广西百色	563.5	8	15300	5	33.9	8	919	6	15976	5	3461	8
山东临沂	2400	1	22705	4	115.5	1	1092	4	18644	1	6761	3
福建龙岩	991.5	3	35600	3	66.8	4	2397	2	18406	2	6931	2
福建三明	972.7	4	36845	2	49.6	6	1880	3	18194	3	6949	1
湖北黄冈	862.3	7	13421	6	39.0	7	607	8	12832	8	4634	5

图 2-15　2010 年赣州与革命老区发展水平数据对比

资料来源：赣南苏区振兴发展主题展览，刘善庆翻拍。

第二，发展差距不断加大。改革开放以来，特别是 21 世纪以来，全国各地发展步伐不断加快，赣南等中央苏区由于长期的营养不良和缺少政策的大力扶持，主要指标增长速度慢于全省和全国平均增长速度，和全省、全国其他革命老区的发展差距逐渐扩大。2001~2011 年，赣南等中央苏区人均生产总值相当于全省人均水平由 71.5%下降到 62.7%；人均财政总收入相当于全省人均水平由 48.4%下降到 46.9%；人均社会消费品零售总额相当于全省人均水平由 72.5%下降到 66.2%；农民人均纯收入相当于全省平均水平由 83.5%下降到 71.8%。与其他革命老区相比，赣南等中央苏区发展速度同样较慢，如 2001~2011 年，延安市生产总值增长 9.5 倍，赣南中央苏区仅增长 3.5 倍；延安市地方财政收入增长 8.7 倍，赣南等中央苏区仅增长 5.7 倍；延安市农民人均纯收入增长 3.4 倍，赣南苏区仅增长 1.7 倍。2010 年赣南苏区与其他革命老区的比较情况详见图 2-15。

图 2-16　中国区域经济规划地图

资料来源：赣南苏区振兴发展主题展览，刘善庆翻拍。

第三，经济发展基础薄弱。赣南等中央苏区经济发展产业结构单一，工业基础十分薄弱，农业比重偏高，落后于全省和全国工业化、城镇化步伐。2011 年，赣南等中央苏区第一产业占生产总值的比重分别比全省、全国高 6.3 个和 8.2 个百分点，仍处在工业化初级阶段，经济基础薄弱。大部分工业企业属资源初加工型企业，产业规模小、层次低，安全性和稳定性差，抗风险能力弱。赣南等苏区纳税上千万元的工业企业仅 87 家，部分县除供电、烟草等垄断企业外，没有一家纳税超千万元的企业。与工业化水平低相伴的是城镇化水平低。2011 年，赣南等苏区县城镇化水平为 39.3%，分别低于全省、全国平均水平 6.4 个和 12.0 个百分点。由于没有大城市的辐射和带动，工业化和城镇化就不能协调发展，工业化水平难以提高。

第四，基础设施建设滞后。进入 21 世纪以来，全国各地固定资产投资步伐加快，基础设施建设加强。如前所述，赣南苏区基础设施虽得到改善，但仍然相对滞后，不能满足经济社会发展的要求。

第五，社会事业发展缓慢。江西省 31 个苏区县中有 12 个是国家级贫困县，占全省贫困县个数的一半以上，其中，赣南 18 个县（市、区）仍有国家扶贫开发重点县 8 个，省级扶持贫困村 1119 个，分别占县、村总数的 45%和 35%，大部分县（区）财政自给能力弱，完全靠上级转移支付维持，长期的财政困难造成政府负债居高不下，由此造成公共产品供给能力有限，社会公共事业投入严重不足。据调查，赣南等中央苏区人均教育、社保和医疗支出分别只有全国平均水平的 62.3%、62.9%和 80.2%。由于社会投入偏低，大部分苏区群众生产生活水平还很低，条件也较差。据调查，31 个赣南等中央苏区县处于贫困线以下人口比例达 22.4%，上学困难的人口比例达 30.6%，看病困难的人口占 21.1%，不安全饮用水人口比例达 43.7%，土坯房住户比例达 40.6%。仅有 22.7%的自然村有卫生室，且医疗设备普遍简陋。

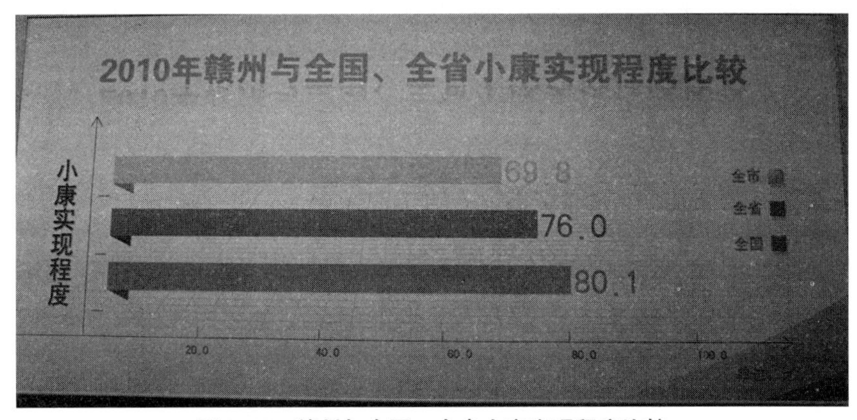

图 2–17　赣州与全国、全省小康实现程度比较

资料来源：赣南苏区振兴发展主题展览，刘善庆翻拍。

按国家 2300 元的新贫困线标准，赣州全市贫困人口有 215.46 万人，贫困发生率为 29.99%，高出全国贫困发生率 16.5 个百分点。目前，赣南苏区小康目标实现程度比全国低 10.3 个百分点，按现行发展速度，赣南苏区仅依靠自身力量，根本不可能在 2020 年与全国同步迈入全面小康社会。因此，需要得到国家强力扶持。

5. 小结

上述分析表明，在赣南等原中央苏区实施精准脱贫不仅理论正确，而且政治正确，无论从理论分析还是政策实践看，都具有充分的正当性。没有赣南等中央苏区的小康，就没有全国的全面小康。实现赣南等中央苏区的振兴既是全面建成小康社会的客观需要，也是告慰先烈勉励后人的政治需要。赣南等中央苏区是全面建成小康社会需要攻克的重点和难点，需要特殊扶持。

（二）赣南等中央苏区脱贫攻坚政策的演进概况

从纵向看，赣南等中央苏区脱贫攻坚的政策演进具体表现在以下三个方面。

1. 从革命老区到中央苏区

中国革命老根据地简称革命老区或老区，是指土地革命战争时期和抗日战争时期，在中国共产党和毛泽东等老一辈无产阶级革命家领导下创建的革命根据地。分布在全国大陆除新疆、青海、西藏以外的 28 个省、自治区、直辖市的 1300 多个县（市、区）。战争年代，老区人民养育了中国共产党及其领导的人民军队，提供了坚持长期斗争所需要的人力、物力和财力，为壮大革命力量，取得最后胜利，做出了巨大牺牲和极大贡献。从这个意义上，革命老区既是新中国的摇篮，也是社会主义大厦的牢固基石。

中央苏区即中央革命根据地，是第二次国内革命战争时期（1927~1937 年）全国最大的革命根据地，在赣南、闽西革命根据地基础上发展起来的中央革命根据地，一般称中央苏区。中央苏区是全国苏维埃运动的中心区域，是中华苏维埃共和国党、政、军首脑机关所在地。中央苏区以瑞金为中心，辖有江西、福建、闽赣、粤赣、赣南五个省级苏维埃政权。

2013 年 7 月 23 日，中央党史研究室正式下发《关于原中央苏区范围认定的有关情况》（中史字〔2013〕51 号）文件，确认中央苏区范围县为 97 个，其中江西省 49 个、福建省 37 个、广东省 11 个。具体如表 2–1 所示。

表 2–1　原中央苏区范围

省份	地级市	县（市、区）	备注
江西省（49 个）	赣州市	瑞金市、会昌县、寻乌县、安远县、信丰县、于都县、兴国县、宁都县、石城县、崇义县、上犹县、南康市、赣县、章贡区、大余县、定南县、龙南县、全南县	18 个
	吉安市	永丰县、青原区、泰和县、万安县、吉安县、井冈山市、峡江县、安福县、遂川县、永新县、吉州区、新干县、吉水县	13 个
	抚州市	广昌县、黎川县、乐安县、宜黄县、南丰县、资溪县、崇仁县、南城县、金溪县	9 个
	鹰潭市	贵溪市	1 个
	上饶市	铅山县、广丰县、上饶县	3 个
	宜春市	樟树市、袁州区	2 个
	新余市	渝水区、分宜县	2 个
	萍乡市	莲花县	1 个
福建省（37 个）	龙岩市	新罗区、永定县、上杭县、武平县、长汀县、连城县、漳平市	7 个
	三明市	梅列区、三元区、尤溪县、沙县、将乐县、永安市、大田县、明溪县、清流县、宁化县、建宁县、泰宁县	12 个
	南平市	延平区、顺昌县、邵武市、光泽县、武夷山市、浦城县、建阳市、建瓯市、松溪县、政和县	10 个
	漳州市	芗城区、平和县、诏安县、南靖县、龙海市、漳浦县、云霄县、华安县	8 个
广东省（11 个）	梅州市	梅江区、梅县区、兴宁市、五华县、丰顺县、大埔县、平远县、蕉岭县	8 个
	韶关市	南雄市	1 个
	潮州市	饶平县	1 个
	河源市	龙川县	1 个

资料来源：中央党史研究室：《关于原中央苏区范围认定的有关情况》（中史字〔2013〕51 号）

新中国成立后，在国家并不富裕的情况下，国家在对赣州等苏区人民采取抚恤救济措施的同时，加快老区、苏区建设。改革开放以来，在政治上高度重视苏区经济社会发展，成立老区建设专门机构，出台政策，支持革命老区建设发展。20 世纪 80 年代中期开始，随着与沿海发达地区经济差距的不断拉大，苏区、老区的贫困问题日益凸显，开发式扶贫成为苏区、老区建设的重要内容。90 年代尤其是 21 世纪以来，随着国家扶贫力度的不断加大，苏区、老区获得了大量的财政支持和其他优惠政策支持。2008 年金融危机爆发以后，支持老区、苏区发展的区域性政策相继出台。

2009 年 5 月 14 日，《国务院关于支持福建省加快建设海峡西岸经济区的若干意见》（以下简称《若干意见》）正式出台。《若干意见》提出，要在中央财政转移支付、中央预算内专项资金和中央预算内投资以及其他中央专项资金方面加大对中央苏区县、革命老区、少数民族地区的扶持力度。安排中央预算内投资等资金时，福建革命老区等参照执行中部地区政策，福建中央苏区县参照执行西部地区政策。

2012 年 6 月 28 日，《国务院关于支持赣南等原中央苏区振兴发展的若干意见》（以下简称《若干意见》）正式出台。《若干意见》对赣南等中央苏区的战略定位是：全国革命老区扶贫攻坚示范区，全国稀有金属产业基地、先进制造业基地和特色农产品深加工基地，重要的区域性综合交通枢纽，我国南方地区重要的生态屏障，红色文化传承创新区。提出了两步走战略，即到 2015 年，赣南等中央苏区在解决突出的民生问题和制约发展的薄弱环节方面取得突破性进展；到 2020 年，赣南等中央苏区整体实现跨越式发展。显然，第一步是尽量争取在短时间内向苏区大量“输血”，第二步则重在增强苏区的“造血”功能。核心是脱贫攻坚，想方设法帮助苏区摆脱贫困。

2014 年 3 月，国家发展改革委印发《赣闽粤原中央苏区振兴发展规划》（发改地区〔2014〕480 号）。规划以中央苏区为核心，统筹考虑有紧密联系的周边县（市、区）发展，《赣闽粤原中央苏区振兴发展规划》的总体思路是赣闽粤“苏区县”连片开发，涉及民生保障、农业农村、基础设施、产业发展、县域经济发展、生态建设和环境保护、公共服务均等化、构筑振兴发展平台等。

上述文件的出台，表明中央政府在充分尊重市场配置资源的基础性作用的同时，针对革命老区、中央苏区市场作用有限的实际情况，积极发挥政府配置资源的作用，加大对革命老区、中央苏区各方面政策的扶持力度，力图缩短与发展地区的差异，从而实现与全国同步建成小康社会的目标。

2. 从“大水漫灌”到“精准滴灌”

我国大规模扶贫开发政策的调整始于 1986 年，从上到下正式成立了专门扶贫机构，确定了开发式扶贫方针，制度不断完善。在此过程中，革命老区建设办公室与扶贫办合署办公，“两块牌子、一套人马”。扶贫对象也呈现逐渐细分的趋势。这个过程大致可以分成重点区域、重点人群的扶持两个层面。

第一，重点区域的扶持，主要以县（贫困县）为单位进行。为了加强对贫困地区的扶持，国家先后确定了一批国家级贫困县，进行重点扶持。

国家级贫困县，又称国家扶贫工作重点县，是国家为帮助贫困地区设立的一种标准。在国家出台贫困县认定标准后，省级层面也出台了省级贫困县的认定标准，因此，贫困县具体包括国家级贫困县、省级贫困县。其中，国家级贫困县资格经国务院扶贫开发领导小组办公室认定，审批工作共进行过三次。少数民族自治地区有不同评定标准，称民族自治地方国家扶贫工作重点县。

第一次认定发生在 20 世纪 80 年代中期。以县为单位，1985 年人均年收入低于 150 元的县（对少数民族自治县标准有所放宽），划定了 258 个国家级贫困县。

第二次认定发生在 20 世纪 90 年代。1993 年，“八七”扶贫攻坚计划开始制订和实施。尽管农村贫困人口已从 1985 年的 1.25 亿人减少至 1993 年的 8000 万人，但国定贫困县的数量却在那时增加到 592 个。其时国定贫困县的确立标准基本上延续了 1985 年的标准，1992 年人均纯收入超过 700 元的，一律退出国家级贫困县，低于 400 元的县，全部纳入国家级贫困县。重点县数量的确定采用“631 指数法”测定：贫困人口（占全国比例）占 60%（其中绝对贫困人口与低收入人口各占 80%与 20%）；农民人均纯收入较低的县数（占全国比例）占 30%权重；人均 GDP 低的县数、人均财政收入低的县数占 10%权重。其中人均低收入以 1300 元为标准，老区、少数民族边疆地区为 1500 元；人均 GDP 以 2700 元为标准；人均财政收入以 120 元为标准。

根据这些原则和方法，在 21 个省（区、市）确定了 592 个县（旗、市）为国家扶贫开发工作重点县，集中在少数民族地区、革命老区、边境地区和特困地区，其中老、少、边县的比例分别由“八七”计划的 18.43%、6%上升到 31%、45%、9%。据初步测算，重点县覆盖的贫困人口（625 元）占全国的 54%，低收入人口（865 元）占 57%。

第三次则在 21 世纪后。2012 年 3 月 19 日，国务院扶贫开发领导小组办公室在其官方网站公布了 665 个国家扶贫开发工作重点县名单（区、旗、市）（见图 2-2），江西 21 个县位列其中，即莲花县、修水县、赣县、上犹县、安远县、宁都县、于都县、兴国县、会昌县、寻乌县、吉安县、遂川县、万安县、永新县、井冈山市、乐安县、广昌县、上饶县、横峰县、余干县、鄱阳县。多属于原中央苏区县。

第二，重点人群的扶持则以集中连片区、村（贫困村）、户（贫困户）为单位进行。

认识和掌握贫困化发生机理、演化特征及分布规律，是制定扶贫政策的重要依据。有些地方扶贫投入不少，但实际效果不佳，主要原因在于扶贫对象的精准性、因贫施策的科学性不够。始于20世纪80年代的扶贫办法与当时环境是相适应的。因为，以县为单元进行扶贫资源分配和集中管理，确实有助于这些地区快速摆脱贫困。但是，由于部门条块分割比较严重，各个部门的支持政策缺乏统一性和协调性，加之国家出台的政策主要是区域性的扶贫政策，缺乏对贫困人员个体的扶持，又因财政分灶吃饭容易导致中央政府与地方政府扶贫目标事实上的不一致，虽然中央政府本意是扶贫，但是地方政府出于GDP增长的考虑，更多地倾向于将扶贫资源挪用于区域发展，三重叠加，因而致使扶贫政策针对性不强，有大水漫灌之嫌，扶贫效用降低。

另外，"经过二三十年发展，贫困在当下不再以整县的形式呈现，贫困问题更突出体现在大的片区，甚至出现在一些大城市周边，主要反映在返贫人群身上，所折射的主要是低收入人群的问题，这意味着现阶段贫困县政策需要作大调整"（李小云，2011）。正是在此背景下，中央扶贫的重点逐渐从以县为单位向集中连片区和以重点村、贫困户为单位转移。

重点村的扶贫。2001年5月，国务院扶贫领导小组颁布了《中国农村扶贫开发纲要（2001~2010年）》，对21世纪初的扶贫战略做出全面描述。以此为标志，我国扶贫开发工作进入下一阶段。其显著变化是，在扶贫对象的认定上，改变了过去以贫困县为基本扶持单位的做法，而将扶贫开发重点转向了14.8万个贫困村，从而在一定程度上扭转了贫困县以外的贫困人口享受不到扶贫政策和资金的状况。

集中连片区的确定。2013年，《罗霄山片区区域发展与扶贫攻坚规划（2011~2020年）》正式发布。该规划区域范围包括江西、湖南两省24个县（市、区）（详见表2-2），其中有23个集中连片特殊困难地区县市（以下简称片区县），有16个国家扶贫开发工作重点县，有23个革命老区县（市）。

《罗霄山片区区域发展与扶贫攻坚规划（2011~2020年）》的成功获批，使之成为江西省第一个上升为国家层面的扶贫攻坚战略，对于罗霄山区域革命老区振兴发展和扶贫对象脱贫致富发挥了积极的促进作用。江西省"十三五"规划纲要提出"打造脱贫攻坚新样板"，要以罗霄山集中连片特困地区，特别是革命老区贫困县为主战场，推进精准扶贫脱贫。

表 2-2　罗霄山片区区域发展与脱贫攻坚规划县

省　份	市	县（市、区）
江西	赣州	赣县、上犹县、安远县、宁都县、于都县、兴国县、会昌县、寻乌县、石城县、瑞金市、南康区、章贡区
	吉安	遂川县、万安县、永新县、井冈山市
	萍乡	莲花县
	抚州	乐安县
湖南	株洲	茶陵县、炎陵县
	郴州	宜章县、汝城县、桂东县、安仁县

贫困户的确定。虽然扶贫对象逐渐转移到贫困村、贫困户。但是，由于全省乃至全国都没有建立统一的扶贫信息系统，因此，对于贫困居民底数并不十分清楚、情况并不明确，在贫困户的确定上面难度较大。为了解决这个问题，国家统计局根据全国 7.40 万户农村住户调查样本数据，推算出全国农村贫困居民为 8249 万人①，然后逐级往下分解。

根据推算出来的贫困户数据虽然对于研究我国贫困居民规模、分析贫困发展趋势比较科学，但在具体工作中针对性并不很强，扶贫资金和项目指向并不太准确。对于具体贫困居民、贫困农户的帮扶工作事实上存在诸多盲点，真正的一些贫困农户和贫困居民很可能并没有得到帮扶，导致扶贫中的低质、低效问题难免普遍存在，如由于贫困居民底数不清，扶贫对象常由基层干部推测估算，扶贫资金“天女散花”，以致“年年扶贫年年贫”；人情扶贫、关系扶贫，造成应扶未扶、扶富不扶穷等社会不公正现象，甚至滋生腐败。如信丰县干部群众在多年的扶贫实践中就普遍认识到，过去扶贫项目、资金分配存在不够精准的问题，一些真正的贫困村、贫困户并没有从中受益。

以扶贫搬迁工程为例，居住在边远山区、地质灾害隐患区等地的贫困户，是扶贫开发最难啃的“硬骨头”。虽然移民搬迁是较好的出路，但是，因为补助资金少，所以，享受扶贫资金补助搬出来的多是经济条件相对较好的农户，贫困的特别是最穷的农户根本搬不起。新村扶贫、产业扶贫、劳务扶贫等项目，受益多的主要还是贫困社区中的中高收入农户，只有较少比例贫困农户从中受益，且受

---

① 据统计，截至 2014 年底，全国仍有 14 个集中连片贫困区、12.8 万个贫困村、7017 万贫困人口，重点分布在欠发达的中西部地区。其中贫困发生率超过 10%的有西藏、甘肃、新疆、贵州和云南，贫困人口超过 500 万人的有贵州、云南、河南、广西、湖南和四川。截至 2014 年底，江西仍有 276 万贫困人口，农村贫困发生率为 7.7%。

李开南、上官丽娟：《总书记推动“精准扶贫”五年后中国再无贫困人口》，人民网—中国经济周刊，2015 年 12 月 1 日。

益也相对较少。

上述情况表明，原有的扶贫体制机制难以适应全面建成小康社会的新形势，必须完善，从而真正解决钱和政策用在谁身上、怎么用、用得怎么样等问题。换句话说，扶贫必须要有“精准度”，必须从大水漫灌转向精准滴灌，实施精准扶贫、精准脱贫。

3. 精准脱贫的提出及其不断深化

精准扶贫、精准脱贫是国家扶贫开发战略的完善和升级，其要义是通过对贫困村和贫困户的精准识别、精准帮扶、精准管理和精准考核，引导各类扶贫资源有效对接贫困对象，优化资源配置，切实扶贫到村到户，构建长效机制，提高扶贫开发绩效，真正让贫困群众过上好日子。

许汉泽、李小云（2016）认为，关于扶贫对象的瞄准问题，大致经历了从20世纪80年代以县级为单位的瞄准到2001年以后以村级为单位的瞄准，以及“建档立卡”工作之后开始探索的以户为单位的瞄准机制。随着瞄准单元越趋下移和缩小，政府希望扶贫资源直接传递到贫困人口手里并使其真正受益，在这样背景之下，“精准扶贫”政策应运而生。

“精准扶贫”的含义有一个逐步深化、扩展的过程。2012年底，习近平总书记在革命老区河北阜平考察时指出，扶贫工作不要用“手榴弹炸跳蚤”，形成了精准扶贫的初始思想。2013年10月，在湖南湘西考察时，习近平总书记首次提出了“精准扶贫”的概念。2015年6月，在贵州考察时，习近平总书记要求扶贫开发工作做到“四个切实”（切实落实领导责任、切实做到精准扶贫、切实强化社会合力、切实加强基层组织），“六个精准”［扶持对象精准、项目安排精准、资金使用精准、措施到户精准、因村派人（第一书记）精准、脱贫成效精准］。在“2015年减贫与发展高层论坛”上，习近平总书记又进一步提出“通过异地搬迁安置一批，通过生态保护脱贫一批，通过教育扶贫脱贫一批，通过低保政策兜底一批”的“四个一”脱贫方案。

为贯彻落实习近平总书记关于精准脱贫的系列讲话精神，中共中央办公厅印发《关于创新机制扎实推进农村扶贫开发工作的意见的通知》，国务院扶贫办出台《关于印发〈建立精准扶贫工作机制实施方案〉的通知》、《关于印发〈扶贫开发建档立卡工作方案〉的通知》，对精准扶贫工作模式的顶层设计、总体布局和工作机制等方面都做了详尽规制。2015年10月，中共十八届五中全会通过的《中共中央关于制定国民经济和社会发展第十三个五年规划的建议》进一步提出，实施精准扶贫、精准脱贫，坚决打赢脱贫攻坚战。2015年11月29日，中央发布了《中共中央国务院关于打赢脱贫攻坚战的决定》，明确提出，实施精准扶贫方略，加快贫困人口精准脱贫。至此，精准扶贫已确立为全党的重大战略行动（廖进球，2016)，进一步推动了习近平精准扶贫、精准脱贫思想的全面开展（唐任伍，2015）。

2016 年 2 月，习近平总书记在江西视察时强调指出，要从落实共享发展理念的高度，保障和改善民生，打赢脱贫攻坚战，从而赋予了精准脱贫以更广阔的理论视野（廖进球，2016）。

总之，精准扶贫、精准脱贫是脱贫攻坚的基本方略。实现贫困人口如期脱贫，贫困县全部摘帽，必须改革现行扶贫思路和方式，变大水漫灌为精准滴灌，变“输血”为“造血”，变重 GDP 为重脱贫成效。精准扶贫、精准脱贫的基本要求与主要途径是“六个精准”和“五个一批”，其中，“六个精准”是扶贫对象精准、项目安排精准、资金使用精准、措施到户精准、因村派人精准、脱贫成效精准。“五个一批”是发展生产脱贫一批、异地扶贫搬迁脱贫一批、生态补偿脱贫一批、发展教育脱贫一批、社会保障兜底一批（刘永富，2016）。

应当说，习近平总书记精准脱贫思想正是在总结数十年脱贫工作经验、教训的基础上，根据目前中国贫困群体状况所提出的针对性措施。精准扶贫包括了精准识别、精准帮扶、精准管理和精准考核，其核心要义就是精准化理念，要求将精准化理念作为扶贫工作的基本理念，贯穿于扶贫工作的全过程。习近平总书记精准脱贫思想是党和政府今后一个时期对于贫困治理工作的指导性思想，将对中国扶贫成败起到决定性作用（唐任伍，2015）。

全面建成小康社会，贫困老区既是“短板”，又是战略重点。习近平同志强调，我们实现第一个百年奋斗目标、全面建成小康社会，没有老区的全面小康，特别是没有老区贫困人口脱贫致富，那是不完整的。解决好贫困老区脱贫致富问题，需要精准扶贫、精准脱贫，着力突破发展的“瓶颈”制约。基于此，2016 年 2 月，中共中央办公厅、国务院办公厅印发《关于加大脱贫攻坚力度支持革命老区开发建设的指导意见》，指出要“以改变老区发展面貌为目标，以贫困老区为重点”，“进一步加大扶持力度，实施精准扶贫、精准脱贫，着力破解区域发展“瓶颈”制约，着力解决民生领域突出困难和问题，着力增强自我发展能力，着力提升对内对外开放水平，推动老区全面建成小康社会，让老区人民共享改革发展成果”。“到 2020 年，老区基础设施建设取得积极进展，特色优势产业发展壮大，生态环境质量明显改善，城乡居民人均可支配收入增长幅度高于全国平均水平，基本公共服务主要领域指标接近全国平均水平，确保我国现行标准下农村贫困人口实现脱贫，贫困县全部摘帽，解决区域性整体贫困。”

二、脱贫攻坚政策在赣南等中央苏区的贯彻落实

对于赣南等中央苏区来说，精准脱贫的第一个切入点是解决群众的住房安全

问题，即农村危旧土坯房改造。在解决住房问题的同时，要对道路、桥梁、饮水安全、农田质量提高、产业发展等事关脱贫致富“瓶颈”方面发力。

2012 年《国务院关于支持赣南等原中央苏区振兴发展的若干意见》出台实施半年后，《罗霄山片区区域发展与扶贫攻坚规划（2011~2020 年）》紧随而出。2013 年 1 月 10 日，财政部、海关总署、国家税务总局联合下发《关于赣州市执行西部大开发税收政策问题的通知》，明确赣州市执行西部大开发税收政策，对设在赣州市的鼓励类产业的内资企业和外商投资企业减按 15%的税率征收企业所得税，将惠及钨、稀土、汽车零部件制造、脐橙等 20 余个产业，该政策的执行时效为 2012 年 1 月 1 日至 2020 年 12 月 31 日。2015 年 11 月 23 日，中央召开了中共十八届五中全会之后的首次政治局会议，审议通过了《关于打赢脱贫攻坚战的决定》，要求采取超常规举措，拿出过硬办法，举全党全社会之力，坚决打赢脱贫攻坚战；要逐级立下军令状，层层落实脱贫攻坚责任；还要实行最严格的考核督查问责。这些政策为赣南等中央苏区扶贫攻坚创造了良好的外部机遇。

从纵向看，中央关于精准扶贫、精准脱贫、振兴苏区的决策得到省（市、县、乡）各级政府的积极响应；从横向看，赣南等中央苏区精准扶贫、精准脱贫的政策落实具体体现在农村危旧土坯房改造和移民搬迁扶贫、教育扶贫、产业扶贫、社会扶贫、党建扶贫等方面。

（一）江西省委、省政府的贯彻落实情况

江西省委、省政府认真贯彻落实党中央、国务院关于老区、苏区精准脱贫、振兴发展的系列文件精神，创新扶贫工作方式，变“大水漫灌”为“定点滴灌”，对经过精准识别的贫困村、贫困户实行“建档立卡、驻村帮扶”，将扶贫资源集中使用，着力改变生产生活面貌。

2014 年召开的全省扶贫和移民工作座谈会强调，要认真学习好中央关于扶贫开发的重要指示，指出，精准扶贫的关键问题是精确识别贫困对象，强调各地应对贫困人群进行识别分类。随后，江西省委办公厅、省政府办公厅印发《关于创新机制扎实推进农村扶贫开发工作的实施方案》（以下简称《实施方案》），明确了紧紧围绕扶贫开发六大机制创新和 10 项重点工作①，以改革扶贫开发方式为途

---

① 六大机制，即改进以扶贫实绩为主的贫困县考核机制，构建科学高效的精准扶贫工作机制，整合完善干部驻村帮扶机制，强化以精准扶贫为导向的扶贫资金管理机制，创新金融服务机制，完善社会扶贫参与机制。

农村扶贫开发 10 项重点工作，即加大村级道路建设力度，全面解决农村居民饮水安全问题，提升农村供电服务能力，加快农村困难群众危房改造和搬迁移民扶贫进度，培育壮大有利于困难群众增收的特色优势产业，加快发展扶贫作用明显的乡村旅游业，全面开展智力扶贫，加强贫困地区卫生和计划生育工作，推动公共文化建设工作，推进贫困地区信息化建设等。

径，以创新扶贫工作机制为动力，以重点扶贫攻坚的38个县（市、区）为主战场，瞄准全省现有328万贫困人口和3400个贫困村，优化整合扶贫资金，实行精准扶贫，确保扶贫到村到户。统筹政府、市场、社会资源，引导各方力量参与扶贫事业，夯实打牢专项扶贫、行业扶贫、社会扶贫"三位一体"大扶贫工作格局；提出坚持"七个统筹"的工作原则，实施"六大工程"的工作载体，实现贫困现象显著改观、贫困地区生产生活条件显著改善、扶贫对象自我发展能力显著增强的"三个显著"目标。

2015年1月20日，全省农村工作会议召开。会议要求着力抓好罗霄山片区、赣南等中央苏区和少数民族地区扶贫攻坚，大力实施搬迁移民扶贫，积极开展产业扶贫。4月，省政府常务会议听取全省扶贫开发工作情况汇报。会议强调，要按照习近平总书记对江西老区扶贫攻坚提出的要求，在抓重点、建机制、强协作三个方面着力，打好精准脱贫攻坚战。6月，向全省下发《中共江西省委江西省人民政府关于全力打好精准扶贫攻坚战的决定》（以下简称《决定》），提出江西力争提前两年实现精准脱贫攻坚的工作目标。要求围绕精准脱贫攻坚这个重点任务，打好三场攻坚战（产业扶贫攻坚战、保障扶贫攻坚战、安居扶贫攻坚战），严格执行六项工作机制（用好考核扶贫实绩的"指挥棒"、编制精准扶贫攻坚的规划蓝图、健全落实行业扶贫的责任体系、加强筹措扶贫投入的整合平台、凝聚合力扶贫攻坚的强大力量、完善监管精准扶贫的信息系统）。《决定》完善了精准扶贫、精准脱贫的责任、考核、保障三大体系，"把脱贫攻坚紧紧抓在手上"（廖进球，2016）。

（二）地市党委政府的贯彻落实情况

中央苏区所在地市十分重视精准脱贫工作，坚决贯彻党中央、国务院和江西省委、省政府精准脱贫的文件精神，把精准脱贫列为"一号工程"，抓紧抓实。具体体现在以下几个方面。

1. 明确了精准脱贫的目标、任务

根据《关于印发江西省农村扶贫对象识别到户工作实施意见的通知》要求，赣州市高度重视，精准识别，梳理出因病、因残、因灾、缺土地、缺技术、缺资金等12种致贫原因，并提出从2015年起，全市每年实现精准脱贫15万人，确保到2020年实现《中国农村扶贫开发纲要（2011~2020年）》提出的"两不愁、三保障"[①]目标。吉安市明确规定，到2020年，全市建档立卡的贫困人口人均年纯收入达到4600元以上，农村贫困发生率控制在3%以下；661个贫困村村庄整治全面完成，居住在不适地区的贫困群众基本得到搬迁安置，农村贫困地区基础

① 两不愁：具体指扶贫对象不愁吃、不愁穿。三保障：指保障扶贫对象义务教育、基本医疗和住房。

设施全面改善。

2. 提出了精准识别的具体做法

赣南等中央苏区精准识别的具体做法是：核准底数、科学分类、建档立卡、动态管理。

（1）核准底数。赣州市按照国家制定的统一的扶贫对象识别标准、方法和程序，赣州市采取按收入倒排、公示公告的方式，以收入为依据，设置排除指标，逐村逐户拉网式摸底排查和精确复核，对不符合政策条件的及时予以排除，确保贫困对象的真实性、精准度。吉安市将 2013 年人均纯收入低于 2736 元的农村贫困人口，逐村逐户核定为农村扶贫对象。

（2）科学分类。在摸清底数的基础上，根据致贫原因和发展需求，科学划分“扶贫户、扶贫低保户、低保户、‘五保’户”四种贫困户类型。对有劳动能力和劳动意愿的扶贫对象，即“扶贫户、扶贫低保户”，针对其不同贫困成因，因户施策。“量身定做”针对性强、组合式的帮扶措施，并建立帮扶档案；通过产业扶贫、搬迁扶贫、就业扶贫、教育扶贫、金融扶贫等方式，助其脱贫。对“低保户、‘五保’户”等农村因病因残完全丧失劳动能力的贫困对象，实行托底保障。

（3）建档立卡。按照国家统一的贫困建档立卡要求，完善贫困村、贫困户建档立卡资料，做到户有卡、村有册、乡有簿、县有电子档案，逐户建立台账，从而建立市、县、乡、村四级互联互通扶贫信息系统平台，实现各级各部门各单位与贫困户信息直通，做到资源共享。

（4）动态管理。按照脱贫出、返贫进的原则，做到“贫困在库、脱贫出库”。以县（市、区）为单位，以年为节点，以贫困户脱贫进展为依据，及时进行数据更新，实现有进有出、逐年更新、分级管理、动态监测。

3. 建立了精准脱贫工作机制

2014 年 9 月，吉安市委办、市政府办联合下发《关于大力开展精准扶贫的实施意见》（吉办字〔2014〕129 号），提出在脱贫攻坚中，坚持精准脱贫与整村推进相互结合，因户施策与项目带动协调并举，专项扶贫与社会扶贫并举。

针对脱贫对象致贫原因和发展需求不同，吉安市在精准脱贫工作举措上明确了“四个到村到户”，进一步落实帮扶责任，实施分类帮扶，分批实施。

第一，规划落实到村到户。逐户明确帮扶目标、制订帮扶计划、确定帮扶项目、落实帮扶责任人。根据致贫原因和发展需求，分类制定贫困户脱贫规划、年度实施计划和有针对性的帮扶措施，做到户户有发展目标，户户有致富项目，形成一户一策的精准扶贫工作方案。

第二，项目资金到村到户。专项扶贫项目资金主要用于扶持到村到户项目，在中央苏区和特困片区产业扶贫专项资金中切出一半以上用于精准扶贫到户，每户建档立卡的贫困户扶持资金额度不少于5000元。各行业部门涉农项目资金向贫困村、贫困户倾斜，与扶贫资金捆绑使用，实现贫困户精准扶贫全覆盖。优先在永新县、吉安县和井冈山市开展产业扶贫贷款担保试点，每个县（市）选择有一定产业基础、村干部能力较强、群众积极性高的贫困村建立产业扶贫贷款担保基金。

第三，干部帮扶到村到户。每个贫困村至少安排一个单位帮扶，由县（市）抽调干部组建驻村工作队，到贫困村开展定点扶贫。对精准识别并建档立卡的农村贫困人口，分期分批安排党员干部、农村致富能人开展结对帮扶；定点扶贫工作一经确定，两年不变。

第四，跟踪管理到村到户。加强扶贫信息监测工作，建立好内容完整的精准扶贫到户帮扶台账，对贫困户的扶贫项目实施、干部帮扶、扶贫效果、收入变动和脱贫情况实行全程跟踪。对扶贫信息系统的数据进行动态管理。

继吉安市于2014年9月出台《关于大力开展精准扶贫的实施意见》后，赣州市于2015年2月出台《关于扎实推进精准扶贫工作的实施意见》，提出在精准识别扶贫对象的基础上，对建档立卡贫困户从产业扶贫、搬迁扶贫、教育扶贫、就业扶贫、保障扶贫、金融扶贫六个方面精准施策。按照群众“点菜”、政府“下厨”的模式，根据贫困户的现状、致富意愿、致富能力等个体差异，制定不同的“扶贫套餐”，弥补贫困家庭脱贫致富能力的“营养缺失”。

2016年，赣州市以1号文件出台《市委、市政府关于全面打赢脱贫攻坚战的实施意见》（含责任分工），同步下发“五个一批”脱贫攻坚方案以及贫困户疾病医疗补充保险方案和金融扶贫共18个脱贫攻坚专项方案。1月19日，全市经济工作会议暨扶贫开发工作会议召开，吹响全面打赢脱贫攻坚战的冲刺号角。1月26日，召开全市扶贫开发工作推进会议，坚持全市扶贫开发一盘棋思想，具体部署2016年脱贫攻坚工作。1月28日，召开全市精准扶贫工作领导小组成员单位会议，进一步凝聚行业扶贫攻坚合力。2月17日，召开全市驻村干部培训工作会议，正式启动了2016年驻村帮扶工作，实现了市、县、乡三级干部与30.32万户贫困户结对帮扶全覆盖，形成了“1+1+17”的扶贫攻坚政策体系。由此，赣州扶贫攻坚呈现两大特色。

第一是严格执行脱贫攻坚一把手负责制。市、县、乡、村四级书记一起抓，层层签订责任书，制定时间表、路线图、任务数。市县两级安排一名常委专职抓扶贫工作，19个县（市、区）中还有7个县由副书记主抓。明确乡镇一级集中精力抓脱贫攻坚和维护稳定，并作为乡镇考核的主要依据。

第二是建立“六个一”工作机制。由一名市委常委主抓，编制一个规划，制定一个目标，组织一个班子，建立一套工作协调机制，实施一套考核办法。为加大工作推进力度，健全“三个一”调度机制，市委常委每两周至少调度一次，市政府每月至少调度一次，市委每季度至少调度一次；年底组织流动现场会，看特色、看变化、看成效。

为进一步抓好贫困村扶贫开发，着力推进扶贫典型示范村建设，赣州市结合本市实际，按“十有”要求打造一批整村推进扶贫示范村。

一是有示范标牌。在示范村进村明显位置处树立“扶贫开发示范村”标牌。

二是有完整资料。按照“加强和完善扶贫开发资料档案管理工作”的要求，整理一套完整的贫困村资料，其中包括扶贫项目批准文件、项目实施责任书及合同书、项目实施前后照片、“两委”有关扶贫会议记录等。

三是有发展规划。包括扶贫开发重点村五年发展规划和“一村一品”主导产业发展规划。

四是有合作组织。有一个经工商部门注册登记并领发营业执照的农民专业合作社，80%以上农民参与各类产业协会。

五是有能人队伍。通过农民实用技术培训和务工技能培训及“一村一名”中专生和中高级技工培训，努力提高贫困劳动力技能水平。

六是有长效机制。建立健全扶贫开发项目计划申报、扶贫项目实施管理监督、农民实用技术与务工技能培训及党员培养发展等长效机制。

七是有服务中心。建设一个有会议室、图书馆、休闲场所、卫生医疗室等的文化娱乐活动中心。

八是有创评活动。积极开展创评精神文明建设活动，组织创评一批“五好家庭”、“文明信用户”及“文明村组”等。

九是有一个好班子。选准配强村两委班子，增强村班子的凝聚力和战斗力，使村班子真正成为组织带领群众脱贫致富奔小康的“领头雁”。

十是有可喜变化。按整村推进扶贫开发规划要求，大力实施水、电、路、气和环境改善“五到农家”工程，村容村貌整洁，生态环境优美、社会和谐秀美的新农村，有一个看得见的可喜变化。

（三）县（市、区）党委政府的贯彻落实情况

根据中央、省、市各级关于打好精准脱贫攻坚战的战略部署，原中央苏区县（市、区）充分发挥县、乡、村三级书记精准脱贫第一责任人作用，形成了由党委统一领导、党政齐抓共管、部门积极配合、上下齐心努力的高位推进的态势。

1. 形成了一套从中央到县（市、区）的完整政策体系

原中央苏区县（市、区）党委、政府积极响应上级号召，坚决贯彻落实上级指示精神，先后多次召开精准扶贫、精准脱贫动员大会，凝聚共识，形成精准扶贫、精准脱贫的合力。

2015 年 2 月 26 日，宁都县召开“全县精准扶贫工作动员大会”，扎实推进“创建全国革命老区扶贫攻坚示范区试点”工作。3 月 31 日，于都县召开全县农村工作暨精准扶贫工作会议（见图 2–18）。4 月，会昌县召开全县三级干部大会暨精准扶贫工作会议，部署 2015 年农业农村和精准扶贫工作，动员全县上下适应新常态，推动新发展，为实现与全国同步建成小康社会而努力奋斗。5 月中旬，井冈山召开“党员干部进村户、精准扶贫大会战”动员大会，全面部署扶贫攻坚工作。

图 2–18　于都县精准脱贫工作推进会场景

资料来源：于都县扶贫和移民办，何志强：《于都县召开农村工作暨精准扶贫工作会议》，省扶贫办网，2015 年 4 月 9 日。

2015 年 6 月 9 日，江西省精准扶贫攻坚现场推进会议召开。会后，各地纷纷采取切实措施，加大扶贫攻坚力度，特别是部分县（市、区）结合本地实际，强化扶贫攻坚组织保障体系，有力地推进了精准扶贫攻坚。如赣县，召开了全县精准扶贫暨农业农村工作推进会（见图 2–19），深入贯彻落实全省精准扶贫攻坚现场推进会精神，全面部署下一阶段扶贫和移民工作。

2015 年 11 月 27 日，遂川县召开精准扶贫攻坚现场推进会，回顾总结全县前一阶段扶贫开发工作，深入分析面临的困难和问题，研究部署当前和今后一段时期全县扶贫攻坚工作，确保贫困人口如期脱贫，确保贫困县如期摘帽，与全国全省同步全面建成小康社会。

图 2–19　赣县精准扶贫暨农业农村工作推进会场景

资料来源：赣县扶贫和移民办，谢晶：《赣县召开全县精准扶贫暨农业农村工作推进会》，省扶贫办网站，2015 年 10 月 27 日。

图 2–20　遂川县扶贫攻坚推进会

资料来源：遂川县扶贫和移民办，曾小满、罗渭荣、张润梅：《遂川县召开精准扶贫攻坚现场推进会》，2015 年 12 月 1 日。

进入 2016 年以来，各县频频召开精准扶贫、精准脱贫工作会议，进一步加大工作力度。如 2016 年 3 月 5 日下午，大余县召开全县精准脱贫誓师大会。据粗略统计，仅赣县就在 2 月 3 日、3 月 23 日、7 月 14 日分别召开了全县脱贫工作动员大会、2016 年贫困村退出工作调度会、全县精准扶贫暨新农村建设工作会议，进一步落实精准扶贫工作。在 2 月 3 日召开的脱贫工作动员大会上，赣县 19 个乡镇党委书记、乡（镇）长签订了脱贫攻坚责任书。

通过召开以精准脱贫为中心内容的各种会议，各县（市、区）进一步凝聚了精准脱贫共识，统一了精准脱贫的思想。为确保精准脱贫工作顺利推进，各县（市、区）结合本地实际，制定出台了一系列精准扶贫、精准脱贫的文件，形成了一套比较完整的政策体系，详见表 2–3。

表 2–3　中央苏区部分县（市、区）脱贫攻坚文件概况

序号	县（市、区）	文件名
1	遂川县	《关于开展全县扶贫攻坚“三年大决战”的实施方案》
2	寻乌县	《关于扎实推进精准扶贫工作实施方案》、《关于开展结对帮扶、推进精准扶贫工作的实施方案》等； 以县委、县政府两办名义印发了扶贫攻坚“书记工程”、扶持产业转型发展、优化柑橘产业发展、推进重点区域生态保护和产业发展、加快油茶产业发展推进精准扶贫等实施意见
3	崇义县	《崇义县推进精准扶贫扶持办法》、《崇义县开展结对帮扶推进精准扶贫工作的实施方案》、《崇义县精准扶贫产业帮扶实施办法》、《崇义县精准扶贫产业帮扶专项资金管理暂行办法》、《崇义县刺葡萄产业发展办法》、《崇义县油茶产业发展实施意见》、《崇义县干部结对帮扶贫困户实施意见》以及发展刺葡萄、油茶、竹木产业等 20 个行业专项扶贫方案
4	于都县	《关于全力推进精准扶贫工作的实施意见》、《关于开展结对帮扶推进精准扶贫工作的实施方案》、《于都县农村扶贫对象进退管理社会评价实施办法》、《关于全面加强精准扶贫攻坚组织保障体系建设的决定》、《关于做好〈江西省贫困县党政领导班子和领导干部经济社会发展实绩考核〉的通知》等；同时出台了行业部门支持精准扶贫的 9 个子方案，形成“1+4+9”的精准扶贫工作政策体系
5	信丰县	《关于全面加强精准扶贫攻坚组织保障体系建设的决定》；出台产业扶贫、教育扶贫、就业扶贫等 18 个专项扶贫方案，形成了“1+18”的精准扶贫政策文件体系
6	吉水县	《关于全力打好精准扶贫攻坚战的意见》等“1+N”文件
7	会昌县	《关于进一步加强新时期扶贫开发工作意见》、《罗霄山片区集中连片特困地区（会昌）区域发展与扶贫攻坚实施规划》、《会昌县产业扶贫规划》、《关于扎实推进精准扶贫工作的实施意见》、《关于开展结对帮扶推进精准扶贫工作的实施方案》及《产业扶贫实施方案》等 11 个具体、细化的专项精准扶贫方案，形成了“1+1+11”的精准扶贫政策文件体系
8	瑞金市	《关于扎实推进精准扶贫工作的实施意见》、《瑞金市单位和干部结对帮扶贫困户工作实施方案》
9	上犹县	《扎实推进精准扶贫工作的实施意见》、《开展结对帮扶推进精准扶贫工作的实施方案》等一系列配套性行业扶贫方案，形成了“2+2+19”的精准扶贫政策体系
10	吉安县	《关于全面加强精准扶贫攻坚组织保障体系建设的决定》

续表

序号	县（市、区）	文件名
11	龙南县	《关于深入推进精准扶贫工作的实施意见》、《〈龙南县搬迁移民扶贫实施方案〉等十项扶贫实施方案》，形成了“1+10”的精准扶贫政策体系；出台《龙南县精准扶贫工作考评办法》
12	井冈山市	《关于开展“党员干部进村户、精准扶贫大会战”的实施意见》
13	定南县	《定南县产业扶贫实施方案》

资料来源：笔者收集。

这些政策既坚决贯彻上级精神，又具有浓郁的地方特色，根据扶持对象实际情况而扶持力度各有不同。如井冈山市在落实精准帮扶政策时就各有轻重：

第一，产业帮扶政策。重点帮助有劳动能力的贫困户找准产业发展项目，按每户 5000 元额度标准。对建立了优势主导产业合作社，且贫困户参与面达 50%以上的贫困村，扶持 20 万元用于建立产业发展贷款担保基金。

第二，移民帮扶政策。贫困户移民搬迁按 8000 元/人标准予以补助，红卡户“爱心公寓”统建楼房每户补助 5 万元，同时享受 4000 元/人的移民搬迁直补和危房改造补助。

第三，基础设施帮扶政策。确保 25 户以上自然村全部实现通水通电；结合村庄整治帮助贫困户解决入户道路建设、庭院绿化美化、改水改厕；所住房屋为危房的纳入农村危旧房改造计划。贫困户土坯房拆旧建新，由市财政在原有标准的基础上再补助 1 万元。

第四，教育帮扶政策。对公办幼儿园、村小附属幼儿班建档立卡贫困户子女学前教育保教费减半；对义务教育阶段建档立卡贫困家庭寄宿生生活补助标准，在上级规定的标准上每人每年增加 500 元；对红卡户子女高中阶段学费、书本费全免并予以每年补助 1000~2000 元；对考取全日制普通高等院校的建档立卡贫困户子女补助 4000 元，对考入职业院校的建档立卡贫困户子女补助 2000 元，连续补助两年。面向农村贫困家庭定向培养人才，2015 年对建档立卡贫困户子女报考中招“三定向”的加 20 分录取；从 2016 年起，切出 20%的中招“三定向”招生指标，专门用于招收建档立卡贫困户子女，并根据当年招生考试情况确定具体加分标准。对参加转移就业技能培训并取得有关部门颁发职业技能证书的扶贫对象，每人给予 300~1000 元的培训补助；向扶贫对象免费开展农村实用技术培训。

第五，保障帮扶政策。以落实政策为重点，对红卡户优先纳入最低生活保障范围，通过财政兜底提高农村低保对象的补差标准，自 2015 年起，红卡户家庭低保对象的低保标准参照上年省定标准的基础上每人每月再增加 40 元，对未纳入低保范围的红卡户家庭成员，每人每月给予 100 元政府救助金。帮助贫困户全部参加新农合和新农保，同时为红卡户家庭成员每人再缴纳100元医疗附加险，缴纳资金由市财政兜底解决。对未列入低保对象的贫困户如遭遇重大疾病、意外事故及自然灾害等突发事件导致家庭生活困难加重的，纳入临时救助重点帮扶对象。通过实施保障帮扶政策，确保2015年解决5986人的红卡对象脱贫问题。

瑞金市委、市政府《关于扎实推进精准扶贫工作的实施意见》创造性地提出了“三个加强、四个瞄准、五个确保”工作法，其中，“四个瞄准、五个确保”分别指：

“四个瞄准”。一是瞄准贫困村。重点是帮助贫困村切实改善人居环境，完善生产生活设施条件，发展“一村一品”产业，因地制宜地找到脱贫路子。二是瞄准贫困小组。帮助贫困发生率高的村小组贫困群众抱团式扶贫，通过扶持大棚建设、机耕道以及通小组道路建设等措施改善小组发展条件。三是瞄准贫困户。实施金融扶持等措施，对发展毛竹、西瓜、烟叶等规模产业及组建农民合作社、发展新产业的给予适当补助，提供贷款便利及贴息，对深山、地质灾害区贫困户实行搬迁移民，解决“拔穷根”问题。四是瞄准贫困人口。重点实施智力扶贫，对贫困户子女开展“雨露计划”等培训和“两后生”补助，对因灾返贫、因病返贫的贫困人口，实行定期救助、干部帮扶和能人大户帮扶，确保实现脱贫。

“五个确保”。一是确保扶贫对象有自我发展的能力和稳定的收入，每户扶贫对象家庭年人均纯收入达到2736元（相当于2010年2300元不变价）以上。二是确保扶贫对象家庭危旧土坯房完成改造或实行移民搬迁进城进园、进中心圩镇、进中心村集中安置，扶贫对象居住社区的供水、供电、出行道路、社区环境有明显改善，教育卫生等基本公共服务水平达到全市平均水平。三是确保扶贫对象家庭全部参加城乡居民社会养老保险和新农合，符合条件的扶贫对象家庭全部纳入农村最低生活保障。四是确保扶贫对象的子女接受义务教育不辍学，考上大中专院校的学生能够顺利完成学业。五是确保扶贫对象家庭劳动力都能参加免费职业技术培训或产业技术培训，提高就业或创业技能。

为进一步加大精准扶贫工作宣传力度，使广大干部群众尽快掌握精准扶贫工作的相关扶持政策、工作机制等知识，各县（市、区）将各级政府精准扶贫的文件汇编成册，通过各种方式，发放给各机关领导干部、全体精准扶贫驻村工作队员、村干部、贫困户。如瑞金市扶贫移民工作领导小组组织编印了25000多本《瑞金市精准扶贫工作宣传手册》（以下简称《宣传手册》），《宣传手册》共90页70000多字，分为文件政策篇、精准扶持篇、精准管理篇、技术指导篇、脱贫致富篇。其中发放给全市各机关领导干部、全体精准扶贫驻村工作队员及村干部每人1本，扶贫开发户及扶贫低保户每户1本。为便于帮扶干部与贫困户掌握扶持政策和具体补助标准，崇义县将其扶持政策汇编成《崇义县精准扶贫扶持到户政策一本通》，并发放到全县 6500 名贫困户及驻村工作队手中。龙南县精准扶贫办公室编印的 15000 本《精准扶贫工作相关政策办理指南》发放到该县每位贫困户手中，该书涵盖了移民搬迁扶贫、教育扶贫资助、就业扶贫、城乡医疗救助、雨露计划、临时救助七大扶贫类别，详细介绍了每个类别的办理条件和流程、办理地点、联系电话和经办人员等信息，方便贫困户。为强化宣传效果，龙南县还编辑发放了一本通俗易懂的漫画宣传册，将省、市、县精准扶贫相关政策编辑成《"1+1+17"精准扶贫方案宣传册》，以图文并茂、简单清晰的方式全面展示了"1+1+17"精准扶贫方案中的重点内容、重要环节以及要为群众解决的具体困难和问题。会昌县按照 21444 户贫困户和 3556 名帮扶干部人数，共编制并印发了《会昌县精准扶贫工作政策手册》2.5 万余册（以下简称《手册》）。《手册》把 11 项扶贫政策细化、分解，详细阐述了补助目录、补助标准、办理程序及需提供材料等全方位的信息，为贫困群众指明方向，提供帮助。

2. 建立了一套高效运转的脱贫攻坚机制

赣南等中央苏区各县（市、区）建立了一套运转高效的精准扶贫机制。该机制由组织领导、资金投入、队伍建设、督促考评等要素构成。

建立组织架构，落实政策保障。苏区各县（市、区）普遍建立了县（市、区）、乡（镇、场）、村三级帮扶机制，实行领导挂乡（镇、场），单位联村，党员干部包户，党政主要领导负总责的工作机制。都成立了精准扶贫工作领导小组（或大会战指挥部），由县（市、区）委书记任组长（或指挥长），县（市、区）长任副组长，领导小组下设办公室及产业发展、基础设施建设、社会事业、社会保障等工作小组。各乡（镇、场）也成立相应的领导小组（或指挥部）和扶贫办，各单位（含驻在地单位）建立帮扶小组。

如信丰县《关于全面加强精准扶贫攻坚组织保障体系建设的决定》（信字 37 号）就建立一套精准高效的扶贫机制，专门作出了决定，强化攻坚组织领导。把精准扶贫工作列为"书记工程"。各乡（镇）党委、政府，各责任帮扶单位是实施精准扶贫的责任主体。成立由县委书记任组长，县委副书记、县长任第一副组长，县委副书记任常务副组长，相关县领导任副组长，县委办、县政府办、县扶贫和移民办、县财政局、县委农工部、县委组织部等相关单位主要负责同志为成员的精准扶贫工作领导小组。领导小组下设产业扶贫、搬迁扶贫、教育扶贫、就业扶贫、保障扶贫、金融扶贫、社会扶贫七个工作组，每个工作组由一名县领导任组长，七个业务单位牵头。

在强化资金投入上，建立扶贫开发资金持续增长机制。如信丰县筹集 1.6 亿元，以产业帮扶为重点，分类施策，每户贫困户不超过 1 万元产业帮扶资金，建立起贫困户长效稳定的增收渠道；新干县财政每年预算安排扶贫专项资金不少于

1 亿元，其中 6000 万元专项用于建档立卡贫困户产业发展小额贷款风险抵押，1000 万元用于建档立卡贫困户发展产业的奖补，2080 万元统筹用于“进城进园”移民搬迁补助、建档立卡贫困户养老保险和医疗保险政府代缴金等，其他资金专门用于贫困户大病医疗救助、上大学助学补助、市（县）领导挂点贫困村配套资金、县及乡镇扶贫移民办工作经费等。注重整合涉农资金，农村各类基础设施建设项目的 60%安排在贫困村，新农村建设村点的 60%安排在贫困村。

在强化队伍建设上，各乡（镇、场）成立扶贫移民办（站），并落实专职工作人员。如信丰县为全面打好扶贫攻坚战，决定在全县 16 个乡（镇）成立扶贫和移民办公室，为正股级财政全额拨款事业单位，做到有固定机构编制、固定工作人员、固定办公场所、固定工作经费“四个固定”，不断加强乡（镇）扶贫工作队伍建设，为精准扶贫工作开展提供强有力的保障。强化村级组织基础。落实“四个全面”战略布局，深入推进“连心、强基、模范”三大工程，着力加强村级基层组织建设，以坚强的组织、一流的队伍推动扶贫攻坚工作，打牢三年决战同步全面小康的组织基础。

强化督查考评。一方面加强过程管理；另一方面强化绩效管理。过程管理主要是强化精准扶贫工作队工作纪律建设，提高工作绩效。如会昌县制定了《关于进一步加强精准扶贫工作纪律的通知》，强化对各乡（镇）、各单位精准扶贫工作队的管理，对常驻干部执行严格的请销假制度和“双重管理、乡镇为主”的管理原则；对非常驻干部坚持每季度上户走访一次、每月电话联系一次；常驻干部和第一书记要做到与原单位工作全脱钩，严格加强日常管理；加强督查检查，严肃责任追究。

绩效管理重点是加强减贫数量、贫困人口收入增幅、贫困村生产生活条件改善、贫困村集体经济增幅的考核，考核结果作为评价班子和主要领导干部实绩的重要内容，与干部的年度考核、综合考评挂钩，作为干部选拔任用、年度考核等次确认和奖惩的重要依据，好的表彰奖励、优先重用提拔，差的进行约谈、进行组织调整。

《龙南县精准扶贫工作考评办法》分成组织考评、组织初审、组织复核，建立了以精准扶贫、精准脱贫为目标任务的正向激励机制和负面约束机制。为了加快推进精准扶贫工作，把精准各项任务落到实处。瑞金市对年度考核不达标的单位，追究其主要领导责任，实行“一票否决”制。每季度开展一次督查考核并通报，对连续两次倒数一两名的单位予以黄牌警告；对于扶贫开发工作成绩突出的干部提拔重用。井冈山市把扶贫工作纳入各地各部门年度综合考评，实行一季一调度，半年一小结，一年一考核，加大对扶贫工作的考核权重。落实“一次通报、二次约谈、三次问责”督查问效制度。

3. 培养了一支高素质的脱贫干部队伍

“打铁还需自身硬”，熟悉精准扶贫各项政策，是实施精准扶贫、精准脱贫至关重要的步骤。为了培养一支政治上过硬、业务素质强的精准脱贫干部队伍，赣南等中央苏区县（市、区）加大了干部培训力度和频次。培训层级既有省级政府部门组织的培训，也有县（市、区）党委、政府部门组织的培训。

图 2–21　会昌县精准扶贫信息管理系统操作流程培训会

资料来源：会昌县扶贫和移民办，潘嘉敬：《会昌县召开全县精准扶贫信息管理系统操作流程培训会》，江西省扶贫办网，2015 年 8 月 4 日。

一般来说，县（市、区）级部门组织的培训对象主要包括县精准脱贫部门干部、基层乡（镇、场）领导、村党支部书记、第一书记，以及驻村工作队（组）成员、电脑系统技术人员、合作社负责人、种植大户等。培训内容包括精准脱贫政策讲解、业务培新、产业发展以及电脑系统录入等技术知识，表 2–4 列出了部分县（市、区）培训的一些情况。表 2–4 的数据充分说明赣南等中央苏区各级政府对精准脱贫干部培训工作的极端重视。

图 2–22　遂川县“雨露计划”信息管理系统业务培训图

资料来源：遂川县扶贫和移民办，罗渭荣、刘晓荣、张春华：《遂川县开展雨露计划信息管理系统业务培训》，省扶贫办网，2015 年 8 月 31 日。

表 2–4　部分县（市、区）举办的脱贫攻坚干部培训班

序号	县（市、区）	主要内容	时间	培训对象
1	石城县	全县扶贫业务工作培训会	2014 年 7 月 7 日下午	各乡镇扶贫专干、县扶贫和移民办全体领导干部
2	石城县	全县扶贫开发建档立卡信息录入工作培训班	2014 年 10 月 10 日上午	—
3	泰和县	贫困户建档立卡软件系统培训班	2014 年 9 月 28 日	全县 22 个乡镇分管扶贫建档立卡的领导及业务操作人员
4	章贡区	扶贫开发建档立卡软件操作培训班	2014 年 9 月 24 日上午	各镇及相关街道负责贫困人口建档立卡业务人员
5	于都县	档立卡信息系统录入培训会	2014 年 10 月 14 日下午	全县 23 个乡镇的扶贫专干和部分乡镇“三支一扶”扶贫生
6	宜黄县	第二期黄茶栽培技术培训班；浙江安吉茶叶种植专家钱义荣讲课	2014 年 10 月	会县 80 多位茶叶种植户
7	宜黄县	扶贫开发建档立卡回头看和 2015 年信息系统数据采集工作培训会	2015 年 1 月 30 日	12 个乡镇分管扶贫工作领导、扶贫专干，12 贫困村统计员
8	信丰县	全县村支书精准扶贫工作业务培训班	2015 年 3 月 25 日至 27 日	全县 260 位村支书
9	全南县	扶贫开发建档立卡软件操作系统培训	2014年10月11日	全县 9 个乡镇 18 名扶贫干部

续表

序号	县（市、区）	主要内容	时间	培训对象
10	宁都县	中央专项彩票公益金支持小型公益设施建设项目申报培训会	2014年9月1日	项目村村干部，项目所在乡镇分管领导、扶贫和移民办主任及县扶贫和移民办公室、县财政局相关人员
11	宁都县	扶贫开发建档立卡信息采集录入系统培训会	2014年9月28日	全县24个乡镇扶贫和移民办公室主任及建档立卡工作录入人员
12	莲花县	中央专项彩票公益金小型公益项目业务培训班	2015年2月10日	全县13个乡（镇）分管领导和43个项目村的村支部书记
13	黎川县	“四进四联四帮”活动暨精准扶贫攻坚专题培训班	2015年7月8日下午	全县98支“连心”小分队全体成员
14	吉安县	全县精准扶贫建档立卡软件系统录入工作培训会	2014年9月26日	全县19个乡镇和井开区街道办分管扶贫开发工作领导、扶贫开发业务骨干
15	吉安县	扶贫对象建档立卡“回头看”和2015年扶贫开发信息系统数据采集培训会	2015年1月19日	全县19个乡镇、井开区街道办分管领导和办全体干职
16	会昌县	建档立卡软件系统培训	2014年9月25日和26日	各乡（镇）扶贫专干
17	广丰县	产业扶贫专题培训班	2014年12月12日上午	省级、县级扶贫重点村党支部书记或村委会主任、广丰县林氏种植专业合作社与广丰县齐力林业专业合作社主要负责人等
18	江西省	全省扶贫和移民产业贷款试点工作培训班	2015年4月1日	各设区市扶贫和移民办（局）、农村信用社（农商银行）负责扶贫和移民产业贷款试点工作的业务科长（部门总经理），27个试点县（市、区）扶贫和移民办（局）、农村信用社（农商银行）主要领导和业务负责人
19	江西省	省定点帮扶贫困村暨选派第一书记工作培训会	2015年9月7日	—
20	章贡区	进一步规范扶贫和移民项目档案管理培训会	2015年12月2日	各镇扶贫和移民工作分管领导、业务科室负责人和章贡区各贫困村、移民村主要负责人及业务人员
21	大余县	医疗精准扶贫政策、农业产业精准扶贫政策、金融精准扶贫政策等巡回业务培训	从2016年3月1日开始，共8天共11期	覆盖11个乡镇精准扶贫人员
22	定南县	精准脱贫工作培训班	2016年2月18日	各镇分管精准扶贫工作的领导、精准办工作人员、各结对帮扶单位的驻村工作队队长、县精准办全体工作人员
23	定南县	脱贫攻坚政策专题培训会	2016年5月20日	全县各镇分管领导、扶贫专干、各帮扶单位驻村工作队队长、各贫困村的支部书记和第一书记

续表

序号	县（市、区）	主要内容	时间	培训对象
24	崇义县	驻村帮扶干部培训会议	2016年3月4日	结对帮扶工作队队长，各乡（镇）分管领导，12个省级贫困村和35个市级贫困村党支部书记
25	会昌县	精准扶贫结对帮扶干部业务培训会	2016年5月20日上午	结对帮扶单位驻村工作队长以及县直（驻县）结对帮扶单位分管精准扶贫工作领导；各乡（镇）分管精准扶贫工作的领导、扶贫办主任等
26	会昌县	精准扶贫信息管理系统操作流程培训会	2015年7月31日下午	挂点帮扶单位及各乡（镇）政府干部
27	安远县	建档立卡软件系统应用培训会议	2014年10月	全体县扶贫和移民办机关干部和各乡镇扶贫办主任、扶贫专干
28	广昌县	中央专项彩票公益金整村推进项目管理业务培训班	2015年1月	全县11个乡（镇）分管领导和5个项目试点村村干部
29	大余县	“扶贫信息系统”管理和使用培训班	2015年5月8日下午	全县11个乡镇分管领导、系统操作员、县精准扶贫办全体工作人员
30	吉水县	“十三五”贫困村村庄整治建设规划编制工作培训会	2015年8月19日下午	全县18个乡镇的扶贫分管领导、扶贫专干、“十三五”41个贫困村的书记、县扶贫和移民办相关工作人员
31	南城县	“四进四联四帮”精准扶贫集中培训班	2015年7月20日上午	全县150个驻村“连心”小分队的成员
32	瑞金市	“雨露计划”和移民工作业务培训会	2015年12月29日上午	各乡镇分管领导、扶贫和移民办主任，联通公司瑞金分公司、瑞金市精准扶贫办工作人员
33	遂川县	“雨露计划”信息管理系统业务培训	2015年8月26日	23个乡镇扶贫站相关工作人员
34	安福县	“雨露计划”暨贫困户建档立卡软件系统培训班	2014年9月12日	全县19个乡（镇）分管扶贫领导、电脑操作员
35	章贡区	2014扶贫和移民科技培训班	2014年7月1日	永安村和附近的窑背村、上禾村的村干部、驻村“三送”干部、农业种植户，以及区、镇相关部门人员
36	石城县	全县村（社区）党支部第一书记培训班	2015年9月24日	全县村（社区）党支部第一书记（即省、市、县直单位选派到村和社区任第一书记的干部）

注：“—”表示不清楚。
资料来源：笔者收集。

4. 采取了行之有效的工作方法

在精准脱贫政策贯彻落实过程中，各县（市、区）从本地实际出发，大胆探索，积极创新，采取了行之有效的工作方法，集中体现在精准识别、精准扶贫行动、扶贫资金管理等方面。

精准识别脱贫对象是精准脱贫的关键环节、基础工作，是精准扶贫的“第一战役”。通过建档立卡，把贫困村、贫困户、贫困人口精准识别出来，不仅能够确保扶贫开发工作有的放矢，而且有利于在此基础上通过运用云计算、大数据分析以推动扶贫攻坚（刘永富，2015）。

根据《中共中央办公厅、国务院办公厅〈关于创新机制扎实推进农村扶贫开发工作意见〉的通知》（中办发〔2013〕25号）精神，及省、市有关深入推进精准扶贫、精准脱贫有关工作要求，自2014年10月以来，赣南等中央苏区各县（市、区）成立了扶贫对象识别到户工作领导小组，由分管领导任组长，扶贫部门牵头，抽调民政、财政、统计、农调队等单位负责人组成领导小组办公室，具体负责识别到户工作的组织实施、综合协调、检查指导等；各乡（镇、场）、村都成立了相应的工作领导小组和工作机构，全面负责本辖区的识别到户工作。

贫困户的建档立卡工作一般需要经过贫困户的评定、填表、录入三个过程。为确保扶贫对象识真、识准，各县积极探索，创新措施。如兴国县就形成了精准识别的“五字诀”，具体如下。

一是搭建平台，力求政策宣传“广”。该县多形式搭建宣传平台，让群众第一时间了解精准扶贫政策。如利用手机短信、微信等平台编写精准扶贫政策信息发送到农户手机中，将《扶贫对象识别“十不准”》张贴在乡、村公示栏等醒目位置，制作电视专题节目定时播放宣传等形式，做到了人人知晓政策。

二是精准定位，力求对象识别“准”。兴国县统一编印了《精准扶贫对象调查摸底工作要求汇编》指导手册，严格按照“三定”准则，进行精准识别，即：

（1）定标准。兴国县明确了识别标准的两条“红线”：①按照江西省一票否决的7种情形及4种从严审核甄别情况，专门制定了扶贫对象精准识别“十不准”[①]，把不符合条件的农户剔除出去；②扶贫对象年人均收入必须在2736元以下。

---

① 也称为“十不许”即家庭成员中有担任公务员的、事业人员、教师、退休人员等职业，有稳定收入来源的农户；家庭中拥有非生活必需的高档消费品或家中购置工程机械及大型农机具的农户；户口虽在农村，在集镇或者县城及以上城市购置或建有店面、住房的农户（不包括易地扶贫搬迁在集镇购房的贫困户）；户口虽在农村，但长期全家整体外出务工连续三年以上且没有其他特殊困难的农户；家庭成员中有自费出国留学的农户；长期雇用他人从事生产经营活动的农户；家庭成员中有现任村干部的农户；因赌博、吸毒、好逸恶劳等原因致贫及不履行赡养义务的农户；家庭成员中有经商、办企业的农户；从事种植业、养殖业的大户，这十种情况不能识别为贫困户。龙南县贫困户鉴定标准则明确为“七不准、七优先”。

（2）定程序。为了把对象识准，在初次摸清底数报乡镇审核后，要求乡镇对扶贫对象精准识别工作“回头看”，然后严格按照“农户申请、村民小组评议、组级公示、村民代表大会审核、村委会公示、乡镇人民政府复核、村公告”七个步骤进行再识别[①]，通过“三上三下”的识别过程，切实提高了扶贫对象识别的精准度。

（3）定要求。主要有四个：①要求在调查摸底前，先对乡村干部进行精准识别的业务培训，提高识别精准度；②要求乡（镇）按照“七个步骤”、乡（镇）村组“三级联审”的程序，认真把好对象识别关；③在名单公示时一并公布举报电话，主动接受群众的监督和投诉，对触碰“红线”的包组村干部严肃处理，做到一把尺子量到底；④保存好每个步骤的图片、影像资料依据，确保不错识、不乱识、不漏识。

三是有序疏理，力求信息分类“细”。主要体现在以下三个方面。

（1）原则清。按照“不定数量、不攀数量、不制造事端”的原则，据实摸清贫困户底数。

（2）分类细。为精准掌握贫困户致贫原因和帮扶意愿，专门设计《兴国县精准扶贫对象调查摸底统计表》，将贫困户致贫原因细化为因病、因残、因灾等22大类、39项，把帮扶意愿细化成产业扶贫、搬迁扶贫、教育扶贫、就业扶贫、保障扶贫、金融扶贫六大类、37个子项，为下一步精准施策打好基础。

（3）把脉准。在梳理好扶贫对象致贫原因和帮扶意愿等信息的基础上，做到因户施策、“量身定制”。一方面，定位产业，不同对象、不同意愿的扶贫对象对应定位不同的产业；另一方面，定位对象，根据不同产业的技能要求吸纳定位适合的贫困对象。县、乡（镇）、村三级相关部门对产业发展进行分析，做好扶什么，怎么扶的计划，进一步提高了施策脱贫精确度，为下一步实施精准扶贫对号入座提供了翔实的依据，然后按照识别过程中所统计的数据对扶贫对象进行分类建档立卡。

四是严督实导，力求识别结果“真”。为了切实做好精准扶贫对象识别工作，该县层层落实责任，严督实导。

（1）签订责任状。采取乡（镇）、村组三级干部层层签订《精准扶贫对象调查摸底工作责任状》，明确各级责任。

---

① 龙南县结合实际建立了精准识别九步工作法，即“提出申请、召开户主大会、入户调查、召开村民代表大会、第一次公示、乡镇审核、第二次公示、县级复审、第三次公示”，在完成规定动作的基础上，新增了召开户主大会、户主大会情况告知两项自选动作，并采取“乡村入户调查、县级随机抽查、群众反映复查”等措施严格核实贫困户，确保了扶贫对象建档立卡工作“宣传到户、程序到位、核查到人”。

（2）抽查督导。对该项工作进行随机抽查，以便发现工作中出现的问题，及时指导整改到位。

（3）责任倒查。如相关责任人工作不力，导致扶贫对象错识、漏识、乱识而引发事端的，按照“谁认定、谁签字、谁负责”的责任倒查机制进行追责。

（4）开展专项督查。县精准扶贫办专门成立专项督查组，分“七个步骤”对各村组精准识别对象进行专项督查，通过查看会议记录、图片影像资料、走访群众等形式进行全面核查。坚持“四看”，即一看粮、二看房、三看劳动力强不强、四看家中有没有读书郎，对贫困户进行摸底调查、复核甄别。对程序把关不严，对象识别不准的乡（镇），及时下达整改通知书和督查通报。除了立即整改到位外，还要按照相关规定对相关责任人进行约谈问责，确保“扶真贫、真扶贫”。

五是准确录入，务求输入信息“清”。安排各乡（镇）业务能力强、有责任心的干部负责贫困农户的信息采集和录入，将相关信息及时录入全国扶贫对象信息管理系统，实现“户有卡、村有册、乡有簿、县有电子档案”。做到基本情况清、致贫原因准、帮扶措施明、帮扶过程显、帮扶效果现。

信丰县采取六个措施，确保贫困人口精准识别督查复核工作质量。具体如下：

第一，“量化式”督查复核。针对贫困户界定随意性较大的问题，根据《信丰县扶贫开发建档立卡工作方案》，要求重新对辖区内所有贫困户一户不漏地进行全面自查复核，通过对贫困户的家庭人均纯收入进行量化核算。

第二，“地毯式”督查复核。针对贫困户界定较容易遗漏的难题，要求由乡（镇）包村领导牵头，包村干部、“三送”（送政策、送温暖、送服务）工作队队长（队员）组成复核工作组，对本乡（镇）所有贫困户严格进行“地毯式”督查复核，复核结果须包村领导、“三送”队长签字确认，确保不漏一户，不漏一人。

第三，“阳光式”督查复核。针对贫困户界定容易做人情的问题，要求在村部和村小组较多人员经过的地方进行公示，随时接受群众的监督、评判和举报，让群众全程参与到精准扶贫对象的识别工作中来，确保公平、公开、公正。

第四，“换位式”督查复核。针对精准识别工作较容易陷入自我满足的问题，要求各乡（镇）分管精准扶贫工作的党委副书记或常务副乡（镇）长带队，对其他乡（镇）贫困对象识别工作进行“换位式”的督查复核，要求村村、户户、人人督查复核全覆盖，特别是为防止村干部做人情，还要求村干部原籍小组做到每户必查复核，对督查复核过程中发现的问题及村民反映的情况统一上报至县扶贫和移民办等相关部门。

第五，“随机式”督查复核。为防止“雷声大雨点小”或者“一阵风”的问题，由县委督查室、政府督查室、“三送”督查组组成的联合调查组对各乡（镇）贫困对象进行复核工作以明察暗访方式深入全县 16 个乡（镇）的 42 个村进行了随机抽查。

第六，“暴风式”问责追责。要求对督查复核中发现的问题第一时间反馈，对相关责任人第一时间进行口头警告、书面警示和相关处理，并要求其快速整改，对症下药，查漏补缺。

通过精准识别，对贫困户的真实情况了然于胸。如井冈山对建档立卡贫困户中的特困户、一般贫困户进行分类标识，建立红卡户、蓝卡户档案。于都县共识别出建档立卡贫困对象 33633 户 135553 人，其中，扶贫开发户 19842 户 90411 人，扶贫低保户 7130 户 29048 人，低保户 4819 户 13379 人，五保户 1842 户 2715 人。通过核查，截至 2015 年底，莲花县有扶贫建档立卡户 10127 户 29636 人，占全县总农业人口的 12.76%。2015 年以来，信丰县 185 个驻村帮扶工作队、2721 名干部一边开展扶贫工作，一边进村入户调查摸底。通过农户申请、村民评议、乡村审核、张榜公示等程序，最终确定了贫困户 16468 户 45868 人。青原区共识别出贫困户 4216 户 10907 人。其中，一般贫困户 541 户 1780 人，低保贫困户 986 户 2839 人，低保户 2442 户 6000 人，“五保户”247 户 288 人。全区 25 个贫困村的贫困户数 1250 户，占总户数的 29.6%，贫困人数 3737 人，占总人数的 34.2%。因病、因残致贫的贫困户有 2329 户，占总户数的 55.2%；受过高中及以上文化教育的贫困人口有 863 人；长期患病或残疾的贫困人口有 3740 人，占总贫困人口的 34.2%；有劳动能力的贫困人口 5675 人，丧失劳动能力或无劳动能力的贫困户 5232 人，分别占总贫困人口的 52.1%和 47.9%；在外务工的贫困人口有 2730 人，占总贫困人口的 25.1%。

精准识别扶贫对象既包括贫困户，也包括贫困村。精准识别贫困村，同样是精准扶贫、精准脱贫的基础性工作。虽然各地识别标准并不完全相同，但是，各地做法大同小异，主要如下。

第一，坚持“三公”原则，即公开、公平、公正。选定贫困村工作，关键在乡（镇）一级。严格遵循扶贫宗旨，坚持公开、公平、公正的原则，做到程序公开、过程公开、结果公开、群众认可、社会稳定。

第二，严格标准。根据上级规定的贫困村数量，把行政村贫困发生率，村级组织建设状况、农民人均纯收入、基础设施建设和公共服务状况、产业发展现状作为选定贫困村的硬条件；把贫困程度较深、最需要得到扶持、贫困人口相对集中，建档立卡数据齐全、村委班子团结、有战斗力、有发展潜力的村委会作为候选贫困村，确保扶持效果。有下列情况之一者，不得入选贫困村：行政村中 80% 以上的自然村均安排过省级和市级新农村建设点、村庄整治工作已经基本完成的村；乡镇所在地的村；城郊结合部的行政村不得入选贫困村。

第三，加强领导。一是健全领导体系。成立县委、县政府主要为组长的贫困村选定工作领导小组，乡镇也相应地成立了党委书记为组长的选定工作小组，并指定一名分管扶贫工作的副职负责日常工作。县扶贫开发领导小组切实担负起贫困村选定工作的领导责任，领导小组组长亲自抓、具体抓，并调动财政、发改、新村办等相关机构力量，齐心协力抓好抓实。二是完善监督机制。公示时明确公布受理贫困村选定事项投诉和举报的联系人、联系电话。严禁弄虚作假行为，杜绝"人情村"、"关系村"、"锦上添花村"和乡镇所在村，让真正贫困的村得到有力扶持，做到雪中送炭。

第四，规范选定程序。严格按照"民主推荐、民主评议、公开票决、确认申报"四个步骤选定处贫困村，确保被选定的贫困村得到群众认可。各乡镇政府依据县分配给本地贫困村数量和本地实际情况，制定工作方案，严格依照规定的程序产生贫困村名单，并上报至县扶贫开发工作领导小组；县扶贫开发工作领导小组审议通过后，以领导小组名义在本级政府网站、电视台面向全县公示，并上报市、省扶贫开发领导小组审核批准。

第五，突出重点、突出实效。加大单个贫困村扶持投入强度，提高扶持效果。尤其在"十三五"期间，保持现有每年贫困村的扶贫资金投入强度，并视各年度各县财政扶贫资金总量情况，做到逐年有所增长，以不断提高贫困村扶持效果。完整的数据、齐备的资料、规范的管理，使县（乡、镇）村干部"从模糊管理变成心中有数"，为精准施策奠定了坚实的基础。

从精准扶贫全过程来说，精准识别只是扶贫的基础阶段，其目的是对真正的贫困对象给予真正的帮扶，从根本上解决其贫困问题。

对于广大中央苏区而言，精准扶贫、精准脱贫与苏区振兴发展紧密结合，而且，苏区振兴政策实施的开篇之作——农村危旧土坯房改造就是精准扶贫重要内容之一。可以认为，在苏区振兴发展视野下，贫困村和建档立卡贫困户是攻坚克难的主战场，主要从以下六个方面展开：

（1）全力打好基础设施扶贫攻坚战。围绕解决交通、水利、用电等"最后一公里"问题，重点加速实施自然村通达、危房改造、自来水、农网改造、村庄整治"五项工程"。

（2）全力打好产业扶贫攻坚战。实行扶贫资金到户、产业奖补提标、产业信贷试点、服务体系创新，大力发展特色产业。

（3）全力打好搬迁扶贫攻坚战。对地处库区、深山区、地质灾害频发区就地脱贫难度大、成本高的贫困群众，实施搬迁扶贫。有序引导贫困人口向城区、工业园区、中心镇或中心村搬迁转移。做到在引导上体现群众自愿、在方式上实行集中安置、在资源上做到整合用活。

（4）全力打好智力扶贫攻坚战。主要做到"三个倾斜"，即教育资源向贫困

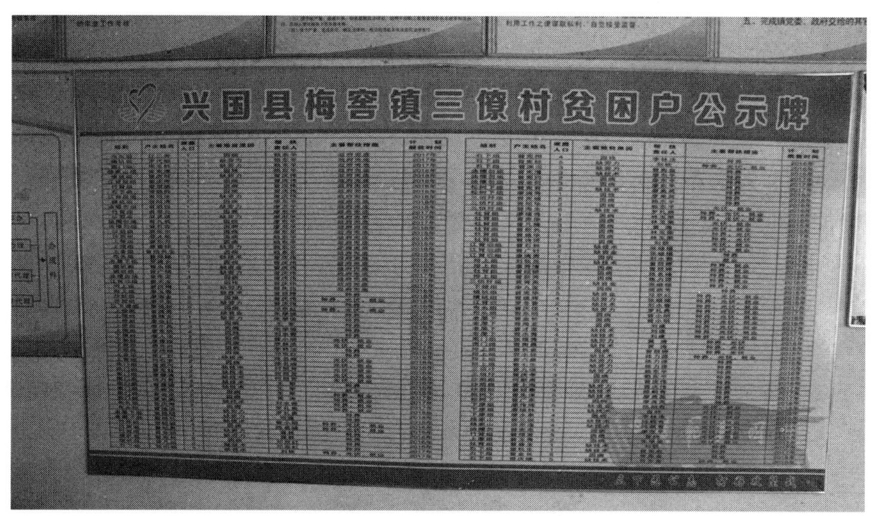

图 2-23　兴国县梅窖镇三僚村贫困户公示牌

资料来源：刘善庆翻拍。

村倾斜，资助力度向贫困生倾斜，职业培训向贫困户倾斜。

（5）全力打好劳务扶贫攻坚战。一方面，政府购买公益性岗位实现安置就业；另一方面，给予小额担保贷款实现鼓励创业，凡通过创业带领贫困户家庭成员就业，经审核符合相关规定的，优先给予小额担保贷款政策扶持。

（6）全力打好保障扶贫攻坚战。主要是完善最低生活保障、农村居民基本养老保险、医疗保障、临时救助四大保障制度。通过提高补助标准，健全县财政代缴制度等，实现保障类扶贫到点到户。

为全力打胜六大攻坚战，苏区许多县（市、区）建立健全了部门“不脱贫、不撤兵”的驻村联系机制、干部“不脱贫、不脱钩”的结对帮扶机制、扶贫对象“不脱贫、不销号”的跟踪管理机制，完善了“三个一”措施。

第一，一乡一套脱贫图表。县乡（镇、场）党委、政府将脱贫时间、因户施策、时间进度等全部上墙，实施“挂图作战”。确保一乡一套，规范扶贫工作站管理图表，包括组织机构、扶贫队伍、扶贫规划、责任划分、工作机制等规范上墙。

第二，一村一本脱贫资料。具体包括扶贫政策、村情简介、扶贫规划、年度计划等。如宁都县实行了贫困村分类管理，区分出自然条件恶劣、基础设施落后的致贫村，产业发展滞后的致贫村和村级组织软弱涣散致贫的村等类型。新干县在全县 134 个行政村，每村至少安排一个单位帮扶，由县直部门单位抽调干部组建驻村帮扶工作组，到村开展定点扶贫。遂川县对识别出来的贫困人口，以行政村为单位分 2014~2015 年和 2016~2018 年制订了两轮帮扶工作规划，为每一户贫困户指定一名干部为帮扶责任人，明确了“帮扶对象不脱贫，帮扶责任不脱钩”的工作要求。还组织3800名干部按县级领导“1+4”、科级实职领导干部“1+2”、其他干部和村干部“1+1”，与贫困户结对帮扶，既帮助解决生活困难，又帮助扶持发展产业。

遂川县鉴于重点村点多面广，产业布局区域明显的特点，积极进行互助会的探索工作。在组建互助会过程中，探索了三种类型：一是在重点村组建互助会，其财政扶贫基金在奖补资金和产业扶贫资金中解决。二是在移民社区组建互助会，其财政扶贫基金从奖补资金中解决。三是在低收入群体组建互助会，由合作银行放贷，在会员履行“1+1”帮扶责任后，再按扶贫到户贷款予以贴息。同时，为了扶持互助会的发展，要求扶贫挂点单位每年至少资助1万元注入基金中滚动使用，并积极引导已组建互助会的行政村成立农民专业合作社，使之互相促进、共同发展，成为促进农村产业发展的姊妹机制。

第三，一户一份管理台账。做到“一户一网页、一户一对策、一户一帮扶、一年一结果、一年一核查”。管理台账具体包括贫困户名册、帮扶总表、销号台账、每户任务清单、责任清单、脱贫工作卡、结对帮扶联系牌、脱贫帮扶措施公示表等。在此过程中，宁都县对贫困户实行“四因四缺”分类法，即按“因病、因残、因学、因灾”和“缺技术、缺资金、缺劳力、缺动力”进行分类，为采取精准的扶贫措施奠定基础。新干县切实做到了“四到户”：一是规划落实到户。根据致贫原因和发展需求，分类制订贫困户脱贫规划、年度实施计划和有针对性地帮扶措施，做到户户有发展目标，户户有致富项目，形成一户一策的精准扶贫工作方案[①]。二是项目资金到户。在中央苏区和特困片区产业扶贫专项资金中抽出一半以上用于精准扶贫到户，重点用于引导、帮助贫困户发展产业。扶贫对象在本年度内发展产业的，经本人申请，村、组干部核实，乡镇、县直单位结对帮扶干部审核签字确认后，给予一定的帮扶资金，直接打入贫困户“一卡通”。三是干部帮扶到户。对精准扶贫识别并建档立卡的农村贫困人口，安排党员干部开

① 井冈山市将扶贫对象划分成红卡户、蓝卡户两类，精准施策。具体做法是，脱贫攻坚战期间，以红卡户人员为主攻对象，兼顾蓝卡户；脱贫歼灭战期间红卡户、蓝卡户并重。对保障性扶贫对象，以红卡户为主，采取“一减”、“一增”、“一改”，“输血”与“造血”相结合的救济式帮扶措施。“一减”即通过代缴医保金的保障帮扶、补助红卡户子女就学费用的教育帮扶等措施，减少其家庭日常刚性支出负担；“一增”即通过提高红卡户低保标准的保障帮扶和帮助红卡户出资入股优势企业、优势产业合作社的产业帮扶，增加其可支配收入；“一改”即通过建设“爱心公寓”、危旧房改造、村庄整治等基础设施帮扶，改善红卡户的居住条件和贫困村基础设施状况。对开发式扶贫对象，以蓝卡户为主，采取“一提”、“一转”、“一移”，提高蓝卡户自我“造血”能力的开发式帮扶措施。“一提”即通过以技能培训、职业培训为主的教育帮扶，提高其自我发展能力；“一转”即通过引导和帮助蓝卡户从小农经济向规模、优势、高效产业转移的产业和就业帮扶，转变其发展方式；“一移”即通过引导和帮助居住在深山区、地质灾区、生态功能保护区的蓝卡户向城区、工业园区、集镇、中心村搬迁的移民帮扶，改善生存状况，拓宽增收渠道。

展结对帮扶。驻村帮扶工作组围绕精准扶贫开展工作，帮助贫困户制订并实施发展规划和脱贫计划，引进资源、筹措资金、指导实施并监督管理扶贫项目，把项目、资金、技术、信息、人才等资源输送到户。四是跟踪管理到户。县扶贫办积极开展扶贫信息监测工作，建立了内容完整的精准扶贫到户帮扶台账，对贫困户的帮扶项目实施干部帮扶、扶贫效果、收入变动和脱贫情况实施全程跟踪。对扶贫信息的数据进行动态管理，及时更新贫困户的相关信息，对已经脱贫的贫困户及时销号①。

积极探索差别化帮扶模式。差别化帮扶主要体现在两个方面：一是扶其所长。在扶持项目的选择上，结合当地实际和贫困户意愿，实行“一户一策、一户一扶、一户一帮”。对缺乏技能的，精准实施“金蓝领工程”、“阳光工程”、“雨露计划”等免费培训，落实补助补贴，组织参加中高职技能培训和实用技能培训，帮助其提高脱贫致富本领。对有劳动能力和劳动愿望的，通过降低产业奖补门槛、鼓励加入专业合作社、落实产业帮扶资金等，引导贫困户发展特色产业或安排进工厂就业。对需要改善居住环境的贫困户，实施移民扶贫搬迁和危房改造。

二是极贫重扶，差别实施扶持措施。对无劳动能力的，全部纳入农村低保予以保障；对因灾、因病、因残返贫的，分批落实有关救助政策；提高贫困户项目补助标准，实行极贫重扶。如于都县出台精准扶贫到户文件，明确要求当年实施整村推进的贫困村，产业发展项目扶持贫困户的数量必须占扶持总户数的70%以上，受扶持的贫困户资金补助标准高于一般农户。

井冈山市推行“重心下移、干部下派、资源下沉”工作法，按照“123456”的工作思路，扎实开展好“党员干部进村户、精准扶贫大会战”，着力推进精准扶贫。

“1”，即围绕“在江西省率先实现脱贫、不让一名困难群众掉队”这一总体目标。

---

① 于都县积极创新贫困对象动态管理办法，建立了贫困户退出的社会评价机制。为促进精准扶贫工作规范运作，高效运转，2015年制定了《于都县农村贫困对象进退管理社会评价实施办法》，引入社会评价机制，紧盯“十三五”107个贫困村、7.4万名贫困人口，倒排工期、分类施策，立下“军令状”，明确退出原则、条件、程序、后期扶持，探索建档立卡贫困户、贫困人口脱贫认定办法，对贫困对象进行全方位、全过程的动态管理，精准考核扶贫工作成效，确保2018年全县贫困户、贫困村有序退出。其做法主要有三个：一是规模控制，分级负责。县扶贫和移民领导小组负责确定年度减贫规模，并分解到各乡（镇）。各乡（镇）将县分解的年度减贫计划逐级分解到各村（社区），并以贫困对象进退的识别标准为依据，组织入户调查，民主评议，确定对象进退。二是分类核实，合理增减。按“扶贫开发户、扶贫低保户、纯低保户、五保户”四种贫困对象类型，逐年分类核实脱贫与新增对象，做到有进有退，合理增减，并在贫困户信息管理系统中进行动态更新、更正。三是阳光操作，公平公正。充分尊重民意，加大政策宣传，让群众知晓政策。严格按照“民主评议、公示公告、复核审查”的程序，引入社会评价监督，发动各方参与，实行公示公告。确保政策公开、规则公平、结果公正、群众公认。

"2"，即在精确掌握红卡户、蓝卡户的基础上，打好"攻坚战"（2015~2016年）和"歼灭战"（2017~2018年）两大战役。

"3"，即实施局市、乡、村三级党员干部的"321"帮扶机制。

"4"，即开辟旅游扶贫、产业扶贫、劳务扶贫、移民扶贫四大主战场。

"5"，即完善分类帮扶、财政专项投入、社会参与、党员干部进村户帮扶、金融扶贫五项机制。

"6"，即落实产业帮扶、移民帮扶、基础设施帮扶、保障帮扶、教育帮扶、就业帮扶六项帮扶政策，切实做到扶真贫、真扶贫。规划总体任务，量化具体目标。

通过大会战，用4年时间，即2015~2018年对建档立卡贫困人口做到应扶尽扶，应保尽保，稳定实现扶贫对象"两不愁、三保障"，在全省率先甩掉贫困帽子。

为实现这个思路，又确定了十大具体目标。

（1）减贫目标。2015~2018年按"4321"梯度减贫，即2015年减贫40%，2016年减贫30%，2017年减贫20%，2018年减贫10%，全面消除贫困现象。

（2）增收目标。农村常住居民人均可支配收入年均增幅位居江西省25个贫困县前列，高于井冈山市城市居民人均可支配收入3个百分点以上，贫困村高于全市平均水平5个百分点以上。

（3）经济发展目标。全市人均GDP、人均地方财政收入增幅位于江西省25个贫困县前列。

（4）基础设施建设目标。贫困村的自然村道路硬化2015年完成95%以上，力争2016年全部完成；贫困村通达客运班车率2015年达80%以上，力争2016年全部完成；建档立卡贫困户饮水安全户比例2015年达80%，力争2016年全部完成；2015年全面启动建档立卡贫困户中的820户无房户或住危房户的危旧房改造任务；2015年贫困村通生产用电自然村比例达100%。

（5）教育培训目标。2015年义务教育巩固率达97%，高中阶段毛入学率达87%；2016年义务教育巩固率达98%以上，高中阶段毛入学率达90%以上；2018年义务教育巩固率和高中阶段毛入学率达100%；2015年起每年建档立卡贫困村新成长劳动力参加雨露计划培训的比例达100%。

（6）卫生和计生目标。2015年乡镇卫生院和村合格卫生室达标比例达90%以上，力争2016年全面达标；2015年贫困村有乡村医生或执业（助理）医师的比例达90%以上，力争2016年达100%。

（7）文化建设目标。2015年贫困村有文化活动室的比例达100%，2015年贫困村中自然村互联网覆盖率达95%以上，2016年互联网覆盖率力争达100%。

（8）环境建设目标。2015 年贫困村中自然村村庄整治完成率力争达 90%以上，2016 年力争达 100%；2015 年农村生活垃圾无害化处理率力争达 80% 以上，2016 年力争达 100%。

（9）产业发展目标。特色优势产业覆盖建档立卡贫困户比例力争达 60%以上，农民经济合作社组织增长率达江西省平均水平，建档立卡贫困户加入农民经济合作社的比例力争达 60%以上。

（10）保障目标。2015 年建档立卡贫困户参加城乡居民基本养老保险、医疗保险比例达 100% 。所有无力无业的贫困户全部纳入政府兜底救助保障。

精准脱贫，资金是关键。一方面，需要不断加大资金投入，建立扶贫开发资金持续增长机制。如崇义县规定，在每年的财政预算中单列精准扶贫专项资金，确保县财政每年安排扶贫开发投入占本级财政收入的比例不低于 2%，并随财力的增长逐年增加。整合涉农部门的各项强农惠农资金，支持扶贫对象移民搬迁、发展产业、增加收入。要求财政、民政、教育、卫生、人力资源、社会保障、金融、农业粮食、水利、交通运输、规划建设、电力等牵头职能部门积极向上争资争项，并研究制定好具体的贫困户扶持政策实施细则。

另一方面，需要强化资金监管。将财政专项脱贫资金特惠到贫困农户，做到“精确滴灌”。严格按照《财政专项扶贫资金管理办法》，对扶贫资金建立完善、严格的管理制度，实行扶贫资金专账管理，确保资金专款专用；筑牢扶贫资金管理使用的带电“高压线”，建立扶贫资金信息披露制度并实行全过程公开，保证财政专项扶贫资金在阳光下进行；严格扶贫资金管理，确保扶贫资金用准用足；加强对帮扶资金管理使用的项目绩效评价制度，充分尊重民意，接受群众监督。

为进一步加强扶贫项目资金监督管理，确保扶贫项目资金安全高效运转，努力提高扶贫项目资金实效，各地普遍采取以下六项措施，加强扶贫项目资金监管。

（1）强化培训提升。加强对扶贫系统干部的培训工作，组织专业人员对基层扶贫干部进行培训，重点学习财政扶贫项目和资金管理等方面的扶贫业务知识，进一步提升扶贫项目资金的使用和管理业务政策水平，强化基层扶贫工作人员的政治素质和业务工作责任心，为扶贫开发工作深入开展打下坚实基础。

（2）抓实项目申报。派出业务人员对申报项目进行摸底和实地察看，收集项目实施前的照片，做好事前防范，预防财政扶贫资金被挤占、挪用等，确保项目资金安全。

（3）加强监督检查。强化社会监督，做好项目公告公示。将项目名称、资金使用等情况，通过政府信息网站，政务、村务公开栏等进行公告、公示，提高群众知晓率和参与率。强化跟踪督查，出台机关干部联系乡镇扶贫和移民工作制度，将扶贫和移民各项目标任务细化到岗、责任到人，实行不定期深入项目所在地跟踪督查，了解项目工程质量和进度情况，及时发现问题并督促整改落实。

(4) 简化资金拨付环节。按照财政扶贫资金“管理到项目、核算到项目、资金到项目”的管理要求，简化资金拨付环节。对移民搬迁、产业化奖补、贷款贴息等补贴类项目通过“一卡通”发放；对经过公共资源交易中心进行招投标的项目，由县财政直接拨付至中标单位账户；对村理事会组织实施的小型扶贫项目(10万元以下)，则通过国库集中支付系统，以直接拨付的方式支付到其提供的账户，确保扶贫资金拨付准、快、稳，促使扶贫资金尽早发挥效益。

(5) 严格项目验收。组织扶贫、财政、审计等单位对已完工项目进行验收，并将当地群众对项目工程质量的满意度作为一项考核指标。

(6) 加强财政专项扶贫资金绩效评价和审计。对财政专项扶贫资金成效、预算安排、资金使用、项目实施及管理、工作评价、经验总结与创新、违规违纪等情况进行评价和审计。

5. 呈现了独有的苏区特色

为实现建档立卡贫困户与全国人民同步进入小康社会这一艰巨目标任务，赣南等中央苏区各县委、县政府“高定位、大推进”，呈现了独有的苏区特色。主要有两个。

第一，“五个超常规”提供精准保障。一是组织领导超常规。专门成立了县一级的精准扶贫攻坚领导小组，一般由县委书记担任组长，县委副书记、县长担任第一副组长，相关县领导任副组长，各相关单位主要负责同志及乡镇党委书记和乡镇长为成员。各乡（镇、场）成立党政主要领导负责的扶贫攻坚领导小组和专门的扶贫办公室。

二是帮扶机制超常规。建立“县领导挂乡包村、乡镇街道牵头推进、部门单位蹲村驻点、各级干部结对帮户”的精准帮扶机制。每个县领导挂一个乡镇，至少包一个贫困村，指导扶贫工作。组织县直单位、乡镇，组建县、乡两级驻村扶贫工作组，到贫困村开展定点扶贫，实现所有贫困村定点扶贫全覆盖。同时从县驻村扶贫工作组中遴选出德能兼备的党员干部，到贫困村担任“第一书记”。组织全县党员干部，采取行政级别（县级、科级、一般干部等）与扶贫人数挂钩的帮扶方式结对帮扶贫困户，构建了县、乡、村“三级联动、驻村帮户”的精准帮扶体系。

三是资金筹措超常规。加大县政府专项扶贫资金投入，按照“渠道不乱，用途不变、各计其功”的原则，整合各相关部门涉农资金，每年切出相当部分资金向贫困村重点倾斜。

四是技能培训超常规。“扶贫先扶智”，为此，各县（市、区）整合各方培训资源，专门成立了扶贫和移民培训站，一方面组织“下乡送课”，通过聘请专家授课、基地现场讲解、发送培训资料等方式，为贫困户传授新型农村农业实用技术。另一方面组织实施“雨露计划”等，依托职业学校和工业园区企业，举办专业技能培训班，建立实习基地，通过技能培训，让贫困户掌握一技之长，增强其就业创业的能力。

五是宣传考核超常规。为加大扶贫宣传力度，各县（市、区）精准扶贫工作领导小组办公室定期刊发精准扶贫攻坚工作简报，及时宣传全县精准扶贫攻坚工作动态。同时，通过宣传单、宣传手册、短信等宣传手段，借助电视媒体、报纸、杂志和网络等媒介，广泛宣传扶贫政策和做法，营造推进扶贫工作的强劲声势。建立全县精准扶贫攻坚工作目标考核体系，按照精准帮扶要求，把提高贫困人口生活水平和减少贫困人口数量作为主要考核指标。对各乡镇、各驻村扶贫工作组、职能部门和帮扶干部的帮扶工作进行分类精准考核，考核结果纳入全县年度科学发展综合考评和干部选拔任用考评内容。

第二，“四个侧重”凸显精准施策。一是产业扶贫侧重于合作带动。考虑到贫困户发展水平较低、缺资金、缺技术、缺信息等特点，在鼓励贫困户自主发展产业的同时，重点鼓励合作社发挥龙头带动作用。二是保障脱贫侧重于大病救助。针对多数贫困户因病致贫这一情况，各苏区县政府每年制定预算，建立贫困户大病救助专项基金，对贫困户大病医疗在享受新农合、商业医疗险和民政大病救助三次救助后，进行第四次救助，扎实筑牢贫困户基本生活保障。三是劳务脱贫侧重于用工奖补。考虑到发展产业扶贫周期长、见效慢，而劳务扶贫见效快，但贫困户大多年高体弱，外出务工困难。为此，各县（市、区）政府每年拨出数量不等的预算，设立贫困户劳务奖补基金，对吸纳贫困户务工的本地企业、公司、农民合作社、种养大户、个体工商户进行奖补。贫困户既可以发展产业，又能就近务工，产业扶贫与劳务扶贫“双轮驱动”，助推贫困户脱贫致富。四是智力脱贫侧重于点面兼顾。如吉水县鉴于县里仅设立高中万里班，结合县情实际，吉水县对考取县内普通高中的建档立卡贫困户子女，除享受国家普通高中国家助学金外，全部免除学杂费和住宿费，而招录万里班的建档立卡贫困户子女，每人每学年再给予生活补助1000元。既扩大了建档立卡贫困户子女的受益面，又突出重点补助。

（四）乡（镇、场）村级层面的贯彻落实情况

精准扶贫、精准脱贫政策能否真正落实、能够落实多少，是否见效、见效程度如何，关键取决于乡（镇、场）级党委、政府及其村组织。因此，在精准扶贫、精准脱贫实施链条中，其地位特别重要。

可以从两个方面反映乡（镇、场）级层面对精准扶贫、精准脱贫政策的具体落实情况：贫困户的识别、对贫困户帮扶政策的执行。

1. 精准识别、建档立卡

赣南等中央苏区县各乡（镇、场）严格按照精准扶贫、精准识别、建档立卡工作的统一部署和要求开展工作。

在贫困户识别环节，按照程序识别，规范操作。所有乡（镇、场）均成立工作组进村入户进行调查摸底，严格按照程序确定贫困户对象。为提高准确性，探索出了四种识别方法。

（1）排除法。组织人员深入村小组调查摸底，依据“十不许”标准逐一排查，拟定初选名单。

（2）比较法。村小组按照有关程序对初选农户的贫困程度指标进行排序，按人均收入由低到高筛选出贫困户预选名单，并将结果在村小组公示。

（3）听证法。村组织召开由村民代表组成的听证会，由预选贫困户现场陈述理由，村民代表现场评选，评出贫困户候选人。

（4）倒排法。村组织评议小组对贫困户候选人进行评议，按照倒排法确定符合条件的贫困对象，并公示无异议后确定贫困对象。

通过探索运用四种识别方法，贫困对象底数不清、指向不准等问题得到了突破。

在贫困户建档立卡工作中，赣南等中央各苏区县（市、区）积极组织乡、村干部依据步骤，逐步填写，做到了“三到位”，切实开展贫困户建档立卡信息录入工作。

（1）步骤到位。县（市、区）级政府召开“建档立卡”工作会议后，乡（镇、场）党委政府迅速召开培训会，对信息录入系统、录入流程、技巧、注意事项进行了系统的业务培训，确保按时按期完成工作任务。

（2）人员到位。各乡（镇、场）专门成立了扶贫对象信息录入工作小组，人员全部由熟悉计算机操作的年轻干部担任，专门负责此项工作。

（3）要求到位。督促信息录入员充分认识此项工作的重要性和紧迫性，进一步强化责任意识，确保录入的数据不错、不重、不漏，尽心尽力完成各村贫困户档案信息录入工作。

2. 狠抓精准脱贫政策落地生效

为把精准扶贫、精准脱贫落到实处，中央苏区县（市、区）各乡（镇、场）党委、政府采取行之有效的扶贫措施，确保上级扶贫政策真正落地。将精准扶贫实施方案分解到各单位、村社，规定联系帮扶人员每周与贫困户联系的最低次数，并制定了严格的考核措施，将各项扶贫措施和业绩与考核挂钩。

为确保精准扶贫、精准脱贫一把手工程顺利实施，各乡（镇、场）建立完善了组织机构，精准施策。

精心组织。为确保精准扶贫、精准脱贫工作扎实、有效开展，实行精准扶贫、精准脱贫党政“一把手”工作责任制，并成立领导小组，挑选能力强、业务精的干部充实到精准扶贫工作中，明确各自职责，确定专职负责扶贫项目的申报和实施的干部，确保全乡（镇、场）精准扶贫工作有计划、按步骤实施。如莲花县湖上乡成立了由乡党政正职为组长的扶贫开发工作领导小组，下设专门办公室，各村均相应成立了扶贫开发工作领导小组和理事会，并明确各部门职责，将任务分解到各村、各部门和干部头上，确保有人做事，有人管事。

精准施策。在深入调查的基础上，制定了贫困村、贫困户的脱贫帮扶规划。通过整合项目资金、资源等方式向贫困村倾斜政策，不断完善贫困村的基础设施，为贫困村脱贫打好底子。对建档立卡的贫困户，按照贫困户个性需求和共同特征，对有劳动能力和发展意愿的贫困户因户施策、一户一计，建立台账，落实帮扶措施，制订产业发展、技能培训、就学助医、社会保障等方面的帮扶计划，统筹解决贫困群众生产生活问题。为使有限的扶贫开发建设资金发挥更大的效益，莲花县湖上乡始终坚持资金节约原则，采用资金捆绑使用，资金管理严格按照财务公开要求，定期公开，一清二楚。

再如，遂川县营盘圩乡是离县最边远的西部山区乡镇，该乡精准扶贫立足“准、精、实”。

营盘圩乡紧紧围绕脱贫攻坚工作总目标，立足乡情实际，在“户有卡、村有册、乡有簿”的基础上构建了扶贫攻坚“大数据”，购置了一台触摸屏式一体机及 LED 显示系统，以自主业务查询办理一体机的模式，把全乡扶贫信息分块导入，进行动态管理，设立乡情简介、组织机构、扶贫规划、贫困户基本情况、“十二五”成果展示、安居工程等七大扶贫攻坚工作模块，乡、村、组贫困户的基本信息以及扶贫政策等均可一键查询，一览无余。

贫困情况一览无余。精细整理归纳了全乡的基本贫困情况，以数据化的形式呈现，使得贫困情况更加清晰、直观。建档立卡贫困户和安居工程改建户均构建了“一户一档”。全乡 314 户贫困户和 243 户危房户的家庭成员信息、家庭总收入、旧房的基本情况和现状图片等均纳入在档，输入数据库，并以钉钉子的精神做好各项信息的更新完善，确保能在显示屏上及时、准确、有效查询。同时，用全乡贫困基数一览表、扶贫攻坚减贫任务图、乡财政收入、农民人均纯收入、农民银行存款对比分析表等数据分析图表，形象直观地呈现全乡扶贫信息。

脱贫政策一览无余。坚持阳光扶贫，所有扶贫政策阳光透明，公正公开，层层落实责任，接受群众监督。乡政府公开公示了乡“1+7+7”扶贫工作队基本信息、乡“1+6”扶贫方案、乡结对帮扶责任表、扶贫攻坚作战流程图、产业发展规划图、乡安居工程实施意见等，做到了扶贫规划明确、扶贫政策明晰、扶贫项目公开，宣传与公示并举，确保各项扶贫政策放在明处、落到实处。目前，全乡落实产业发展贫困户 212 户，占总数的 67.5%，落实产业扶贫项目 346 个，拟发展油茶低改 1142 亩，毛竹低改 2620 多亩，新种黄桃 260 多亩和甜玉米、药材等产业 230 多亩。落实基础设施扶贫贫困户 71 户，扶贫项目 74 个，拟硬化入户路 5603 米，新修林区道路 5350 多米，入户砂石路 1800 多米。

脱贫成果一览无余。该乡因地制宜，在各村大力推进扶贫攻坚工程，以小夏村为基础设施扶贫示范村，以桐古村为产业扶贫示范村，以营盘村为规范化建设示范村。两年来，该乡积极争取公路建设、自来水改造等各类项目资金 1360 余万元，不断加强基础设施建设，完成了南风坳公路硬化工程、营夏公路拓宽工程、圩镇自来水改造工程、中心学校地质灾害治理工程、5 个村的通组公路硬化工程和万米入户路工程等。全乡 3 个贫困村已实现 25 户以上自然村通组公路硬化率均达到 100%，饮水安全率均达到 100%，贫困村基础设施建设进一步完善。通过“公司+专业合作社+贫困户”的模式，共建立专业合作社 5 个，发展高山茶叶 6000 余亩，辐射带动贫困户 212 户，最高的户均增收 1.2 万元。扶贫成果的展示，让群众更加直观、全面地感受到全乡的扶贫变化和成果，进一步提振士气，坚定了扶贫攻坚三年大决战的决心。

打通扶贫政策落实和服务贫困户的“最后一公里”

——赣县吉埠镇“六站一中心”服务措施

为有效解决“政策宣传难、产业发展难、就业服务难、社会帮扶难、群众办事难、产品购销难”问题，切实打通扶贫政策落实“最后一公里”，真正把政策落实到每个贫困人员身上、把服务送到贫困户心坎上，赣县吉埠镇创新思路、整合资源，成立精准脱贫帮扶中心（“六站一中心”），打造服务贫困户的“扶贫超市”。

一、框架设置

“六站一中心”下设六个工作站：

（1）政策咨询工作站。主要展示贫困户精准识别全过程、脱贫规划、退出流程、七个贫困村脱贫计划（2016~2018 年）、干部结对帮扶等工作，宣传中央、省、市、县精准脱贫的规划纲要、文件、惠民政策和工作动态。

（2）保障服务工作站。主要为贫困户提供社会最低保障、医疗保障、教育保障、安居保障、社会保障等服务，为贫困户办理相关保障业务开通“绿色通道”，实现一站式服务。

（3）就业创业指导站。主要为贫困户提供技能培训、就业创业信息发布、求职信息发布，以及贫困户就业创业政策咨询和劳动纠纷调解等服务。

（4）产业帮扶工作站。结合产业扶贫“五个一”主要提供产业发展规划展示、产业技术培训、金融支持（扶贫信贷通）、土地流转、合作社及家庭农厂申办、各大产业奖补政策咨询和办理等服务。

（5）社会关爱援助站。搭建社会各界援助贫困户的平台，建立起吉埠镇扶贫志愿者协会和慈善超市，发布贫困户困难求助和社会各界爱心企业、个人的帮扶信息，并建立救急难援助基金，为特殊困难人员提供助医、助学、救急难等帮助。

（6）农村电商服务站。主要解决贫困户农产品销路难的问题，同时为贫困户提供网上购物、代销农产品、电子商务培训等服务。

二、主要做法

（1）整合资源，搭建服务平台。通过整合人力、物力等资源，将原有分散的 12 个办事部门集中在一个窗口，按照“一个中心对外开放、一个窗口受理、一条龙服务、一站式办结”的模式，搭建了吉埠镇精准脱贫帮扶中心，并在每个村建立精准脱贫帮扶工作站。重点做到三个配套：一是服务项目配套，围绕脱贫攻坚政策咨询、产业发展、就业帮扶、保障服务、社会帮扶、产品购销等需求，设立六个工作站，实现每项需求有专门服务站；二是服务队伍配套，组建一支懂政策、业务熟、干劲足的干部队伍，每个工作站至少保证有两名工作人员，并实行 AB 岗，保证每个岗位每天有人在岗；三是服务制度配套，建立健全一次性告知、限时办结、实时反馈、监督考评、值班考勤等一系列制度，特别是为满足贫困群众需要，实行 365 天对外开放。

（2）创新方式，提升服务实效。为提升服务实效，借助互联网技术，积极创新服务方式。针对不同的服务对象，提供三种服务模式。一是代办服务，主要服务对象是边远山村、行动不便的老人和残疾人，驻村干部和村干部定期收集民政、医保、社保等办理事项，集中到“六站一中心”代为办理，对于部分特殊困难人群，实行上门服务；二是预约服务，主要是针对在外的吉埠籍群众，为了方便办事，对其实行办事预约，约定好时间，优先办理，或者在非工作时间为其办理；三是短信服务，开通了 106573070496 短信服务平台，定期为贫困户推送精准扶贫最新政策，方便接收贫困户的问题咨询，并及时对贫困户的各类咨询短信、建议和意见进行回复，使贫困户能最快地了解最新的政策，搭建了便捷的互动平台。

（3）强化管理，提高服务标准。为提高服务标准，提升贫困群众满意度，制定了《吉埠镇“六站一中心”管理办法》，强化管理，用心服务，坚持做到“三心”服务标准。一是进门舒心。在布置上做到“五统一”，即有统一的标徽、标牌，统一外观风格，统一的服务窗口设置，统一的功能布局，统一的工作人员行为规范。同时设置饮用水、等候区，给办事群众一种家的感觉。二是办事顺心。主要做到“四个一”：群众进门第一时间有人接待；群众找人第一时间有人联系；群众诉求第一时间有人受理；群众办事第一时间办结。三是结果放心。各项工作流程图、各项政策全部上墙，办事群众享有充分的知情权，严格按政策、按程序办事。同时，设立群众满意度测评栏，让群众对事情办理情况做到心中有数。

三、工作成效

（1）成为贫困群众办事的“绿色通道”。针对贫困群众反映知道上面政策好，但是不知道到哪里办、不知道怎么办、不知道找谁办的问题，“六站一中心”回应了贫困群众的心声，有效解决了到哪办、怎么办、找谁办，特别是针对体弱多病、行动不便的贫困户，建立干部上门服务、代办服务制度，变“群众跑为干部跑”，真正建立了贫困群众办事的“绿色通道”。

（2）增强了贫困群众脱贫的行动自觉。之前，很多贫困群众认为虽然上面制定的脱贫政策好，但是到了乡镇很难落实，特别是很难落实到自己身上，导致很多贫困户脱贫主观意愿不强。该中心成立后，坚持方便快捷、公开透明原则，最大限度减少中间环节，把政策原原本本交给群众，全心全意帮扶贫困群众，让群众得到了看得见、摸得着的实惠，增强了群众脱贫的自觉性。比如，来中心咨询产业发展、就业等政策的贫困群众越来越多。

（3）解决了贫困群众脱贫的实际困难。该中心自 2016 年 3 月成立以来，为贫困群众解决了一大批实际困难。据统计，已为贫困户提供政策咨询和宣传累计 980 多人次；为 352 个贫困对象快速办理了低保、残疾证；通过产业帮扶，为 208 户贫困户办理产业扶贫信贷通 1020 万元；为贫困村组成立甜叶菊和蔬菜种植基地提供政策帮助，积极协助群众土地流转；为特困贫困户举行了 3 次捐款捐物活动，并积极宣传推动社会各界爱心人士为吉埠慈善事业出资出力，已累计接受捐款及捐物 22 万元，为 79 户特困户办理了爱心卡，特困户每月凭爱心卡可到慈善超市免费领取最低生活保障物资，累计发放慈善物资 8 万多元；通过就业帮扶，推荐了 68 名贫困群众到新海洋等企业、基地就业。此外，采取“三免一补”，即免租金、免水电费、免费创业培训、创业贷款 3 年贴息补助措施，创建了吉埠镇扶贫创业示范街，第一批已安置 12 户贫困户开店经商。

第三章　危旧土坯房改造与异地搬迁脱贫

《国务院关于支持赣南等原中央苏区振兴发展的若干意见》贯彻落实的开篇之作就是着力解决农民的住房问题，改善农民的住宿条件和周边环境。为此，赣南等中央苏区掀起了大规模的农村土坯房改造、移民搬迁和村庄整治工作。

第一节　农村大规模危旧土坯房的改造

一、赣州农村危旧土坯房改造概况

（一）农村危旧土坯房改造的启动

《国务院关于支持赣南等原中央苏区振兴发展的若干意见》（以下简称《若干意见》）正式发布一个月，赣州市就在2012年7月27日上午召开的动员大会上，全面启动农村危旧土坯房改造。

推进赣南等中央苏区农村危旧土坯房改造，是振兴发展的一件大事，是头等民生工程（史文清，2013），关系子孙后代，事关精准脱贫、振兴发展全局；是贯彻落实《若干意见》，解决赣州市突出民生问题的重要切入点和重大民心工程、德政工程；是落实中央关怀的大事要事，是增进民生福祉的现实举措，是扩投资稳增长的有力抓手，是统筹城乡发展的有利契机，是推动农村变革的新的动力，有利于推进赣南等中央苏区加快发展、转型发展、跨越发展。因此，抓好这项工作具有重大的政治意义、经济意义和社会意义（史文清，2012）。

1. 农村危旧土坯房改造实施主体、主要原则

在赣南农村危旧土坯房大规模改造工作中，政府是组织者、推动者，主要由各县（市、区）政府组织实施，乡、村两级具体落实；农民是改造工程的主体（史文清，2012）。

赣南农村危旧土坯房改造的原则主要有六个：

（1）坚持政府主导、农民主体。在农村危旧土坯房改造工作中，政府既要加强引导，广泛宣传政策。组织干部进村入户、宣讲政策，把危旧土坯房改造范围、改造方式、补助政策与标准等，向农民一一宣讲清楚，充分调动农民主动参与、主动作为的积极性，引导群众破除等、靠、要思想；又要充分尊重农民意愿，把政策交给群众，切实发挥农民主体作用，不能大包大揽，不搞强迫命令。坚持走群众路线，最大限度地调动一切积极因素（史文清，2012）。

（2）坚持科学规划。农村危旧土坯房改造工作要注重规划，规划导向上要符合城市化发展方向和城乡统筹发展格局；规划理念上要站高望远。在村庄布局上，要与县域城镇体系规划、村庄布点规划、历史文化名镇名村保护规划相衔接，有序引导村落布局调整。在规划选址上，要开展各类灾害风险评估，避开地震断裂带和崩塌、滑坡、泥石流等危险地段，以及次生地质灾害易发地段，合理确定改造建设点（史文清，2012）。

（3）坚持与新型城镇化联动。新型城镇化的核心是实现人的城镇化，在布局赣南农村危旧土坯房改造工作中，坚持有序引导农村人口由自然村向较大村庄，边远村庄向交通便利村庄，一般村庄向中心村、小城镇及县城聚集，推动农民居住区由分散向集中转变、村庄向社区转变，促进农村人口向城镇转移（史文清，2012），优化人口布局，有效化解一些地区出现的房地产过剩的危机。

（4）坚持与促进创业就业结合。在经济进入新常态下，用系统观思维布局农村危旧土坯房改造工作，把农村危旧土坯房改造作为发展工程，同步规划生产力布局，促进生产要素有效聚集，使农村危旧土坯房改造与经济发展相辅相成（史文清，2012）。

（5）坚持保护和传承历史文脉。在农村危旧土坯房改造过程中，要采取必要的保护性、选择性改造，延续历史文脉。突出赣南特色，传承客家文化、红色文化，不搞“一刀切”，不千篇一律，不一味求洋。对具有一定历史文化和艺术价值，特别是记载红色历史文化、体现客家民居风情的土坯房，要按照“修旧如旧”的原则，予以重点修缮保护，使改造后的民居能够更好地凸显地域文化特色和田园风光，为发展乡村旅游等特色产业创造条件（史文清，2012）。

（6）坚持积极稳妥、务实高效。要实事求是，一切从实际出发，摸实情、用实招、办实事，不搞形象工程、面子工程。要稳步推进，坚持规划先行、先易后难、有序推进。要突出重点，优先解决住房条件最差、最困难群众的住房问题，改造好“两红”人员及革命烈士子女家庭的危旧房，解决好分散供养五保户、低保户、贫困残疾人的住房问题，同时，注重统筹推进农村基础设施建设和村庄环境综合整治（史文清，2012）。

2. 农村土坯房改造的主要保障措施、主要特点

概括起来，赣州农村土坯房改造主要采取了以下四个方面的措施。

第一，组织保障。强化领导，周密运筹，阳光操作，扎实有效。赣州市、县（市、区）两级成立专门的农村土坯房改造领导小组、办事机构，明确责任部门，"一把手"亲自抓、负总责，分管领导深入抓、抓具体，确保各项工作落到实处。挂点干部结对帮建，对首批改造的农户要实现结对帮建全覆盖，做到每户农户都有责任领导、责任部门、责任人挂钩联系。严格执行政策，确保公平公正。按照下发的《指导意见》，掌握好、落实好政策，严格按规定办事。

第二，资金保障。多方筹资，大力争取中央、省财政补助资金拨付到位，足额保障市、县（市、区）财政配套资金。整合新农村建设、扶贫开发、农村环境综合整治等相关涉农资金，鼓励各地探索市场化运作筹措资金，用于基础设施建设配套；部门帮扶资金主要用于公共设施建设。土坯房改造各种规费全免。引导和鼓励社会捐助，重点帮助困难村落、困难群众。制定科学的资金拨付、调配、补助和管理办法。坚持以农户自筹为主，引导广大群众积极筹措资金、投工投劳、亲邻相帮，自力更生建设美好家园。

第三，建房用地保障。制定相应措施推动拆旧，积极探索宅基地流转，通过政府引导、村民理事会运作，推行以地换地、以地换房、产权置换等方式，调剂危旧土坯房改造用地。集约节约用地，危旧土坯房改造集中安置区要坚持统一规划，统一管理，统一安排，严格执行一户一宅，严格控制占用耕地。

第四，强化监管。加强市场监管，着力监管借机哄抬建材价格的现象，维护正常市场秩序，保证危旧土坯房改造建材的市场供应和价格平稳，防止出现建材价格非正常上涨而增加建筑成本，抵消政策优惠。加强资金监管，加快出台土坯房改造资金专项管理办法，严把资金调配和使用关，做到"一支笔"审批、专款专用。加强质量监管。建立农村危旧土坯房改造质量安全监管制度，整合设计、施工、监理等专业技术力量，强化经常性的巡查和指导。要充分发挥农民理事会的作用，加强工程建设动态监理，确保每一个施工环节不出任何质量问题。要加强对农村建筑工匠的培训，提高施工水平和建筑质量，为土坯房改造提供技术支持。

赣州危旧土坯房改造的主要特点体现在以下四个方面：

第一，危旧土坯房改造的目标任务明确。赣州苏区农村危旧土坯房改造对象严格建立在调查分类的基础上。在上级精神指导下，赣州各县（市、区）结合实际制定具体的改造实施方案，并将任务细化分解到乡、镇、村，迅速让各级责任主体明确目标任务，确保如期完成改造工作。积极做好调查分类工作，摸清底数，建立台账，特别是建立农村危旧土坯房改造档案库，充实了房屋现状、房主

资料、家庭成员状况等数据。凡是符合农村危房标准的，争取纳入，做到不漏一户，不虚报一户，具有历史、文化、艺术价值，特别是记载红色文化和客家典型风格的，予以修缮保留。

第二，点面结合。以农村危旧土坯房改造为主抓手、主突破口，创新新农村建设模式。综合考虑农民群众的生产生活需求，按照“宜聚则聚、宜分则分、以聚为主、方便群众”的原则，实行村镇联动、村落连片整治建设。探索和谐秀美乡村建设新路径，带动产业发展。

第三，周密细致做好建材“保供稳价”。砌砖和水泥充足供应、限价供应。严格执行全国统一的钢材市场定价；继续加大农村建筑工匠免费培训力度；采取引进“外援”、互帮互助等办法，缓解农村危旧土坯房改造用工难、工价高问题；认真落实对企业的相关优惠政策，降低建材原料、运输等成本。进一步加强价格监管，严厉打击囤积居奇、哄抬价格、以次充好、缺斤少两、假冒伪劣等违法违规行为（史文清，2013）。

第四，工作扎实到位。各级政府建立“一月一督察，一季一调度，半年一总结，年底大考核”的督察制度，及时掌握各县（市、区）工作进展情况，并据此提出整改意见，督促改造工作及时到位。

（二）农村危旧土坯房改造的开展情况

根据各地实际，赣州农村危旧土坯房改造主要采取了两种办法：一是拆旧建新；二是集中安置。

1. 拆旧建新

农村危旧土坯房改造工程启动以来，赣州各县（市、区）在深入调研的基础上，大胆探索、创新思路，扎实推进土坯房改造工作。在工作思路上，做到以四个“结合”：

（1）与和谐秀美乡村建设工程相结合。在农村危旧土坯房改造工作中，赣州统筹考虑基础设施建设和公共服务、产业发展、社会治理和生态环境建设。截至2013年12月底，全南县拆除农村危旧“空心房”9122户，拆除面积41.6万平方米，改造竣工10350户，占危旧土坯房数的63.8%。截至2014年1月，瑞金市已有2万多户农民告别土坯房，住进了安全漂亮的新居。

（2）与精准扶贫结对帮扶工作相结合。实现结对帮扶全覆盖，做到每户改建户都有责任领导、责任部门、责任人挂钩联系，并对帮扶对象生产生活情况进行深入细致的了解，帮助制定有针对性的帮扶方案，对建设点所需的人、财、物给予大力扶持，实行全覆盖“结对帮建”，从而形成了齐抓共管、整合推进的工作格局。

（3）与脱贫攻坚工作相结合。如全南县出台了《对农村危旧土坯房改造“五类人员”实行“一户一策”差异化帮扶的工作方案》，实行差异化、销号式帮扶措施。截至 2014 年，全南县已累计完成“五类人员”改造 2263 户，完成 90.8%。

（4）与促民生相结合。在农村危旧土坯房改造工作中，赣州扎实推进交通道路、农村饮水安全等基础设施建设，着力解决“路、水、电”等群众关心的热点问题。积极争取资金支持，实现行政村公路达到通客车标准，全面完成农村公路危桥改造、25 户以上自然村通水泥路建设；适度发展规模化集中供水，提高农村自来水普及率；进一步完善农村电网布局，对老旧农村水电站开展增效扩容改造，全面彻底解决农村供电服务能力弱问题。

在工作方法上，各地结合实际，采取了多种方法。归纳起来，主要有以下五个方面：

（1）加大宣传力度，问需于民。在农村危旧土坯房改造工作中，赣州苏区各县（市、区）通过广播、入户宣传、召开户长会等形式大力宣传，尤其是将 4 万元、2 万元和 1.5 万元不等的改造补助金额以及修缮加固房屋可获得 3000 元补助，资金不足还能获贷款帮助等资助政策广泛宣传，激发广大群众改造热情。在入户宣传过程中，还对农户的实际困难进行调查登记。本着服务农民、解决农民实际需求的出发点做好农村危旧土坯房改造工作。

（2）调查摸底，分类推进。赣州苏区各县（市、区）组织人员深入调查摸底，询问农户改造意愿，按照政策要求，尽量满足其意愿。同时，根据各自的经济条件、改造方式、建房选址等情况，分类推进农村土坯房改造工作。在摸底调查的过程中，对“四类”人员（低保户、分散供养“五保户”、贫困残疾户和“两红人员”及革命烈士子女）进行了摸底登记，并实行优先改造。

（3）鼓励特困人员，早建新房。在农村危旧土坯房改造工作中，赣州苏区各县（市、区）针对各地实际情况，通过各种方式向农村特困户宣传危旧土坯房改造的各种优惠政策，以消除他们的各种顾虑，鼓励农村特困户抓住政策机遇，早建新房，搬迁新居，早日告别危旧土坯房。

（4）引导、动员外出务工人员开展土坯房改造。针对外出务工人员较多的实际情况，打好“感情牌”。外出务工人员长年在外，心中挂念居住在危旧土坯房里的父母子女的安危。帮扶干部进村入户，引导、动员外出务工人员趁当前农村危旧土坯房改造的良好时机，回来和亲人一起建设新房。

（5）加强监管、严格把关。在对具有土坯房改造意愿的农户进行摸底调查、初定名单后，赣州苏区各县（市、区）进一步审核调查，将非农户口、一户多宅等不符合政策要求的农户剔除，严格把关，确保改造户符合政策要求。严格执行村、乡、县“三级审核、三榜公示”制度，做到优惠对象、优惠标准、审核结果公开，并坚持“一户一宅”，做到“一户一档”，随时接受群众监督，确保惠民政策落到实处。

2. 集中安置

在赣南农村危旧土坯房改造工作中，集中安置是难点。为了引导更多苏区百姓接受这种居住方式，各地用心、用力打造精品，示范推动。一是结合新农村建设工作，对已经建成的或正在建设中的农村危旧土坯房改造集中建设点进行道路硬化、水电安装以及门坪绿化等基础设施的建设，使集中建设点成为一个具有示范带动作用的精品点。如全南县根据这个思路，打造形成了雅溪客家新村、瑶山民俗新村、大田芳香产业新村等一批产业发展突出、示范效果明显、特色鲜明的秀美乡村。瑞金市结合实际，发动各部门共同“携手”，按照“渠道不乱、用途不变、各尽其力”的原则，整合涉农项目资金，用于农村危旧土坯房集中改造点基础设施建设，把改造点打造成村容美、生态美、庭院美、生活美、身心美“五美”新村落，形成农村危旧土坯房改造示范和亮点，最终达到以点带面、以点促面的效果，全面推进土坯房改造工作。二是尽快启动新的农村危旧土坯房改造集中建设点，聘请专业人员合理规划，按照政策要求科学改造，调动农户加快进度。如安远县孔田镇 2013 年危旧土坯房改造任务是 1063 户，其中新建任务 531 户，拆除“空心房”任务 532 户，新建感恩苑 1 处。2013 年底，建成建筑面积 740 平方米，占地 1400 多平方米的感恩苑。兴国县 2013 年完成农村危旧土坯房

图 3–1 上犹水岩乡古田村社前新村

资料来源：刘善庆翻拍。

改造 12436 户，2014 年扶持 2100 人的贫困人口实施了深山移民，建成了长冈合富、埠头枫林、城岗大获等 93 个土坯房改造和移民集中安置点。

兴国县铭恩新村集中安置点位于埠头乡枫林村，新村规划用地面积 1 平方公里，其中核心区域 0.3 平方公里，分三期集中安置农村危旧土坯房改造户 309 户。通过“三个一体化”，该安置点着力完善基本公共服务配套，致力于建设宜居、宜业、幸福社区。一是规划建设一体化，打造宜居型社区。实施联排新建，统一户型，建设住房 163 套；采取套房安置，建设铭恩公寓 3 栋 146 套；推行产权置换，无偿划拨原园艺场职工宿舍，统一装修后特困群众即可入住，较好地实现了节约集约用地。二是公共管理一体化，打造服务型社区。推行“一组两会三站”管理模式，通过在社区建立党小组，由党小组负责组建社区理事会、监事会，由社区理事会筹建爱心服务、和谐平安、物业管理三个功能服务站，有效提升了社区的集约化管理。规划建设农贸中心、医疗中心、幼儿园、敬老院等配套设施，实行供电、供水、保洁等统一管理。三是创业就业一体化，打造创业型社区。大力发展家庭农场，新建官桥千亩蔬菜基地，配套建设蔬菜冷冻冷藏库，可年产蔬菜 5200 吨，预计实现销售收入 1600 万元。新建集有机芦笋种植、培训、加工为一体的全市首个百亩高效芦笋基地，预计年创收 2000 余万元，示范带动农户 100 余户，同时切实解决了社区土坯房改造户的务工问题。

兴国县铭恩新村围绕建设“城乡一体、宜业安居、旅游观光、产业发展、组织完善”的目标，以促进城乡一体发展、建设新型城镇和现代农业农村为重点，打造 1 平方公里统筹城乡发展示范点。

一是夯实基础建设，推进城乡发展一体化。通过实施供水工程、电网改造、路网、校舍建设、养老服务中心等项目，进一步完善水、电、路、教育等公共设施，大力提高就医、就学、养老、公共事务等社会化服务，实现城乡交通基础设施、公共配套设施、社会综合服务“三个一体化”。二是统筹民生项目，引导人口梯度转移。重点推进农村危旧土坯房改造、移民搬迁、开发区务工人员、“两红”人员及革命烈士直系后代等集中安居工程建设。该示范工程可容纳住户 172 户，全部采用统一规划、统一施工、统一装修，大力体现白墙黛瓦、马头墙的客家风格造型，全面促进人口市民化、城镇化。三是凸显兴国元素，打造红色、乡村旅游精品点。充分利用兴国红色资源，大力实施兴国模范师出征景墙—抗战之声雕塑—马前托孤雕塑—苏区精神展廊—长征组歌景墙—振兴广场等系列景观文化建设，展现“模范兴国”历史文化景观，保护和开发田园风貌及山水形态，发展集餐饮、住宿、种植、养殖、休闲于一体的“农家乐”、观光农业、苏区文化经典展示等文化旅游载体，打造红色游和乡村游有机结合的旅游精品点。四是促进农民增收，推进农业产业现代化。以农业产业规模化、集约化，大力推进农村产权制度改革，创新农业生产经营体制，促进承包经营权向专业大户、农民合作社、家庭农场、家庭林场流转，发展高科技无土栽培和太阳能光伏发电技术，促进苗木花卉、水果、烟叶、蔬菜、养殖等产业发展，实现产业发展、群众就业、经济繁荣相互协调，赋予农民增收致富的活力和动力。五是创新管理模式，提升社区服务水平。按照“一部两会三站”新型社区管理模式，创新社区党建项目，成立枫林田庄上党总支，下设铭恩社区、振兴社区两个党支部，成立社区理事会、监事会，完善社区公共事务服务站、文明创建服务站、爱心温暖服务站等综合服务功能，强化经济发展、服务群众、凝聚人心、和谐稳定的模范社区战斗堡垒作用。

赣州市农村危旧土坯房改造成果十分显著。2012 年改造危旧土坯房 10.6 万户，2013 年完成 30 万户农村危旧土坯房改造、改建和维修加固，2012 年、2013 年共解决了 184.73 万农村人口安全饮水问题。到 2014 年，赣州市土坯房改造工程已基本接近完成（胡宗洪，2014）。总之，《若干意见》实施以来，为了改善群众居住条件，赣南连续三年持续推进原中央苏区农村危旧土坯房改造工程，赣州市有 63.08 万户 263 万农民彻底告别了透风漏雨的土坯房，老区农民的居住条件大大改善，圆了“安居梦”。

二、其他地市农村危旧土坯房改造概况

赣州于 2012 年实施的大规模农村土坯房改造工作取得了良好的效果，为其他中央苏区农村危旧土坯房改造工作提供了示范，积累了丰富的经验。继赣州之后，中央苏区其他地区也相继开展了农村危旧土坯房改造工作。如广昌县于 2014 年启动扶贫攻坚“共创·小康”工程，以精准帮扶贫困对象脱贫致富为目标，围绕生活扶贫和产业扶贫两大任务，打响了一场为期 5 年的扶贫攻坚战役。按照民生优先的原则，采取一户一策、分类帮扶的办法，加快推进以农村土坯（危）房改造为重点的生活扶贫。据统计，扶贫攻坚“共创·小康”工程启动以来，该县安置五保老人 885 人，实施农村土坯（危）房改造 2020 户，新建村卫生所 65 所，新建或改造村小学校舍 16 所。

2015 年，吉安市启动了农村土坯房改造、危旧房改造和移民搬迁“三位一体”农村安居工程，计划用三年时间完成移民搬迁 1.6 万户，农村危旧土坯房改造 9.5 万户。遂川县将贫困户全部纳入农村住房保障体系，优先安排农村危旧房改造指标，对特困扶贫对象住房救助实行“交钥匙”工程。2015 年以来，该县有 1104 户农村危房改造户开工建设，其中 685 户已经竣工。

为打好安居脱贫攻坚战，永新县莲洲乡结合美丽乡村建设、危旧土坯房改造及脱贫攻坚工作，全面打响农村危旧土坯房歼灭战。该乡再次对全乡危旧土坯房

进行全面精准核查，并创新工作方式，加大宣传力度，加强协调配合，推进危旧土坯房整治和拆除工作取得了阶段性实效，为打赢安居扶贫攻坚战奠定基础。据统计，截至 2016 年，永新县莲洲乡共拆除正房 90 间 5700 多平方米，拆除牛栏、舍屋、厕所等附属房 344 间 3900 多平方米。已实施的危房改造户有 90 户，其中贫困户 14 户，并在溶溪村打造安居家园示范点，按照“三统一分”模式建设“交钥匙工程”，用于安置 9 户特困户。

大致来说，中央苏区其他地区农村危旧土坯房改造的做法主要体现在如下四个方面：

第一，加大宣传力度，营造浓厚氛围。通过发放宣传资料，悬挂宣传标语，开展乡村干部上户动员和贫困户走访相结合等多种形式，大力宣传土地管理、土坯房改造和安居扶贫等相关政策措施，教育引导广大农户正确认识“一户一宅”相关政策规定，动员农户主动拆除改造后的危旧老房。通过广泛动员，使危旧土坯房改造和拆除相关政策宣传实现全覆盖，做到家喻户晓、深入人心。

第二，加大改造力度，推进拆旧建新。把每一项任务落实到驻村干部和村干部个人，对仍居住在危旧土坯房中的农户进行全面走访和调查，摸清农户基本信息、家庭类型、现居住环境、房屋危险等级等信息，并建立详细的土坯房信息档案。将危旧老房改造列入精准扶贫结对帮扶重点任务，实施“一户一策、分户帮扶”，充分调动群众参与积极性，尽力帮助贫困户改造危房、老房；对无力建房、无钱建房、无地建房的特困户，大力实施“交钥匙工程”，坚持把惠农政策落到实处。

第三，严格执行上级补助政策。各地严格遵循“农村危房改造补助主要面向最贫困、最困难群体”的原则，明确补助对象范围。为贯彻落实农村危旧房改造补助政策，一方面加强部门协作，联合相关部门认真核实补助对象情况是否符合补助条件，力争让更多的贫困群众享受到国家有关惠民政策；另一方面通过加强资金管理，严格拨付程序，对农村危旧房改造资金实行专户管理、统筹使用、封闭运行，确保农村危旧房改造财政补助资金安全高效运行。如吉安市泰和县，截至 2014 年 3 月，该县将 2013 年农村危旧房改造资金 1283.75 万元全部发放到位，惠及全县 22 个乡镇 1072 户困难群众，有效解决了农村贫困群众最基本的安全住房需求。

第四，加强工作调度，形成攻坚合力。各县（市、区）将已享受建房补助资金但仍未拆除的老房列入重点清理对象，整合土管、村规、扶贫等部门力量，乡村干部协同配合，建立“一村一个组、一日一通报、一周一调度”、“三个一”工作机制，形成强势攻坚合力。特别是加大对公路沿线土坯房和危旧房拆除力度，同时广泛宣传安居扶贫政策，对未改造且符合政策的农户进行宣传引导，促使农民变“要我拆”为“我要拆”，用实实在在的政策和措施撬动农村危旧土坯房拆除工作。要求相关部门单位和帮扶干部要通过引导扶贫对象采用小户型、供地优惠、减免基础设施分摊费用、统一采购建材、设立爱心基金帮扶、亲邻借资相助换工、银行贷款扶持等各种行之有效的办法，帮助农村扶贫对象建房。

第二节　贫困村的整村推进

为落实《国务院关于支持赣南等原中央苏区振兴发展的若干意见》，结合罗霄山脉区域发展与扶贫规划，江西省自 2012 年底以来调整扶贫思路，开展 3 年扶贫攻坚。一是集中支持力度。把每年扶持新农村建设的村点数由原来的 8000 个缩减为 5000 个，以集中支持力度，并将建设重点放在 38 个中央苏区和特困片区县。二是加大支持力度。江西省里每年统筹资金 50 亿元，支持赣南等中央苏区和特困片区县 5000 个新农村建设点的建设，从 2013 年起，使每个村点的建设资金达到 100 万元。

一、赣州的整村推进情况

赣州市有“十二五”扶贫省定贫困村 1119 个，市级贫困村 300 个。近年来，全市投入扶贫贫困村整村推进中央财政扶贫资金 4.69 亿元，整合其他资金 8.1 亿元。坚持把扶贫资金用在刀刃上，重点用于改善贫困村群众生产生活基本条件、基础设施建设、学校卫生院等社会公益事业及“一村一品”扶贫主导产业等项目建设。

（一）工作思路与主要举措

根据省、市关于贫困村村庄整治建设工作的有关精神和要求，赣州市贫困村整村推进的思路是“统筹规划、综合治理、整村推进、连片开发”。围绕这个思路整合项目资源，坚持贫困村整村推进（村庄整治）与新农村建设相结合、与美丽乡村建设相结合、与农村土坯房改造相结合、与发展农业产业相结合，因地制宜、合理规划，实施整村推进扶贫工程，着力改善贫困群众的基本生产生活条件，加快整村推进脱贫致富步伐，切实做到“精准扶贫”与“整村推进”比翼起飞，两手抓，两不误，一起推进，有效融合。其主要举措体现在以下三个方面：

（1）积极发动，广泛宣传。在充分考虑村庄整治和扶贫到户相结合的基础上，帮扶干部积极行动，深入村庄整治点广泛动员。通过组织召开动员大会，进村入户宣传走访等形式，把新农村建设（村庄整治）的目的、意义、要求、资金补助宣传到户，充分调动农户参与新农村建设（村庄整治）的积极性和主动性。

（2）建立整村推进工作机制。在市、县（市、区）统一领导下，各乡（镇、场）成立整村推进（村庄整治）建设工作领导小组，形成主要领导亲自抓、分管领导具体抓的工作格局。各贫困村通过召开村庄整治点户主大会，由农户自己推举新农村建设理事会成员，共同研究、确定年度建设项目。同时，由理事会制定新农村建设（村庄整治）工作方案，明确了由乡（镇、场）扶贫和移民办（站）、新村办、村“两委”、建设点理事会共同负责，细化各方责任，形成三级联动机制，抓好落实新农村建设的各项工作。如大余县把整村推进工作纳入年度目标考核体系，定期或不定期地对各乡镇扶贫开发工作开展情况进行督促检查，对好的经验做法进行推广，对工作不力的乡镇进行通报警示，确保全县整村推进工作取得新的成效。

（3）努力打造贫困村典型示范村。在实施贫困村整村推进（村庄整治）扶贫开发中，紧紧围绕贫困村扶贫开发突出重点、分批实施、创出特色、整体推进的总体要求，求真务实、真抓实干，推进贫困村扶贫开发。加大对全市“十二五”1419 个贫困村整村推进投入力度，抓好扶贫项目的实施，坚持按规划抓好年度项目计划的实施，保证项目质量，发挥资金效益，确保整村推进扶贫开发规划落到实处。抓好典型示范村建设，通过典型推动整村推进扶贫工作的深入开展。每个重点县抓好 3~5 个整村推进典型示范村，非重点县市抓好 2~3 个整村推进典型示范村。

（二）贫困村整村推进项目的实施

1. 项目的选定与申报

根据上级关于争取将新农村建设点安排在贫困村的规定，赣州市积极推动该项工作，确定了贫困村整村推进项目选定的标准：把贫困程度最深、最需要得到扶持的行政村精准选定为省（市）级贫困村。在具体实施过程中，建设点项目的选择始终坚持群众自愿原则，充分发挥群众的主体作用；加强组织领导，精心组织实施，密切协作配合，做到公平、公正、公开。

第一，严守原则，确保层层公开。一方面，严守突出重点、突出实效、突出均衡的原则。根据“十五”、“十一五”、“十二五”期间省、市、县扶持贫困村分布情况以及各乡（镇、场）扶贫开发项目实施情况，结合所有行政村的基础设施建设和公共服务状况、贫困发生率、农民人均纯收入、产业发展、基层组织建设状况等因素，提出了严格的标准，确定遴选候选村，再经过县级层面讨论确定最后的入选名单；另一方面，严守公开、公平、公正的原则。要求各县、乡（镇、场）认真研究，充分发扬民主，确保群众知情权、监督权和参与权，制定好贫困村选定工作方案。然后利用电视、广播、报纸、张榜等形式广为告之，做到程序公开、过程公开、结果公开、群众认可、社会稳定。

第二，严格标准，确保层层筛选。如信丰县明确规定，已经安排过省级和市级新农村建设点且村庄整治工作已经基本完成的村、乡（镇）所在地的行政村和城郊结合部的行政村、公路和水利等基础实施较完善且人口总数低于1000人的行政村、“十二五”期间为省级贫困村的行政村、大中型水库库区移民村且该移民村无法核定项目人口达150人以上的行政村、村“两委”班子战斗力不强且为民办实事不主动积极的六种行政村，不能再申报为省级贫困村。

第三，严把程序，确保层层把关。在贫困村遴选过程中，各县（市、区）明确了从上到下分配指标、乡（镇、场）识别拟定和从下到上审核认定三个阶段和步骤。一般而言，贫困村选定需要经过九个步骤，即乡（镇、场）政府根据本地实际拟定选择标准；在乡（镇、场）各行政村及较大自然村组公示选择标准；二榜公示选择标准；乡（镇、场）政府拟定候选村名单并在乡（镇、场）各行政村及较大自然村组公示；根据公示评议意见进行必要调整；组织各村民小组代表和乡（镇、场）人大代表对候选村进行票决；将票决产生的本乡（镇、场）贫困村名单报县扶贫开发领导小组；县扶贫开发领导小组审议通过后以领导小组名义在本级政府网站和电视台面向全县公示；县扶贫开发领导小组将贫困村名单报设区市扶贫开发领导小组层层把关。

各地开展的摸底、实地调研工作，为更好地开展项目申报工作打下了良好基础。项目申报过程中严格执行以下三个步骤：

第一，严把项目申报关。项目严格在规划内选择，没有列入规划的申报项目，需要通过村民代表大会讨论通过后方可逐级上报。

第二，实地踏勘审核项目。县扶贫和移民派出工作组到各贫困村实地踏勘审核项目，重点审核项目受益面、工程总量与工程预算，确保项目的扶贫效益及可行性。

第三，逐级申请。项目所在村小组向村委会申请，村委会向乡（镇、场）政府申请，乡（镇、场）政府报县扶贫和移民办汇总，县扶贫和移民办再报县政府常务会议讨论通过，确保项目程序到位。

在项目申报工作中，各地立足于“早谋划、早行动、早落实”。如宁都县，早在2014年3月就开展了2014年贫困村新农村建设点调查摸底工作。对134个贫困村拟安排新农村建设点采取“分片包干、责任到人、问责到底”的方法开展调查摸底，详细了解拟建点存在的困难和问题以及项目建设需求等情况。宁都县扶贫和移民办积极主动与该县委农工部（新村办）对接、协调，争取更多的新农村建设点安排在贫困村，实现整村推进与新农村建设工作“双赢”目标。经过与县新村办多次协调、争取，2014年宁都县共在贫困村安排新农村建设点131个，其中，在33个贫困村安排省级新农村建设点75个，在56个贫困村安排县自建点56个。截至2014年8月，宁都县134个贫困村中75个省级新农村建设点、56个市（县）自建点、45个未安排新农村建设点的贫困村2014年村庄整治项目已全部确定并报县扶贫开发领导小组审核通过。全县134个贫困村共申报项目185个，项目涵盖基础设施建设、社会事业建设、环境与生态建设、增收产业培育等四大项18个子项，预算总投资4425.45万元，其中申请财政扶贫资金2680万元。

2. 项目的规划编制

为确保贫困村整村推进达到预期目的，科学合理配置扶贫资源，实现精准脱贫与区域可持续发展，赣南各地积极做好“十三五”贫困村村庄整治建设规划编制工作。

概括起来，贫困村村庄整治建设规划编制的目标是：2018年底前全面消灭“满目疮痍”村，2020年贫困村群众全面实现走平坦路、喝干净水、上卫生厕、住安全房，全面建成社会主义新农村。规划编制的重点是基础设施建设，突出解决贫困村“行路难、饮水难”的基本现状。编制的原则是群众主体、贫困优先、经济实用。

为做好规划编制工作，各地结合实际，成立了村级规划编制工作小组，负责人多为驻村“第一书记”。为保证规划编制的质量，各县（市、区）扶贫和移民办公室还组织工作队，到贫困村开展调查核实，实地指导规划的编制工作。

各地大都为规划编制工作制定了工作程序，该程序一般包括七步：即开展前期调研、按贫困程度排序并公示、召开村民代表大会、开展项目投资预算、确定项目投资来源、填制年度项目计划、编制项目计划汇总表。

如龙南县“十三五”期间，规划项目138个，其中基础设施建设项目116个，建设内容含道路102公里，桥5座长141米，输电线路3000米，河堤3059米，水坝145米，水渠21034米，引水管铺设14400米；社会事业建设项目4个，建设内容含广场3080平方米；环境与生态建设项目18个，建设内容含改厕230户，垃圾池9个，排水沟5100米，路灯318盏，绿化4200平方米。规划总投资5098万元，其中财政扶贫资金2200万元，新农村建设财政资金980万元，行业部门资金1250万元，定点帮扶资金400万元，群众自筹及投工投劳资金268万元。项目受益人口覆盖20080户81477人，其中贫困人口3266户8970人。

3. 贫困村整村推进情况

在土坯房改造工作中，赣州市着力引导农民集中居住，并大力推动贫困村的整存推进工作。2013年，赣州市把1119个省级扶持贫困村和300个市级扶持贫困村作为扶贫攻坚主战场，注重整村推进扶贫与村庄整治、新农村建设有机结合，全市共投入整村推进扶贫资金 2.232 亿元，实施水、电、路、房、网络和环境改善“六到农家”工程，2803 个基础设施、产业扶持等项目全面完成。2014 年，赣州市按照突出重点、求真务实的要求，着力推进贫困村整村推进扶贫。

信丰县统筹各类涉农资金和社会帮扶资源，加大 14 个省级贫困村基础设施建设力度，在财政扶贫资金不少于 100 万元的基础上，确保村均整合项目资金达 200 万元以上。实施“四改”（改水、改电、改路、改厕）和“五通”（通班车、通邮、通广播电视、通电话、通网络宽带）、“六有”（有幼儿园班、有卫生室、有图书室、有文化活动室、有商业服务网点、有垃圾收集站）工程，把贫困村建成新型农村社区，促进基本公共服务均等化，力争实现 4 个贫困村脱贫摘帽的目标。

图 3–2　信丰整村推进与美丽乡村建设紧密结合

资料来源：刘善庆拍摄。

概括起来，赣州整村推进项目主要围绕贫困村的基础设施、社会事业、环境与生态、产业扶持四个方面展开。

基础设施。主要包括水、电、路、房、网络和环境改善等。积极改善贫困家庭水、电、路、房、网络等条件，在农村安全饮水、电网升级改造、通组公路硬化、农村信息化基础设施建设等项目安排和实施中，因地制宜采取多种形式，优先将贫困家庭列入。在基础设施建设中突出重点。一是实施乡村道路项目，解决通行难的问题。作为偏远地方的贫困村，山高坡陡、道路狭小，出行困难是制约贫困群众脱贫致富的重要因素。通过实施乡村道路项目建设，不仅可以解决贫困群众出行难的问题，而且极大地改善了人民群众的生产生活条件。二是实施农田水利项目，解决发展难的问题。通过修建水渠、水陂，不仅解决了人畜饮水困难和农田灌溉问题，还有效保护了农田。如大余县积极动员社会各界力量，整合社会资源，向整村推进扶贫重点村倾斜。按照“渠道不乱、用途不变、优势互补、开成合力”的原则，对农业综合开发资金、财政扶贫和移民资金及农工部的村级“一事一议”财政奖补资金等涉农资金进行整合，将中央农田水利项目和整合的农田水利建设资金项目尽量安排在相邻或附近的区域，实行整乡整村推进，做到集中连片、项目对接、优势互补，积极探索重点县建设资金与现代农业生产发展等项目的有机结合，形成合力，加快农田水利建设步伐。截至 2014 年底，大余完成扶贫整村推进项目 60 个，完工率达 95%。全县贫困村新修水泥公路 43.48 公里，新建水渠等水利设施 5480 米，铺设饮水工程水管 96090 米，解决饮水困难人口 1356 人。

安远县整合扶贫资金、新农村建设资金和土坯房改造资金，扎实推进基础设施建设。截至 2015 年，积极实施 88 个贫困村整村推进工程，安排新农村建设点 111 个，整村推进资金 2810 万元。同时，不断加大资金投入力度，确保每年累计投入农村基础设施建设资金达 1 亿元，用于新修道路、新建桥梁、新建社区、改善居民用水等一系列民生问题。

全南县 2013 年争取扶贫资金 450 万元，实施了 65 个整村推进扶贫建设项目，其中，道路修建项目 31 个，修建道路 24.57 公里；桥梁修建项目 8 个，修建桥梁 114 米；水利工程项目 12 个，修建水陂、水圳 5287.5 米；饮水工程项目 6 个，修建水池 3 个，铺设饮水管 10600 米；环境与生态建设类项目 8 个，其中修建村内垃圾及污水处理工程 3 个，修建休闲广场 5800 平方米。截至目前，全县 65 个整村推进建设项目已全部完工，45 个建设项目已通过验收。2014 年，全南县又在 38 个贫困村实施整村推进项目 58 个，共硬化道路 13.59 公里，修建桥梁 4 座、河堤 564 米、水圳 7902 米、水池 2 座，铺设水管 5600 米，安全饮水入户 57 户，修建污水处理排水沟 752 米，安装路灯 42 盏，修建休闲广场 807 平方米，修建村级组织活动中心 1600 平方米，受益人口 5633 户 24434 人。2015 年，全南县继续发力，扶贫开发工作以 8 个省级贫困村和 30 个市级贫困村为主战场，加大资金投资力度，对重点贫困村实施了以基础设施建设、特色优势产业培育、环境综合整治、社会事业建设为重点的项目建设。2014 年，会昌县共向上争取整村推进项目资金 1580 万元，用于实施 110 个贫困村的整村推进（村庄整治建设）项目 171 个，缓解贫困村群众行路难、农田灌溉难、饮水难等问题。信丰县要求到 2017 年，全面完成贫困家庭的安全饮水工程，农网改造面达到 95%，通 25 户以上人口自然村路面基本建成水泥路，行政村通宽带比例超过 98%。

社会事业。提升农村公共服务设施，推进村庄社区建设，让贫困家庭平等享受基本公共服务。坚持基本公共服务向贫困区域倾斜，大力推进教育、医疗卫生、文化广电扶贫，不断改善贫困地区公共服务条件，解决社会事业发展滞后的问题。加快完善贫困村教育基础设施建设，新建或改扩建公办幼儿园、义务教育薄弱学校改造、校安工程、校舍维修改造、教师周转房等项目优先向贫困村倾斜。加强乡镇、村两级医疗基础设施和人才队伍建设，加快医疗服务信息化建设，以县人民医院信息化平台为中心，通过上联下联的方式，实现通过信息平台预约专家、预约检查、查询检验结果，开通远程会诊、远程影像诊断、远程病理诊断、远程手术示教、远程培训等功能，让群众在家门口就能享受到优质的医疗服务资源。以贫困村、县城工业园、中心镇、中心村移民扶贫社区为工作重点，加大乡村文化活动广场、农家书屋、社区文化活动中心、信息资源共享工程、乡村广播“村村响”投入力度，提升文化广电服务的覆盖面。如于都县力推基本公共服务均等化，惠及贫困村。三年来（2011~2014 年），会昌县新建村卫生室 9 所，新（改、扩）建村小学校舍 6602 平方米；通过修建医疗卫生服务中心，解决了群众“看病难”的问题。

产业扶持。帮助贫困群众发展产业，增加收入是实施贫困村整村推进扶贫的重要内容。各县（市、区）因地制宜，培育了一批辐射带动力强、市场发展前景好、贫困人口就业多和贫困农户增收脱贫快的扶贫产业，在扶贫资金项目安排和贴息政策支持上加大力度，集中支持若干个主导产业形成规模化发展。通过扶持产业发展，不断提高贫困群众自我发展、自我管理的能力，促使受扶农户增收增效。如近年来，全南县充分用好 1000 万元省级支持赣南等中央苏区和特困片区扶贫产业发展资金和 500 万元中央专项彩票公益金支持革命老区扶贫开发创新试点项目资金，按照“覆盖贫困村、扶持发展农业优势产业、集中支持优势农业产业基地建设”三个原则，先后实施了大田村梅园产业区道路硬化、田背村淮山基地灌渠和玉舍桂花基地河坝仔桥梁等基础设施项目 50 多个，重点扶持芳香苗木、蔬菜、果业等特色优势产业，建成桂花、厚朴、梅花等芳香产业基地近 6 万亩，建立高山蔬菜标准化示范区基地 40 个，组建农民专业合作经济组织 45 个，有力拓宽了农民增收渠道。

加强整村推进项目管理。一是成立村庄整治建设管理工作领导小组，明确职责，建立垃圾和污水、水库（河道）、道路、农家书屋等公用设施运行维护长效管理制度。通过村民自治，充分调动群众的积极性，让群众自发组织起来共同管理好项目。二是形成“一套管理制度”。各乡镇以村为单位，制定村规民约，使农村公共环境治理初步走上制度化、规范化轨道。三是执行“一套运行模式”。重视村庄整治项目村的民主管理，严格按照村民自治的要求，充分发挥村民的主体作用。要借鉴城市社区的做法，坚持集中会战与建立长效机制相结合，配备道路、环境卫生、水库（河道）管护等工作人员，优先将有劳动能力的扶贫对象聘请为卫生保洁员、农村公路管护员、水库（河道）安全巡防员、图书管理员等，就地解决贫困人口就业，让更多贫困家庭有稳定的收入。对建成后的福利型公益事业项目，如农家书屋、道路以及绿化、亮化、文化体育设施等，加强宣传教育，提高群众的社会公德意识，使广大群众形成文明的良好习惯，营造自觉维护公益设施的良好氛围，确保公益设施的完整和正常运行。

图 3-3 兴国县河长制责任公示牌

资料来源：刘善庆拍摄。

整村推进的效果是明显的。如于都县禾丰镇大字村是“十二五”重点贫困村，原来基础设施较差，大部分村民居住在山脚下，卫生脏乱臭、出行不方便。结合移民搬迁、扶贫开发和整村推进建设，该县积极争取和整合各类资金，投资1000余万元，建设了幼儿园、文体广场、阶檐水沟、环湖风景带及油铺路、垃圾屋，硬化了通村柏油路和房前屋后道路，为村民统一粉刷外墙、盖坡屋顶、通自来水，完善了社区绿化、亮化、美化工程，村民生产生活条件得到了翻天覆地的变化。安远县三百山镇符山村距镇政府所在地约 8 公里，辖 3 个村民小组，共有人口 1255 人，境内山清水秀，旅游资源丰富。2014 年，在省、市烟草局及县农工部的大力支持下，实施整村推进项目，全村共分为山脚下、邓屋、莲塘面三个整村推进示范点，总投资 165.07 万元，涉及农户 153 户。经过一年的努力，建成了 200 平方米的高标准村部和文化广场；硬化了村内主支巷道 4 条 1564 米；配套完成了排污、排水设施 553 米；铺设了步行道 582 米；完成了旅游公路沿线绿化 1824 米；新购置了垃圾集中箱 40 只，垃圾清运车 2 辆；安装了路灯 25 盏；完成了房屋坡顶改造 3208 平方米，门坪硬化 2236 平方米，立面装修 6848 平方米；完成了自来水安装 51 户、改厕 51 户，符山村的面貌大变样。

二、其他地市整村推进的情况

（一）吉安

1. 整村推进的主要举措

在项目申报环节，一般采取以下三项举措确保申报项目的科学性：

（1）实行阳光操作。召开村民代表大会讨论决定拟申报项目；各村庄整治建设自然村申报的项目，在村务公开栏和所在自然村张榜公示，接受群众监督。

（2）充分尊重民意。各村庄整治建设自然村申报的项目由各自然村根据大多数自然村村民的意愿自主决定，实行民主表决。确保迫切需要解决的基础设施建设项目得到落实，避免实施锦上添花的项目。

（3）严格项目审查。县级机关深入各贫困村，实地查看项目实施前的现状，拍下影像资料，并对项目申报的程序和规模进行核查，测算投资额是否准确等等，防止申报项目的规模不真实、投资不准确以及重复申报等现象的发生。

在项目推进环节，主要采取以下三大举措，确保项目顺利实施：

第一，整合资源，形成合力。在整村推进工作中，充分发挥扶贫资金的导向作用，积极引领行业部门资金和社会资金切实向贫困村倾斜，与村庄整治项目资金整合使用。积极发挥主体作用，鼓励贫困村以“一事一议”和集资投劳等方式，充分发挥村民的积极性，让他们一起参与村级规划的实施和监督过程，同时弥补资金缺口。切实推进驻村帮扶，严格帮扶项目和资金的考核标准，鼓励帮扶单位按照各贫困村整村推进规划，把帮扶资金与扶贫资金整合使用。落实行业部门责任，交通、水利、新村办等行业部门每年制订扶贫工作计划，切实落实资金向贫困村倾斜，向村庄整治集中。如遂川县在村庄整治项目中，除省以上财政扶贫资金外，共整合资金 3114 万元，其中市县财政扶贫资金 230 万元，其他部门资金 1471.6 万元，其他资金 1412.4 万元。2013 年，在省、市领导及相关部门的大力支持下，永新县共融合各类社会帮扶资金 3491 万元，其中省“四个一”驻县帮扶单位投入 700 万元，省直定点帮扶单位帮扶资金 330 万元，市直机关帮扶资金 1579 万元，县直机关也积极行动起来，解决帮扶资金达 882 万元。发动贫困村群众积极参与。如永新县充分发挥群众在村庄整治中的主体作用，积极动员广大人民群众捐资投劳参与村庄整治建设，一年来，各贫困村共动员农民群众捐资 660 余万元，投工投劳 76800 余日。

第二，立足优势，打造亮点。因地制宜，立足本地优势，积极建设示范村，发挥其引领作用。如 2013 年，遂川县因地制宜打造了黄坑乡周园村、碧洲镇良岗村、堆子前镇堆前村、雩田镇江背村、泉江镇上坑村、戴家埔乡淋洋村、五斗江乡五斗江村等一批村庄整治典型示范村，通过实地查看、现场评比、经验交流等形式，引领带动全县 108 个贫困村向典型学习，立足自身优势，深入推进贫困村发展。

第三，突出重点，提升效益。在整村推进过程中，把改善贫困村基础设施作为贫困村的首要工作来抓。不断完善村组公路网，把通村、组水泥路建设作为基础设施扶贫工作中的重中之重。加大对水利工程建设的扶持力度，把关系农民生命财产和农业生产安全的水利工程及早提上议事日程并开工建设，减少自然灾害对农民生产生活的影响。加强公共文化基础设施等建设。

井冈山市加强对整村推进项目的全过程管理。为了加强贫困村村庄建设项目的管理，努力提高扶贫资金使用效益，创新工作方法，规范项目管理。按照“民主申报、统一规划、专家评审、专业实施、群众监督”的程序运行。

（1）把项目的选择权交给农户，提高农户对扶贫项目的知情权、参与权。贫困村在村庄建设点的选定上，召开村民代表大会、民主协商决定。具体村庄建设点确定后，项目建设内容由项目点的农户协商提出、投票表决确定。

（2）把规划设计权交给专业机构，确保扶贫项目建设标准化、规范化。聘请专业机构对辖区内 44 个贫困村确定的村庄建设项目逐一进行勘查设计，对项目建设内容、建设标准统一规范，项目规模与建设资金相匹配，提高项目实施效果。

（3）把项目的评审权交给专家，确保扶贫项目的可行性、合理性。村庄建设项目规划设计完成后，组织相关专业技术人员，对设计的合理性、可行性以及项目投资概算进行评审，确保扶贫资金使用效益最大化。

（4）把项目的交易权交给阳光平台，提高扶贫项目的公平、公正、公开。项目施工主体的决定权，通过公开招标的方式选定，以村为单位进行发包，择优选择专业施工队伍进行项目建设。避免亲情施工队、豆腐渣工程。同时在招投标过程中接受公众监督，做到了公平、公正、公开。

（5）把项目的监督权交给农户，充分发挥农户的主体作用。各乡镇村成立项目实施监督小组，对项目实施的全过程进行监督，对监督中发现的问题，责成实施单位迅速采取措施，及时整改，抓好落实。

2. 整村推进的主要特点

吉安市扶贫开发工作以贫困村为主战场，不断探索和改进村庄整治方式，做好村庄整治工作，呈现以下四个特点：

第一，目标定位合理实效。坚持“从实规划、科学定位、突出重点、特色鲜明”的原则，在广泛调研、尊重民意、综合考虑的基础上，依据各自特点，选择适宜到村到户项目，制定和完善村级规划。在重点贫困村建设的定位上，不断总结经验，推陈出新。通过目标定位，精确指导，找准建设突破口，确保了项目的合理性和实效性。

第二，轻重缓急有序。基础设施是重点，其中又要重点解决贫困村产业基地水、电、路等基础设施建设难题，提升产业发展能力，让财政专项资金在扶贫攻坚中发挥“四两拨千斤”的效应。如遂川县加快贫困村村容村貌整治和基础设施建设，将贫困村宜居自然村庄作为新农村建设的重点，各类项目向贫困村集中，全面优化村容村貌。从 2015 年起，在省里每年每个贫困村 20 万元的基础上，遂川县每年整合 150 万元以上财政资金用于贫困村基础设施建设。2015 年，遂川县 108 个贫困村共安排整村推进项目 146 个，资金 1695 万元，并整合新农村建设资金 1160 万元，交通资金 450 万元，水利资金 105 万元，实施村庄整治项目 58 个，修建水泥、沙石路或桥梁 68 条（座），修建水圳、实施饮水工程 20 处，极大地改善了贫困村基础设施条件。

新干县对 11 个省定贫困村投入整村推进财政专项扶贫资金 220 万元，整合各类资金 550 万元，使贫困村的生产生活条件和产业发展能力得到有效改善和提升。2014 年以来，全县实施村庄整治项目 22 个，建设新农村示范点 10 个，兴修通村水泥公路 5.8 公路，硬化村巷道 22000 平方米，安装太阳能路灯 30 盏，新修排水沟 3.8 公里，新建村级文化活动场所 2 个，总面积 1000 平方米，村级休闲广场 1 个，绿化亮化 5000 平方米，打造出麦斜勾城、沂江脑上等一批在全县小有名气的新农村建设精品示范村。

为推进城郊特色农业发展，服务城市居民，打造现代农业亮点，吉州区于 2012 年 3 月启动了横跨 3 个省级重点贫困村（兴桥镇东塘村、钓源村、袁塘村）、面积达 3000 余亩的区现代农业科技示范园建设项目。园区包括花卉苗木景观区、四季果园采摘区、农业科技培训区、时令蔬菜种植区、水产养殖垂钓区、水稻高产示范区六大功能区。围绕农业科技示范园区建设，吉州区于 2012 年投入资金 142 万元，用于修建生产路、人饮设施、浇灌设施和农网改造。

第三，奖罚分明。在资金投入上，彻底打破扶贫资金平均分配格局，实行“干得好有奖励，干不好有惩罚”的办法，合理拉开扶贫资金的扶持差距。凡是资金管理规范、扶贫效益和群众受益明显的贫困村，给予一定的项目资金扶持奖励，并在各类扶贫评先表扬中实行加分或倾斜。对完不成建设任务、工作推而不动、实施效果一般的贫困村，取消其评先资格，来年递减扶持力度，并追究相关人员责任。

第四，长效管理，巩固成果。对辖区内的村庄整治项目，实行第一年建设，第二年巩固提高。进一步加强项目实施后的管理和维护。已检查验收合格的各类扶贫项目在交付使用后，项目实施单位（乡、镇、场人民政府）必须组织项目受益群众及相关单位做好产权移交、制定管护办法、明确责任主体，建立项目管理长效机制，努力发挥好项目的效益。

（二）其他地市

抚州、上饶等苏区县（市、区）也先后进行了整存推进工作，大致情况如下。

1. 规划先行

在整村推进工作中，抚州、上饶等苏区县（市、区）贯彻落实“精准扶贫”要求，坚持规划先行的原则，认真编制整村推进规划。如广丰区政府，为确保“十三五”期间实现同步小康，于 2015 年 8 月正式敲定铜钹山镇叶家村、毛村镇后溪村等 27 个行政村为全区“十三五”期间规划扶持贫困村，其中，省级贫困村 10 个，即铜钹山镇叶家村和七星村、毛村镇后溪村、桐畈镇蒋坞村、排山镇牌门村、大南镇塘狮村、少阳乡泉岭村、嵩峰乡银丰村、吴村镇路亭山村、东阳乡管村村，市级贫困村 6 个，即泉波镇边山村、桐畈镇二渡关村、沙田镇碧石村、枧底镇东井村、东阳乡湖口村、铜钹山镇高阳村，县级贫困村 11 个，即东阳乡社后村、五都镇杉溪村、泉波镇泉波村、毛村镇毛村和乌岩村、嵩峰乡十都村和石岩村、桐畈镇王家村、沙田镇坞垄村、铜钹山镇铁山村和石溪村。27 个规划扶持贫困村是全区精准扶贫、精准脱贫的重要对象，是开展村庄整治、产业扶贫、搬迁扶贫、医疗扶贫、教育扶贫与创业扶贫的重要平台，也是广丰扶贫攻坚道路上最难啃的“硬骨头”。

按照规划，到 2018 年底，上述 27 个贫困村全面消灭“满目疮痍”村组，贫困村基础设施建设和基本公共服务水平明显提升；到 2020 年，贫困村群众全面实现走平坦路、喝干净水、上卫生厕、住安全房的愿望，贫困村网络通信、卫生室、综合文化活动室全覆盖，全面建成美丽和谐的社会主义新农村。

在规划编制上，坚持贫困优先、合理选择，经济适用、量入为出，群众主体、零负债。在规划编制程序上，由贫困村“第一书记”统领村“两委”、驻村扶贫工作队、大学生村官组成《规划》编制工作小组，开展摸底调查，以基础设施状况为主要依据，对贫困村所有村组由差到好进行排序，在村里的公示栏向全体村民公示一周。在此基础上，逐一召开拟开展整治建设自然村的村民大会或村民代表大会，表决确定整治建设具体项目并在村里的公示栏相应向全体村民公示一周。根据村庄整治建设项目投资预算，确定 2016~2018 年各项目投资来源。

2. 增强贫困村“造血”功能

改变过去给钱给物单一“输血”式扶贫做法，着力提高农民、农村“造血”功能，夯实农村发展基础。在具体操作中，对贫困村、贫困户进行精准梳理，通过“结对子、送点子、扇炉子”的办法，确定项目攻坚重点，在资金、技术、设施上进行“帮扶”，围绕发展高效农业项目，促进农民收入增加。

在整村推进工作中，从重点解决农村基础设施落后入手。如位于南城县株良镇江头段村，与宜黄县毗邻，全村有 8 个自然村 360 户 1400 人，是典型的深山区贫困村。自实施整村推进以来，该村坚持高起点规划、高标准建设，多渠道投入，整合资金 500 多万元，加大支柱产业和基础设施建设力度，同步推进文化事业、村级组织等方面建设。该村先后争取扶贫项目 2 个，新修道路 8 公里，实现了自然村村村通，解决了 600 多人的出行难问题；同时，对 2 个村组 22 户 86 名贫困群众实施了异地搬迁扶贫，从根本上解决了偏远深山区群众的生存和发展问题。积极同发改、交通、水利、农业等部门协调、对接，共整合部门资金 200 多万元，建设了安全饮水工程、修筑了 6.3 公里的水渠、建设了一处陂坝、护砌溪道绿化植树 800 多棵。采取“一事一议”，群众筹资投劳，上级以奖代补的形式，对村容村貌进行了集中整治。如今，江头段村有 60%的农户用上沼气，70%的农户用上太阳能，90%的农户用上水冲式卫生厕所；农网改造实现全覆盖。

乐安县山砀镇田下村全村共 137 户 460 人，以前基础设施落后，环境脏乱差，是全县 87 个贫困村之一。2013 年，田下村开始启动整村推进扶贫开发，整合扶贫开发、新农村、农业、水利等项目资金 196 万元，打响了村庄整治攻坚战。由村里统一规划，拆除了危旧房和废弃的猪牛栏 7000 多平方米；新修了水泥路 4 公里，村里全部完成改水改厕，村民喝上了自来水，用上了卫生厕；环境得到了很大的改善，安装了太阳能路灯 14 盏；新建了休闲广场、游步道……

在加大投入、改善村里的基础设施的同时，乐安县根据田下村的资源及生态环境优势，因地制宜，着重引导村民发展油茶、水面养殖、烤烟、养猪四大产业，并从资金、技术、销售等方面给予扶持，积极拓宽村民致富渠道。如今，该村油茶种植面积达 5000 余亩，发展烤烟 200 多亩，水面养殖 600 多亩，养猪专业户 4 户，年出栏生猪 400 余头。

太坪村位于金溪县对桥镇西南方向，距 206 国道 2 公里，现辖 7 个自然村，9 个村小组，全村现有 520 户，共计 2200 人，其中党员 78 人，在外务工人员 420 人；全村耕地面积 3200 亩，林地面积 11800 亩，人均年收入约 6200 元，是全县 17 个贫困村之一。近几年来，该村结合扶贫开发的整村推进、新农村建设的深入拓展、小康提速工程的大力实施，致力推进农民新家园、农村文化园、农业生态园“三园”建设，一举成为全县首个省级生态村、全市村庄整治首批典范村、全县新农村建设样板示范村。

自 2007 年开始，太坪全面开展新农村建设，建设农民新家园，注重抓好四大工程，先后完成 8 个新农村点建设。四大工程具体如下：

（1）设施提升工程。先后完成了饮用水、农用晒谷场、5200 米环村公路、

2000 米的护村河、贯通里外的新泰桥、4500 米的雨污分流工程、8 个新农村建设点的 30 余条入户路、10 个洗衣垂钓水塘等，有力地促进了村民生产生活条件的改善。

（2）环境优美工程。先后拆除 8 个新农村建设点空心房 13800 平方米，实施穿衣戴帽工程建设 12000 余平方米，建立绿化长廊带 5600 余米，村级森林公园 1.4 平方公里。

（3）文体休闲工程。先后建成村民活动中心 7 个、1000 余平方米，体育休闲广场 3 个、1600 余平方米，休闲亭 4 个，设有健身器材 30 余件。

（4）习俗传承工程。注重挖掘地方底蕴，先后修建和兴建了上肖组门楼、下肖祠堂、兰家少数民族村门楼、兰家少数民族文化长廊、兰家少数民族文化馆等。

建设独具魅力的农村文化园。太坪始建于元代后期，至今已有 700 多年的历史沉淀，在大力开展新农村家园建设的同时，注重传承、挖掘和保护太坪独特地方文化，重点书写好“两”字文章。

（1）写好“稀”字文章。太坪村的兰家畲族自然村是 1990 年经抚州原行政公署批准的少数民族聚集的村组，也是金溪县唯一的少数民族自然村。围绕打好畲族文化这张牌，先后建设了少数民族畲族文化走廊、畲族风情门楼、畲族文化展示中心，定期举办畲族风情节等，较为全面地展示了畲族的演变迁徙、风俗风情、历史图腾等。

（2）写好“古”字文章。围绕太坪的“古门楼、古房子、古街、古井、古墓、古桥、古树”的“七古文化”的挖掘和保护，先后修葺了太坪总门楼“延陵第”、村中的“莲花墩”、与总门楼遥遥相对的“四墩石平桥”，对泸源组 200 多年的罗汉古树、太坪组 800 多年的古樟、相传明代状元吴伯宗家族古墓号称“状元坟”进行了挂牌保护，对村中数栋明清古宅、下肖的古祠堂等按照修旧如旧的要求进行了保护性修葺。还原了太坪人历史上的生存状态、地域文化等。

打造农业生态园。发挥独特地域优势，大力发展优质稻和绿油茶产业，优质稻每年保持在 2900 亩，占水稻耕地面积的 90%以上，平均每户每年收入 10000 元以上；绿油茶则依托上下太坪组基地为龙头，分步进行周边辐射，采取以集体经济组织统一开发种植，分户进行经营管理，目前已建立绿油茶面积 500 亩。

三、整村推进的成效

在精准脱贫工作中，赣南等中央苏区以整村扶贫开发为载体，以整合捆绑各类涉农项目资金为抓手，以增加农民收入为出发点和落脚点，以大扶贫促进大开发，以大开发促进大发展、贫困村整村推进工作任务取得了良好成效。

（一）贫困村群众生产条件得到改善

1. 赣州市总体情况

对基础设施落后的贫困村、组，围绕水、电、路、房，积极开展村庄整治、新农村建设和危房改造等工作。近年来，赣州市全市贫困村新修乡村道路 10310 公里，其中硬化 9172 公里，修建桥梁 328 座 7415 米，新建水陂、水渠等农田水利设施 981 处（座），解决了 60 万人的饮水问题，新建村卫生室 59 所 12638 平方米，维修村小学校舍 37 所 16373 平方米。贫困村生产生活环境发生根本改变。经过村庄整治，贫困村生产生活条件有了较大改变，一大批贫困村群众过上了“走平坦路、喝干净水、上卫生厕、住整洁房”的生活，有的村庄建设成了传承历史文化、彰显地方特色、环境优美的社会主义新农村。

2. 县（市、区）的情况

在整村推进工作中，近四年来全南县修建道路 172.64 公里，49 座 784.5 米，水陂 8 个，水圳 51747 米，饮水工程项目 23 个，水池 6 个；铺设饮水管 54707 米；修建村内垃圾及污水处理工程 6 个，休闲广场 10607 平方米。贫困村和贫困群众生产生活条件显著改善。

自实施“十二五”贫困村整村推进扶贫开发以来，会昌县对 110 个省定贫困村投入整村推进财政专项扶贫资金 0.4315 亿元，整合其他资金 1.06 亿元。截至 2014 年，全县贫困村新修或改造乡村道路 614.7 公里，修建桥梁 28 座 409.8 米，新建或维修水陂、水渠等农田水利设施 84 处（座）46288 米，解决了 0.31 万人的饮水困难。大余县共投入资金 4300 万元，实施整村推进项目 380 个，新修水泥路 82 公里，桥梁 7 座，解决了 58 个重点村群众的出行难题；新建饮水工程 8 处，解决 700 多人的饮水难题；新建水渠 9000 多米，新增、改善灌溉面积 6700 余亩。贫困村的生产生活条件和产业发展能力得到有效改善和提升。

2015 年以来，宁都县新修通组水泥路 90 余公里，新修桥梁 17 座，新（改）建水陂 30 余座，实施农村饮水安全项目 8 个，贫困村通村公路 100%硬化，87.6%的村小组实现了通组公路，改变了群众出行难、农产品运输难、走出大山难等问题；首个光伏发电项目在该县安福社溪村并网成功，有效缓解了农村电力不足的问题。

信丰县新田镇结合和谐秀美乡村建设和农村清洁工程，全面展开了对新田圩、金鸡圩、百石圩和村庄的环境综合整治工作。在新田圩和金鸡圩组建了两支专门的环卫队伍，抽调精干力量负责推进全镇的农村清洁、农村垃圾处理工作。同时，积极筹措资金、加大投入，建设镇垃圾填埋场、各村垃圾池、配备村级保洁力量，优先安排贫困群众充实进来，镇村卫生面貌大为改观。2014 年，新田镇还彻底关停了两家在深山老林烧废旧电子材料的小型加工企业，为保持清新的空气、清洁的水质奠定了良好基础，积极主动的争取和实施了“万人千吨安全饮水”工程，全镇集中饮用水源地水质达标率100%，农村饮用水卫生合格率达95%以上。

图 3–4　兴国县和谐秀美村庄

资料来源：刘善庆拍摄。

吉安市遂川县堆子前镇堆前村先后投入扶贫资金 180 万元，整合新农村建设资金 210 万元，自筹资金及投工投劳 209.2 万元，对盆形等 7 个省级点和 4 个自建点进行村庄整治，实施了修缮农家书屋、安全饮水、改水改厕、硬化村组道路等项目 13 个。黄坑乡周园村，按照村庄建设规划，整合扶贫资金和新农村建设资金，对村庄建筑风格进行了全面改造，新建了客家婚庆园、农耕文化园、留守儿童阳光家园，解决了 20 余户群众的改水改厕难题，先后得到了时任省委常委、省纪委书记周泽民、市委书记王萍等领导的高度肯定。碧洲镇良岗村坚持“空心村”改造模式，高标准、高规格规划设计，在村庄整治中共拆除废旧房 8000 余平方米，硬化路面 3000 米，绿化闲置地 1600 平方米，兴建廉政文化广场 1000 平方米，一改以往脏、乱、差的落后面貌，成功建设了一个美丽新良岗。

（二）产业发展后劲增强　贫困人口收入增加

中央苏区紧密结合当地实际，因村因地制宜，大力发展具有当地特色的“一村一品”主导产业。如赣州市，为做大做强赣南脐橙产业，全市投入果业开发财政扶贫资金 2750 万元，贫困村开发脐橙面积 18 万亩。

针对山多地少的镇情，信丰县新田镇把农业产业发展当作群众增收致富的

“牛鼻子”，大力发展烟叶等农业新产业，五年累计投资500余万元，完成沟渠浆砌23公里、机耕道浇捣4公里后；2015年，又在花历、新田两村投资200余万元，推进实施了6公里沟渠、4公里道路的烟水烟路工程项目，投资120万元，扎实推进“烟叶产业支援新农村建设”，烟叶产业种植面积、品质连年提高，由2007年种植烟叶300亩，收购量900担，到2014年种植烟叶达1830亩，收购量近51万斤，烟叶总产值626万元，人均增收260元。与此同时，新田镇注重优化产业结构，将油茶、花卉、苗木等生态农业产业的发展放在更加突出的位置，并且不断增强村民农业产业抵御风险的能力，在技术指导、土地流转、争取贷款等方面积极服务群众，规划建设了德坑千亩油茶基地，优先安排贫困人口就业务工，促进了油茶、林业、苗木等产业有序健康发展。

近年来，大余县累计投入产业扶贫资金2000万元，直接扶持贫困村发展致富产业11个，人均增收1300元以上。遵循产业发展、村民增收的原则，该县还为每个贫困村制定了村级5年产业发展规划，立足自身农林资源和生态优势，宜果则果、宜菜则菜、宜林则林，集中力量发展规模化、基地化特色支柱产业。

在产业发展中，积极探索产业基地、龙头企业、贫困农户之间的利益联结机制。如赣州市有国家扶贫龙头企业5家，省级扶贫龙头企业24家，市级扶贫龙头企业100家，通过扶贫贴息、科技扶贫等项目的实施，扶持扶贫龙头企业发展，辐射带动农民发展产业，增强了贫困人口的自我发展能力为农业增产，农民增收奠定了扎实基础。

全南县有农村户籍人口13.7万人，2011年全县农村年人均纯收入低于2300元的贫困户有11932户46247人，分别占全县农村总户数和人口的36.65%和33.56%，主要分布于全县38个省、市级贫困村中。在整村推进中，该县完成财政专项投资3000万元，通过项目支持、资金整合、社会帮扶和信贷支持等措施，大力发展芳香苗木、蔬菜、生猪、葡萄等农业优势特色产业，为贫困村发展特色优势产业打下了基础，实现了农民尤其是贫困户增收渠道的多元化。到2014年末，全县贫困户人均增收630元，贫困人口大幅度下降，全县脱贫人数为31870人，贫困人口脱贫比例年均下降55.42 %，贫困村贫困人口脱贫比例年均下降超过60 %。2013年，遂川县贫困村农民人均纯收入由2012年的2436元增加到2728元，人均增加292元，增长12%，有1039户4239人可实现脱贫致富。2014年底，南城县株良镇江头段村全村农民人均纯收入达到10064元，比2011年增长了65%。

（三）村民素质得到较大提高

通过积极引导农村群众参与扶贫规划的编制，村庄整治的设计、建设、监督，让广大农民群众素质在参与中得到提高，民主管理意识在建设中得到增强，村风民俗得到明显改变。

贫困村劳动力素质得到提高。在实施整村推进扶贫工作中，坚持把劳动力技能培训、农业实用技术培训及中专学历培训作为提高贫困群众综合素质的重点来抓，努力增强贫困群众自我造血功能。全市共举办各类培训班650期，共计培训3.1万人。如在赣州全市1119个省级扶持贫困村继续开展“一村一名”中专生和中高级技工招生培养工作，实现了1119个省级扶持贫困村每村都有1名中专生的培养目标。

贫困村群众自我发展的意识和能力得到提升。贫困农民是实施扶贫开发的主体，也是扶贫开发的直接受益者。在整村推进中，通过加大扶持力度，落实项目，较好地带动了贫困村和贫困群众的自我发展，贫困村和贫困群众脱贫致富的积极性不断高涨，进一步树立了加快发展的自觉意识。在实施村级扶贫规划建设中，各级组织采取多种形式引导、支持、鼓励贫困村群众积极参与项目建设。一是投工投劳参与。投工投劳不仅是项目建设的需要，也是参与式扶贫的具体体现。各县（市、区）积极组织群众参与整村推进扶贫，群众投工投劳折款都在5.1亿元，使有限的扶贫资金发挥了最佳效益。二是项目监督的参与。贫困村充分发挥项目监督小组作用，在项目实施的前期、中期、后期进行全程监督，让群众知晓项目实施的每个环节，给予群众知情权，让群众充分表达自己的意愿。促使群众在参与项目实施的过程中，自我教育、自我发展、自我管理的能力有了明显提升。贫困村议事、决策、干事机制进一步建立健全并发挥积极的作用。

第三节　异地搬迁脱贫

一般地，异地搬迁主要包括五类：一是深山区搬迁。主要是指省定贫困村（组）或地处偏远山区、交通不便，生存环境恶劣，无教育、医疗卫生等公共服务设施村（组）的扶贫移民搬迁。二是库区搬迁。三是地质灾害搬迁。指地处国土部门鉴定为地质灾害区村（组）的避灾移民搬迁。四是就地扶贫难度大、成本高的贫困村异地搬迁。五是生态移民。指以林业、环保部门划定为生态保护区内村（组）的生态移民搬迁。精准扶贫、精准脱贫视域下的异地搬迁主要发生在中央苏区各县（市、区）辖区内，紧密结合新型城镇化建设，主要去向是县城、工业园或者中心镇、中心村，实现人口集聚。其中，移民搬迁“进城进园”意义尤其重大。既解决了贫困户的困扰，又为城市发展增添了活力。具体体现在四个方面：一是给移民户提供了大量的优惠政策，可以从根本上实现贫困群众脱贫致富。二是有效促进了城市化发展。移民搬迁“进城进园”同步推进基础设施和公共服务配套设施建设，实现城乡基本公共服务均等化，促进了城乡一体化发展。三是缓解了工业园用工需求。将贫困群众从大山、库区等地迁出到工业园区安置，既解决了工业园区产业工人紧缺的问题，又使移民搬迁户获得了稳定的收入来源，实现就近就业。四是实现了节约集约用地。将移民户集中统一安置，有效节约了集约用地，提高了土地利用率。总之，移民搬迁“进城进园”是生产要素的重新配置，有效提高了生产要素效率。

一、赣州市异地搬迁的主要举措与实施情况

（一）赣州市异地搬迁的原则与主要举措

1. 异地搬迁的原则

异地搬迁扶贫是实现长远脱贫的有效手段之一。在移民搬迁工程中，赣州市将移民搬迁扶贫作为精准扶贫的有效方式，始终坚持了两个原则：一是“政府主导，群众自愿”的原则；二是整体搬迁、梯度安置、差异扶持、综合推进、积极稳妥的原则。为此，赣州市大力推进异地搬迁扶贫工作，积极整合移民搬迁、农村危房改造、保障房建设、土地增减挂等资金，分年度、有计划组织实施。立足长远，争取一步到位，积极引导贫困户重点向县城、工业园区、中心镇、中心村梯度转移。不断完善后续扶持政策，确保“搬得出、稳得住、可发展、能致富”。

图 3–5　信丰县大塘埠镇危旧土坯房改造库区移民、引农进镇集中建设点鸟瞰图

资料来源：刘善庆拍摄。

2. 异地搬迁的主要举措

综合起来，赣州市异地搬迁的主要举措如下：

第一，建立工作机制。各县（市、区）把搬迁移民扶贫作为全县重大的民生工程来抓，成立移民搬迁工作领导小组，明确了各有关部门的工作职责。建立健全了“县负总责、部门配合、乡镇落实”的县、乡、村三级工作机制，强化各部门与乡（镇）的工作职责。严格按照要求加强对各乡（镇）、各部门的考核力度，确保形成上下联动、运转协调的工作合力，从而使搬迁移民扶贫工作有序开展。

第二，出台扶持政策，明确搬迁方案。各县（市、区）系统梳理有利于吸引贫困户搬迁的扶助支持政策，制订搬迁移民工作实施方案，明确搬迁对象的范围，安置方式分为：县工业园安置、圩镇集中安置点安置、中心村集中安置点安置，搬迁对象可根据自身情况自愿选择何种安置方式，并且明确了各项扶持政策，为顺利实施搬迁提供了有利的条件。如兴国县出台了《关于推进整体搬迁移民进城进园加快统筹城乡发展工作的意见》，确定在 2015 年将五类人实施移民搬迁“进城进园”。于都县多次召集县直相关部门和部分乡镇负责人对相关政策认真逐条逐议，研究相关细节问题，最终形成了《于都县深山区整体移民搬迁“进城进园”工作实施细则》。在扶持政策上还进一步明确了原居住地房屋拆除补偿政策和每户给予 6 个月（600 元/月）的过渡安置补助。以五口之家计算，若属农村危旧土坯房住户，一次性至少获得 3.86 万元补贴。

第三，广泛宣传动员，积极引导。尊重农民搬迁意愿与积极引导相结合。利用海报、宣传栏、手机报、横幅等形式不断加大宣传力度，广泛宣传搬迁移民工作的重要意义、政策措施、安置方式、后续发展等。同时做到宣传工作“四到户”，即工作人员上门到户，宣传资料发放到户，政策法规宣读到户，群众释疑解释到户。狠抓摸底调查，着力夯实基础工作。深入各乡（镇、场）、村实地考察调研，针对较为偏远的乡镇所在村进行详细了解，交流，倾听对搬迁移民工作及政策的意见和建议。帮助群众算细账、算大账、算好子孙后代的前途账，引导群众变“要我搬”为“我要搬”，激发主体意识。

第四，明确程序，确保公平。以建档立卡的贫困户作为主要对象实施搬迁移民扶贫工作，把搬迁移民扶贫作为实行精准扶贫的有效方式大力推进。移民搬迁按照“户主申请、村级初审、乡镇审核、县级审批”的程序，确保对象的真实性、准确性，各个环节做到公开、公正、透明。经过户主申请、村级初审和乡镇审核，并在移民搬迁区域、村小组以及圩镇公示后，在核查组逐户逐项核查，同时在各乡镇人口密集的地方再次进行公示，经核查公示后，县移民扶贫工作领导小组审定，并在县政府网公示，同时以短信形式告知全县所有的农户。

第五，科学制定规划。主要体现在五个方面：一是根据国家发展改革委关于开展异地扶贫搬迁“十三五”规划编制工作的要求和省委省政府精准扶贫攻坚的决策部署，认真编制“十三五”搬迁移民扶贫规划，帮助贫困群众脱贫致富。在尊重群众意愿前提下，采取任务倒排的方式，建立“十三五”搬迁移民扶贫项目库，制订年度搬迁计划，科学测算住房、配套基础设施、公共服务设施等方面主要建设任务。二是围绕移民需求，按照移民意愿，多角度考虑选址、规划设计、社区配套功能。县城安置，按照方便群众出行、方便群众生活的原则，择优选择地点集中安置。乡镇、中心村安置也选择在人口密集区，建房则坚持“四统一分”，即统一规划、统一设计、统一基础设施建设、统一竣工验收和分户自主建房，最大限度地保证搬迁农户的权益。三是在县城安置小区的科学规划上，按照现代理念规划，配套设施完善、公共服务完善功能完善，确保搬迁群众的生活水平和质量。四是在户型的高标准设计上，坚持“以人为本、均好性、经济适用性”为原则，参照当地居民的生活习惯，根据各阶层的收入设计多种户型以满足搬迁对象的需求。五是在管理模式上，实行“城市社区化管理、精致小区化服务”，配建幼儿园、医疗所、银行网点、超市等社区便民公共服务设施，让群众就医、就学、行政服务等方面享受一站式服务。

第六，整合资源，示范引领。搬迁移民扶贫特别是进城进园项目是一项涉及面广、面临诸多问题、情况比较复杂的系统工程。为实施好这项系统工程，赣州市在“政策组合、资金整合、资源聚合、功能综合”上下功夫，建立健全各项优惠政策、措施，真正让利于移民群众，坚持政府主导，加大对住建、国土、交通、水利、电力、民政、人社等部门政策资源整合力度，形成综合推进的合力，努力降低安置房购房价格，并让特别贫困的搬迁户，叠加享受相关优惠政策，加大差别化扶持力度，让真正贫困的农户搬得出。

努力建设好安置示范区，发挥示范引领作用。将示范区建设纳入重点民生工程和重点项目进行全程调度，建立健全工作推进机制，及时协调解决项目推进过程中存在的问题。积极组织参观安置示范区，坚定移民户搬迁决心，让深山区移民户切身感受移民安置房在设计、功能、交通、就业等方面带来的便利，坚定移民户移民搬迁“进城入园”的信心和决心。在确保建房质量上下功夫。在加快进度的同时确保建房质量。由于贫困群体的高度特殊性、住房的高度关注度、搬迁移民扶贫的高度政策性，赣州市严把安置房建设的质量关，做到比其他工程更加重视质量，制定更加严格的质量保证机制，组织更加严格的质量监督检查，进行更加严格的检查验收，确保安置房质量。

第七，“点、块、面”兼顾，立体式扎实推进。对地处深山区、库区、地质灾害频发区，就地脱贫难度大、成本高的贫困群众，按照群众自愿、规模适度、梯度安置的原则，分类施策。一是强“点”。对坚持留在原址或就近异地改建的贫困户，加大差别化扶持力度，实施“一户一策”包户帮扶制度，落实帮扶资金。对实行差别化补助后仍存在建房资金缺口的特困户，可申请贷款，并给予贷款贴息扶持。如信丰县根据贫困户实际，整合土坯房补助及移民搬迁政策，对全县贫困群众原址自建房扶持资金高达 4.25 亿元，使 27383 户贫困群众解决了住房困难问题。二是成“块”，加密乡（镇、场）层面的“三引”工程建设布局。通过整合扶贫搬迁、土坯房改造等资金集中力量打造“板块”状示范点或者统建保障房，免费提供给贫困户居住，形成示范引领效应，释放人口聚集的效应，吸引和带动群众在圩镇和中心社区新住房。三是扩“面”，加快县级层面的保障房与“三引”工程建设。使贫困群众不仅可以享受低价购房政策，而且叠加享受移民搬迁、土坯房改造、贷款贴息等政策。

第八，加强后续管理和保障，确保移民户稳得住。为防止移民重回原居住地居住，确保移民搬迁扶贫效果，赣州将拆除原居住地旧房作为移民进工业园安置的前提条件。移民户必须在规定时间内拆除原居住地旧房，才能获得在县城工业园区安置的资格。

为了让移民户稳得住，赣州市在户籍、教育、医保、社保、低保、计生等方面对移民户制定了相关保障政策：一是户籍政策：移民户可选择转为城镇户口，也可保留原户籍而选择办理城镇居住证。二是教育政策：移民子女享受县城居民子女就近入学同等待遇。三是医保政策：移民户可自愿选择城镇居民医疗保险或新型农村合作医疗保险。四是社保政策：已参加农村社会养老保险的移民户，可转移接续城镇居民社会养老保险。五是低保政策：最低生活保障可实行农村和城镇低保互转。六是社区组织管理政策：在移民安置社区成立社区党组织、社区管理委员会，负责社区日常管理工作，纳入安置区所在乡（镇）党委、政府统一管理。

第九，加大就业扶持，确保移民户富得起。为了让移民户富得起，近年来，赣州市制定了相关后续发展扶持政策，加大整合就业创业配套政策。对移民进行免费就业技能培训和就业指导服务。同时，提供创业贷款优惠政策，自主创业的移民还享受该市为期 2 年 3 万~5 万元创业贴息贷款。为了掌握一线资料，该市完善搬迁移民就业创业信息库，建立个人信息台账，及时为搬迁移民提供就业服务。盘活土地山林资源增加收入。结合农村产权制度改革，对于选择办理城镇居住证或进入圩镇中心村安置的移民户，其原居住地山林土地（含复垦的宅基地）实行统一有偿流转，其原有的集体资产收益权将予以保护，移民户既可以出租土地山林获得租赁收入，也可以入股企业和基地建设实现分红收入。

为进一步做好移民搬迁进城进园工作，保障进城进园移民户合法权益和拓宽增收渠道，龙南县深化农村产权制度改革，推进土地流转和产权交易。一是保留农村土地承包经营权和林权。保留进城进园移民户的土地承包经营权和林权，按照“依法、有偿、平等、协商”的原则，鼓励和支持农村产权、使用权、经营权等以转包、出租、作价入股等多种方式，依法有序流转，推进土地向规模经营集中。二是保留农村集体经济组织资产收益分配权。原已享受农村集体经济组织资产收益分配权的进城进园移民户，保留进城进园后集体经济组织存量资产收益分配权。积极推进农村集体经济股份制改革，将集体经济组织资产以股份形式量化到集体组织和全部移民户个人，确保进城进园移民户不因户籍变化而影响其对资产的收益分配权。三是盘活农村资产权益。盘活进城进园移民户在农村的土地承包权和资产权益。建立完善农村产权交易机构和机制，实施对农村资产流转的金融信贷支持，简化农村资产抵押贷款程序、降低贷款门槛，扩大面向进城进园移民户房屋、土地承包经营权、林权抵押贷款，使进城进园移民户在农村的资产权益高效流转，为移民户进城进园后就业创业提供信贷支持。四是建立农村宅基地有偿退出制度。对自愿退出宅基地且今后不再重新申请宅基地的，按照法定范围内面积 82.5 元/平方米的标准予以奖补。所退出的宅基地根据当地土地利用总体规划和农村土地整治规划，按照“宜耕则耕、宜林则林”的原则进行复垦，并优先复垦为耕地。退出宅基地复垦为农用地后，退出人为本村村民且要求承包经营的，具有优先承包经营权，农业、林业等有关部门应当依法办理土地承包经营手续。

（二）赣州市异地搬迁的实施情况

据调查，赣州市有近 20 万农民生活在深山区、库区和地质灾害频发区。其中，大部分农民居住在远离中心村镇的地方，生存环境恶劣，生产方式单一，生活水平低下。他们喝不上干净水，不能正常用电，缺乏生产资料；多数居住地基础设施薄弱、产业结构单一、生态环境脆弱。单靠传统的小规模、小范围的产业扶贫、基础设施扶贫等方式难以彻底改变他们居住地的落后面貌，他们多数希望早日搬离。2013 年，赣州市全面落实 23561 人移民搬迁计划，在全市 17 个县（市、区）建设了 96 个移民搬迁集中安置点，在龙南、于都两县进行搬迁移民扶贫进城进园试点工作，两县集中安置 7447 人。3 年来，全市新建移民集中安置点 341 个，集中安置移民 59139 人。从 2015 年起，赣州市决定每年实施 3 万人移民搬迁计划，用五年完成移民搬迁 15 万人，主要对象是地处深山区、库区、地质灾害频发区，就地脱贫难度大、成本高的贫困群众。具体情况如下。

1. 库区移民搬迁

赣州市的库区移民并不多，以崇义县、上犹县为主。20 世纪 50 年代中期，为了“一五”期间 156 个国家重点工程之一——上犹江水电站建设需要，崇义县人民大量移民，部分移民搬迁后靠，主要分布在上犹、崇义两县，目前总数达

1246户4988人（含“双渡”）。这些农民常年生活在漂浮于水面的简易木棚里，以捕鱼或网箱养鱼为生，被称为“水上漂”；有的生活在水中孤岛上或岸边的山上，出行只能靠划船摆渡，被称为“双渡”。其出行、就医、求学都要划船，很不方便。

《国务院关于支持赣南等原中央苏区振兴发展的若干意见》出台后的2012年7月，《赣州市上犹江库区“水上漂”农户上岸搬迁安置工作实施方案》出台，开始对上犹江库区“水上漂”（含“双渡”）农户实施上岸搬迁安置，安置分为集中安置和分散安置两种。

（1）集中安置。各地按照“五通”（通路、通水、通电、通广播电视、通电话）的要求和就医、就学等生产生活条件相对便利的原则，新建集中安置地点。目前，赣州市已在崇义县的横水、过埠、杰坝等乡镇确定了22个“水上漂”（含“双渡”）农户集中建房安置点，其中，在过埠镇建设的“水上家园”渔民上岸搬迁集中安置点总占地面积40多亩，建设住宅楼20栋，可以安置农户666户，全部为三室两厅的套房，每套为90平方米。

（2）分散安置。主要是移民自主建房。对于符合农村危旧房改造条件的“水上漂”和“双渡”农户自主建房，赣州市规定，移民在全部拆除原有的水上住棚和岸上危旧土坯房后，每户补助建房资金4万元。

2013年，赣州市全部落实了“水上漂”移民上岸搬迁安置措施，1246户4988人彻底告别了往日“水上漂”、“双渡”生活。为解决他们的后顾之忧，赣州市政府专门制定了针对“水上漂”农户的产业扶持政策，支持其发展蔬菜、油茶、花卉苗木和特色养殖等农业。同时，鼓励农户创业经商。为此，帮扶干部还为“水上漂”农户举办培训班，帮助其掌握就业技术和技能。

2. 深山移民

赣州市深山移民安置点的做法可以概括为：整合资源，集中资金，高标准规划，高质量建设。安置模式主要有三个：进县城工业园区、进中心镇、进中心村，属于梯级安置模式。在深山区整体移民搬迁工作中，赣州市将尊重群众意愿与政府引导有机结合。一方面，对符合条件并愿意进县城工业园区安置的，将其安置到县城工业园区，其余移民户分别安置在中心镇或中心村；另一方面，通过政府积极引导，力争实现能进城的不留镇，能入镇的不留村，能集中的不散居。

以居住点或自然村为基本单位，凡符合移民条件的地方实行整体搬迁。为有效防止“拔萝卜”现象，在乡镇划定搬迁区域时，要求必须满足两个条件：一是整体搬迁。以自然村或居住点屋场为单位划定搬迁区域，在当年实施的搬迁区域内的移民对象，必须达到整体搬迁。深山区移民搬迁“进城进园”工作的目的是让深山区所有的贫困群众迁出大山、切实解决深山区群众的贫困问题。如果在搬迁扶贫工作中只是根据经济能力，迁“富”不迁“贫”，那真正的贫困户就没有得到有效扶持，移民搬迁扶贫的目的就没有达到。所以，必须坚持整体搬迁的原则，防止“拔萝卜”式扶贫，将搬迁区域内的贫困群众全部整体搬迁，让他们彻底摆脱深山，脱贫致富。二是每个区域必须不少于 15 户移民对象。居住点或自然村户数不足 15 户的，可将地域相连或相近的区域整合成一个搬迁区域，确保每个搬迁区域内移民对象达到 15 户以上。如兴国县，2015 年“进城进园”搬迁扶贫以地域上相连、生存条件相近的自然村（居民点）整体搬迁为主，优先考虑处于半山腰或不通路的深山腹地，人口密度极低，扶贫和管理成本高的自然村或居住点。在集中安置区设置了两室一厅、两室二厅、三室二厅、四室二厅等多种户型；规定安置对象每户限购一套，其中，5 人以下（含 5 人）的家庭，可申请三室二厅住房，6 人以上（含 6 人）的家庭，可申请四室二厅或三室二厅住房，原则上人均住房面积不超过 35 平方米；暂时无力购房的，可按保障性住房政策，以先租后买的形式申请两室一厅住房。

为解决深山区移民搬迁难的问题，崇义县结合土坯房改造政策，在 2014 年出台了深山区移民搬迁计划，在圩镇生活、交通便利的地方建一批搬迁移民集中安置点，在享受土坯房改造政策每户 1.5 万元的基础上，每人再补贴 6000 元钱，并给予土地、税收、基础设施建设扶持，控制建房成本和销售价格。全年共争取省、市搬迁移民补助资金 851.6 万元，已建成麟潭乡牛萌岭等 5 个搬迁移民集中安置点，共安置搬迁移民 2039 人。

于都县是全省移民扶贫“进城进园”工作试点县之一。提出以实现城乡、区域和群体间基本公共服务均等化为目标，围绕“整体搬得出，长期稳得住，逐步能致富”的要求，采取了房价上让、政策上补、信贷上助、发展上扶、权益上保等措施，大力推进深山区整体移民搬迁扶贫“进城进园”工作，实行县城工业园、中心镇、中心村社区三级梯度安置方式，确保到 2020 年实现 3.5 万深山区人口成功移民、全面脱贫。为推进深山移民工作，于都县先后研究出台了《于都县深山区移民搬迁工作方案》、《于都县深山区整体移民搬迁“进城进园”工作实施细则》，对移民搬迁区域的确定、移民对象的确定、项目建设、购房安置、扶持政策、后续服务管理、组织实施、责任追究等进行了全面、具体的规定，为“进城进园”搬迁扶贫工作顺利开展提供了政策支撑（见图 3-6）。

按照“园、镇、村”三级梯度安置的移民搬迁思路，2013 年以来，于都县分别启动了县城上欧工业园移民搬迁示范区、岭背中心镇 2000 户搬迁扶贫新型社区、罗坳镇大桥移民新村三个安置示范社区项目建设。

上欧工业新区移民搬迁安置示范区项目地处于都县城上欧工业新区内，是全省深山区群众“进城进园”移民搬迁安置四个示范区之一，占地面积 100 亩，总建筑面积14.3万平方米，新建安置房36栋1193套，剔除土地及平整成本，项目总投资3.6亿元，其中本级财政投入达1.47亿元。住房按50平方米、110平方米、130平方米三种户型建设，其中50平方米的411套、110平方米的686套、130平方米的96套，建筑第一层规划设计为小区创业场所。项目区立足于打造功能完善、设施齐全、服务均等的新型居住社区，将规划完善水、电、路、绿化等配套工程，同步配备学校、医院、银行、通信、停车场、超市及社区服务中心等市政功能设施。2015年，于都县又启动了上欧工业园移民搬迁示范区（二期）项目建设，占地200亩，规划安置移民2676户。该园区拥有企业150家，安置区建成后，可为企业新增3000个劳动力，能有效解决企业用工难问题，从而为企业发展增添新活力。

图3–6（a）　建设中的于都深山移民“进城进园”安置示范社区

资料来源：于都县扶贫和移民办公室，何志强：《于都深山移民“进城进园”安置示范社区渐展风采》，省扶贫办网，2014年6月20日。

图3–6（b）　建设中的于都深山移民“进城进园”安置示范社区

资料来源：于都县扶贫和移民办公室，何志强：《于都深山移民“进城进园”安置示范社区渐展风采》，省扶贫办网，2014年6月20日。

岭背中心镇区2000户移民搬迁扶贫安置新型社区，占地800亩，分为犁头坑小区、寨下小区、干新小区三个小区，一期工程（犁头坑小区）500户社区按照“临街高层、区内低层，田字布局、户型新颖”的总体设计，科学布局社区文化、卫生、教育、商贸、工业小区。

图3-6（c） 建设中的于都深山移民“进城进园”安置示范社区

资料来源：于都县扶贫和移民办公室，何志强：《于都深山移民“进城进园”安置示范社区渐展风采》，省扶贫办网，2014年6月20日。

罗坳镇大桥移民新村占地85亩，规划建设移民安置房160栋，配套建设幼儿园、卫生所、休闲场所和社区服务中心。重点安置罗坳镇古嶂片区深山区群众。

2015年，崇义县文英乡结合城镇建设和产业发展，充分发挥移民搬迁和危旧土坯房改造资金牵引作用，以贫困户危房改造、地质灾害和深山移民搬迁为重点，按照“搬得出、稳得住、能脱贫、快致富”的基本原则，高标准、高要求、高品位进行规划建设，安置点总占地20亩，规划入住56户，搬迁233名深山移民，计划总投资215万元，安置点分套房和自建房两种类型，面积分80~118平方米。安置点建成后，可有效解决部分深山贫困移民住房问题，为贫困户脱贫致富打下基础。

赣县长洛乡积极筹集各类资金，在圩镇成功打造常乐移民新村。通过实施水、电、路、房、环境改善“五到工程”，邮电、广播、电视、电话、网络等“五通工程”，公立幼儿园、卫生院、图书室、农贸市场、休闲场所等“五有工程”，妥善解决了扶贫搬迁户所关心的交通、饮水、上学、就医、购物、娱乐等民生问题，不仅让搬迁群众吃下“定心丸”，而且以帮扶干部结对帮扶为途径，找准发展特色产业、家门口上班、技术培训三条路子，帮助贫困户发展产业，真正实现20多名搬迁户脱贫不返贫。

图 3–7 赣县长洛乡村民何明在操作自家的机米

资料来源：赣县扶贫和移民办，谢晶：《移民扶贫拔穷根 赣县积极打造常乐移民新村》，省扶贫办网，2015 年 6 月 1 日。

从开始全面实施“移民扶贫”工程以来，宁都县共有 22914 名深山区群众通过异地安置搬迁到交通便利的地方。该县从实际出发，多渠道、全方位拓宽移民致富绿色通道，使移民户致富有路子，发展有后劲。具体方法有四个：一是开展科技培训。针对一些移民户科技种养水平偏低的实际，加大科技扶贫力度，举办各类实用技术培训，让移民户掌握 1~2 项实用技术。二是推荐就业。结合招商引资、创办工业园等，组织移民进厂就业。三是帮扶与产业开发并举。把移民扶贫和产业开发结合起来，通过发展产业增强移民户致富后劲，使每户移民户至少有一项产业作支撑。四是开展结对帮扶活动。县、乡、村各级干部结对帮扶。为他们订计划、定项目、找措施、送科技、供信息、出谋划策，做到不脱贫不脱钩。

小布镇是宁都县西北部最边远的一个山区小镇，2014 年开展了移民搬迁工程，截至目前，小布镇石仙庙移民安置点 26 户 120 人已全部搬迁入住。针对这里高山环抱，云雾弥漫，森林茂密，清泉长流，土壤中有效化学成分含量特别丰富，非常适宜茶叶生长的实际情况，当地党委、政府出台了一系列优惠政策，鼓励当地村民建立茶叶合作社，发展茶叶产业。如小布金叶茶业专业合作社先后引进了安吉白茶一号、龙井绿茶、红心铁观音等优良茶叶品种，现有茶园 2000 余亩，已带动当地移民搬迁户 143 户发展茶叶产业，白茶种植面积近 300 亩。人均年收入比以前翻了一番。

宁都县小布镇抓住城镇化加速发展的有利时机，坚持政府主导、群众自愿的原则，围绕“搬得出、稳得住、能发展、可致富”的目标，2014年紧锣密鼓开展了移民搬迁工程，从根本上改变了小布镇边远山区贫困群众的生活生产状况，增强了贫困群众自我积累、自我发展的能力。截至目前，小布镇石仙庙移民安置点26户120人已全部搬迁入住，圆满完成上级下达的移民搬迁任务。后续，小布镇将继续做好集中安置点相关配套设施建设，积极搞好“三清”、“三净”、“三化”工程，努力改善安置点居住环境，推动安置点群众幸福安居。

3. 其他搬迁移民

其他搬迁移民包括生态移民、矿区移民、地质灾害移民等。如于都县禾丰镇大字村位于禾丰镇中部，距厦蓉高速禾丰出入口3公里，距县城22公里。全村共有8个村民小组，328户1126人，其中贫困户52户。全村人均纯收入2360元，属贫困村，经济来源主要是农业生产和外出务工收入。近年来，依托《若干意见》出台和江西于都南方万年青技改项目建设的契机，为大字村和周边村的矿区居民、深山农户和地质灾害户等实行移民集中安置，高标准、高水平建设好大字村移民扶贫小西湖社区。根据群众生产生活需要，禾丰镇按照现代化社区的管理模式，积极完善社区基本公共服务配套功能，提升社区群众的生活幸福感。社区规划了小西湖公园、文体健身广场、停车场、幼儿园、卫生所、图书室、娱乐室、便民超市等功能性基础设施。

龙南县统筹推进金塘花苑、新圳花苑、黄沙管委会新岭地质灾害安置区、乡镇贫困户公寓套房建设，实现移民集中转移安置与新型工业化、城镇化、农业现代化互动融合发展，并构建县有就业扶贫福利厂、乡有就业扶贫基地、中心村有扶贫车间的就业保障体系（见图3-8）。

4. 村镇保障房建设

为了切实满足建档立卡贫困户改善住房的实际需求，赣州各县（市、区）把建设保障性安居工程作为一项为贫困群众兴办的头等好事抓紧抓实。如龙南县积极部署，向各乡镇下发了《关于做好2016年搬迁移民扶贫项目计划申报工作的通知》（以下简称《通知》），旨在进一步提高搬迁移民扶贫的精准性，规范项目计划申报管理，确保项目计划实施落到实处。《通知》要求乡镇以山区群众脱贫为导向，确保建档立卡贫困户优先搬迁，重点抓好圩镇、中心村集中安置点建设，切实做到思想认识再提高、工作重点再突出、精准搬迁再聚焦，确保到2018年贫困群众同步进小康。按照上级精神，龙南县各乡镇启动了兜底性保障房建设，通过筹措移民搬迁资金、土坯房改造资金、省市县定点帮扶资金，乡级财力兜底等渠道，全力解决贫困户住房困难问题。2015年计划建设保障房726套，这些保障房建设点交通便利、功能完备、生活设施齐全，房屋经简易装修，配置家具、

图 3–8　建设中的龙南县乡村保障房

资料来源：龙南县扶贫和移民办，邓淑琴、唐存珊：《龙南县乡村保障房建设如火如荼》，省扶贫办网，2015 年 11 月 10 日。

厨具，确保贫困户可直接拎包入住。乡镇还将安排资金保障每户每月 10 度生活用电，免费接通自来水，并分配给住户一定的自用菜地。

南亨乡三星塘邙中心村是龙南县整合移民搬迁、危旧土坯房改造政策在乡级打造的精准扶贫工作示范点。该中心村采取“政府指导、农民主体、理事会运作、政策支持”方式，按照“六个统一”（统一土地流转、统一规划、统一户型、统一施工、统一立面装修、统一基础设施）的模式运作，通过整合移民搬迁、土坯房改造政策和省结对帮扶单位省机场集团公司帮扶资金，结对帮扶单位帮扶家电、桌椅等生活必需品。在三星村，通过政府搬进保障房的还有 22 户。中心村不但设立了社区服务管理中心，还建设了文化活动室、门球场、健身器材等休闲娱乐场所。

二、吉安市异地搬迁的主要举措与实施情况

（一）吉安市异地搬迁的原则与主要举措

按照群众自愿、规模适度、梯度安置的原则，吉安市扎实推进移民搬迁扶贫，有序引导贫困人口向县城、工业园区、中心镇或中心村搬迁转移。为此，采取了“七举措”开展搬迁扶贫工作。

第一，强化领导，夯实责任。各县（市、区）领导高度重视，大多成立了搬

迁扶贫工作领导小组，县、乡、村三级层层签订搬迁扶贫项目实施管理责任书，夯实了工作责任。县政府把扶贫开发项目建设纳入乡镇年度目标任务考核，并作为年度办实事项目进行督查，县政协、人大对搬迁项目定期进行调研指导，县直单位入村入户进行结对帮扶，加快了项目实施进度，形成了县、乡、村、群众四级联动的工作机制。

深入实地，加强督导。工作小组深入所有搬迁扶贫在建项目实施现场，进行督促、检查、指导，实行现场办公，及时解决和协调项目实施过程中遇到的困难和问题，做到了情况在一线了解、问题在一线发现、决策在一线产生、工作在一线落实、效果在一线检验，确保了搬迁扶贫工程进度和质量。

第二，重视调查摸底。搬迁扶贫干部深入库区、深山区、地质灾害频发区村、组、农户进行调查摸底，对搬迁居住点和安置点进行深入细致的调查摸底，了解和掌握各地现状、贫困群众的搬迁意愿、影响搬迁安置的因素以及应对措施，并向有意愿的移民户上门宣传移民优惠政策和补助标准，消除群众疑虑，为制定切实可行的移民搬迁方案提供可靠依据。

第三，抓点带面，推动工作。在前期认真摸底、搞好规划、细化方案的基础上，组织干部深入到搬迁要点，现场调研、决策、指导、推动工作。在抓好面上工作的同时，抓点示范，把群众搬迁热情高、急需搬迁的组户作为工作重点，全力推进。如新干县 2014 年共确定了溧江镇堆背村、城上乡岗上坑里村、沂江乡沂江李家脑头村、沂江乡浒岗水东村、沂江乡跃进牛增村、麦斜镇隋岗刘家村共 6 个搬迁移民集中安置点。通过抓点示范，有力推动了整个搬迁扶贫工作的开展。

第四，程序公开、透明。在确定搬迁点和搬迁对象时，将政策规定与自愿申请相结合，按照“户申请、村推荐、乡审查、县批准”的程序，经过两次张榜公示，确定搬迁移民对象。坚持政策公开、对象公开、安置方式公开、补助资金公开，全过程阳光操作，接受移民群众和社会各界的监督。

第五，选址科学合理。在搬迁扶贫安置点的选址上，以人为本，按照靠近公路、靠近圩镇、靠近学校、靠近医院、靠近基地、靠近园区的要求，确定集中安置点，尽可能为移民提供安全便捷的新居选址。

第六，保障资金，推进搬迁扶贫工作。保障资金具体包括政府和贫困户两个方面的资金保障。一方面，确保政府资金投入。为此，吉安市整合政策资源，财政资金向移民搬迁工程倾斜，移民扶贫资金实行专款专用，封闭运行。在此基础上，金融部门及时提供金融服务，提供授信。如遂川县结合安居工程、新农村建设等政策和资金支持，在园区规划了总面积 1009.68 亩的移民搬迁扶贫试验区，积极引导全县 121 个深山区、地质灾害区移民进城、进园区安家落户；依托园区内的百余家企业，统筹解决农民进城问题、企业用工问题和移民增收问题，被列为全省首批“移民进园”4个试点县之一。该工程计划5年安排2万人居住，总投资11.8亿元，光靠财政显然难以承担，当地金融部门及时授信6个亿，利率在基准利率下浮18%，贷款期限20年。在搬迁扶贫中，对搬迁移民中的建档立卡贫困户及其中的特困户实行差别化扶持，建档立卡贫困户的建房补助在人均4000元的基础上，增加补助1000元/人；建档立卡贫困户中的特困户，建房补助在4000元/人的基础上，增加补助2000元/人。新干县2014年共投入搬迁扶贫资金2265万元，其中财政扶贫资金237.2万元。另一方面，落实资金帮扶政策，助力贫困户搬迁。具体办法有两个：一是提供各种补贴。根据建房进度，采用一卡通，直接将移民建房补助款拨入移民个人账户，减轻贫困移民购房负担。在移民搬迁、就业、就医、就学、发展产业等方面给予多重政策扶持。如青原区对居住在深山区、库区、地质灾害区及危旧土坯房的贫困户，自愿搬迁进圩镇集中安置的，优先享受搬迁移民扶贫补助、农村危旧土坯房改造补助。井冈山市规定，贫困户移民搬迁按8000元/人的标准予以补助，红卡户“爱心公寓”统建楼房每户补助5万元，同时享受4000元/人的移民搬迁直补和危房改造补助。二是金融部门为其“量身定做”免抵押消费贷款。免抵押消费贷款灵活多样，既满足了政府整体推进需求，又满足了移民户个性化需求。

第七，强化移民搬迁后续管理，确保贫困户脱贫。如井冈山市对居住在深山区、地质灾区、生态功能保护区的帮扶对象，立足当前，着眼于长远，切实抓好移民集中安置点的水、电、路、通信、有线电视等基础设施规划和建设，全力改善移民搬迁后的生产生活条件，确保移民“稳得住”。采取移民扶贫与小城镇建设、产业结构调整、农村新型社区建设、工业园区建设相结合的方法，开辟移民扶贫新路子，确保“富得起”。为了让群众搬得出、稳得住，还要逐步能致富，青原区坚持从产业有基础，群众容易学、上路快的产业入手，确立了种植太子参、花卉苗木、绿色蔬菜、食用菌、油茶、茶叶、畜禽养殖等特色扶持产业，并采取基层组织引办、龙头企业联办、能人大户领办、技术部门帮办，在全区组建了62家专业合作社，让农户“抱团”闯市场。同时，区里出台了区乡干部跟进服务的各项措施，实行“一个产业、一个领导、一个专门班子、一套具体方案、一抓到底”的“五个一”工作机制，促进产业发展壮大，催生出万亩营养稻、万亩果园、万亩毛竹、万头种猪等8个万字基地，建成特色产业专业村50个，专业村产业面积达到1万多亩，促使农业产业化集群“裂变”，吸引了4万多农户在产业链上增收致富，促进搬迁群众发家致富，解决后顾之忧。

（二）吉安市异地搬迁实施概况

1. 异地搬迁的方式

在异地搬迁方式上，吉安苏区各县（市、区）结合本地实际，选择了各具特色的搬迁方式。一般地，主要实行整体搬迁与部分（零星）搬迁、异地搬迁与就近搬迁相结合的方式，对深山区移民户，在新居就近帮助其寻求就业门路，达到脱贫目的；对非深山区地质灾害户，就近避灾安置，达到脱险目的。如新干县深山区搬迁移民安置小区建设项目的搬迁主要以乡镇内搬迁为主，分为整体搬迁和部分搬迁。按照先难后易的顺序，新干县采取以地域上相连的人口集聚区（村、组）为单元的整体迁出方式，坚持集中安置和无土安置，统一建点，村内调节进行就近安置。2015 年新干县实施扶贫移民搬迁计划总投资 1887 万元，其中请求上级扶贫部门扶持资金 234 万元，3 个深山区移民搬迁项目安置点所在地相应为麦斜镇上麦斜村委会罗陂村、沂江乡浒岗村委会水东村、沂江乡跃进村委会车头新村。

安福县则以居住点为单位实现整体搬迁、集中安置，推行乡镇安置、中心村安置的安置模式。安福县坚持把搬迁移民扶贫与小城镇建设、美丽乡村建设有机结合，按照统一规划、统一设计、统一基础设施建设、统一资金管理、统一竣工验收的要求，建设集中安置点，努力做到移民安置建房既具规模又上档次。

在特困群体的扶持上，由区、乡（镇、场）、村三级出资出劳全程代建小型保障性爱心房。如青原区江口村的高承恩夫妻均为残疾人，无力建房；江口村妇女朱洋秀只身带着两个女儿，无钱建房，两户的搬迁安置房建设均由乡村两级干部全程代办。

2. 异地搬迁的推进情况

异地搬迁工作在吉安市各县（市、区）相继展开。如井冈山市根据异地搬迁户本人意愿帮助其在城区（龙市城区、罗浮开发区）、瓷城工业园区或集镇进行搬迁安置，对红卡户建立“爱心公寓”进行搬迁安置，2015 年完成 6000 人的移民搬迁扶贫任务。截至 2015 年底，遂川县移民搬迁扶贫试验区一期工程 18 栋 500 套移民房已经建设完成，首批 100 户移民户已经入住新居，在春节前实现 454 户移民的搬迁入住，让贫困群众彻底摆脱深山。

吉水县属峡江水利枢纽工程主库区，有移民 2.3 万人，占工程总移民的 90% 以上，移民搬迁户中有贫困人口 2190 人，占全县贫困人口总数的 12.3%。全县共 100 个移民新村，分布在 15 个乡镇，而全县 41 个贫困村中，有 19 个同属移民村，其中 13 个库区移民村，6 个移民安置村。为此，吉水县在推进扶贫攻坚过程中，注重与峡江水利枢纽工程移民搬迁安置相结合，做到统筹兼顾、相互促进。

（1）借力新村建设带扶贫。借助移民新村建设，完善贫困村基础设施和公共设施建设，改造农田水利设施，提升人居环境，完善服务功能。通过移民新村建设推动贫困村村庄整治，吉水县有效改善了贫困群众的生产生活条件。同时，重

图 3–9　乔迁新居的移民

资料来源：遂川县扶贫和移民办，吴海华、周裕海、张润梅：《遂川移民户喜搬新居》，省扶贫办网，2015 年 12 月 18 日。

点扶持贫困户建房，对移民的特困户提供 1.5 万元的建房困难补助。

（2）借力长远发展助扶贫。一是培植产业发展。为扶持库区移民发展产业，吉水县财政连续 3 年每年安排 1000 万元用于产业扶持奖补，其奖补政策惠及 2.3 万移民，涵盖全县 100 个移民新村内的全部贫困户。二是改造农田水利设施。充分利用库区基金后扶资金，逐步解决农田水利设施建设；充分利用水利、农业、国土等部门优势，每年安排一定资金优先解决农田水利设施。三是组织技能培训。面对贫困户和移民户缺乏技能技术、自身发展能力不足的问题，吉水县专门成立了扶贫和移民培训工作站，整合建档立卡贫困户、峡江水利枢纽库区移民和省大中型水库后期扶持移民三块培训资源，开展技能技术培训。

（3）借力长效管理促扶贫。一是加强环境建设。重点抓好 41 个贫困村和 100 个移民新村环境卫生的综合整治、污水垃圾处理、基础设施和公共设施的日常管护，落实管护经费，每年开展“清洁移民户”等环境卫生创评活动。二是夯实基层组织。健全村级组织机构，完善组织场所，加大库区移民新村“三经费一场所”的保障力度，强化建章立制。三是创新社会治理。建立健全库区综治维稳机制，建立健全多层次、各方面参与的社会矛盾纠纷大调解的工作格局，建立乡镇、村委、村组三级维稳网络，形成保障机制。四是推进文化建设。培育和践行社会主义核心价值观，聚拢地方健康文化底蕴，打造独特的库区文化特色，开展“文明移民村、和谐平安村组户”等创评活动，促进人文融合。

三、苏区其他地（市）异地搬迁的情况

（一）异地搬迁的主要举措

抚州、上饶、萍乡等中央苏区将异地搬迁脱贫与新型城镇化、新农村建设、美丽乡村建设、生态移民、产业发展相结合，主要采取了如下措施推动移民搬迁扶贫工作。

1. 建立异地搬迁的工作机制

抚州、上饶、萍乡等中央苏区普遍建立了“一个项目、一名包干负责人、一套工作班子、一个实施主体、一抓到底”的“五个一”工作机制，成立了异地扶贫搬迁领导小组，进一步明确各部门的职责，统一对搬迁工作进行全面规划。

2. 确立异地搬迁对象

抚州、上饶、萍乡等中央苏区把生存条件恶劣、群众搬迁意愿强烈、符合搬迁条件的村组作为移民扶贫搬迁点。具体来说，搬迁移民包括省定贫困村（组）或地处偏远山区交通不便、生存环境恶劣、无教育与医疗卫生等公共服务设施的自然村，或地处国土资源部门鉴定为地质灾害区的自然村，或林业、环保部门划定为生态保护区内的自然村。但是，已经成功申报实施搬迁移民项目的自然村不在其列。

在具体工作中，苏区各县（市、区）干部通过上户摸底、调查核实与村民代表大会相结合的方式，确定深山区、库区、地质灾害频发区异地搬迁的贫困户，并与搬迁户签订搬迁承诺书，让群众自愿搬出居住多年的穷窝，迁到适合群众生存及发展的环境。

3. 加大异地搬迁政策宣传力度，积极引导搬迁

抚州、上饶、萍乡等中央苏区各县（市、区）积极加大对异地搬迁扶贫政策的宣传，积极上门“迁”好群众的心。积极向搬迁对象宣传移民搬迁的好处以及搬迁移民的各种优惠政策。农民进城镇安置，既解除了灾害威胁，又减少了宅基地的征地压力，既得到了实惠，又彻底解决了子女就学、行路、看病等生活不便。南丰县紫霄镇洽村移民程新建高兴地说，2014 年，镇村干部到村里宣传移民危房改造、住房补贴政策，程新建当场就提出了申请。仅一个月，程新建就得到了 12000 元住房补贴资金。数月后便住进新房，圆了多年的安居梦。

4. 确保异地搬迁资金

积极整合发改、财政、农林水、扶贫移民、教育、新农村建设等部门资金，集中用于移民安置区基础设施和公共服务设施建设以及搬迁移民的劳动技术、就业技能的培训，拓宽就业渠道。如近年来，南丰县加大工作力度，筹措专项资金 1500 多万元，统一划定区域，在紫霄、白舍、市山、傅坊等乡（镇）兴建 20 多

个扶贫移民安置点。对全县 20 多个搬迁点 414 户 2173 人实施了移民搬迁，安置点全部实现了“通水、通电、通路、通有线电视”，并整合交通、农业、卫生、文化等部门的涉农项目资金优先向移民安置点倾斜，重点在农村公路、电网、安全饮水、文娱设施、绿化带建设等民生领域进行扶持；同时，还对移民自建房屋给予一定的资金补助，移民生活环境大为改观。还加大后续扶贫力度，对搬迁移民提供优先就业技能培训，在政策上倾斜、在资金上扶持，引导移民自主创业，使他们的生活条件得到较大改善。

（二）各地搬迁推进概况

1. 库区移民搬迁

宜黄县东陂镇干溪村地处深山水库区，出入还需乘船，不仅交通不便、用水用电条件差，而且属于地质灾害易发点。2014 年，该村 132 户 572 人完成了整村搬迁，自来水、广播电视通到了各家各户，整齐的行道树和路灯通全村，移民生产生活条件全面改善，成为当地新农村示范点。

广丰区际头新村业已入住的 28 户 126 位农民，曾经一直散居在交通不便、饮水困难、通信落后的龙井、白腊坎、新岭与际头等地，祖住地都在军潭水库核心淹没区——五板滩。2013 年，在广丰区政府的支持下，铜钹山镇政府整合搬迁扶贫与产业扶贫等政策资源，在移民安置点的土地规划上大让利，助推库区移民。在移民新村建设上，高阳村“两委”通过组织召开库区移民大会，协商选定福祉并敲定统一规划设计、各自建房的建设模式；组建移民新村建设工作领导小组与村民理事会，相应行使具体实施与监督职能；邀请区设计部门对移民新村进行规划设计；建成健身广场一处，干、浆砌护坡 460 立方米，铺设饮用水供水管 2760 米以及下水道 280 米，硬化道路面积 1980 平方米，安装高杆路灯 10 盏，架设电线 2020 米，种植景观树 410 棵，绿化面积达 500 平方米；带动库区移民建房投资 270 万元。

在产业发展方面，高阳村争取产业扶贫资金支持，植根当地千金山药的优良品种与原生态的地理优势，一方面，全力培植高阳千金山药品牌，对大幅提高产量的病害制约因素进行重点攻关。另一方面，从武夷山引进黄观音 105 和北斗两个茶叶品种，建成一个种植面积 100 亩的茶园，打破传统上零星种植的单一模式，走茶园加农户的新路子。

2. 深山移民

近年来，宜黄县结合集镇建设和产业发展，有机结合移民搬迁与城镇建设，大力推进避灾扶贫移民搬迁安置工程建设。该县将地质灾害点和农村危房改造作为移民搬迁重点，充分发挥移民搬迁资金牵引作用，引导移民进城安置，远离灾害威胁。目前，该县共计搬迁移民 2415 户 10564 人，其中建设移民集中安置点

47个，安置移民1192户5352人，分散安置1223户5212人，发放移民搬迁建房补助资金达3017.71万元。神岗乡位于宜黄县东南部，境内高山众多。自古以来，村民住房依山而建，大多居住在大山深处，村民行路难、上学难、就医难十分突出。为此，神岗乡党委政府神岗乡把小城镇建设和移民集中安置点紧密结合起来，先后建设了华南虎新村、坑溪新村、横排新村、兴溪新村、湖边新村、下堡新村、党口移民新村等移民集中安置点，共安置移民234户1033人，山区群众生存状况显著改变。

南城县以“移民搬迁一户，脱贫致富一家”为目标，大力实施移民扶贫工程。近几年，为了从根本上解决边远山区特困群众的脱贫问题，南城县把生存条件恶劣、群众搬迁意愿强烈、符合搬迁条件的村组作为移民扶贫搬迁点，通过政府引导、群众自愿、自筹自建、适当补助等方法，对一些深山区、地质灾害隐患点农民进行整体搬迁。总计对20多个搬迁点414户2173人实施了移民搬迁，新建移民安置点16个，安置点全部实现了“通水、通电、通路、通有线电视”。

为让山里农民搬得出、稳得住、逐步富，南城县还把扶贫移民与发展当地经济相结合，把扶贫移民与新农村建设和生态建设相结合，出台了一系列创业扶持政策。针对这些村民有一定农业生产技能的特点，南城县结合蓬勃兴起的山林、果业、畜牧业，适度开展“阳光工程”、“雨露计划”等，安排他们“弃工从农”或者从农村土地流转脱离出来，成为拿工资的“产业工人”。通过扶持村里建起村办加工厂，大力发展蜜橘、食用菌、家畜家禽养殖等致富项目，努力形成“村村有产业、户户有项目、人人能增收”的生动局面。截至目前，南城县已建立远山苗木基地等下山移民就业示范基地18个，每年提供就业岗位560多个，季节性用工量10000多人次，移民户收入大幅提高。

3. 生态移民

为了保护洪门湖这一泓清水，南城县对水库周边可能影响水质的十几个村的居民进行了有计划的搬迁。为推进生态移民工作，南城县重视移民点的规划建设。在规划建设中，做好产业结构规划调整，确保移民既能就业，更能创业。着力解决好移民医疗和子女就近入学等，确保移民与现有城镇人口享有公共服务的同等权利。同时解决好老年人、残疾人等困难群众的生活问题，在低保、医疗等方面优先照顾，确保生计无忧。通过土地流转，大规模发展蔬菜、茶叶、蛋鸡等种养殖业，实现规范化、规模化种植和养殖，让参与经营的人致富，让参与劳动的人增收。免费为村民实施“阳光”、“雨露”培训，让他们学到缝纫、修理、驾驶等“一技之长”，外出到城镇就业。利用渔民懂鱼识鱼的特点，通过小额信贷扶持，让有技术、有胆识的渔民承包水面变身“鱼老板”，创业致富。此外，充分发挥“能人带富”工程的优势，在生态移民村点创办部分来料加工、服装鞋帽等劳动密集型企业，让移民群众就近就业。

以社会创新管理助推扶贫生态移民工作。南城县加强移民新村基层组织建设，在移民新村建立党组织、村委会，并采取公推直选方式选对选好新村领导班子，并建立好当地的各种产业协会，采取产业协会上建党小组的模式，让基层组织建设不留死角死面，通过群众代表议事，一事一议，村官民评，村务民议，村财民管，创新村民自治。同时，建立健全矛盾调解组织，形成长效矛盾调解机制，通过聘请群众中有威信的离退休干部为法律法规政策宣传员、矛盾调解员、便民服务办事员、党风政风评议员，实现矛盾纠纷大事不出村、小事不出组、户户融洽、全村和谐的局面。

南城县对移民产业扶持的积极探索

南城县坚持“科技是第一生产力”的理念，按照“培训转移一人，脱贫致富一家”的指导思想，结合村组和农户实际，开展实用技术培训，实现每一搬迁贫困户基本掌握1~2门实用技术，积极创建和发展“一村一品”、“一户一业”，实现“村村有产业、户户有创业、人人能脱贫”的产业发展新局面。南城县先后组织搬迁贫困户举办了十几期以优质南丰蜜橘种植管理、茶叶种植、烤烟生产等实用技术为主要内容的培训班，参训人员达3000余人次。此外，南城县还围绕主导产业，优化产业结构，鼓励、引导和支持各类投资主体到贫困地区投资兴业，采取“企业+合作社+基地+贫困户”的形式，帮助贫困户发展产业，解决他们就业问题，促进他们增收脱贫。

为抓好移民产业发展，增强移民脱贫致富能力，南城县积极探索移民产业扶持新路子。通过以奖代补、贷款贴息、实物补偿、改善生产开发点基础设施条件等多种方式的扶持，逐步建立起了具有库区资源特色的产业发展格局，移民产业发展的信心得到增强。与此同时，一些规模小、刚起步的产业户，由于资金不足，影响了产业的发展壮大。2015年初，省扶贫和移民办开展了扶贫和移民产业贷款试点工作，并将其列为省办“四大”品牌战略工作之一。南城县作为27个试点县，以移民产业为突破口，抓好产业贷款试点，其主要工作情况如下：

(1) 结合工作实际，抓好方案制订。移民产业贷款是项新工作，为此，南城县根据上级政策要求，结合移民产业发展的实际，经多次调研，三易其稿，于4月底制订了“南城县移民产业贷款实施方案”（试行），并以县（局）与县信用合作联社的名义，联合下文发至各乡（镇）政府、扶贫移民办、信用分社及相关行政村、农业合作经济组织等。方案共分七章二十五条，主要就产业贷款性质和要求、贷款对象及准入条件、贷款额度及期限和利率、贷款流程、风险管理、优惠政策、县局和信用社双方职责等作了明确和规范。全县移民产业贷款试点村10个，每个村风险补偿金20万元，资金贷款额度160万元。规定每户最高贷款额度不超过5万元，农业合作组织法人不超过20万元。贷款期限1~5年，贷款利率为基准利率。在合作组织成员中，优先满足移民贷款需求等。

（2）开展调查摸底，确定贷款试点村。工作之初，南城县县局对移民区产业发展状况进行了一次全面调查，其主要内容为：各地主导发展产业的品种、规模、效益、特点、产业户数、专业大户、农业合作经济组织等各方面情况。然后县局组织移民产业大村负责人、具有一定产业规模的农业合作经济组织法人代表、产业开发大户40余人，召开产业贷款听证会。会上县局宣传了产业贷款政策，讲解了贷款工作要求，与会人员也逐一介绍本村、本会（社）、本人产业发展情况。按照其现状及有关要求，听证会现场初定15个试点村。此后，南城县县局会同县信用社有关人员，用了近一个月，逐一对这些村的产业发展及农村合作社经济组织进行实地考察，经过反复论证筛选，最终确定了10个移民产业贷款试点村。

（3）重新建立合作经济组织，选举产生理事会。受农村生产力发展水平影响，目前，南城县农业产业化合作程度比较低，很多专业合作社都是由一户或几户专业大户牵头创办，其他成员均为拉夫凑数，没有从事产业开发。即便是一个行政村也难有20~30户农户发展同一产业。如果试点村移民产业贷款只能扶持现有的一个专业合作社成员，那么产业贷款工作很难全面开展。为此，南城县调整工作思路，要求每个试点村重新建立一个新的农村合作经济组织——农业产业合作协会，该协会作为试点村的合作经济组织，与县上对接移民产业贷款工作。协会应坚持民办民营民受益原则，充分吸收本村范围内从事或准备从事种、养业生产的农户自愿参加。同时还要召开会员大会，共同订立合作经济组织章程及相关规章制度，民主选举产生理事会、理事长，确保协会日常管理工作正常运行。协会成员享有移民产业贷款扶持资格。截至目前，南城县10个试点村全部成立了农业产业合作协会，协会成员357余人，其中移民285人，占总成员的79%。协会已推荐产业贷款户172人，信用部门对其产业经营及个人信誉情况正在逐户审核。现已核定具备贷款条件的专业合作社4个，产业户107户。全县试发放移民产业贷款60余万元。

第四章　广泛动员社会参与精准脱贫

第一节　社会帮扶概述

赣南等中央苏区坚持专项扶贫、行业扶贫和社会扶贫“三位一体”扶贫战略。社会扶贫范围比较广泛，既包括企业、个人、社会组织，也包括政府各个部门。赣南等中央苏区积极健全组织动员机制，搭建社会参与平台，完善政策支撑体系，努力营造全社会关心扶贫、爱心助贫的良好氛围，形成政府、市场、社会协同推进的大扶贫工作格局，着力构建社会各界踊跃参与的社会扶贫新常态。

一、舆论引导营造社会帮扶的浓厚氛围

（一）媒体动员

充分利用现代传媒，动员各界力量，开展精准扶贫、精准脱贫。通过网络、电视、报纸等各种媒体，聚焦赣南等中央苏区精准扶贫、精准脱贫，让全社会关心、关注苏区振兴发展，凝聚社会共识。如井冈山市充分整合井冈山政府网、井冈山扶贫和移民信息网等互联网资源，建立信息交流共享平台，将建档立卡户的相关信息通过互联网平台对外公开，对帮扶情况进行动态跟踪。充分发挥工、青、妇、工商联的桥梁作用，建立“微心愿”认领帮扶平台，引导社会力量对帮扶对象进行精准帮扶。巩固军地联建成果，抓好定点扶贫对接，拓宽援建渠道，加快华润希望小镇建设步伐，力争建设资金1亿元以上；深挖红色培训潜力，吸引有实力的企业家参与到全山扶贫工作；深化共建成效，构建驻山单位及培训机构积极参与地方扶贫开发机制，实现优势互补，加强扶贫攻坚工作的交流合作。

（二）示范动员

凝聚社会正能量，开展典型示范动员。加强舆论引导，组织协调中央、省级和境外主流媒体聚集赣南等中央苏区精准扶贫、精准脱贫，宣传赣南等中央苏区

扶贫的成效和做法，用生动、真实、感人的事例讲好赣南等中央苏区精准扶贫、精准脱贫故事，激发社会扶贫正能量。与此同时，对在社会扶贫工作中表现突出、做出显著成绩的单位与个人予以表扬，让积极参与社会扶贫的各类主体政治上有荣誉、事业上有发展、社会上受尊重。引导全社会力量共同参与赣南等中央苏区精准扶贫、精准脱贫，营造扶贫济困人人皆愿为、人人皆可为、人人皆能为的良好氛围。

二、努力构建大扶贫工作格局

（一）党政机关示范引领

在我国扶贫体系中，各级政府部门及其官员的结对帮扶是社会帮扶的主体，企业帮扶一直发挥着重要作用。赣南等中央苏区突出党政机关在扶贫体系中的示范引领作用，各级党政、国家机关扎实深入开展部门对口、领导挂点、工作队驻村、党员干部帮户的结对帮扶活动。一是用好、用足中央国家机关及有关单位对口支援和央企对口帮扶政策。31 个苏区贫困县有中央部委对口帮扶，其他县由省级部门对口支援。二是每个贫困村有一名领导挂联。省、市、县领导和帮扶部门主要负责人挂联一个贫困村，负责挂联村村域扶贫规划把关，协调解决精准扶贫中政策落实、项目实施、措施到村到户到人等重大问题。三是每个贫困村有一个部门单位帮扶。帮扶部门对本单位帮扶贫困村销号、贫困村的贫困人口脱贫负全责，实行不脱贫不脱钩，部门“一把手”对帮扶村的精准扶贫工作负总责，同时每个帮扶单位还要明确一名分管领导主抓扶贫工作。四是每个贫困村有一名“第一书记”。五是每户贫困户有一名干部帮扶。帮助贫困户解放思想、转变观念，制定脱贫措施，指导监督发展，协调解决一些重大具体问题。确保全部扶持贫困村单位定点扶贫全覆盖，构建起大扶贫的工作格局。

（二）政策激励

中央苏区各地一方面积极落实各项优惠政策，激励动员各方参与社会帮扶；另一方面大胆创新，积极鼓励引导企业、社会组织、个人帮扶。如赣州市 2015 年出台《关于扎实推进精准扶贫工作的实施意见》（以下简称《实施意见》），广泛动员社会力量参与精准扶贫，构建政府市场社会协同推进的扶贫工作格局。《实施意见》主要在两个方面引导鼓励企业、社会组织、个人参与苏区精准扶贫。一是将贫困户、贫困村的需求信息与社会各界的扶贫资源、帮扶意愿进行有效对接、互联互通，实现社会扶贫资源的精准化配置。二是出台税收、信贷金融优惠政策，鼓励引导各类企业、社会组织、个人，通过捐赠救助、发展产业、促进就业等各种形式参与赣州苏区的精准扶贫、精准脱贫。对社会力量救济性捐赠，先缴入红十字基金会、慈善会账户，凭省级财政部门统一印（监）制的公益性捐赠票据，准予在缴纳企业所得税和个人所得税时按规定在税前扣除。对积极参与扶贫开发、带动贫困群众脱贫致富、符合信贷条件的各类企业给予信贷支持，并按有关规定给予财政贴息等政策扶持。鼓励有条件的企业自主设立扶贫公益基金。

抚州市创新社会扶贫工作。一是以该市扶贫开发领导小组的名义下发了定点扶贫、军队扶贫、教育扶贫、金融扶贫等一系列社会扶贫重要文件。市直定点扶贫单位由 76 个增加到 150 个；部队扶贫从无到有，15 个驻抚部队全部与贫困村结对帮扶。从 2014 年起，市政府将 13 个有行业扶贫任务及 150 个参与定点扶贫工作的单位列入全市绩效考评，强化帮扶激励。如 2014 年 1 月 17 日，抚州市委组织部、市扶贫和移民局联合检查考评组深入黎川对市直（属）单位定点扶贫工作进行年度检查考评。通过座谈、现场参观，对市直（属）单位定点扶贫工作有了更加全面深入的了解。二是鼓励企业家积极承担社会责任，发挥他们在资金、技术、市场、管理等方面的优势，到贫困县、贫困乡（镇、场）、贫困村投资兴业、吸纳就业、捐资助贫，参与扶贫开发。据不完全统计，全市参与扶贫的非公企业达 180 家，仅 2014 年就争取社会扶贫资金 8000 万元以上。

苏区县也积极行动。如宁都县动员社会力量参与帮扶。动员和引导企业、行业协会、商会、慈善会、工商联、工青妇等社会组织和社会团体，以及志愿者、社会各界以多种形式参与扶贫开发，营造全社会关心扶贫、参与扶贫、支持扶贫的良好氛围。广昌县以“同心·振兴”帮扶活动为平台，仅 2014 年整合的社会扶贫资金就达 3000 万元以上。

第二节　党政机关的对口帮扶

一、中央机构的对口支援

（一）结对原则与结对安排

1. 对口支援的结对原则

2013 年 8 月 22 日，国务院办公厅下发《关于印发中央国家机关及有关单位对口支援赣南等原中央苏区实施方案的通知》（国办发〔2013〕90 号），明确由中组部、国家发改委牵头，确定 52 个中央国家机关及有关单位对口支援 31 个县（市、区）。对口支援工作期限初步确定为 2013~2020 年，2020 年以后根据实施情况另行研究。受援地包括江西省赣州市全部 18 个县（市、区），以及参照执行对口支援政策的吉安市吉州区、青原区、吉安县、吉水县、新干县、永丰县、泰和县、万安县 8 个县（区）和抚州市黎川县、南丰县、乐安县、宜黄县、广昌县 5 个特殊困难县（区），共计 31 个县（市、区）。

对口支援的结对原则。对赣州市 18 个县（市、区）原则上各安排两个支援单位进行对口支援。对吉安市、抚州市的 13 个特殊困难县（区）各安排一个支援单位进行对口支援。在具体对口支援安排上，充分考虑支援单位职能优势与受援地的比较优势和发展需要。

2. 对口支援的结对安排

发展改革委、中央组织部为对口支援工作牵头部门，负责对口支援工作的组织协调和统筹指导，并结合自身职能全面开展对口支援工作，不再安排具体对口支援关系。其他支援单位的结对安排如表 4–1 所示。

表 4–1　中央部门对口帮扶分配情况

属地	受援县（市、区）	支援单位
赣州市	章贡区（含赣州经济技术开发区）	工业和信息化部、公安部、国资委
	瑞金市	财政部、银监会
	南康市	证监会、民航局
	赣县	科技部、国土资源部
	信丰县	农业部、能源局
	大余县	新闻出版广电总局、安全监管总局
	上犹县	教育部、法制办
	崇义县	环境保护部、体育总局
	安远县	交通运输部、供销合作总社
	龙南县	海关总署、食品药品监管总局
	定南县	保监会、台办
	全南县	商务部、开发银行
	宁都县	人力资源社会保障部、水利部
	于都县	卫生计生委、粮食局
	兴国县	民政部、烟草局
	会昌县	审计署、质检总局
	寻乌县	中央宣传部、统计局
	石城县	司法部、扶贫办
吉安市	吉州区	税务总局
	青原区	旅游局
	吉安县	住房城乡建设部
	吉水县	国防科工局
	新干县	人民银行
	永丰县	铁路局
	泰和县	工商总局

续表

属地	受援县（市、区）	支援单位
吉安市	万安县	林业局
	黎川县	文化部
抚州市	南丰县	农业发展银行
	乐安县	国家民委
	宜黄县	文物局
	广昌县	中央统战部

（二）对口支援的实施情况

国办发〔2013〕90号文件下发以后，中组部、国家发改委和52个对口支援单位派出调研组到赣州市、吉安市、抚州市开展对口支援专题调研。调研组通过走访群众、现场调研、召开座谈会等形式，实地了解受援县（市、区）经济社会发展情况和需要帮扶的问题，为制订完善对口支援工作方案奠定了良好基础。

对口支援单位结合受援县（市、区）实际，充分发挥职能优势，突出从政策倾斜、项目扶持、资金支持、人才保障等方面支持苏区振兴发展。其中，政策倾斜方面，如教育部、国务院法制办先后下发《教育部对口支援上犹县工作实施方案（2013~2020年）》、《国务院法制办公室关于对口支援上犹县、支持赣南原中央苏区振兴发展实施方案》，中宣部表示将把寻乌县作为联系基层的重要基地、群众路线教育的实践点和推进基层宣传文化建设的一个窗口，建设成为国家公共文化服务体系示范点。①项目扶持方面，交通运输部明确将加快鹰瑞梅铁路、赣州至井冈山铁路前期工作，支持赣深客专、蒙西至华中煤运通道延伸至泉州铁路、赣韶铁路复线建设项目纳入规划等。②资金支持方面，国家烟草专卖局明确2013年追加补贴赣州卷烟厂技改投入资金5亿元，每年投入2亿元资金用于支持赣南苏区新农村建设，每年安排专项资金1亿元对口支援兴国县新农村建设，2013年3亿元专项资金已落实到位。③人才保障方面，中组部同意扶持赣州设立海外高层人才创新创业基地，出台《关于选派干部到西部地区、老工业基地和革命老区挂职锻炼的通知》，选派2名司局级干部到赣州市、37名处级干部到赣州市18个县（市、区）挂职锻炼两年，继第一批挂职干部已履职完毕后，第二批挂职干部已经于2016年全部到位。

赣州市立足资源禀赋和产业基础，用足、用好中央国家机关及有关单位对口支援和央企对口帮扶政策，发挥对口支援单位职能优势，搭建好项目对接、产业承接平台，积极争取对口支援单位的技术、信息、人才及改革试点等支持，引进中央企业参与赣州资源开发，加速推进区域发展与扶贫攻坚。建立扶贫联系工作机制，争取每个对口支援部委挂点联系一个贫困村，着力推进一批对口扶贫重点项目建设，解决一批难点节点问题，改善贫困地区和贫困群众生产生活条件，帮助贫困村、贫困户加快脱贫致富。

对口支援单位高度重视、倾情帮扶，省委、省政府及省直有关部门积极跟进、鼎力支持，市委、市政府全力以赴、周密部署，受援县（市、区）和市直、驻市对口部门（单位）主动对接、密切配合，共同推进对口支援工作。

据统计，中共十八大以来，参与全国定点扶贫的中央单位达 320 个，实现了对贫困县的全覆盖，累计向贫困县选派挂职干部 1266 人次，投入帮扶资金 69 亿元，帮助引进资金 363 亿元。

二、省级机构的对口帮扶

（一）对口帮扶的启动

1. 对口帮扶的部署

早在 2011 年 9 月，江西省委、省政府就安排了 181 个省直单位到贫困村，开展以“党旗引领致富路，携手共建新农村”为主题的第二轮定点包扶工作，为期 3 年，到 2014 年底结束。2013 年，又启动了新一轮的对口帮扶工作。2013 年 6 月，江西省委、省政府办公厅下发《关于全面推进农村扶贫帮扶到户工作的意见》，此后，江西省扶贫开发领导小组又下发了《关于全面落实农村扶贫帮扶到户工作推进精准扶贫的通知》，提出了“五定”的帮扶工作机制（定对象、定政策、定措施、定责任、定目标）；要求做到全覆盖，确保每个贫困村都有驻村工作队，每个扶贫对象都要有干部到户帮扶。

为确保干部驻村帮扶的成效，江西省对干部驻村帮扶提出了具体的要求，这些要求主要是：①帮扶时间的安排。要求干部驻村帮扶时间要与“精准扶贫”周期相吻合。这一轮精准帮扶三年一周期，即 2013~2015 年，下一轮为 2016~2018 年，因此，定点扶贫工作周期要做适当的调整。②加强业务培训。县级扶贫和移民部门要做好驻村干部的业务培训，并指导乡村建立好内容完整、便于考核的“精准扶贫”台账。及时做好帮扶到户的监测评价。③干部的选派标准。干部派出单位和部门要选派德才兼备，具有发展潜力和培养前途的优秀干部驻村帮扶。④严格奖惩。干部派驻工作由省委组织部牵头，实绩突出的在评优或提拔使用时优先考虑。

按照江西省委、省政府统一安排的挂点单位，省信访局、人民银行南昌中心支行、江西盐业集团公司、中储粮江西分公司、中电投江西电力公司、南昌海关、上饶师范学院、省外侨办、省农业厅、省台办、省属国有企业资产经营公司、省畜牧兽医局、江西农业大学、江西理工大学、景德镇陶瓷学院、赣南师范学院、江西银监局、省高级人民法院、兴业银行南昌分行、省法制办、省地税局、省投资集团公司、国家统计局江西调查总队、省扶贫和移民办、省人社厅、大成国资公司、省教育考试院、省审计厅、省林业厅、省科学院等多家单位的定点帮扶规划纷纷出台并报省扶贫办。省检察院、省人社厅、省编办、省工信委、省商务厅、省审计厅、南昌铁路局、人民银行南昌中心支行、赣能股份公司、省残联、省工行、华能集团江西省分公司、省水利投资集团、省信用联社、省高速投资集团、省鄱湖办（苏区办）、省农发办、省公路运输管理局、省森林公安局、省银监局、省接待办、省民航空管局、省能源集团、省工商局、省地矿局、省法制办、省招投标集团公司等多家单位向结对村派驻第一书记和扶贫工作队并开展帮扶工作。

向结对帮扶村派驻第一书记等干部驻村帮扶工作意义重大。如果说精准扶贫、科学扶贫是改“漫灌”为“滴灌”，那么干部驻村帮扶工作就是“滴灌”的管道。在扶贫创新六大机制中，干部驻村帮扶工作机制是唯一一项由地方政府牵头负责的工作。

2. 对口帮扶的主要内容

江西省委、省政府启动的对口帮扶工作使3400个省级贫困村都有帮扶工作队，有些设区市自行确定的市级贫困村也派驻了工作队。有的贫困村同时安排了省市县三级单位共同帮扶。归纳起来，省直单位的对口帮扶主要包括四个方面。

第一，帮助贫困村基础设施建设。

第二，帮助产业发展。如江西广播电视台挂点帮扶寻乌县吉潭镇古丰村。大力实施基础设施帮扶、产业帮扶和教育帮扶，硬化营下小组道路500米、修建林坊排小组桥梁一座，为13户贫困户发放产业扶贫贷款52万元、产业转型奖补3万元，为33户51人贫困户学生提供帮扶奖补政策。还通过摇摇看App、带村干部和果农参加电视节、积极开辟蜜橘、帮助村民开网店做电商等多种方式，开辟蜜橘、脐橙销售渠道。

第三，教育等智力帮扶。如上犹县积极争取省老区建设促进会到上犹开展“捐资助学‘千百十’工程和与小学共建”活动，资助上犹100名家境贫寒而品学兼优的高校在校生30万元，同时，会同省教育厅筹资50万元用于改善营前中心小学的校园环境。

第四，现金帮扶。主要是定期慰问，送慰问钱物。如江西省检察院驻村扶贫工作队于2015年8月19日赴新一轮定点扶贫村宜黄县二都镇白楼村报到，全职全力驻村开展帮扶工作，做到“摸实情、出实招、办实事、求实效”。积极拟制规划，确定帮扶项目。定期开展走访慰问活动。工作队驻村仅20天后，李智副检察长就到村慰问了10户困难党员和群众，每户送去2000元慰问金；工作队还动员省院机关团委、工会等参与到活动中来，由队长带头开展上门访贫问苦慰问。

（二）对口帮扶概况

1. 基础设施帮扶

“十二五”期间，江西师大、江西中烟、省农垦办、省外专局 4 家省直（属）单位分别定点扶贫黎川 4 个贫困村。每家单位投入自有资金均达 20 万元，协调各类资金近 3000 万元。其中，江西中烟公司在投入资金 20 万元帮助东堡村修建 3.9 公里村组公路外，还安排 500 万元专项资金支持黎川贫困村实施村庄整治建设。省农垦办积极帮助石莲村群众发展茶树菇和高效优质水稻种植，增加农民收入，同时帮助协调争取了投资 2200 余万元的中小河流治理项目，项目已基本完工，彻底解决了当地群众多年的水患问题，保障了村民生命财产安全和农田有效种植。江西师大协调省水利厅、教育厅，帮助河塘村争取了 90 万元的灌溉工程和河塘村小学基础设施建设项目。为修建饮水工程，帮扶干部与当地干部群众跋山涉水寻找饮用水水源。

抚州市南城县沙洲镇邓坊村是省级贫困村，2011 年村民人均纯收入 2136 元，不及县均的一半。挂点帮扶的省审计厅、市扶贫和移民局在村里召开扶贫攻坚会，现场办公，对安全饮水、产业扶贫、村庄规划建设等提出了具体要求和解决方案。决定先从改变改变旧村旧貌、强化生产生活基础设施建设入手。2011 年以来，在省、市、县三级的扶持下，村里集中各类扶贫资金共 160 余万元，扩修进村主干道，将水泥路铺到了家家户户的家门口。同时，“见缝插绿”栽上了柳树、樟树、广玉兰等。投入资金 20 多万元对水塘进行清淤、砌墙和建设围栏，实现了“池塘生春草，园柳变鸣禽”。整合资金 20 万元建成了 2000 多平方米的广场，添置了健身设备，还对旧戏台进行了修葺。三年全村共拆迁老旧土坯房、猪牛栏 10000 多平方米，建设新居 80 多栋。2013 年，先后投入 20 余万元全面建成了沙洲镇首个无动力高山饮水站，让村民喝上安全放心的自来水。同时，着力解决贫困户的住居难题，改造危旧房 19 户，面积 2000 平方米。建设了村卫生所，开展了平安村创建、便民服务点建设、现代远程教育建设等。

全力改善生产条件，投入 153 万元对沙洲镇邓坊村苦竹坑水库进行了维修加固，建成“田成方、路相通、渠成网、旱能灌、涝能排”的标准粮田 680 亩。

江西省公路运输管理局自 2015 年开展新一轮定点帮扶崇义县上堡乡竹溪村工作以来，通过多方渠道积极筹措帮扶资金，着力破解边远山区基础设施的“瓶颈”制约，不断改善群众的生产生活条件，全力推进定点帮扶工作，具体如下：

第一，加强村级场所建设，夯实基层组织堡垒。结合新农村示范点建设，省公路运输管理局下拨 6 万余元帮扶资金对村级党员活动中心、农民书屋、精准扶贫工作室等场所优先维修改造，加强村级组织管理制度建设，严格按照规范要求实行制度上墙，制作制度宣传牌，添置新的会议桌椅 26 套，赠送 4 台价值共约 2 万元的电脑用于村级信息化和农村电商建设，方便了群众办事和党员干部学习教育，提高了干部为民办事的积极性和主动性，夯实了基层组织的战斗堡垒作用。

第二，加强水利工程建设，改善学校用水条件。大力加强群众饮用水安全工程建设，投入 3 万元帮扶资金对竹溪村小学的蓄水池、沉淀池、取水管、入户管、增压泵等进行升级改造，有效解决了学校引水难、用水难、取水难等问题，改善了学校用水条件。

第三，美化亮化居住环境，提升群众幸福指数。坚持把上堡梯田旅游开发、美丽乡村建设和改善民生紧密结合，投入帮扶资金 11 万余元在竹溪村口、木梓排观景台周边打造村内美化亮化工程，安装了 30 盏太阳能路灯，大力美化周边环境，方便群众出行。

第四，加快农村公路建设，助推村民增收致富。竹溪村大部分村民居住在平均海拔 800~900 米的半山腰，有 6 个村民小组至今未通水泥公路，约 70%村内道路未硬化，道路首尾不相连，交通极为不便，严重影响了村民的出行和运输，已成为制约群众脱贫致富奔小康的最大“瓶颈”。江西省公路运输管理局通过多次实地调研，充分发挥本单位行业资源优势，积极向省交通运输厅争取交通项目政策支持，已将村内 5.99 公里升级改造公路和 6.813 公里通自然村道路优先纳入了江西省交通项目数据库（规划），争取奖补资金，初步投资估算 600 多万元。目前，公路建设项目启动前期准备工作正在加速推进中。该村公路建成，将与上堡梯田旅游循环公路顺畅贯通串联，有效解决周边村民出行难、运输难、外销难等问题，拓宽村民就业渠道，促进经济发展。

2. 产业帮扶

“十二五”期间，在结对帮扶黎川贫困村时，省外专局积极发挥自身在产业建设以及人才和实用技术培训等方面的优势，组织村干部和致富带头人多次参加有关培训和现场参观学习，帮助竹际村成功发展了南美白对虾养殖和蓝莓种植，这两个产业将成为引领当地群众脱贫致富的特色产业。

江西省审计厅在帮扶邓坊村的过程中，各相关职能部门通过举办农业科技培训班，加强资金和技术扶持等，引导和帮助村民发展种养业，走产业扶贫之路。以黄振辉、黄庆辉、李茂生、邓红荣等村民为主，创办了养鸡专业合作社，带动了 30 多户农民养鸡近 20 万羽，户均增收 1200 元。同时，办起了玉竹山庄等农家乐和蚊香厂等一批小型企业，每年为村民带来经济效益近 50 万元。到 2013 年，全村农民人均纯收入增加到 7340 元。

按照江西省的安排，2015 年江西省交通运输厅对口帮扶信丰县油山镇坑口村，主要帮助该村发展养蜂业和江南竹鼠。一是由江西省交通运输厅扶贫工作组与养蜂户签订协议，工作组出资建设养蜂基地和引进蜂种，并安排专业技术人员现场培训当地贫困户养蜂技术。待一年后，蜂群数量增多后，由养蜂贫困户每户向村委会无偿提供 10 对蜂种，再由村委会免费派发给其他贫困农户养殖。现已对 20 多家贫困农户进行发放，并“链条式”地带动了周围农户 70 多户参与养蜂。据测算，每户贫困户发 10 箱蜂，300 元/箱，计帮扶 3000 元/户，产蜜 50 斤/箱，30 元/斤，共计 15000 元收入，除去成本，当年即可脱贫。二是江西省交通运输厅扶贫工作组与养殖户签订协议，由工作组出资建设养殖基地并购置 50 对优质种鼠。每年竹鼠养殖基地向坑口村委会无偿提供 40 对种鼠，再由村委会免费派发给符合贫困条件的农户养殖，现已发放 24 户，同时还“滚雪球”式地带动了周围 50 多户农户进行竹鼠养殖。据测算，每户贫困户发 5 对种鼠，一对种鼠一年生崽 6 只（一年两次），一年共生崽 30 只。6 个月后可达 3 斤左右，按市场价 90 元/斤，一只竹鼠销售资金可达 270 元，一年销售额可达 8100 元，除去 1 天大概 0.1 元的成本（365 天计算，成本总计约 2000 元），一户贫困户可收入近 7000 元，当年养殖当年即可脱贫。

崇义县杰坝乡地处偏远，辖 5 个行政村，70 个村民小组，总人口 7608 人。2015 年有 1 个省级贫困村，2 个市级贫困村，建档立卡贫困人口 365 户 1025 人，贫困发生率 13.5%，其中因病、因残、缺劳力致贫的家庭占 45%，因病、因残、缺劳力是致贫的主要原因。2015 年 10 月，中国进出口银行江西省分行进驻长潭

图 4-1　免费赠送中药材苗

资料来源：广昌县扶贫和移民局，作者无：《广昌：金银花产业扶贫》，省移民办网，2015 年 5 月 18 日。

图 4–2　免费赠送中药材苗

资料来源：广昌县扶贫和移民局，作者无：《广昌：金银花产业扶贫》，省移民办网，2015 年 5 月 18 日。

村开展定点帮扶。经过 3 个月的充分调研，进出口银行对杰坝乡发展光伏产业给予了大力支持。为破解资金难题，进出口银行充分发挥政策性银行的优势，先后制定了《利用中国进出口银行江西省分行政策性资金开展分布式光伏发电建设公益金融项目实施方案》及《长潭村公益光伏电站建设方案》，拟由进出口银行向承建方给予评级授信及贷款，由赣州银行、农业银行或农信社提供担保。同时，在长潭村开展试点，前期启动资金由承建企业及贫困户共同解决。

2015 年，江西省工商联积极投身全省统一战线在广昌县实施的“千户示范，万人脱贫”工程，协调爱心企业江西万茂科技有限公司将价值 72 万元的金银花中药材苗免费赠送给广昌县盱江镇下坪村的 60 多户贫困户，并派出技术人员手把手指导村民们栽培管理，预计亩产值可达 3000 元以上，帮助该村贫困群众发展产业脱贫致富。

3. 综合性帮扶

江西省瑞金市沙洲坝镇洁源村被省委、省政府定为省长扶贫挂点村。洁源村是省定“十二五”贫困村，位于瑞金市西北部近郊，距城区 8 公里。因境内丰富的石灰石资源，取“洁白的致富资源”的寓意，得名洁源。全村总面积 6.2 平方公里，其中耕地 1745 亩，林地 4000 亩；有村民小组 15 个（自然村庄 18 个），总人口 712 户 2654 人，有劳动力 1157 人；村党支部下设 6 个党小组，有党员 81 名。根据省委、省政府“四个一”组合式扶贫安排，自 2012 年起，时任省长鹿心社、省财政厅、省投资集团公司扶贫挂点联系该村。鹿心社先后多次到该村走访调研，并根据洁源村的实际情况，指导有关部门制定具体的帮扶规划和措施；省财政厅和省投资集团公司领导高度重视，经常深入村组农户指导帮扶，并选派了工作队常年驻在该村进行扶贫攻坚，主要从以下三个方面入手。

第一，整合扶贫资金，实施“十大”项目。到 2014 年，各级先后投入帮扶资金 6772.1 万元，具体为：敬老院建设资金 800 万元，中央专项彩票公益金支持革命老区创新试点项目资金 515 万元，财政扶贫资金 57.1 万元（其中，易地搬迁资金 7.7 万元，整村推进资金 49.4 万元），财政一事一议项目资金 200 万元，学校建设资金 551 万元，社区中心建设资金 55 万元，水利项目资金 1200 万元，新农村建设及环境整治资金 320 万元，公路建设资金 2114 万元，全民健身资金 20 万元，土地整理项目资金 130 万元，农村老年颐养之家建设资金 10 万元，结对帮扶单位省投资集团下拨资金 800 万元，统筹安排用于该村扶贫开发整村推进十大项目建设。具体为：①小学校舍改造项目：主要包括教学楼防震加固和新建综合楼两大部分。②敬老院建设项目：按照集中供养 200 人的规模，新建 2 栋老人住房和 1 栋综合楼、1 栋附属楼。③公路扩宽改造项目：按照路基宽 9 米、路面宽 7.5 米的标准，对村境内约 3 公里长的村主干道进行改造。④土坯房改造项目：重点推进了樟树下、八工排两个集中改造点建设，新建户数 99 户。⑤村庄整治项目：完成了村部周边及公路沿线 5 个村庄 126 户的房屋立面整治和屋顶防水隔热，以及村庄排污、排水和通户便道等设施建设。⑥自来水厂建设项目：按照日供 1500 吨水的能力设计，包括水厂、供水管网两大部分，覆盖人口为 5 个村 1.2 万人。⑦水利排灌系统改造项目：包括沙洲坝水库灌溉 1.2 万亩农田的干渠、支渠系统改造和洁源村山塘、水坡及其渠系，以及所有排洪渠道的改造。⑧群众服务中心项目：以图书阅览室、农民培训室、卫生保健室和群众文化广场“三室一广场”为主要建设内容。⑨产业扶贫项目：分现代农业观光园和“菜篮子”基地两大块。⑩田园化土地整理项目：范围包括曾屋、鸡迹坪、独公、郭屋 520 余亩耕地，建设内容包括田块平整和排、灌渠“三面不见土”浆砌，以及机耕道建设等。

第二，推进村庄整治。一是推进以危旧土坯房改造为重点的村庄整治建设。利用原有地形地貌，坚持不推山、不填塘、不砍树，依山、依田、依水建新房，最大限度保留了原有生态环境，同时积极推行中式建筑、客家风格户型，房屋色彩以白墙灰瓦融合统一，突出了美观、简洁、大方。全村原有 485 户土坯房已改造完毕；完成村部周边及公路沿线 5 个村庄 126 户和樟树下、八工排两个土坯房集中改造点 132 户的房屋立面整治、坡屋顶改造，以及村庄排污、排水、绿化和通户便道等设施建设；新建农民戏台 1 座、垃圾屋 4 间、村庄排污渠 1670 米，村庄面貌明显变化，村民生活条件显著改善，推动洁源村成了客家风情特色的秀美新村。二是全面推进公益设施建设和社会事业发展。为适应新形势下村民的新需求，全面推进农村社会事业发展，努力实现公共服务均等化。新建日供1500吨规模自来水供水工程，接通城市管网主管，受益人口覆盖洁源、七堡、连江、群峰、河坑5个村约1.2万人；高标准建设设计180个床位的洁源村敬老院项目；完成村小学教学楼防震加固和综合楼新建，于2013年7月上旬交付使用，目前在校学生201名，教师31名；文化广场、老年颐养之家等公共配套如期完工，既具备城市小区的生活配套功能，又保留了农村的自然生态环境。三是改善农村路网。进一步深化农村公路发展，改善农村交通条件，有效解决了村民行路难问题，促进周边乡村经济发展。重点实施了沙九公路、村内主干道路拓宽改造工程，并同步实施了道路绿化亮化工程，方便周边村民近万人出行，为洁源村发展集“参与性、体验性、科普性、休闲性”于一体的生态农业打通了交通命脉。

第三，筑牢产业基础，建设现代农业。一是筑牢产业发展基础。立足洁源村及周边乡村农田水利设施落后的现状，以改善农村水环境、提高农业综合生产能力、促进农民增收为目标，积极推进农田水利工程建设。实施沙洲中型灌区旱涝保收高标准农田专项工程，改造干渠11公里、支渠10.76公里、斗渠26.63公里、农渠54.49公里、斗沟8.97公里、农沟17.58公里，受益农田覆盖沙洲坝镇、黄柏乡2个乡镇6个行政村44个自然村约10935亩，新增粮食生产能力114.09万吨，24132名村民人均年增收74.95元；实施小型公益性、生产性项目32个，其中排、灌渠道改造项目18个，山塘、水坡修复加固项目6个，田间道路、桥梁改造项目6个，灌溉机井项目1个和河堤加固项目1个，为产业发展、农业增效、农民增收提供了有力的支撑。二是建设现代农业。在改造好村庄、改善村民人居环境的同时，积极发展产业，引导村民利用村庄改造成果和良好的田园风光，采取联户经营的模式，通过“合作社+产业基地+农户”运作模式，帮助村民脱贫致富。启动建设了集果蔬产销、果蔬采摘、农事体验、生态观光、农技推广于一体的洁源生态产业园，种植葡萄12亩，草莓5亩，芹菜12亩，大蒜、四季豆等其他蔬菜62亩，平均亩产果蔬2500公斤；成立洁源蔬菜专业合作社，其中理事会成员13人，带动52户村民率先走上了生态发展路子。同时，积极推进650亩农村土地整理，全面完成了田块平整、灌渠“三面不见土”浆砌和机耕道建设，并采取大户带动方式，发展精品脐橙园900亩、大棚果蔬220亩、花卉苗木300亩、葡萄采摘园22亩，形成了“一村多品”的发展格局。大部分村民从原来的“赚苦力钱”转移为赚“技术钱”、“市场钱”，村民人均纯收入从2012年的3906元提高至5112多元，增幅达到30.9%，生活水平进一步提高。

永新县澧田镇九西村是“十二五”期间扶贫开发工作重点村。该村位于县城西15公里，北邻319国道，南接分文铁路，全村共5个自然村，360户1920人，耕地面积1530亩，林地2600多亩。2012年起，江西省委农工部在九西村开展3年的结对扶贫工作，启动实施了“新农村建设与扶贫开发相结合整村推进美丽乡村建设”项目。截至目前，已完成沈家、尹家、龙家3个自然村的村庄整治，涉及农户302户，巷道硬化3.6万平方米，绿化7000平方米，新建文化活动中心1座，文化休闲场所3个，发展龙脑樟1000亩，改造老桑300亩，总面积800亩。综观整个九西村，3年实现了“五变”：道路变宽了，村庄变美了，产业变强了，村民变富了，文化变新了。之所以成效显著，主要得益于该村有效整合资金，以大投入促大发展。两年来，该村共整合各类资金589万元。主要在以下三个方面发力。

第一，在规划上整合，搭好整合资金的平台。江西省委农工部指导该村制定了《九西村整村推进新农村建设规划（2012~2014年）》，对交通、水利、村庄整治、美化亮化、农村文化、富民产业等进行了全方位多层次的规划，以规划为引子，搭建资金整合大平台。

第二，在项目上捆绑，凝聚整村推进的合力。将新农村建设，扶贫开发，交通水利，农村饮水，产业奖补，挂点帮扶等各类涉农资金捆绑使用，握指成拳，全力打造秀美乡村。

第三，在民力上引导，突出农民群众的主体作用。一是引导村民集资。302户农户每户自愿集资1000元。二是引导农户自建。改水、改厕等到户项目由村民负责自行做好，减轻了村庄整治的资金压力。三是引导村民捐资。以“乡愁”为纽带，加大对村内在外工作人员、私营企业主等“富人阶层”的思想工作，动员他们为家乡建设出钱出力，奉献爱心。累积捐资80元万元。如在南昌开厂的尹小兵，个人捐资30多万元，修建公路1.2公里，整修池塘1个。

三、市、县机构的结对帮扶

（一）不断完善结对帮扶措施

中央苏区市、县（市、区）机构积极总结结对帮扶的工作经验，不断完善措施，主要体现在以下三个方面。

第一，精心组织。一是选好队伍。为改变以往驻村帮扶工作图形式、走过场、效果差的状况，各地注重选拔驻村工作队伍。着重挑选热心于基层、熟悉农村工作，能说农家话、会办农家事的干部。如宁都县选派134名优秀年轻干部担任贫困村“第一书记”。二是及时出台政策，确保上级政策落地。如广昌县委、县政府抓住苏区振兴发展这一历史机遇，制定出台了推进扶贫工作的6个系统性文件，即“广昌县苏区振兴与扶贫攻坚‘共创·小康’工程规划（2014~2018

年）”、“广昌县 2014 年苏区振兴与扶贫攻坚‘共创·小康’工程实施方案”、“广昌县苏区振兴与扶贫攻坚‘共创·小康’工程定点包扶工作方案”、“广昌县积极探索和大力推行特色种养产业扶贫模式”、“关于加强特色种养产业金融信贷支持的意见”、“广昌县特色种养产业发展补助办法”，进一步明确了广昌县今后几年扶贫工作的发展定位、发展目标。为进一步做好 2016 年精准扶贫工作队驻村及干部结对帮扶工作，会昌县精准扶贫工作领导小组下发《关于做好 2016 年干部结对帮扶工作的通知》，就 2016 年市、县领导联系乡（镇）、挂点贫困村，市、县单位挂点帮扶行政村，常驻与非常驻结对帮扶干部等相关工作做了详细安排；明确了参与全县结对帮扶 243 个行政村的定点帮扶有中央、省、市、县等各级单位共 155 个，其中中央级单位 1 个，省直（企业）单位 5 个，市直（驻市）单位 21 个，县直（驻县）单位 128 个，实现了单位帮扶行政村全覆盖。参与扶贫挂点的市领导有 3 人、县领导 35 人，市、县派出结对帮扶干部 2485 人，其中常驻干部 313 人，非常驻干部 2172 人，按照县领导结对帮扶不少于 7 户，县直单位、乡镇（科）级领导结对帮扶不少于 6 户，一般干部结对帮扶不少于 5 户的原则，结对帮扶全县 12785 户建档立卡贫困户，实现了干部结对帮扶贫困户的全覆盖。

第二，明确要求。实行单位结对帮扶贫困村、干部结对帮扶贫困户“两个全覆盖”。所有建档立卡的贫困户，经驻村帮扶干部核实后，由包村帮扶单位负责组织本单位干部职工进行结对帮扶挂牌。明确规定贫困群众不脱贫，驻村工作队不脱钩。为加大扶贫攻坚投入，2014 年广昌县财政安排预算 5000 万元以上专项资金用于“共创·小康”工程，把驻村帮扶工作列入重头戏来抓，明确了县级领导挂点乡镇，县直机关、社团企业定点包村，党员干部包户（贫困户）结对帮扶一定五年不变的任务。要求县直各驻村单位协调解决当地实际困难问题，全力推进挂点村经济社会事业持续健康发展。每个村将本村最贫困的 10 户农户作为帮扶示范户，由县直单位班子成员对应负责帮扶；对有劳动能力的贫困户，开展针对性、差异化的“造血式”扶持；对没有劳动能力的贫困户，进行“输血式”帮困。为加强对全县扶贫驻村工作队及队员的管理，龙南县 2016 年制定了《龙南县扶贫驻村工作队管理办法》（试行），明确了县委各部门、县直（驻县）各单位驻村工作队的组成，驻村工作队职责，驻村工作队日常管理和考核、奖惩等制度。要求各驻村工作队由单位科级领导带队、1~3 名干部组成。进一步要求各单位分管领导每月驻村不少于 5 天，驻村工作队长、队员要吃住在村，每月驻村不少于 15 天，由乡（镇、场、管委会）党委负责考勤。同时，各驻村工作队实行年承诺、月报告制度，年初工作队向乡（镇、场、管委会）党委做出帮扶工作承诺，每月 30 日前分别向乡（镇、场、管委会）和县精准扶贫办上报开展帮扶工作情况。

第三，创新方法，多措并举促驻村干部“沉得下、留得住”。从定任务、勤督查、强保障三方面入手，多措并举让党员干部“沉得下、留得住、有事做”。一是上下联动，科学调度。除每个月下发驻村帮扶工作重点，压担子，布置工作任务外，还要求结合挂点村实际，制订帮扶工作规划及年度计划。各县（区）也通过建立例会制度，每月召集驻村成员、召开例会，定期研究工作要点、难点，探讨工作方式、方法，促使市、县、乡三级密切配合、优势互补，避免工作“两张皮”的现象，做到“年度有计划、月度有安排”，有效解决了下去“干什么”和“怎么干”的问题。二是专项督查，定期通报。一方面，由市领导带头，定期到自己挂点的乡镇（村）进行督查，确保各驻村队伍真正沉下去；另一方面，市（县）活动办采取定期或不定期、明察暗访的形式开展督查，并对工作开展不得力的单位和个人进行提醒谈话和大会通报。三是强化保障，增加干劲。各部门为驻村干部做好了保障工作，建立了驻村干部生活补贴制度，并明确规定在今后的干部提拔中，有驻村经历的干部优先考虑，未参加驻村的年轻干部一律不予提拔使用，确保驻村干部能扎扎实实“下得去、干得好”。如广昌县建立包村帮扶动态管理机制，由县委办、组织部、扶贫和移民局联合组成包村帮扶督查组，每半年开展一次包村帮扶工作专项督查，以督查的结果作为考核评价县直单位包村、党员干部帮户的重要依据，年终兑现奖罚。龙南县已将结对帮扶工作纳入了科学发展综合考评内容，实施单项考评。考评结果参照《龙南县 2016 年度科学发展综合考核评价办法》文件中精准扶贫工作考核办法的奖惩办法执行。

（二）赣州市结对帮扶概况

1. 结对帮扶的形式

赣州市深入开展结对帮扶，确保每个贫困村（含省级和市级贫困村，下同）都有帮扶单位，每户贫困户都有帮扶责任人，做到工作到村、扶持到户、责任到人。市一级将市直各单位、驻市有关单位安排到贫困村开展驻村帮扶。各县（市、区）统筹安排本地单位与贫困村结对帮扶，做到五年不变，坚持一包到底，不脱贫、不脱钩。构建扶贫信息服务平台，实行网上公开，为干部帮扶提供准确的需求信息，鼓励支持干部以自愿认领、结交穷亲的方式帮扶贫困户（见图 4-3）。

从 2010 年底始，赣州市 9.3 万名干部下基层与 228 万群众结对联系。2015 年又采取“532”的结对帮扶形式，即市厅级领导结对帮扶 5 户、县处级领导干部结对帮扶 3 户、科级及以下干部结对帮扶 2 户的方式，对全市 1119 个省级贫困村、300 个市级贫困村和 30.82 万户贫困户实施单位结对帮扶贫困村、干部结对帮扶贫困户的两个“全覆盖”。保证每个贫困村都有驻村帮扶工作组，每户贫困户都有帮扶责任人，五年不变，一包到底，做到群众不脱贫，干部不脱钩。

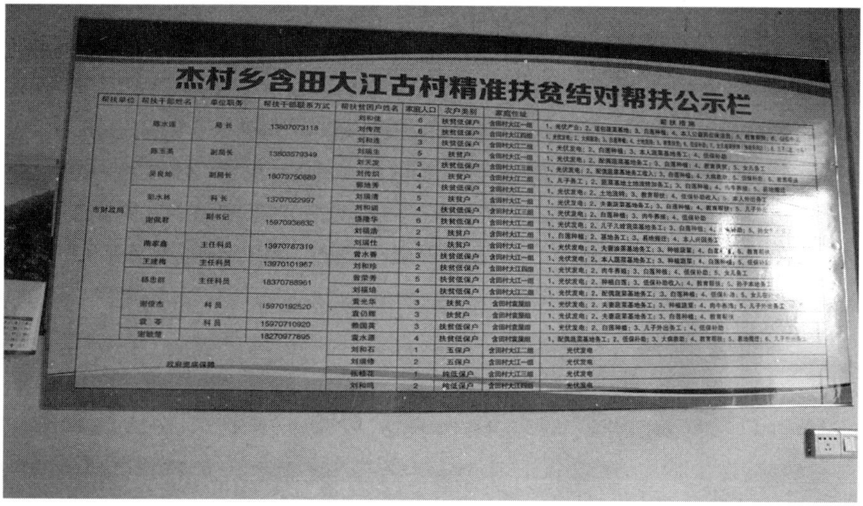

图 4-3　赣州市财政局结对帮扶兴国县杰村乡含田大江古村公示栏

资料来源：刘善庆拍摄。

结对帮扶贫困户数量的多少，既反映了该地区的贫困程度，也反映了该地精准扶贫的难度。由于各县（市、区）贫困户以及干部职数不同，因此，在结对帮扶形式上，赣州各县（市、区）各不相同。如信丰县按照市里的统一部署，采取“532”结对形式，要求县级领导干部每人结对帮扶 5 户，科级干部每人结对帮扶 3 户，普通干部每人结对帮扶 2 户，对全县精准确定的困难群众全覆盖结对帮扶，并结合每个村的不同条件和每个农户的自身意愿和基础，推行“一村一策、一户一档”，拿出专项资金支持贫困户脱贫致富。崇义县则采取了“321”形式的结对帮扶，即县级领导 3 户、副科干部 2 户、一般干部 1 户，从而实现了贫困户中 3788 户扶贫户、扶贫低保户帮扶全覆盖。2015 年，龙南县针对 57 个贫困村和 9197 户贫困户全面开展单位定点扶贫、干部“543”结对帮扶，即县级以上领导干部结对 5 户，科级领导干部结对 4 户，一般干部结对 3 户，以及村“两委”干部、产业大户、致富能人“1 对 1”结对帮扶活动，将结对帮扶的任务和责任落实到每个单位、每支工作队和每名干部，做到定点、定人、定责、定事，确保结对帮扶全覆盖。会昌县则遵循“765 原则”，即原则上县领导结对帮扶不少于 7 户，县直单位、乡镇（科）级领导结对帮扶不少于 6 户，一般干部结对帮扶不少于 5 户，让全县 21445 户贫困户实现了帮扶全覆。安远县则实施“8531”干部结对扶贫全覆盖工作机制，要求县领导每人结对帮扶 8 户，乡（科）级干部每人对结对帮扶 5 户，其他干部结对帮扶 3 户，科级以下干部结对联系 1 户纯低保、“五保户”，其余未能覆盖的，由乡镇干部包干托底。崇义县按照“5432”方式结对帮扶扶贫户、扶贫低保户，即县级领导干部结对帮扶 5 户、正科级（含非领导职务）结对帮扶4户、副科级（含非领导职务）结对帮扶3户、一般干部结对帮扶2户；纯低保户和“五保户”按“三送”干部联系农户要求确定，实行结对帮扶全覆盖。于都县则按照县领导20户，正科级干部15户，副科干部10户，一般干部4户以上，村支部书记1户的要求，结对帮扶33633户135553人贫困人口，实现了干部帮扶与贫困户脱贫双向全覆盖对接。宁都县紧扣“扶贫、脱贫”两个“精准”路线，以帮扶发展当地区域产业、解决贫困群众生产生活困难为重点。2015年，挂点该县的6个省派、19个市派单位、150个县派单位，均实现驻点扶贫；该县贫困户39378户，市厅级领导及市直驻市单位干部结对626户，36位县领导和150个县直单位3383名干部结对12023户，24个乡镇和299个行政村的乡、村两级干部包干托底结对26729户，实现了贫困户结对帮扶“全覆盖”。

2. 结对帮扶的主要内容与举措

赣州市出台的《关于扎实推进精准扶贫工作的实施意见》和《关于开展结对帮扶推进精准扶贫工作的实施方案》指出了赣州结对帮扶的主要内容，具体有以下五个方面。

第一，帮扶发展产业：以市场为导向，选择特色优势产业，形成“一村一品”格局。

第二，帮扶就业创业：加大培训力度，让有条件的扶贫对象掌握1~2项职业技能、农村实用技术；帮助贫困对象转移就业、就近就业；推出一批公益岗位。

第三，帮扶完善保障：加大教育扶助力度，优先支持贫困村学校规划建设，改善办学条件；加大医疗扶持、托底保障力度，完善社会救助措施。

第四，帮扶改善条件：继续改善贫困家庭居住条件，全面完成农村危旧土坯房改造任务；开展贫困村居民饮水提升工程、加快贫困村公路建设，实现所有25户以上自然村通水泥路，探索信息扶贫新途径，加大贫困村电网改造升级投入，加大移民搬迁扶贫力度，三年内完成移民搬迁15万人。

第五，帮扶提升后劲：加强村级领导班子建设，提高村级党组织推进精准扶贫的能力和水平，加强农村文化基础设施建设，开展平安创建，促进社会管理创新。

在具体帮扶工作中，各县（市、区）根据自身贫困情况，制定了各种帮扶措施。如会昌县印发了《关于开展结对帮扶推进精准扶贫工作的实施方案》，建立了县、乡、村三级帮扶责任制，采取保障帮扶资金、建立信息平台、加强舆论引导、强化管理考核四项主要保障措施，有效推动了会昌县精准扶贫工作的发展。

宁都县则采取如下四个方面的措施确保帮扶效果。

第一，明确职责。帮扶单位驻村工作队长执行“第一责任人”职责，工作队

图 4-4　会昌县发改委主任杨梅率结对帮扶工作队到定点帮扶村调研扶贫工作

资料来源：会昌县扶贫和移民办，王祖琪、黄聪：《结对帮扶助力精准扶贫，贫困群众迈向致富大道——会昌县结对帮扶工作纪实》，省扶贫办网，2015 年 11 月 26 日。

员与贫困户定期商讨脱贫意愿、致富措施、年度计划，及时掌握真实情况，帮扶解决生产生活困惑，精准分类 12 个致贫原因，5242 人结对帮扶干部按村以户形式制订专项脱贫计划，对“症”施策，扶贫解难。

第二，落实帮扶资金。帮扶单位每年落实贫困村帮扶资金原则上一类单位不少于 3 万元、二类单位不少于 2 万元、三类单位不少于 1 万元。省、市“四个一”组合式扶贫单位共投入资金 1344 万元，省、市、县定点帮扶单位投入 2309 万元，党员干部结对帮扶投入 351 万元，走访慰问特困户 3935 户，资金 315 万元。组织引导非公企业、社会组织、各界人士参与帮村带户、扶贫济困，非公企业投入帮扶资金 410 万元。

第三，区域结合，帮扶产业发展。在产业发展方面，依照宁都县委“1+4+N”特色区域产业政策，大力扶持发展该县黄鸡、白莲、脐橙、油茶主导产业，突出抓好初显规模的钓峰黄金茶、蔡江龙脑樟、东山坝肉牛养殖、湛田葡萄种植、梅江蔬菜基地以及小布、田埠旅游产业等区域特色产业。

第四，扶智抓本、扶志管远。宁都县通过“走出去”参观学习、实地考察 6 次，采取“请进来”开展专场实用技术培训 5 场，组织专家、产业大户授课 12 次，定期培养一批有文化、懂技术、会经营的新型农民，帮助培训 880 人次，组织劳务输出 2000 人次，为贫困户长致富见识、增脱贫技能，努力从根本上提升素质。

3. 结对帮扶的实施情况

为进一步抓实挂点省级贫困村——崇义县过埠镇果木村精准扶贫工作，赣州市委政研室（改革办）在深入调查研究的基础上，在村部醒目位置张榜了精心制作的精准扶贫作战图。该图充分利用最新国情普查卫星影像，实现了贫困村基本情况、扶贫对象、家庭人口、脱贫举措、预脱贫时间、产业发展等“一张图”管理，既为开展挂点帮扶描绘了工作施工图，也对决战脱贫攻坚倒排了作业时间表。其主要做法主要体现在以下三个方面。

（1）明确作战对象。严格落实结对帮扶任务要求，进村入户摸清贫困村、贫困户基本信息，精准识别帮扶对象，挂点帮扶贫困户 31 户 114 人。深入分析致贫原因，列出需求清单，做到底数清楚，数据精确。同时，驻村工作队还巧妙运用颜色、符号等来标注区分脱贫主要方式、预脱贫时间等，使“作战”情况一目了然、精准展现。

（2）细化作战部署。紧盯“三年脱贫攻坚”、“两年巩固提高”的目标，制订了切实可行的年度减贫计划，从抓结对帮扶、抓产业发展、抓民生实事、抓机制保障、抓战斗堡垒五个方面打好前沿阵地战，既注重全面改善通组公路、安全饮水、村庄整治等基础设施建设水平，又采取“一户一策”形式为每户贫困户制订详细的“1+N”脱贫方案，即选择 1 项扶贫产业加上 N 项针对个人的辅助措施，找出一条长短结合的脱贫之路，充分发挥野生刺葡萄、油茶、蔬菜、酸枣等产业扶贫的长效性作用，着力构建利益联结机制，实现贫困户稳定增收、脱贫致富。

（3）确保作战成效。认真对照“十三五”省级贫困村预退出对标工作要求，着力加强定点扶贫、结对帮扶人力调配和帮扶资金调度。目前，挂点村 1.09 公里通组公路建设、塌方水渠维护施工、3.1 公里机耕道硬化工程完成，通过野生刺葡萄、蔬菜等特色产业发展帮带贫困户达 25 户，占贫困户的 80%以上，“产业扶贫信贷通”实现全覆盖。

2015 年以来，崇义县财政局精准扶贫工作组结对帮扶关刀坪村，涉及贫困户 58 户 117 人，涵盖 7 个村民小组。财政局紧紧围绕帮助贫困户增收脱贫的目标，通过上户走访，详细了解每一户贫困家庭情况、生产生活状况等信息，摸清核准可帮扶基数，建立一户一册，科学分类，动态管理。结合农户产业发展意愿，选准扶贫发力点，推进“1+N”的产业扶贫模式，助推产业扶贫，既保证“输血”式扶贫又创新“造血”式扶贫。

关刀坪村拥有茶园 200 余亩，带动了不少贫困户就业，但仅靠工资收入难以让他们真正脱贫。为此，财政局帮助贫困户将家中闲置的土地流转出租，获取租金收入；同时，帮助他们争取贷款、种苗和技术，帮助贫困户开辟茶园。目前，崇义县财政局已帮助贫困户发展种植刺葡萄20亩、油茶5亩、时令瓜果15亩，养殖山羊50只。

2015年，在县扶贫工作队和镇村干部的带领和指引下，信丰县小河镇十村村对村里每一户贫困户进行把脉问诊、精准识别，并根据贫困户致贫的原因与发展意愿，因户施策。结合小河镇是信丰县烟叶生产大镇的现状，该村主动融入，顺势而为，由村委会先行流转一定数量的土地，号召贫困户集中联户经营；被扶持贫困户出劳力，政府提供资金和技术扶持，政府在土地流转、翻耕、生产资料购买上先行垫资，每笔发生金额均先由扶持对象签字确认，烟叶收购后在烟款中扣除上述费用；技术上安排过硬烟技员全程指导；服务上安排高度负责的镇干部全程跟踪。全方位、全过程的帮扶，有效地转移了贫困户在土地、资金、信息、技术、政策等各方面的风险，贫困户踊跃响应，积极参与。目前，该村已有9户贫困户签订了精准帮扶协议书，正在经营60亩烟田。由于每亩烟田至少可获纯收入3000元，9户贫困户种烟全部在3亩以上。据初步保守估算，通过一年的帮扶，这9户贫困户一年即可脱贫。

石城县木兰乡的山地鸡养殖产业在县定点帮扶干部的帮助下，每年为当地群众带来4000余万元的收入，人均增收3000余元，逐渐发展成为农民的致富产业。

山地鸡是木兰乡的一大特产，已有上百年的养殖历史，却迟迟未能成为群众的致富产业。究其原因，在木兰乡开展定点帮扶工作的县农粮局干部黄景明在民情日记中认为："一是山地鸡多为散户养殖，规模小，闯市乏力。二是没有形成品牌，知名度不高，销售市场小，出现有价无市现象。三是无专门组织和销售人员，盲目发展，同一时期上市，导致同质竞争严重。四是养殖户缺乏技术，山地鸡成活率低，遇到流感瘟疫就更是束手无策，成了赔本买卖。"由于这些原因，山地鸡一直处于本地销售火热、外地销售冷冷清清的尴尬境地。市场遇冷，产业遭阻。木兰的山地鸡养殖迅速衰退，到2010年底，全乡山地鸡养殖户减少了60%。

2011年，石城县农粮局开始挂点木兰乡开展定点帮扶工作。针对山地鸡的发展现状，县（乡）干部深入农家调研，发现农民对实现壮大山地鸡养殖产业的愿望非常迫切。于是，顺势提出了将木兰打造成山地鸡之乡的发展战略。木兰乡审时度势，出台山地鸡养殖优惠政策，并以定点帮扶干部为纽带，由山地鸡规模养殖户和专业技术人员组建山地鸡专业合作社。合作社广泛吸收农民加入，采取统一引进鸡苗、统一疫病防控、统一技术培训、统一品牌、统一销售，推进山地鸡养殖标准体系建设。同时，开办培训班对养殖户进行技术培训，组织养殖户到闽、粤、浙等的农贸市场、大型超市联系业务，拓宽山地鸡的销售市场。如今，木兰乡发展山地鸡合作社会员300余名，山地鸡养殖数达到50余万羽，形成了村村都有养殖基地、组组都有养殖户的喜人景象。

石城县丰山乡下坑村贫困户温仰云育有一儿一女，儿子就读于赣州高职，女儿在读初中，家庭支出大，因此，没有多余资金发展产业，也没掌握产业生产技术，仅靠 4 亩水稻的收入维持生计，人均年收入不足 2000 元。2015 年初，石城县科技局驻村干部在精准识别中了解到温仰云的实际贫困情况后，针对其实际及当地土壤特征，建议他发展烟叶生产。但是，烟叶生产需要土地、技术、资金，这些温仰云都没有。为此，科技局驻村干部帮忙联系县农商银行，以担保形式帮助温仰云获得 2 万元烟农贷款，解决了产业发展资金难题。同时，和丰山乡村干部一起协调流转了 14 亩土地，引导他加入石城县便民烟草合作社，以“合作社+基地+贫困户”的形式，全程指导温仰云学习烟叶疾病防治、田间管理等技术，并且签订了烟叶销售订单，解决销售问题。烟叶收割完后，又帮他种下了二季水稻。一年来，温仰云收获了烟叶 2500 多公斤，水稻近 1 万公斤，收入超过往年多倍。

（三）吉安市结对帮扶概况

遂川县强势推进双联行动与扶贫攻坚的深度融合，严格落实“421”干部结对帮扶机制，即县级干部、科级实职干部、其他干部分别按“421”方式与贫困户结对子帮扶。县领导每人带一个县直单位帮扶一个贫困村，135 个县直单位共帮扶 108 个重点贫困村，集中社会各方资金、人才、信息、项目参与扶贫帮困工作。2014 年，仅“421”干部结对帮扶一项工作，遂川县就落实产业帮扶资金

图 4–5　扶贫干部实地调研扶贫对象需求

资料来源：吉水县扶贫和移民办，刘启东：《吉水县扶贫和移民办扎实开展结对帮扶贫困户工作》，省扶贫办网，2015 年 7 月 7 日。

1000余万元，帮助了5660户贫困群众发展特色致富产业，并培训贫困劳动力1646人，落实培训经费188.76万元。

2015年以来，按照上级精准扶贫的要求，吉安市民政局和永丰县县委办公室确定龙冈畲族乡龙冈村（全村有50户贫困户）为定点扶贫村后，迅速派驻帮扶工作组进村入户了解贫困户情况。按照“资金跟着穷人走，穷人跟着能人走，穷人能人都跟着产业走，产业项目跟着市场走”的思路，以大产业促进大扶贫。为了增强扶贫户的“造血”功能，因地制宜，科学规划，根据各自家庭实际情况，在资金和技术上扶持他们发展养猪、养鹅、高产油茶、井冈蜜柚等产业项目。截至目前，已有28户贫困户申报脱贫，市民政局各种帮扶资金累计达65万多元，县委办公室各种帮扶资金累计达16万多元。

2015年7月3日，吉水县扶贫和移民办班子成员到螺田镇贫困户家进行结对帮扶初访，每位班子成员来到自己帮扶的贫困户家，与贫困户进行交谈，了解其家庭成员、收入来源、发展产业意向等情况，并填写贫困户基本情况表，并向贫困户发放了“双学双用双服务”帮扶卡，随时与帮扶贫困户保持联系。

为贯彻落实青原区委、区政府《关于全面推进农村扶贫帮扶到户工作的实施意见》，按“精准扶贫、帮扶到户”的要求，以帮助贫困户“提高素质、掌握技能、发展生产、增收脱贫”为基本任务，采取“干部结对帮扶到户，产业扶贫帮扶到户”等方式，大力推进精准扶贫工作全面开展。青原区于2014年4月组织全区各级领导干部进村入户，落实帮扶举措，开展“1+2”精准扶贫结对帮扶到户工作。全区共66个区直部门单位及8个乡镇科级以上干部结对帮扶贫困户1366户，每户扶持资金5000元以上，重点帮扶贫困户发展特色种养业或第二产业、第三产业，坚定不移地推进产业化扶贫。

在产业化扶贫中，青原区以村为基础，连片规划，循序渐进，采取“龙头企业联系贫困户、专业合作社联结贫困户、大户联动贫困户”的方式，发展井冈蜜柚、绿色蔬菜、花卉苗木以及油茶、毛竹、茶叶、太子参、食用菌、畜禽养殖等特色种养业，并实行“一个产业、一个领导、一个专门班子、一套具体方案、一抓到底”的“五个一”工作机制，促进产业发展壮大。迄今为止，贫困村建成特色产业20个，面积达到5000多亩，促使农业产业化集群“裂变”，吸引了近千户贫困农户在产业链上增收致富，促进贫困户发家致富，解决后顾之忧。

为发展壮大扶贫产业，青原区积极探索在贫困村建立产业扶贫贷款担保基金，以惠农信贷通为平台，安排20万元专项资金作为贫困村产业发展担保资金试点，为贫困户发展产业提供资金支持。在扶贫资金使用过程中，实行专款专用、封闭运行、报账制管理，各乡镇、街道在经管站设立扶贫项目资金专户；到户资金通过“一卡通”发放到各扶贫对象户，严禁资金截留、挤占和挪用，有效确保了产业帮扶资金的使用效益和运行安全。

（四）抚州市结对帮扶概况

为确保18.9万贫困群众同步小康，抚州市下发了《关于开展“四进四联四帮”活动加强干部作风建设工作方案》和《关于扎实推进精准扶贫工作的实施意见》，以“四进四联四帮”活动为载体，组建1808个“连心”小分队，近5000名机关党员干部驻村帮扶，并重点选好配强“连心”小分队队长和223个贫困村“第一书记”，强力推进精准扶贫工作。34个市四套班子领导本着“把联系点建成示范点”的决心，带头下到挂点乡（镇）、村走访贫困群众，开展调查摸底，规划产业发展、调解矛盾纠纷、落实帮扶资金。

市直单位干部实行“三、二、一”结对帮扶，即市厅级干部每人包三户、县处级干部每人包二户、科级及以下干部每人包一户贫困群众。各单位把驻村工作作为当前首要的中心工作，紧紧围绕帮扶思路，根据帮扶村实际情况和发展现状，因地制宜、精准发力，发挥部门行业优势，积极向上争取资金，努力改善贫困农村基础设施条件。下派驻村帮扶小分队以来，已整合投入各类帮扶资金1.1亿元，涌现出东乡县东源村、临川区东坪村、南城县城上村、资溪县永胜村、南丰县中和村、崇仁县赵家村等一批示范村。其中，累计争取投入产业扶贫资金4000多万元，共组建白莲、烟叶、香榧、油茶、蜜梨、蜜橘、蔬菜、苗木、金银花种植，生猪、菜牛、鸡鸭、泥鳅养殖等各类扶贫专业合作社（协会）120多个，辐射引领和带动20000余户贫困群众创业致富。

“十二五”期间，抚州市政协办、市教育局、市司法局、市国土局、市人防办、市公路局、市人寿公司、市消防支队8家市直（属）单位分别定点扶贫黎川8个贫困村。

定点扶贫黎川的8家单位领导高度重视，积极为贫困村争资金争项目，取得了很好的成效。8家单位投入自有资金近30万元，帮助争取或协调各类项目资金320余万元。市政协办在财力十分紧张的情况下，自筹资金2万元资助贫困大学生圆大学梦，同时协调烟水工程项目资金100余万元，协调扶贫资金10万元，用于新庄村发展烤烟产业。市教育局自筹资金3万元帮助社苹村建设安全饮水工程；投入资金4万元支持社苹村实施新农村建设；协调交通部门建设2.1公里村组公路；落实社苹乡中小学标准化建设、薄弱学校建设项目资金196.5万元，社苹乡教育教学条件将得到全面改善。此外，每年单位主要领导带队走访慰问贫困户。市司法局领导高度重视，多次深入厚村乡大源村实地调研，在投入自有资金3万元支持新农村建设之外，还帮助厚村乡及大源村协调新农村建设及水利建设项目资金20余万元。市国土局自筹资金8万元支持西城乡新桥村实施小型公益事业建设，同时积极帮助该乡解决建设用地指标。市公路局每年支持熊村甘竹村

4万元，用于该小型水渠、陂坝建设。市人防办投入3万元的同时，积极帮助樟溪乡上源村协调1公里村组公路建设指标及项目资金5万元。市人寿公司投入2万元用于湖坊乡湖坊村用于水利设施维修。

广昌县赤水镇石良村是“十二五”贫困村，地处偏远。有1200多人，耕地面积1260亩、林地37650亩（含毛竹林8000多亩），下辖9个村民小组，24个自然村，群众收入主要靠山林收入和外出务工，是一个典型的贫困落后村。自2012年冬抚州市委组织部确定挂点帮扶石良村以来，市组织部帮扶及协调有关部门扶贫资金达300余万元，新修机耕沙石道路和道路硬化6条11.7公里，改善了5个村民小组700余人行路难、出门难的问题；新建饮用安全水工程，6个村民小组860余人饮水安全得到保障；新建和维修农田水利设施5处，惠及500余亩粮田灌溉；投资60余万元新建了农民休闲健身广场、农民活动中心，丰富了村民业余生活；投资10余万元新建了海联卫生所，每个赶集的日子都有医生坐诊，村里的留守老人、留守儿童看病再也不用跑到15公里外的镇卫生院了。

2015年9月，在抚州市委副秘书长黄华的带领下，定点扶贫工作队长、市委办机关党委专职副书记盛吉林和3名队员——市委办秘书科干部余璟毅、饶粼波以及农业银行抚州市分行干部邱建国，来到南城县株良镇城上村挂点帮扶。针对该村“脏、乱、差”比较严重的现象，工作队决定有针对性地5年内分期分批地实施十大扶贫攻坚计划项目。

（1）针对“脏”字，推出环境卫生专项整治项目。内容包括搞好沟渠改造、清淤，进行绿化、亮化建设，建好垃圾中转站，购置垃圾转运车、垃圾箱等设备，雇请2~3名专职保洁员等。

（2）针对“乱”字，推出拆旧建绿和建设农民文化休闲广场等项目。南城县规划设计院编制了城上村整体建设规划、新农村建设规划等。农民文化休闲广场，坐落在村中心地段，面积约1500平方米，并投资购置大量健身器材。

（3）针对“差”字，推出新农村建设、自来水改造、小学校舍改建、水库灌渠维修、杨梅港护堤修建、村组公路硬化、昌厦公路至城上路段拓宽和亮化七大计划项目。这批项目准备用5年分期分批实施完成，项目资金则通过村民自筹、单位帮扶、争取项目等办法解决。制定了《株良镇城上村“四进、四联、四帮”五年工作规划》。

第三节　企业、行业协会帮扶

按照产权属性，可以将企业划分成国有企业和民企（私企），其中，国有企业又可以细分成中央企业和省属企业。为叙述方便，本节将国有企业的帮扶分成央企和省企。

一、国有企业的帮扶行动

（一）央企帮扶

国务院国资委和央企认真贯彻落实党中央、国务院关于支持赣南等中央苏区振兴发展的方针政策和决策部署，切实做好对口支援、产业帮扶工作。由于资本、技术、能力均比较雄厚，央企对赣南等中央苏区的帮扶主要在基础设施、能源、矿产、高科技等领域，这些投资均属于长线投资，多属于资金密集、技术密集型项目，有利于筑牢苏区振兴的物质基础。

国务院国资委连续三年组织央企赴赣州市开展对口支援调研，各央企与赣州市有关县（市、区）形成帮扶关系，广泛开展经济技术合作交流。2013 年 9 月 6 日，光大集团、宝钢集团等 10 家央企齐聚赣州，与赣州市在工业、能源、金融等领域集中签约 11 个项目。其中金融投资类项目 2 个，工业、能源类项目 9 个，签约资金达 208.5 亿元。11 月 5 日，国务院国资委与省政府合作备忘录签字仪式暨央企入赣投资合作洽谈会在赣州举行。这是江西省与国资委全面深化合作的重大举措，是国资委和各大中央企业支持赣南老区发展的重大行动，是大型央企集中投资活动首次在地市级举办，共有 81 家央企参加。赣州市在洽谈会上签约项目 40 个，签约金额 1306 亿元。其中合同协议项目 9 个，投资额 503 亿元；框架意向项目 31 个，投资额 803 亿元。仅 2013 年，央企入赣投资合作洽谈会赣州签约项目 41 个，总投资 1091.4 亿元。

2016 年 8 月 25 日，国务院国资委及央企对口支援赣州座谈会召开，中国电信集团、中国联合网络通信集团、中国电子信息产业集团、中国机械工业集团、中国东方电气集团、鞍钢集团、中国铝业、中国中化集团、中粮集团、中国机械科学研究总院、中轻集团、中国中车集团、中国中铁、中国医药集团公司 14 家央企与会。

（二）省属企业的帮扶情况

永丰县共有贫困对象 1.4 万户，3 万余人，永丰县贫困发生率为 9.3%；有 30

个省级重点贫困村，贫困发生率为19.8%。2014年，江西中烟工业有限责任公司对口支援永丰县。按照江西中烟公司“突出重点，集成投入，连片布点，整体推进”的指导意见，结合永丰县实际，把对口支援的350万元扶贫资金安排在沙溪、鹿冈等村庄基础设施建设整治，整合扶贫资金和新农村建设资金8800多万元，基本解决了农村水、电、路“最后一公里”问题。仅2014年，就投入2009万元扶贫资金，用于新修道路、新建桥梁、新建社区、改善居民用水等一系列民生问题。先后打造了君埠村后街组、鹿冈村丰禄源小区、坑田模源村模源组、模源村堵口腰组、长坑村长坑组等一批具有庐陵文化风格特色的新农村。3年来，全县改造农村公路634公里、农村电网575公里，推进了藤田、潭头等5个农村饮水安全工程，2.6万人喝上了安全水。

江西省投资集团公司定点帮扶瑞金市叶坪乡大胜村，扶村帮市，创新模式，打出“安居、培训、医疗保障、就业、教育”精准帮扶的“组合拳”。一是实施安居帮扶。公司配套120万元资金，在大胜村建设农民“梦想家园”，安置特困户24户。二是实施智力帮扶。先后四次组织开展“智力扶贫”培训，培训农民2100多人。公司精心设定课程，赠送专业书籍，聘请江西农业大学、乐平市蔬菜局、赣州市果业局等单位专家现场授课，并有针对性地传授脐橙种植、牛羊猪养殖、蜜蜂饲养、蔬菜生产等现代农业产业技术，组织开展实地教学。三是实施医疗补充保险帮扶。从2015年开始，公司按每人每年50元的标准，出资400万元建立医疗补充保险基金，将瑞金市78914名精准扶贫对象全部纳入医疗补充保险范畴。四是实施就业帮扶。工作队在入户走访中，详细了解贫困户子女毕业就业情况及意愿，安排下属企业瑞寻高速公路公司优先招录符合岗位条件的大胜村毕业生就业。五是实施教育帮扶。公司在江西农大设立“江投”励志助学金，从2015年开始，用于资助江西农大2015届瑞金籍15名家庭经济困难学生，每年给予4000元/生的现金资助，直到4年本科毕业。还帮助大胜村小学开通了互联网，捐赠电脑、复印机、打印机等教学设备，改善提升教学条件。

江西赣能股份有限公司承担定点帮扶任务以来，及时成立扶贫领导小组，选派3名同志组成驻村工作队，深入寻乌县南桥镇古坑村开展帮扶。公司领导先后数次到村实地调研、现场办公，制订了以推进五大民生工程（排污排水工程、太阳能路灯亮化、自来水扩建、道路硬化工程、便民服务中心等）和四个产业转型（百香果、无花果、龙脑樟种植和珍珠鸡养殖）为主要内容的帮扶规划。

定点帮扶期间，赣能公司筹集扶贫资金200万元，帮助定点村完善饮用水、道路硬化、道路亮化、排污、便民服务中心等，改善定点村的人居环境和生产生活条件。在古坑村设立“江西赣能古坑村扶贫和发展基金”，首期投入200万元，主要推动产业转型和升级，发展100亩百香果种植基地、100亩无花果种植基地、1000 亩龙脑樟种植基地、100 亩珍珠鸡养殖基地及水库养殖和钓鱼基地等，通过“基地+农户”、“公司+农户”等方式，带动贫困户生产发展，实现三年全部脱贫的目标。

二、私营企业的帮扶行动

（一）概述

与国有企业帮扶行为类似，私营企业参与赣南等中央苏区的精准扶贫也是在政府引导下进行的。这种行为属于响应性行为，并非其自主自愿。这种情况表明，在参与者看来，其行为主要以慈善为主，并没有将其扶持行为与企业产业发展战略有效结合。在慈善意识比较缺乏的中国，参与的企业数量屈指可数。

脱贫攻坚是全面建成小康社会的底线目标，民营企业是打赢脱贫攻坚战的重要力量。就目前笔者阅读到的文献看，不仅参与苏区精准脱贫的私营企业数量较少，而且很少发现知名大型私营企业参与的报道。这种情况固然说明大型私营企业尚未完全进入自觉慈善的行列，更说明大型企业尚未意识到老区、苏区对其企业发展的重要性，或者说这些地区的资源尚未引起其足够的重视。

事实上，私营企业参与革命老区、苏区的精准扶贫并不仅是响应政府号召、积极参与慈善事业的表现，更多的是通过参与加强与苏区的交流、合作，在推进苏区扶贫的过程中实现企业自身的发展、壮大。其原因在于老区要素资源比较丰富，而且成本相对低廉，具有比较优势和后发优势，加之丰厚的政策优势、政治优势，这些都为广大私营企业发展提供了良好的机遇，有利于广大私营企业的发展、壮大。

私营企业参与赣南等中央苏区的帮扶，呈现明显的地域性特征，即参与其中的私营企业主要是本地企业，鲜有外地私营企业。

（二）帮扶概况

2013 年以来，大余县深入开展私营企业家参与扶贫济困“功德”工程，将整合社会扶贫资源与提高贫困群众自我发展能力结合起来，大力倡导当地企业家扶持大余县扶贫重点村发展农业产业，企业家定点帮扶贫困户，通过发展产业，结对贫困户扶贫开发；通过民主推荐，确定有脱贫意愿，有一定劳动能力的贫困户作为帮扶对象。从而走出了一条“企业家+农户”的产业扶贫新路。为了确保私营企业参与精准扶贫并取得预期收益，大余县采取了以下三个方面的措施。

第一，找准适合的帮扶对象。为此，大余县专门就企业家资助贫困户发展农业产业扶贫工作召开研讨会，制订了工作实施方案，明确了产业扶贫工作目标。企业家积极响应，纷纷开展结对帮扶活动。大余县 10 位企业家与 10 个 100 户贫困户贫困重点村结对进行产业扶贫，每位企业家对定点扶贫村的 10 户贫困户进行产业扶贫，每户提供 3000 元帮扶资金，发展生猪、白鸭、苗木、甜玉米、西瓜、花卉等十多项种养业。由此一来，被帮扶的贫困户户均纯收入可增收 6000~30000 元。

为确保扶贫效果，大余县规定，企业家帮扶的贫困户必须符合三个条件：一是低保户或低收入户的贫困户，即在本村村民中属中低生活水平。二是帮扶的贫困户必须勤劳肯干，能吃苦，不怕困难，诚实守信。三是帮扶的贫困户要有一定技术基础和致富能力。除挂点企业家扶持的 3000 元物资外，其余产业发展资金由贫困户自己解决。

为确保被帮扶人选的公平、公正，大余县制定了入选的三个程序：一是及时召开 10 个帮扶村会议，通过召开村民代表大会初步确定贫困户入选人员。二是张榜公示 7 天。三是召开第二次会议予以确定。经过程序确认，2013 年帮扶的 100 户贫困户中有低保户 12 户，占帮扶对象的 12%。他们很快得到了帮扶企业家的扶持。如 2013 年初，青龙镇双联村的帮扶企业家——大余县南安板鸭厂厂长邓万德在第一时间为该村困难户王忠厚等 10 户贫困户捐赠了 30000 元，发展白鸭养殖业。

第二，选定有前景的产业项目，为产业扶贫打造坚实基础。大余县依据群众意愿和实际情况确定种养项目，提供应有的服务及指导，主要把握以下几点：一是项目具有产业优势。必须根据当地的产业特点和区域经济优势。二是具有较强的市场竞争优势。如浮江乡车里村贫困户何光平，多年来就有种植桂花、罗汉松、竹柏等乡土苗木的经验，由于缺乏资金，一直小打小闹。何光平被列入车里村 10 名扶贫对象之一后，由企业家游九香扶持 3000 元生产发展资金，车里村党支部书记张泽周与他签订帮扶合同，如今何光平的种植规模已由零星种植扩大到 5 亩。在他的房前屋后、在路旁、在荒坡上种植乡土苗木 2000 余棵，市场前景广阔，预计纯收入可达 5 万元。

目前，经纬钨业有限公司董事长游九香、欣荣钨业有限公司总经理赖荣富、南安板鸭厂厂长邓万德、东宏锡制品有限公司董事长饶日荣等 10 位企业家，与池江镇团结村、青龙镇长里村、青龙镇双联村、左拔镇云山村等 10 个扶贫重点村的 100 户贫困户结成产业扶贫对子，他们分别赞助扶贫重点村 3 万元，用于各村的 10 户贫困村民发展特色农业产业。如东宏锡制品有限公司董事长饶日荣，2013 年与左拔镇左拔村曾小林、曹淑芳等 10 户贫困户结对子，帮助村里发展特色农业产业 20 多亩，带动农村劳动力就业 30 余人，其中生猪养殖户 4 户。樟斗镇横江村贫困户谢盛林，在东升钼业有限公司董事长谭运全的资助下，饲养了 18 头生猪。

第三，建立产业扶贫长效机制。采取滚动式发展产业扶贫，具体操作方法是：上年得到3000元帮扶的贫困户，在收回3000元种子款后，另扶持一户贫困户，滚动式发展。如此一来，使整个贫困村发展成为“一村一品村”。这种方式有利于推动全村早日脱贫致富。

为更好地引导全县非公有制经济人士积极参与精准扶贫工作，会昌县工商联、县扶贫和移民办联合出台了《会昌县民营企业“百企帮百村”精准扶贫行动实施方案》（以下简称《方案》），广泛组织该县民营企业开展“百企帮百村”精准扶贫行动。《方案》明确了会昌县“百企帮百村”活动以签约结对、村企共建为主要形式，紧紧围绕“脱贫攻坚任务三年完成”的目标，组织民营企业自觉自愿、量力而行。

为更好地推动“百企帮百村”行动，县工商联、扶贫和移民办联合成立行动领导小组，负责活动具体的组织指导、统筹协调、经验交流、宣传推广、考核验收、督促检查等工作，并对在“百企帮百村”精准扶贫行动中成效突出的，每年举行一次全县性表彰活动。

会昌县民营企业主要以开展产业扶贫、就业扶贫和公益扶贫为主要帮扶方式，重点帮助结对帮扶村发展一批特色产业、解决一批贫困户劳动力就业、落实一批公益捐赠项目，切实推动贫困户脱贫、贫困村退出，按期实现脱贫攻坚目标。

2016年5月13日，赣州铭宸农业发展有限公司“百千万”扶贫行动捐赠仪式在赣县梅苑宾馆举行。该公司向赣县扶贫和移民办公室捐赠200万元。捐赠的

图4–6 “百千万”扶贫行动捐赠仪式

资料来源：赣县扶贫和移民办，谢晶、李烈洪：《赣州铭宸农业发展有限公司“百千万”扶贫行动捐赠仪式在赣县举行》，省移民办网，2016年5月16日。

资金将主要用于首批 10 个试点合作社蔬菜大棚建设、种苗农资、土地流转、技术指导、经营管理等。

赣县紧紧围绕产业脱贫攻坚目标，结合全县产业发展实际，提出了蔬菜产业“百千万”扶贫行动方案。通过“企业+合作社+贫困户”的方式，重点实施“百千万”工程。即确立赣州铭宸农业发展有限公司为赣县蔬菜产业精准扶贫企业，力争通过 2~3 年，在全县扶持 100 个蔬菜专业村或蔬菜专业合作社；带动帮扶 1000 户有产业发展意愿的贫困户；通过龙头企业带动，贫困户反租倒包、土地入股等方式，由企业提供种苗农资、技术指导，使贫困户年收入达到 1 万元。力争 3~5 年内，将赣县蔬菜产业打造成赣州的“寿光”。

三、其他帮扶

行业协会、商会也是社会帮扶的重要主体。如广东省抚州商会为抚州贫困乡镇一次性捐赠 25 辆医疗救护车；上海市抚州商会在南丰结对帮扶白舍镇河东村，已投入 50 万元帮扶资金，正在全面开展拆旧建新、扶持甘蔗产业、村庄整治建设，取得了初步成效。

同时，商会还组织企业家积极参与崇仁县修桥，南城县助学，广昌、南丰县医疗扶贫等多项扶贫济困义举。由于该会社会帮扶工作成效显著，执行会长梅先明 2014 年被评为全国扶贫先进个人，受到国务院表彰。

图 4-7　扶贫先扶智

资料来源：龙南县扶贫和移民办，《龙南县青年志愿者与贫困儿童携手庆“六一”》，省扶贫办网，2016 年 5 月 31 日。

扶贫先扶智。上犹县动员广东省上犹商会、广东狮子会星海服务队回家乡向上犹营前中学等十几所学校捐赠总价值100余万元助学金及教学设施设备等物品。2016年“六一”前夕，共青团龙南县委、龙南县青年志愿者协会、龙华文具超市联合组织36名青年志愿者开展了“爱心手牵手　阳光共拥有”为主题的庆六一活动。

在龙南偏远山区村小杨村垇下村小、幼儿园里，36名青年志愿者与孩子们共迎六一，现场为65名贫困学生和6名教师送去了书包、文具等学习生活用品。

为了让贫困群众早日过上好日子，广丰区霞峰镇党委、政府引导镇“爱心”扶贫协会，针对贫困对象具体情况，因人施策。作为广丰区首个乡（镇）“爱心”扶贫协会，霞峰镇“爱心”扶贫协会在霞峰镇的大力支持下，组织力量深入各村组贫困户调研，摸清了全镇216户贫困户家庭致贫原因。根据霞峰地势平坦、水草丰茂的地貌特征，镇里全力推行养殖帮扶济困。下坊社区贫困户刘久林和三里村“五保户”余绍猫养羊的积极性很高，但因缺少资金和养殖技术，一直没有机会养羊。镇扶贫协会获悉详情后，给他们先行发放了养殖帮扶物资。刘久林领到了4只母羊、9只小羊，余绍猫领到了2只母羊、4只小羊。根据坑东村贫困户李荣华家有劳力、熟悉养牛的实际情况，镇扶贫协会筹措爱心善款6200元购买水牛苗一头，送到他家，对其进行产业帮扶，增强其自身“造血”功能。

在实施精准扶贫过程中，霞峰依托镇扶贫协会立足镇情，“输血式”扶贫与“造血式”扶贫并重，先后投入10万余元，发放养殖帮扶牛苗6头、羊苗64只、草鱼苗1340尾、鲢鱼苗480尾，帮助30多户贫困群众发展养殖业，促进贫困户增收脱贫。

第四节　个人帮扶

一、个人帮扶概述

个人帮扶包括社会各界以个人名义进行的帮扶行动。从阅读到的文献看，赣南等中央苏区的个人帮扶除了少量有组织的募捐等慈善帮扶外，主要是政府有组织的个人帮扶，其特点是各级干部在组织安排下进行的帮扶行为。帮扶干部既包括领导干部，也包括一般干部，部分地方甚至包括村干部。其表现形式是挂点帮扶、驻点帮扶、结对帮扶。实际上，这是一种典型的为完成政治任务而进行的职务行为，是一种政治责任，带有一定的强制性，自愿行为较少。应该说，这是一种被动行为，并非主动行为，或者说从被动开始，经过投入其中，慢慢产生感情后，变成一种自觉、自愿的行为。

由于上述原因，个人帮扶的效用、效果与帮扶者本人在组织中所处地位的高低密切相关。地位高者，由于其可能支配的资源较多，影响力较大，其帮扶效果、效用一般较大、较明显；反之，在组织中地位较低的帮扶者，由于其能够支配的资源有限，除少数个人能量较大者外，其实际的帮扶效果一般比较小，或者较不明显。因此，组织地位较高者，由于其资源支配能力较强，可以同时帮扶更多的贫困户，其帮扶面就比较大；而组织地位较低者，由于其资源支配能力较弱，在同一时间可能帮扶的贫困户数量就比较少，其帮扶面较小。正因为如此，在中央苏区精准帮扶工作中，在建立结对帮扶机制时，各地根据实际情况，按照帮扶人员职务、职位高低，确定不同的帮扶数量；地位越高者，帮扶对象越多；地位越低者，其承担的帮扶对象就较少。

二、领导帮扶概况

（一）省级领导帮扶概况

自时任省委常委、省纪委书记周泽民挂点寻乌县以来，先后不下 10 次到寻乌县调研，与群众促膝交谈，面对面地了解群众实际需求，察看扶贫开发重点项目，所撰写的《关于寻乌县扶贫工作的调研报告》以翔实的数据为依据，提出了边界地区群众存在的看电视难、打电话难的“两难”问题。为解决好省领导调研中提出的“两难”问题，省扶贫和移民办主动担负起责任，由纪检组专门负责协调督办，与省新闻出版广电局、省通讯管理局等部门及当地政府作了进一步摸底调查。据统计，寻乌县 173 个行政村尚有 68 个行政村、2 万多户农村群众未开通有线电视，部分群众靠自购的“山寨”卫星接收设施（俗称“山寨锅”）收看电视节目，信号不稳定，不清晰，节目频道不多，尤其是接收不到赣州市与寻乌县的电视节目。由于地偏路远，居民分散，架设广电光缆投资成本大，维护费用高，靠安装有线电视解决看电视难问题，筹资难度大。同时，寻乌县边远山区有 8 个行政村、69 个村小组、约 7900 人打手机使用的是福建、广东等邻省的移动漫游信号，在本地打手机也需缴纳长途漫游费用。不仅寻乌县，其他省际交界地区的群众也遇到同样的问题。

为了解决上述问题，省扶贫和移民办与省新闻出版广电局有关人员在寻乌县召开了现场办公会，形成了分步实施的方案。第一步，在寻乌县启动实施广播电视直播卫星“户户通”工程，为边远地区群众安装规范统一的“户户通”卫星设备，先解决收看卫视节目、收听广播节目的问题。第二步，恢复寻乌县关闭多年的广播电视发射台，解决收看当地电视台节目的问题。

根据周泽民指示，在方案实施上把握两个时间节点，第一批力争2015年8月底为最偏僻地方的群众先期安装开通一批“户户通”。第二批“户户通”争取在2015年春节前全部开通。在费用上，严格按照统一规定，“户户通”设备每套365元，由中央、省两级财政各补助100元，市县两级共同承担100元，村民每户承担65元。村民一次性缴纳设备费后，不再产生收视费用。

（1）设备供应方面，省市县广电部门通过政府招标采购了一批“户户通”设备，省新闻出版广电局积极筹集中央和省有关项目资金，为寻乌县广播电视发射台添置无线数字电视发射机等设备。县委县政府筹措资金维修通向该发射塔的山间道路。

（2）通信方面，省、市、县移动通讯公司加大对寻乌县的资金投入和资源倾斜，针对部分行政村虽有移动信号但信号弱的情况，新建6个基站，以覆盖寻乌县边远山区的8个行政村村委所在地，村民无论在家还是下田干活，基本能收到本地的手机信号。

周泽民非常关注解决“两难”问题进展，多次听取工作进展情况汇报，对于散居山间、本地通信信号仍然不能覆盖到的村小组，要求通信部门积极沟通邻省，共同协调取消交界地区群众移动通讯漫游资费，把它作为解决打手机难问题最便捷、最实惠的途径，普惠省际交界地双方群众。目前，江西省移动、联通、电信三家公司已与毗邻的浙江、福建、广东、湖南、湖北、安徽六省有关通信企业达成一致意见，通过优化基站信号分布和后台计费软件处理等技术手段，取消双方边界地区群众的通讯漫游资费。江西省三家通信公司共解决与邻省交界地区的40个县（市、区）共212.45万移动用户在本地打手机使用邻省信号而产生的漫游费用问题，每月让利群众688.3万元。

2012年，省级扶贫开发重点村、有着440年历史的古村藻苑村成为时任省委常委周萌挂点帮扶村。该村位于井冈山机场附近，辖12个村民小组，389户，1500人。在省、市、县各级领导的大力关心支持下，藻苑村抓住历史机遇，大力开展了美丽乡村建设。

第一，整治环境，完善生活设施。经过统一规划和环境整治，房子、道路变得整洁有序，学校、商店、医疗室等一应俱全。

第二，完善生产设施。由于缺水，全村虽有山林面积3500亩，却无法发展林业；耕地2000多亩，但有效灌溉面积才464亩。2013年，江西省重点水利工程南车灌区初步建成通水。藻苑村抢抓机遇，建成灌渠1900多米，保障了2200多亩农田生产有了灌溉水。在此基础上，开始着力发展井冈蜜柚、油茶、养殖、花卉等主导产业。其中，仅井冈蜜柚面积就达1900多亩。

（二）市级领导帮扶概况

金溪县双塘镇艾家村由时任抚州市委书记龚建华挂点扶贫。在龚建华的扶持下实施了整村推进工程。2012 年 8 月，龚建华先后 4 次赴艾家村调研指导。通过多次召开座谈会，多次深入村民交谈，多次征求相关专家意见，确定了艾家村“规划为先、基础为本、产业为基、民生为要、党建为重”的总体思路，即依托市挂点帮扶单位及有关职能部门的帮助，着力抓好以改善生产生活条件为重点的基础设施建设、以提高人口综合素质为根本的民生保障建设、以促进农民增收为目标的支柱产业建设、以改善村容村貌为基础的文明新风建设、以加强党支部战斗力为核心的村级组织建设。通过实施整村推进，进一步夯实发展基础，增强发展后劲，为全县乃至全市的扶贫工作创造经验，发挥示范和引领作用。具体举措如下。

第一，责成相关部门聘请东华理工大学制订了艾家村 2013~2023 年新农村建设总体规划以及住宅、道路、绿化、产业和社会保障等十多个详规，使整个建设和发展有的放矢，有序推进。

第二，确立总体目标，编制具体项目。围绕总的发展思路，确立了艾家“一年打基础、两年变新貌、三年见成效、五年成样板，实现环境优美化、产业现代化、机制长效化、管理民主化、乡风文明化”的总体目标，重点实施基础设施、环境整治、民生配套、产业发展、组织建设“五大工程”领域的 26 个项目，其中基础设施项目 16 个、环境整治项目 4 个、民生配套项目 1 个、产业发展项目 4 个、组织建设项目 1 个，总投资 1809 万元。从而使艾家整村推进工作有目标、实施有项目、推进有抓手。

第三，部门强劲支持。在艾家村的整村推进过程中，得到了各级各部门的全力支持。一是落实项目财政资金。根据艾家编制的实施项目，各部门先后落实项目资金 431.34 万元，其中水利项目资金 38 万元，园林绿化资金 30 万元，村组机耕道建设资金 19.6 万元，新农村建设资金 123.74 万元，扶贫资金 100 万元，财政一事一议建设资金 20 万元，小城镇建设资金 60 万元，村庄整治资金 40 万元，为艾家村整村推进提供了有力的资金保障。二是社会各界捐资送物。市县文广部门送来价值 30 余万元的健身、运动器材；城管部门免费安装高杆路灯一盏、路灯 45 盏，价值 23 余万元；县园林部门无偿栽种价值 24 万元的苗木花卉；市红十字会捐资 29 万元用于艾家村水泥路建设；市光彩事业促进会捐资 11 万元用于艾家村新农村建设；抚州企业家周金国捐资 26 万元用于艾家组修建门楼……各部门及企业捐资送物折款达 143 余万元。三是智力支持。如县文博所针对艾家村 600 多年的悠久历史、30 多栋明清古建筑的深厚底蕴，聘请专家对艾家村古建筑进行了保护和挖掘，设计了修旧如旧的保护方案；县规划部门与聘请的规划专家花费了一个多月的时间对艾家村进行勘察和规划设计；县城管、园林等部门组织人员义务为艾家村安装路灯、村庄绿化等。

第四，发动群众热忱参与。在艾家村的村庄整治中，注重发挥群众参与决策、建设、管理等方面的主体作用。一是自主决策。充分尊重群众意愿，让村民自己做主推选出七名在村组威望高、自身正的办事公人员组成理事会，负责新农村建设和村庄整治，组织村民自觉行动起来，从而使各项工作事倍功半，快速推进。如村休闲广场的选址、路灯的安装、道路铺设的走向、房屋拆除的范围等事关村庄整治的大事，均由理事会商议决定。特别是针对拆迁难度大、进度缓慢，理事长艾清云率先带头拆除自家旧房屋、旧猪牛栏面积 261 平方米，一下子就使拆迁时间缩短了 1 个月。二是融入建设。在环境整治方面，村民自觉按理事会决定拆除的范围进行旧房拆除，仅一个多月就拆除 2824 平方米，每天自觉清除房屋周围的垃圾、污泥，自觉配合新村办人员对房屋进行穿衣戴帽等；在捐资出力方面，村贤人士艾来奇、艾顺民等带头捐资 8800 元、6600 元不等。在他们的带动下，村民自发捐资 12 万余元，用于村庄整治和修葺，平均每户捐款 1000 元以上。更难能可贵的是，时年 87 岁高龄的孤老胡品仙发挥余热，主动义务承担了村内的卫生清扫工作，每天风雨无阻。三是规范管理。村里相继建立和完善了新农村建设、扶贫工作、项目建设、产业发展、民主管理、村务公开、党务公开、帮困济贫、一事一议等 30 多项规章制度和村规民约。如针对艾家村 81 户贫困户，建立了党员干部一对一帮扶制度，落实了具体帮扶措施；针对群众反映强烈的农村低保问题，出台了低保公开评选制度，由村民共同协商、投票，最终确定人选；针对村民增收致富问题，村里成立了产业发展规划领导小组，确立了芳橘、蜜桔、生姜等主导培植产业，力争三年内出规模、成品牌。

（三）县乡一般干部帮扶概况

1. 综合性情况

会昌县组织机关干部进驻村，完成农村贫困户建档立卡工作，基本建起全市数据库，画出了精准扶贫“一张图”。在产业扶贫上，实行“因村选产业、因户定项目”，采取一村一产业、一户一项目的“滴灌”方式。大余县组织 2000 多名干部深入全县 7643 户贫困户家庭，进一步摸清贫困户的现况，了解其脱贫意愿，为其出谋划策，制订切实可行的脱贫规划，找准脱贫路子，共为贫困户献计 10000 余条，例如，入股养蜂合作社分红，使 600 多户贫困户受益；推荐就业使 1000 多名贫困劳动力获得了稳定的就业岗位等。编印了 1 万份以产业扶贫信贷通、搬迁移民扶贫政策为主的宣传单，由帮扶干部发放到每一户贫困户，并向他们宣传、解释好政策的关键、重点内容，使贫困户知晓政策。尤其是产业扶贫信贷通政策，在帮扶干部的宣传讲解下，有 5000 多户贫困户有贷款意愿，其中

400 多户贫困户已经拿到了贷款，投入了农业生产。2000 多名帮扶干部携带粮油等生活物资到贫困户家“做客”，一起动手进行田间劳作，坐在一起吃一餐家常饭，拉近感情，增强贫困户脱贫致富的信心和决心。

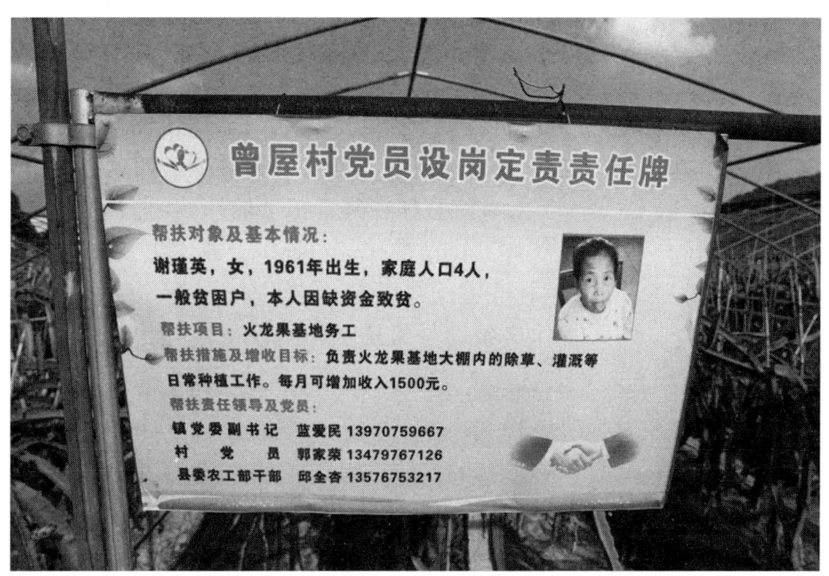

图 4–8　信封县的党员结对帮扶贫困户责任牌

资料来源：刘善庆拍摄。

南城县共有 120 多个单位 1200 名干部分别与 3400 户、9875 名精准扶贫对象结成帮扶对子，通过结对帮扶使所有受帮扶户有 1~2 个增收项目或增收渠道，增强受帮扶农户自我发展、自我致富能力，从而实现“帮扶一户、带富一家”的目标。帮扶干部主要从以下四个方面着手帮扶。

（1）帮厘清发展思路。帮扶干部通过深入结对帮扶贫困户调查研究，与群众面对面分析致贫原因，结合乡镇、村组主导产业或特色产业规划，因户制宜，帮助贫困户厘清发展思路，找准 1 个以上增收项目，制订针对性和可操作性较强的帮扶方案。

（2）帮提高劳动技能。帮扶干部通过动员帮扶对象参加各类劳动技能培训，使所结对的贫困户至少有 1 个劳动力掌握 1 门以上实用技能；帮助解决贫困子女上学困难问题，让每个贫困学生都能上得起学；从信息上帮扶，多为他们提供市场信息、致富信息、务工信息等，切实提高帮扶工作实效性。

（3）帮争取资金投入。帮扶干部通过按照帮扶对象制订的脱贫增收计划，协调有关部门资金投入，帮助贫困群众争取项目资金，并指导好项目实施，同时在产品销售、技术需求等方面给予帮助和支持。

（4）帮改善基础设施。帮扶干部通过发挥后援单位的力量，整合资源，集中力量，每年为帮扶对象所在村办 1~2 件实事，帮助当地群众解决现实困难和具体问题，引导农民群众改善居住环境、美化村容村貌，切实改善农村生态环境和群众生产生活条件。

2. 具体情况

62 岁的袁木生是青原区值夏镇坪上村 11 组的村民，是村里的贫困户。因从小家庭贫困，近 40 岁才结婚，娶了一名智力有障碍的妻子，如今也 50 多岁了，儿子和女儿都还在上小学。一家人一直住在父母留下的约 60 平方米的危旧房子里，生活十分贫困。在 2015 年坪上村精准扶贫对象中，袁木生家被列为“红卡”帮扶对象，区行政服务中心罗礼焘主任与袁木生结了对子。看到袁木生家的生活状况，罗礼焘认为，改善其住房条件是帮扶工作的首要任务。经过与民政、城建、扶贫、残联等单位协调，为袁木生家新建房屋争取了部分资金。虽有上级政策和资金支持，但要重建新房还是需要自己出一部分钱，可他家却无力自己改

图 4–9　吉安市青原区帮扶干部帮贫困户袁木生建房

资料来源：青原区扶贫和移民办，王姝：《村干部齐动手　帮贫困户建新房》，省扶贫办网，2016 年 4 月 2 日。

图 4-10　吉安市青原区帮扶干部帮贫困户袁木生建房

资料来源：青原区扶贫和移民办，王姝：《村干部齐动手　帮贫困户建新房》，省扶贫办网，2016 年 4 月 2 日。

建。为了他能住上放心房。村委会“两委”班子开会决定，由村委会的干部出工出力，帮助他家改建。因农村干部大都是泥匠出身，村支书肖金平、主任刘全金等都拿起泥水刀，搬砖、挑砂浆，与袁木生的亲戚等一起帮他家建新房子，并将坪上村委会大楼改建时剩下的一些瓦、木料等可用的建筑料也全部资助给他家重建新房，大大减少了其建房支出。

43 岁的李少君是定南县岭北镇大屋村人。由于家里穷，李少君夫妇俩长年在福建的煤矿务工维持生计，2013 年煤矿倒闭后便回了老家。失去了赖以生存的务工收入，家中需要赡养的 80 岁老人和即将上大学的儿子，使生活的重担压得李少君喘不过气来。正当李少君一筹莫展之际，定南县挂点帮扶扶贫工作组主动带着一系列精准扶贫帮扶政策找到他。通过帮助其分析致贫原因，结合实际情况，扶贫工作组为他量身定制了产业帮扶方案、帮扶措施和脱贫规划。2015 年初，在看准市场行情后，通过扶贫工作组的支持，李少君从市场上买回了 2000 只鹅苗、鸭苗养殖。

“不到半年，养殖的第一批鹅苗和鸭苗就卖了好价钱，我也获得了县产业帮扶政策资金 1 万元，这让我的信心大增。”回想起当初创业获得的“第一桶金”，李少君激动不已。

尝到了甜头的李少君干劲十足。他瞄准了同样时间短、资金平、效益快的养鸡行业，准备在山林里新建一个现代化养殖场房大干一番，但是需要一大笔资金，钱从哪里来呢？李少君再次找到了帮扶工作组，说了自己的想法，得到了帮扶工作组的大力支持。帮扶工作组积极帮他联系，争取到了农村信用社的免息贷款，有了这笔贷款，李少君很快把第一期厂房盖了起来并投入了生产经营。

考虑到资金规模和风险防控，李少君采取每卖出一批中鸡再将赚取的利润投入扩建的方式，短短一年，基地规模已达到占地 200 亩、厂房面积 3000 平方米。目前，他每 20 天就要购入 6500~7500 只鸡苗，一个多月后便可出售，每月可售出 1 万多只中鸡，每只利润有 3 元左右。加上出售成年肉鸡和搭配养殖鹅、鸭等，一年收入十分可观。2016 年，李少君搭上了致富的“顺风车”，成功摘掉了贫困“帽子”。

在精准产业脱贫上，瑞金市拔英乡从实际出发，选定发展毛竹产业为主攻项目。高岭村农户刘成样种植毛竹缺资金，乡干部为他担保贷款 2 万元启动资金。结合近几年文明信用户评比，拔英乡帮助 174 户农户办理了小额信用贷款用于毛竹生产发展。同时由能人带动，如大富村民邱检发敢于“吃螃蟹”，拿出多年的积蓄 15 万元上山种植毛竹，在乡亲们的眼里成了“敢往荒山里撒钱的傻子”。毛竹种植成功后，带动了 18 户村民上山种竹，效益明显。其中，仅靠毛竹种植年收入 5 万元以上的有 12 户、4 万元以上的有 4 户、3 万元以上的有 2 户，邱检发也被评为“全国绿色小康户”。形成一定规模后，乡党委政府帮忙做大做强，干部结对帮助成立合作社，兴办竹制品加工厂，拓宽销路，岗前工人技术培训，从组织上高位推进毛竹发展，保证产销两旺。如今，全乡有 843 户种植毛竹 21075 亩，平均每户 25 亩，毛竹成为拔英乡群众脱贫致富的精准产业。

朱山元是崇义县过埠镇黄背村村民，丈夫 3 年前因病去世，剩下 1 个儿子尚在读初中，成绩优异，但家庭情况非常困难。黄背村村干部李森林、李圣金主动为其争取 2 亩刺葡萄育苗，帮其种好，同时，提供资金协助朱山元管理维护果园，待果园产果实现稳定的利润之后，再适当收回成本。通过这种方式，李森林、李圣金为朱山元户搭建了一个小型果园，确保三年后有稳定的收入，一定程度上为朱山元儿子日后的升学、朱山元自身的养老提供了长久的保障。

家住崇义县上堡乡甲子村的农户蔡能文夫妻双方残疾，生育了 3 个孩子。然而，农村收入低，上学读书贵，这些情况让这个本不富裕的家庭更加困难。2015 年，经正当程序，蔡能文被列入当地的精准扶贫户行列。看着满树的脐橙，蔡能文却犯了愁——该如何把自家的橙子卖个好价钱？

甲子村的大学生村官刘捷强在得知蔡能文为脐橙销售发愁后，主动找上了他，询问其是否需要通过网络销售脐橙。蔡能文满口答应，随即，刘捷强直接下单 1000 斤，并以高出市场价 0.5 元的价格收购蔡能文的脐橙。对此，有人疑惑刘捷强为什么要高出市场价进行收购？“我通过网络销售就可以轻轻松松获得收入，老表（农户）们辛辛苦苦却得不到多少，多点价格收购他们的产品我认为也是应该的。”刘捷强笑着回答。

“发展农村电商，既可以带动当地农户脱贫致富，也可以为自己寻得工作之余的‘一桶金’，同时，也为乡村两级干部提供了一条 O2O 双线扶贫的新思路、新方法，改‘造血式’扶贫为‘输血式’扶贫。”上堡乡扶贫办工作人员介绍道，“在刘捷强的带动下，上堡乡已有 3 名大学生村官开始试水农村电商之路。在他们的努力下，仅 11 个月直接为当地农户销售脐橙近 5000 斤，竹笋、黄元米果各近 1000 斤，助推了农户脱贫致富。”

第五章　财政与金融精准脱贫

第一节　财政涉农脱贫资金的改革与创新概述

一、中央出台贫困县财政涉农脱贫资金改革试点政策

就中央和省级层面来说，按资金分类，财政资金大致分为中央专项资金、省级专项资金，中央和省级同时安排的专项资金，涉及财政、扶贫、农业、林业、水利、农机、环保、教育、卫计、发改、交通、国土、住建等多个部门。

从某种意义上讲，扶贫就是扶资金。贫困区域的发展，主要应使用财政综合扶贫资金和金融等其他资金。要打赢全面脱贫的攻坚战，在当前财政收入增速放缓的背景下，提高资金使用效益、撬动更多社会资本投入扶贫开发至关重要。

支持贫困县统筹整合使用财政涉农资金，是提高财政资金配置效率、保障脱贫攻坚资金需求的关键之举。为贯彻落实《中共中央国务院关于打赢脱贫攻坚战的决定》和《中共中央国务院关于落实发展新理念加快农业现代化实现全面小康目标的若干意见》有关精神，2016 年 4 月 12 日，国务院办公厅印发了《关于支持贫困县开展统筹整合使用财政涉农资金试点的意见》（国办发〔2016〕22 号）。5 月 10 日，财政部、国务院扶贫办在北京召开了全国支持贫困县开展统筹整合使用财政涉农资金试点电视电话会议。要求优化财政涉农资金供给机制，进一步提高资金使用效益，保障贫困县集中资源打赢脱贫攻坚战。明确提出要统筹整合使用财政涉农资金，形成“多个渠道引水、一个龙头放水”的扶贫投入新格局。

近年来，财政支农投入逐年加大，但涉农资金多头下达、零敲碎打、平均用力、撒胡椒面等日益成为突出问题，尤其在农业基础设施建设特别是农田水利建设方面，发展改革、财政、农业、国土、水利、农业综合开发、烟草等部门都各自有相应的资金项目，资金使用分散或重复，效益不显著。鉴于此，中央提出了

整合要求。统筹整合资金范围包括各级财政安排用于农业生产发展和农村基础设施建设等方面的资金。中央层面主要包括财政专项扶贫资金等 19 项资金和中央预算内投资用于“三农”建设部分（部分不适宜整合的支出除外）。教育、医疗、卫生等社会事业方面的资金，也要结合脱贫攻坚任务和贫困人口变化情况，完善资金安排使用机制，确保资金精准有效使用。国办发〔2016〕22 号文件要求财政资金整合要以支持贫困县“摘帽销号”为目标，以脱贫成效为导向，以扶贫规划为引领，以重点扶贫项目为平台，统筹整合使用财政涉农资金，撬动金融资本和社会帮扶资金投入扶贫开发，提高资金使用精准度和效益，按期完成脱贫攻坚任务。

二、江西省改革财政涉农脱贫资金的主要举措

（一）统筹整合财政涉农脱贫资金的主要原则

1. 统筹整合财政涉农脱贫资金实施方案的出台

为贯彻落实国务院关于统筹整合财政涉农脱贫资金的精神，2016 年 5 月，江西省政府办公厅印发《江西省统筹整合财政涉农扶贫资金实施方案》（以下简称《方案》）；6 月 16 日，江西省产业精准扶贫暨统筹整合财政涉农扶贫资金电视电话会议召开，就整合财政涉农扶贫资金问题，会议提出要坚持“渠道不变，充分授权；县抓落实，统筹使用；精准发力，注重实效；加强协调，强化责任”的原则，统筹整合使用财政涉农扶贫资金，切实提高使用效益。在相关专项规划、项目资金和资金分配上，要做到“两优先一高于”，即部门专项规划与脱贫攻坚规划不一致的，优先服从脱贫攻坚规划；其他项目资金安排如与扶贫项目资金安排有冲突时，优先保障扶贫项目资金；将脱贫攻坚作为资金分配的重要依据，原则上用于试点县的资金增幅高于该项资金的平均增幅。

事实上，早在 2014 年，于都县、吉水县就开展了涉农资金整合试点，改革财政涉农扶贫资金管理使用机制，赋予贫困县统筹整合使用财政涉农扶贫资金的自主权，支持贫困县集中资源打赢脱贫攻坚战，收到了良好的效果。

2. 统筹整合财政涉农脱贫资金的主要原则

《方案》在政策设计上，着重坚持四个原则：

（1）渠道不变，充分授权。《方案》提出，对纳入统筹整合范围的财政涉农扶贫资金，五年（2016~2020 年）内，省、市仍按照原渠道下达，资金项目审批权限完全下放到贫困县。省、市主要负责政策制定、资金下达和监督考核。

（2）县抓落实，统筹使用。贫困县作为实施主体，根据本地脱贫攻坚规划，统筹整合、集中使用中央、省、市、县安排的财政涉农扶贫资金，并承担统筹安排项目、统一使用资金以及确保资金安全规范使用的具体责任。

（3）精准发力，注重实效。要求贫困县，把财政涉农扶贫资金统筹整合使用与脱贫成效紧密挂钩，资金使用要精确瞄准建档立卡贫困人口，突出产业扶贫，着力增强贫困人口自我发展能力，提高贫困人口收入水平，改善贫困人口生产生活条件。

（4）加强协调，强化责任。这次统筹整合的资金，涉及很多业务主管部门，要加强省、市有关部门之间的协调，强化责任，精准指导，积极推动资金整合工作。

（二）统筹整合财政涉农脱贫资金的实施范围

1. 实施的行政区域

江西省实施统筹整合财政涉农脱贫资金的范围涉及 9 个地级市的 58 个县（市、区），包括中央苏区和特困片区县（市、区），其中绝大部分是中央苏区县（市、区）。具体如下。

赣州市所辖 18 县（市、区），即章贡区、南康区、赣县、信丰县、龙南县、全南县、定南县、兴国县、宁都县、会昌县、寻乌县、安远县、于都县、上犹县、瑞金市、石城县、崇义县、大余县。

吉安市所辖 13 县（市、区），即青原区、吉州区、吉安县、遂川县、万安县、永新县、井冈山市、永丰县、新干县、泰和县、吉水县、峡江县、安福县。

上饶市所辖 7 个县（区），即广丰区、上饶县、横峰县、余干县、鄱阳县、弋阳县、铅山县。

抚州市所辖 9 个县，即广昌县、乐安县、宜黄县、南丰县、黎川县、资溪县、崇仁县、南城县、金溪县。

萍乡市所辖 3 县，即莲花县、安源区、芦溪县。

九江市所辖 2 县，即修水县、都昌县。

宜春市所辖 2 县，即袁州区、樟树市。

鹰潭市所辖 2 县，即贵溪市、余江县。

新余市所辖 2 县，即渝水区、分宜县。

2. 实施的主要项目

在资金项目上，将各级财政安排用于农业生产发展和农村基础设施建设等方面的资金全部纳入统筹整合的范围。按照国办文件要求，除中央预算内投资用于“三农”建设部分外，纳入统筹整合范围的中央资金有 19 项，主要包括财政专项扶贫资金、农田水利设施建设和水土保持补助资金、现代农业生产发展资金、农业技术推广与服务补助资金、林业补助资金、农业综合开发补助资金、农村综合改革转移支付等。

江西省在按照中央规定范围进行统筹整合的基础上，经过认真梳理，除省级预算内投资用于“三农”建设部分外，又增加14项省级资金纳入统筹整合范围。主要包括：省财政专项扶贫资金、新农村建设和农村清洁资金、农业技术应用与公共服务专项、革命老区转移支付补助、异地扶贫搬迁资金、农村危房改造资金等。

此外，还要求各设区市、资金整合县参照上述资金范围，明确本级财政安排的涉农资金中可统筹整合使用的扶贫资金范围，进一步加大统筹整合力度。

（三）保障措施

1. 支持保障措施

为了周密部署、协同推进这项重大的改革工作，江西省财政厅采取了四项措施强化统筹整合工作。

（1）明确整合权限。要求省、设区市、资金整合县有关部门及时修订完善各项制度，取消限制资金统筹整合使用的相关规定，不能以任何理由干扰、阻碍资金统筹整合工作。要求资金整合县制定统筹整合使用财政涉农扶贫资金的具体办法，明确部门分工、操作程序、资金用途、监管措施，确保各项财政涉农扶贫资金规范安全使用。对统筹整合使用的资金，资金整合县扶贫开发领导小组可在农业生产发展和农村基础设施建设范围内，视脱贫攻坚工作需要，提出包括主要目标和具体建设任务在内的资金统筹整合使用方案，报县委常委会议或县政府常务会议集体讨论通过后实施。相关资金按上述办法调整用途，各部门应予以认可。

（2）加强规划衔接。省、设区市、资金整合县要科学编制脱贫攻坚规划，各级、各部门按照脱贫攻坚的要求及时调整完善相关专项规划，实现脱贫攻坚规划与部门专项规划有效衔接。部门专项规划与脱贫攻坚规划不一致的，优先实施脱贫攻坚规划。

（3）重点倾斜支持。按照政府扶贫投入力度与脱贫攻坚任务相适应的要求，提出省、设区市、资金整合县在切实增加扶贫投入的基础上，进一步加大对脱贫攻坚的倾斜力度，将脱贫攻坚作为资金分配的重要参考因素。原则上用于资金整合县的资金增幅大于该项资金的平均增幅。扶贫项目、资金安排如与其他项目、资金安排有冲突时，则优先保障扶贫项目、资金。58个资金整合县以外的贫困村，省、设区市、县（市、区）也要根据贫困人口的变化和脱贫攻坚的绩效评价情况，加大扶贫投入，确保同步脱贫。

（4）明确职责权限。①明确县级政府是整合资金统筹使用的责任主体，负责到县资金的使用、管理和项目实施。②赋予资金整合县立项和审批权限。纳入整合范围的资金，省和设区市有关部门采取“因素法”分配，将资金“切块”下达到县。具体项目的立项权、审批权下放到县。省、设区市相关部门均不审批具体项目，不限定资金的具体用途。③允许资金整合县适当打破归口管理界限。对各渠道下达的统筹整合范围内资金，可以根据具体项目的实施需要自主确定牵头管理部门，不要求完全与原有的归口管理部门一一对应。

2. 监管保障措施

扶贫资金是贫困群众的“保命钱”和减贫脱困的“推进器”，是党和政府对贫困群众最直接、最温暖的体现，扶贫的钱一丝一毫都不能乱动，一分一厘都不能乱花。必须严格遵照相关规定，切实管好用好扶贫资金，确保资金的经济、社会、扶贫效益最大化（王四华，2015）。

统筹整合财政涉农扶贫资金是省委、省政府集中财力扶贫攻坚的重要举措。确保资金安全、高效使用，实现集中财力办扶贫大事的目标，是重中之重。为确保财政涉农扶贫资金的安全、高效使用，江西省采取了以下三大措施：

（1）全面推行公开公示制度。要求各级有关部门，将涉农扶贫资金政策文件、管理制度、资金分配、工作进度等信息及时向社会公开。资金整合县要在本地政府门户网站和主要媒体公开统筹整合使用的涉农扶贫资金来源、用途和项目建设等情况，并实施扶贫项目行政村公示制度，接受社会监督。

（2）严格资金监管。把纳入统筹整合范围的财政涉农扶贫资金作为监管重点。资金整合县对财政涉农扶贫资金管理监督负首要责任。贫困村第一书记、驻村工作队、村委会要深度参与涉农扶贫资金和项目的管理监督。各级审计、财政等部门要加大审计和监督检查力度，并对监管职责落实情况进行跟踪问效。同时，积极探索引入第三方独立监督，引导贫困人口主动参与监督，构建多元化资金监管机制。

（3）开展绩效评价。加强对资金统筹整合使用的绩效评价，并将其纳入扶贫开发工作成效考核，评价、考核结果以省扶贫开发领导小组名义通报。对统筹整合工作开展好、资金使用效益高的地方，省财政厅将在分配财政专项扶贫资金时给予奖励和倾斜。此外，还要求各设区市加强对资金整合县的考核、评价工作，对不作为、乱作为等行为，严肃追究相关人员责任，确保财政涉农扶贫资金安全、发挥更大的资金绩效，确保如期完成脱贫攻坚任务。

第二节 赣州市财政与金融精准脱贫的改革与创新

一、财政与金融精准脱贫改革概况

（一）加强财政与金融精准脱贫的制度设计

刘永富（2015）强调指出，在脱贫攻坚战中，除加强财政扶持力度外，也要在金融扶贫上下功夫。要整合金融资源，强化全方位覆盖贫困地区和贫困群众的便利化特惠金融政策和措施。

近年来，赣州市出台金融扶贫政策，建立健全工作机制，加大服务创新，加强信贷支持，从政策、产品、服务等多方面架设“滴灌”网，精准对接移民扶贫、产业扶贫、就业扶贫、民生扶持等资金需求。

为加快推进金融扶贫，赣州出台了《赣州市金融扶贫工作实施方案》、《赣州市“财政惠农信贷通”融资试点实施方案》、《赣州市“产业扶贫信贷通”工作方案》、《赣州市推进农村“两权”抵押贷款试点工作的实施方案》、《赣州市“金信保”产业扶贫贷款保证保险实施方案》等系列金融扶贫文件。建立了金融扶贫工作协调督导机制、金融扶贫信息报送机制、金融扶贫工作月通报制度等。形成了市委主要领导亲自抓、分管领导具体抓、责任部门和金融监管部门协调推动、金融机构广泛参与、县乡村三级干部和扶贫干部落实的合力推进机制，营造了财政资金、金融资金、社会资金共同参与推动金融扶贫的良好态势。

为了利用财政资金撬活金融资源，提高财政资金使用效率和效益，赣州市注重发挥财政性资金的杠杆作用，建立各类财政性贷款风险缓释基金和各类贴息补贴制度，健全政银保合作机制，积极为贫困户和农业企业增信。目前，已为“产业扶贫信贷通”、“财政惠农信贷通”、“油茶贷”等金融产品共筹集财政性风险缓释基金超16亿元，强化了政府的增信作用。同时，整合各类扶贫资金，建立了“产业扶贫信贷通”、“油茶贷”等金融产品的全额贷款利息补贴机制和“金信保”保证保险信用贷款全额保费补贴机制。

赣州市还努力争取信贷资源，引导信贷资源向精准扶贫倾斜。2016年3月，赣州市与农业银行江西省分行等5家银行机构签署了《精准扶贫战略合作协议》，为2016年争取扶贫信贷额度209亿元，为2016~2018年争取扶贫信贷额度680亿元；2016年5月，赣州市与国开行江西省分行签署《油茶产业精准扶贫开发性金融合作备忘录》，通过“市带县”统贷模式，为赣州市油茶产业精准扶贫争取

60 亿元融资支持。

（二）加速信贷产品的创新

为了增加扶贫信贷资金供给，赣州因地制宜创新开发出多种扶贫信贷产品，把金融“血液”输到产业。创新推出了“产业扶贫信贷通”、“金信保”扶贫贷款保证保险产品、金穗扶贫系列贷款产品、农村“两权”抵押贷款等金融产品，加快推动了“移民易地搬迁扶贫贷款”、“财政惠农信贷通”等贷款的发放，用于支持建档立卡的贫困户及农业经营主体带动贫困户发展产业和改善生活，并在贷款额度、贷款利率、贷款期限、利息和保费补贴、还款条件等方面给予便利和优惠。

需要指出的是，“产业扶贫信贷通”是以缺乏抵质押物的贫困户和农业企业、家庭农场和农民合作经济组织为贷款对象的信贷产品，将以 10 亿元政府风险缓释基金，撬动 80 亿元扶贫贷款，力争实现全市贫困户全覆盖。由农行创新推出的“金穗扶贫系列产品”，重点支持贫困户、种植大户和农民合作社发展油茶、光伏、脐橙、刺葡萄等扶贫产业，计划 2016 年投放 10 亿元。“财政惠农信贷通”重点支持从事以脐橙为主的果业、生猪、花卉苗木、蔬菜、油茶、工业原料林产业等的新型农业经营主体，并带动贫困户发展产业。“易地搬迁扶贫”以金融支持移民易地搬迁，助力完成全市居住在深山区、库区和地质灾害频发区的贫困群众的移民搬迁任务。

为解决产业发展资金问题，上犹县先后筹集了近 2 亿元的产业帮扶资金，并在此基础上积极开展产业扶贫担保贷款试点，采用“政府 + 合作社 + 贫困户”的帮扶模式，为农业龙头企业、农民专业合作社、家庭农场、种养大户等新型农业经营主体提供专项扶贫产业信贷资金。给每个试点村合作组织提供 20 万元风险补偿金，由银行按照 1∶8 的比例发放贷款。

截至 2016 年 6 月 24 日，全市已累计发放扶贫贷款 94.78 亿元。其中，发放“产业扶贫信贷通”23.46 亿元，惠及 218 家新型农业经营主体和 5.36 万户贫困户；发放金穗扶贫系列信贷产品贷款 9.77 亿元；发放“易地搬迁扶贫贷款”29.48 亿元；发放“财政惠农信贷通”13.63 亿元；发放农村公路建设、水利建设、科教文卫建设及其他扶贫贷款 18.42 亿元。已在会昌、瑞金、安远、赣县、信丰、寻乌开展农村“两权”抵押贷款试点。目前，全市累计发放“两权”抵押贷款 2.01 亿元，惠及农户 1313 户。其中，农民住房财产权抵押贷款累计发放 1.89 亿元，农村土地承包经营权抵押贷款累计发放 1170.2 万元。

（三）创新保险机制

在脱贫攻坚战中，赣州还创新保险品种，为贫困人口发展产业、设备购置、大病医保等民生项目服务。

大病医疗救助。为全面打赢脱贫攻坚战，切实缓解群众因病致贫、因病返贫问题，减轻贫困人口的就医负担，赣州市2015年推出商业补充保险实施方案。在寻乌、南康、大余、全南、安远等9个县（区）开展了医疗商业补偿保险试点，对贫困人口经基本医保、大病保险报销后个人自负部分，扣除起付线后给予分段报销，2015年共向525人支付补偿金225万元。

2016年，赣州市出台《赣州市2016年农村贫困人口疾病医疗商业补充保险实施方案》，进一步探索应用商业保险实施精准扶贫，积极推进政府出资为农村建档立卡贫困人口购买商业补充保险。市、县财政按2:8的比例从扶贫资金中安排1亿元专项资金，按人均90元的标准，支持贫困户购买补充医疗保险，用于保障新农合基本医保、大病保险报销后的住院医疗费用。目前，仅赣州人保财险公司已在大余、安远、会昌、上犹、石城、南康6个县（区）为32.75万农村贫困人口提供医疗商业补充保险服务。赣州积极推广新农合大病保险，逐步降低因病致贫概率。目前，已为28943人次支付大病赔款13256万元。

此外，赣州市试行互联网公益保险模式。该模式在定南县先期试行，由太平洋人寿联合网易公司搭建公益保险基金移动网络募捐平台，向全社会募捐公益基金，并将筹集到的公益基金纳入保险公司专属公益保障基金池进行管理，专项用于定南县4万多名儿童的大病医疗救助。目前，该互联网公益保险已接受9388人的捐赠资金37.66万元，已为5名白血病等重病患儿提供医疗救助。

“多亏了县润通小额贷款股份有限公司发放的190万元保险资金，帮我解决了资金难题。”这是大余县河洞乡农民吴芳寿的肺腑之言。他承包了2000多亩林地，由于前期投入大，出现了资金缺口。拿着这笔保险资金，他得以购买树苗并修建道路。像吴芳寿一样，赣州有11户农户通过“险资入赣南”获得了发展资金。定南县第一人民医院、信丰县五洋水电站也通过保险资金，解决了后期设备购置等资金难题……这些“三农”和民生项目的顺利推进，都得益于“中国人保支农支小项目资产支持计划（赣州小贷）”，这也是赣州在全国首创通过交易所平台实现保险资金支持小微企业的创新模式。该项目总规模为5亿元，分多期进行，第一期规模5000万元资金已在江西赣南金融资产交易中心完成交易。

二、财政与金融创新精准脱贫概况

（一）创新财政脱贫资金使用方式

赣州各县（市、区）积极创新财政资金脱贫方式。如南康区实施用工奖补政策，对吸纳贫困户就业的农业龙头企业，奖补聘用贫困户工资总额的20%；对市级及以上审批备案和区里认定的对直接用工的乡村旅游点、农家乐、粮油加工企业等，奖补聘用贫困户工资总额的10%。

目前，上犹县已在10个扶贫村和10个移民村进行试点，向566户贫困农户发放产业担保贷款 1600 万元。同时，启动实施了“金穗油茶贷”政策，截至目前，已累计为 20 余户产业大户发放贷款 560 余万元。引导小额贷款公司等民营金融机构加大对农业农村的信贷投入，累计为从事“两茶一苗”、畜牧水产养殖等农业企业和种养大户提供小额短期贷款 500 多万元。

宁都县整合部门财政政策资金，争取“大扶贫”格局。上级部门在扶贫政策、项目、资金的安排上，改变以县为单位的分配方式，实行按人口数量、地域面积以及贫困状况统筹安排，支持贫困县赶超发展。宁都积极加强与相关部门协调配合，争取各级各方更多项目、资金投入扶贫开发，力促“大扶贫”格局早日形成。据悉，2014 年中央、省级下达宁都县专项财政扶贫资金 6650.24 万元，市、县安排专项配套资金 387.25 万元，实施以整村推进、搬迁扶贫移民、扶贫产业开发、“雨露计划”为主的扶贫开发项目 470 余个，极大地改善了该县贫困群众的生产生活条件。

通过向上争取，宁都县多方整合资金 500 万元，成立了扶贫开发服务中心，实施有偿使用产业扶贫资金项目，支持贫困户发展产业，促进贫困户增收，从而达到脱贫致富的目标。

宁都县扶贫开发服务中心通过五步骤推进项目实施。一是严格标准。以在册贫困户为准贷对象，严格把关。二是精确用途，确保资金用到实处。通过扶贫开发服务中心工作人员到实地调查，查看产业发展情况，确保资金促进产业发展。三是程序方便快捷。从贫困户提出申请，乡镇审核，扶贫开发服务中心实地调查，签订协议到放款，基本控制在 3 天。四是精准扶贫。首次贷款金额控制在 10000 元，根据贫困户借贷还款情况和产业发展情况，信誉良好的二次贷款额度可增至 15000 元。五是严控风险。通过实施三户联保政策，即贷款以三户贫困户为单位，相互担保，达到最大限度规避风险的目的。

兴国县财政每年整合资金 1 亿元，列入财政预算，专项用于精准扶贫工作。启动了“金福通”工程，通过财政贴息，向贫困户提供 5 万元贷款；实施了村级互助资金试点项目，每村安排财政扶贫资金 15 万元，贫困户凭会员证，无须抵押就可贷款，现有 10 个村 526 户受益，累计发放贷款 630 万元。

（二）创新金融服务

在推进精准脱贫工作中，南康区创新金融服务，脱贫一批。采取“政府+金融机构+公司+合作社+贫困户”的模式，整合 1137.5 万元的风险补偿金，按不高于风险补偿金总额的 8 倍提供 9100 万元银行贷款，为 10 个产业贷款试点贫困村贫困户、全区纯低保户、重度残疾贫困户每户发放 1.5 万元贷款。贷款资金投入乡镇合作社，用于区工投公司建设标准厂房，每年按厂房收益 10%返还贫困户，产生稳定收益。同时，整合贫困户和纯低保户的光伏产业扶贫贷款帮扶资金，由区中小企业投资发展有限责任公司成立子公司作为政府的实施主体，统一管理和经营，在家具产业园区标准厂房楼顶建设2.4万平方米左右光伏发电产业，实行三年分红脱贫，产生稳定收益。

全南县则打好财政金融脱贫“组合拳”。2015年，为帮助贫困群众突破产业发展中的资金“瓶颈”，全南县创新举措，通过整合产业发展帮扶资金、创新金融产品、降低信贷门槛等形式，助力贫困群众脱贫致富。

在金融脱贫工作中，全南县不断提升农户小额信用贷款的覆盖面和授信面，积极探索开展土地经营权和宅基地使用权抵押工作，缓解农村抵押担保难问题；创新推广“金穗油茶贷”、“财政惠农信贷通”、“财园信贷通”、“小微信贷通”、“小额担保贷款”等金融产品。同时，着力提高办贷效率，积极打造金融“便利店”，开辟贷款“绿色通道”，进一步完善授权机制，简化贷款手续和审批流程。截至2015年7月底，全南县农行财政惠农信贷通发放1389万元；“金穗油茶贷”发放690万元，扶持发展油茶2975亩；县信用社新增发放小额信用贷款8329万元，支持了1142户贫困农户生产发展。

朱和忠是崇义县金坑乡金坑村的贫困户，一家五口人，妻子患病、小孩在读书，只有一个劳动力，生活拮据。在乡党委政府与挂点单位的帮助下，他开始种植刺葡萄。“现在我种植了3亩刺葡萄，由于前期投资大，一亩需投资5000余元，3年后才能有收获，发展压力大，幸亏县里有‘财政惠农信贷通’政策，我贷了50000元扶持资金，解决了前期资金短缺的难题。”为解决贫困农户贷款难的问题，崇义县2015年出台了“财政惠农信贷通”，推出小额贷款，为贫困户脱贫致富提供资金支持。“我们成立评级授信小组，对所有建档贫困户进行评级、授信。贫困户可根据评级授信结果，并结合自身发展意愿申请‘财政惠农信贷通’，而且不需要担保和抵押。”金坑乡信用社主任程军民介绍道。

信用社给朱和忠的信用评级是五星级，贷款不用找担保人，非常方便，而且政府贴息，10000元一年只需要100多元的利息。有了资金，刺葡萄园的发展就有了保障。

为了纵深推进精准扶贫工作，金坑乡加大金融扶贫力度，坚持“政府主导、扶贫贴息、银行放贷、社会参与”的原则，将“财政惠农信贷通”与产业扶贫相结合，有效解决了有产业、有技术、有市场但没资金的贫困户的发展之困。截至目前，金坑乡已有11户种养大户成功申请到了“财政惠农信贷通”扶持资金，贷出金额共75万元，为金坑乡脐橙种植面积600亩、刺葡萄种植面积135亩及生猪养殖户资金短缺问题奠定了良好基础，为贫困户开辟了一条可持续的致富道路。

宁都县扶贫开发担保公司成立于2009年3月，是当时全国首家由县级扶贫办独立投资、专事整合资金投向扶贫产业的担保机构。公司运行五年多来，为宁都的扶贫龙头企业、农业优势产业专业大户、扶贫产业合作社、扶贫产业协会以及扶贫开发户 217 户提供了 7106 万元发展资金，实现增加值 8900 万元，辐射带动农户 2200 余户，解决贫困人口就业 570 人，帮助农民增收 1200 多万元。为充分发挥宁都县扶贫开发担保公司在推动全县扶贫产业发展的重要作用，经县扶贫和移民办申请，县长办公会研究决定，同意为县扶贫开发担保公司增加注册资金 600 万元，并将担保贷款贷放比由 1∶3 提升到 1∶8。扶贫开发担保公司的增资扩贷，可有效破解贫困农户发展产业资金严重不足的难题。

2014 年，宁都县利用县扶贫开发担保公司 1000 万元担保金的放大效应，撬动合作银行为 79 家产业大户提供担保贷款 2800 万元，带动贫困农户 560 多户发展产业和安排就业；安排 420 万元扶贫资金扶持专业合作社 14 个，辐射和带动 620 户贫困户发展产业，发挥致富能人帮带贫困户增收脱贫。

（三）于都县的“助农保”信贷业务试点

1. 产业扶贫“助农保”信贷业务试点的背景

于都县共 23 个乡镇 352 个行政村 105.4 万人，其中农村人口 82.5 万人。经精准识别，目前全县有贫困村 156 个，贫困人口 39401 户 181054 人，贫困发生率为 21.9%。过去十余年，为尽快解决贫困村基础条件“五难”（行路难、上学难、看病难、饮水难、用电难）问题，扶贫资金中用于支持贫困产业发展的额度偏少，贫困户发展产业普遍缺乏资金。近年来，得益于国家新十年扶贫开发和赣南苏区振兴发展多项政策叠加效应，中央和省市级财政安排到于都的扶贫专项资金，近三年实现了翻番，2013 年近 6000 万元。然而按资金投向政策，用于产业的财政专项扶贫资金为 1000 万元，加上 50 万元贷款贴息资金所撬动的扶贫贷款 1000 万元，则产业扶贫的资金也只有 2000 万元。按目前于都县有劳力能发展产业扶贫对象 22390 户算，平均每户不到 1000 元。如果仅依靠这些资金投入，帮助贫困农户发展产业增收显然杯水车薪。据金融部门现行政策，假设能直接用财政扶贫资金 1000 万元向银行抵押担保，贷款规模则放大到 5~10 倍，每年可以获取 5000 元到 1 亿元的投放量，落实到贫困户户均则可达 5000~10000 元，绝大多数农户的产业增收项目便有了资金保障。

近些年，金融部门一直为群众信用意识差、成本与收益反差太大以及金融债务维权难等问题所困扰，对发放农户特别是贫困农户贷款不积极，贫困农户产业经营融资渠道日益变窄，融资困难。为此，必须用好和用活财政扶贫资金，解决贫困农户借贷担保信用等问题，最大限度地规避信贷资金风险，以吸引和撬动更多金融资金支持贫困农户产业开发。基于这些考虑，于都县找出了一条解决贫困农户产业发展融资难问题的出路，2014 年决定用省级特困片区和中央苏区产业化专项资金 1000 万元，在县农村信用联社开立“扶贫到户产业发展贷款担保基金”账户，县农信社按以 1∶10 的比例放大贷款规模到 1 亿元，为全县贫困农户发展产业提供“助农保”担保贷款服务。

2. 产业扶贫“助农保”信贷业务试点开展情况

为破解产业到户帮扶难题，于都县探索产业“助农保”信贷到户精准扶贫模式，安排 2014 年省级特困片区和中央苏区产业化专项资金 1000 万元，依托县农村信用联社按 1∶10 的比例提供总量为 10000 万元的扶贫“助农保”贷款，专项用于全县农户、深山区移民群众和农业产业化企业的产业经营项目。先后制定了《于都县农村产业精准扶贫实施方案》、《于都县金融精准扶贫信贷实施办法》及《关于推进“五统一分”油茶（柑橘）开发模式建立精准扶贫示范基地的实施方案》、《关于加快全县电子商务产业扶贫工作的实施方案》、《于都县光伏产业扶贫实施方案》等产业专项工作文件，力促形成扶贫主导、部门联动、上下互动的合力助推产业精准扶贫的良好机制。如采取“企业+合作组织（基地）+贫困户”、“企业+协会+贫困户”等经营模式，将企业和贫困户利益联结在一起，贫困户通过土地流转底金、入股分红、务工等多渠道稳定持续增收，带动群众脱贫致富。例如油茶产业扶贫，全力推行“统一流转、统一规划、统一整地、统一购苗、统一栽植、分户管理和收益”的“五统一分”油茶开发模式，以贫困村组为单位，组织有劳动能力和有开发意愿的贫困户组成油茶专业合作社，成立理事会，把农户（贫困户）各自的林地统一流转整合起来，相对集中连片开发，建园后按贫困户承受能力划块经营管理，建立油茶产业精准扶贫示范基地，对集中连片开发 100 亩以上精准扶贫示范基地的水、电、路等配套基础设施建设实行以奖代补。对油茶产业精准扶贫示范基地内的贫困户，实行贷款贴息补助，按贷款基准利率的 100%予以贴息，贴息周期 5 年，每年力争新造高产油茶林 1 万亩，带动 2000 户贫困户脱贫。

于都县与中国农业银行赣州市分行签订了《于都县金融精准扶贫框架合作协议》，每年新增投放 5 亿~8 亿元（含信贷资金），农业银行累计发放惠农信贷通贷款 210 笔，共计 1696 万元；“油茶贷”248 笔，共计 2718 万元；农户小额贷款 1956 笔，金融 6900 万元。同时，开展“助农保”信贷试点工作，安排 2014 年省级特困片区和中央苏区产业化专项资金 1000 万元，在县农信社开设“产业扶贫项目贷款担保基金”账户，县农信社按 1∶10 的比例提供总量为 1 亿元的扶贫“助农保”贷款，专项用于全县贫困农户、深山区移民群众和农民合作经营组织的产业经营项目。

2014 年 5 月，于都县启动了产业扶贫“助农保”信贷业务试点。其试点内容是：2014 年安排省级特困片区和中央苏区产业化专项资金 1000 万元，在县农村信用联社开设“于都县产业扶贫项目贷款担保基金”账户，县农村信用联社按1∶10的比例提供总量为10000万元的扶贫“助农保”贷款，专项用于全县农户、深山区移民群众和农业产业化企业的产业经营项目。

“助农保”贷款对象主要为于都县内符合农村信用社贷款条件的贫困农户、深山区移民群众和农业产业化企业。农户申请“助农保”的额度上限可达5万元，农户家庭经营项目最高申贷10万元，农户互助合作经营项目最高可申贷50万元（含），农业产业企业发展项目最高可申贷500万元。贷款期限为1~3年，期限内循环使用，“助农保”利率按国家公布的同期基准利率上浮30%。贷款对象可按《江西省深化扶贫贴息贷款管理体制改革实施方案》优先享受扶贫贷款贴息。为此，县本级财政还专项安排500万元，用于产业到户项目“以奖代补”补助或贷款贴息。

3. 试点的主要措施

在认真参照各地经验的基础上，制定出台了《于都县产业扶贫“助农保”信贷业务试点工作实施办法》，重点明确贷款对象、期限、用途、运作机制、管理模式等；成立了县产业扶贫“助农保”试点工作领导小组以及由县扶贫和移民办、县农村信用社联合组建的县产业扶贫“助农保”管理中心，专门负责试点工作的日常管理。

（1）明确贷款对象。于都县规定，“助农保”放贷对象必须是经县乡扶贫和移民部门审查推荐的建档贫困户及深山区移民对象。贷款规模、周期和利率充分实行扶贫“特惠”政策。

（2）贷款用途。“助农保”信贷只支持县农业产业化发展项目及与之配套的基础设施建设项目和深山区移民户搬迁安置后自主创业项目。产业支持项目充分尊重群众意愿，由贫困农户自主选择适宜发展的产业项目，优先支持在全县发展势头较好的脐橙、油茶、蔬菜、肉兔、生猪等主导产业和移民对象自主创业项目。不得用于商住建房、治病就学、购买家电等非生产性项目支出或转借给他人使用。对经审核确定的“助农保”对象、贷款金额、贷款投向等内容在当地进行公示公告，接受群众监督。

（3）规范放贷操作程序。《实施办法》对贷款审批发放程序作了制度安排，具有较强的可操作性。分“对象申请、乡村初审、县级审查、公示公告、贷款发放”五个步骤。贫困户向行政村提出申请，深山区移民直接向安置区所在乡镇扶贫办提出申请。行政村、乡（镇）扶贫办在收到对象的担保贷款申请后，依次在规定时间内完成对其申请担保贷款的对象条件、产业项目等信息审查，然后将符合担保贷款条件的对象申请审批表和汇总表报县扶贫部门。县级审查时，扶贫部门重点对乡镇上报的对象条件、贷款用途、贷款金额等进行审核。农信社则按照属地原则及权限管理规定，由相关信用社网点开展实地贷前调查。重点对申请人借款用途、还款资金来源、盈利能力等进行调查核实。核实后，根据对象经营与信用状况、还款能力、抵（质）押或保证等辅助担保等措施，确定贷与不贷、贷多贷少。县级审核确定的担保贷款对象名单，在行政村进行公示公告，接受群众监督。经公示公告无异议的最终对象，在当地信用社办理担保贷款手续，签订“助农保”贷款协议，获得贷款。

（4）加强贷款管理的风险控制。“助农保”扶贫贷款发放后，县扶贫办和农信联社共同对贷款项目的贷后检查和跟踪服务，全面掌握贷款合同执行情况及项目经营状况，研究化解风险对策，促进贷款项目良性发展。贷款到期前一个月，当地信用社将贷款到期对象名单和还款催收通知书送至借款对象所在地乡镇、行政村，由乡镇和行政村督促对象按时归还借款。如未按期归还的，县农信社和县扶贫办两家协同当地乡（镇）村干部对逾期借款项目经营情况和贷款申请人经济状况进行实地调查评估。调查确认经批准后，按一定比例从担保基金中代为偿还借款。逾期借款用担保基金归还后，县乡扶贫部门将配合县农信社依法催收。对项目经营状况良好、具备偿还能力且无正当理由拒不归还的，由县农信社依法进行收缴，借款收回后及时归还担保基金账户。对项目经营失败或不可抗拒原因导致项目无法继续实施又无经济偿还能力的，作延期处理。经法院确认无法追偿并认定为损失的贷款，由“于都县产业扶贫项目贷款担保基金”账户和县农村信用合作联社各承担50%的责任。当不良贷款比例超过2%、存在较大信贷风险隐患或遇上级重大政策调整时，经县扶贫办和农信社共同对“助农保”运行情况进行全面检查评估后，可暂停或终止运行，并进行清查核算。

（5）创新项目资金扶持机制。除对贫困农户产业开发项目提供“助农保”信贷支持并给予扶贫项目贷款贴息政策外，同时安排资金采取“以奖代补”的方式给予一定的前期投入扶持。对贫困农户在以奖代补方面实行“特惠制”，如参与主导产业油茶种植，一般农户的奖补标准是300元/亩，而贫困农户则是600元/亩。补贴标准虽不高，但有“四两拨千斤”之效，提高他们参与产业经营积极性。“以奖代补”采用“竞争入围、先建后补”的办法，激发贫困户发展产业的内生动力，防止个别贫困户将奖补资金用于他途。

第三节 吉安等地财政与金融精准脱贫的改革与实践

一、风险补偿金担保贷款试点

中央苏区农业贫困人口较多，仅靠有限的财政扶贫资金难以形成发展合力；农村金融不发达，融资困难，加之贫困村产业基础薄弱、经营风险高、抵押品匮乏，要想调动金融机构参与扶贫的积极性，建立金融风险分担机制是关键。围绕苏区经济发展、贫困户脱贫致富的扶贫方略，吉安、抚州等地进行了有益的尝试。

（一）“银企户保”新模式

针对精准扶贫中的“农户贷难、银行难贷”问题，遂川县 2016 年开始推行“银行+农业企业+贫困户+保险”四方协作的“银企户保”（简称）农业合作贷款新模式。扶贫种植户蒋全保夫妇便是这种金融扶贫新模式的首批受益农户，目前，遂川县已有 5000 多户贫困户参与其中。该模式通过“银行降槛降息、企业农户承贷、保险兜底保证”的方式，建立贷款风险补偿基金，银行按比例放大贷款规模，支持贫困农户发展产业。同时，引进保险公司承保小额贷款保证保险，建立信贷风险分担机制，当风险补偿基金发生代偿风险，由保险公司承担部分损失，解除银行的后顾之忧。

“银企户保”新模式将商业化经营目标与社会效益有机统一，重点支持贫困地区承接产业转移、改善基本生产生活条件等，创新产品和渠道，不断加大信贷支持力度，优势互补、资源共享，从而实现精准扶贫。

近年来，吉安县找准扶贫切入点，发展扶贫产业，积极探索并建立起担保贷款、现金奖补、贷款贴息、产业保险“四轮驱动”的资金扶贫新模式，引导贫困户发展扶贫产业，加速推进一户一亩横江葡萄、一户一亩井冈蜜柚、一户一个鸡棚、一户一人园区务工“四个一”富民工程，加快贫困群众脱贫致富步伐。

截至 2015 年 2 月，吉安县“扶贫到户产业发展贷款担保基金”账户贷款规模达到 3200 万元，扶贫办负担贫困户担保贷款的一半利息，按 60%的标准补贴产业保险费，帮助贫困户发展葡萄、肉鸡、井冈蜜柚等主导产业。全县 108 个贫困村已有 425 户贫困农户提出担保贷款申报，已向其中 361 户发放担保贷款 2685 万元。永阳镇新塘村肖维安是吉安县推广担保贷款、产业保险、贷款贴息、现金奖补“四轮驱动”的受益人之一。肖维安夫妻过去靠打零工为生，家庭负担重。获得政府担保贷款后，他新建 33 个蔬菜标准棚，后来又扩建到 60 个，共获得奖补资金 19 万元，年收益超过 10 万元，成为当地有名的致富能手。

（二）银政合作化解金融风险

1. 吉安市的试点情况

2014 年，吉安市试点产业扶贫贷款担保基金，按照以下模式推进：一是选准一个适合当地发展的高效产业。二是在贫困村建立起一个合作社，为贫困户发展产业提供服务支撑，做到统分结合，增强一家一户的单独发展产业抗风险能力。三是为贫困村的产业合作社安排 20 万元左右的专项资金，作为贫困村产业发展的贷款担保资金，由县（市、区）政府商当地商业银行按照 1∶8 放大贷款，为贫困户发展产业提供资金支持。

图 5–1　青原区积极推行产业担保贷款试点工作

资料来源：青原区扶贫和移民办，晏磊：《青原区积极推行产业担保贷款试点工作》，省扶贫办网，2015 年 6 月 9 日。

为科学谋划好青原区产业担保贷款试点工作，2015 年 6 月 4 日下午，青原区扶贫和移民办主任张祥云带领全办干部深入青原区东固乡三彩村，对该村“一村一品”巴马香猪养殖进行调研，并召开专题座谈会，参会人员有东固乡政府分管领导、扶贫工作站长、村支部书记、主任、合作社理事长、养殖专业户和贫困户代表。座谈会上，主要针对担保贷款的资金、贷款方式以及“合作社+农户”的管理模式进行讨论，农户各抒己见，反响强烈，参与积极性非常高。青原区扶贫办已从中央苏区产业化专项资金拿出 20 万元资金用于该村香猪养殖产业担保贷款，与区农村商业银行出台具体实施方案。

为解决贫困村贫困户发展产业资金不足的问题，井冈山市在“十二五”、

“十三五”贫困村中选定了68个村作为风险补偿金担保贷款试点村。从产业扶贫资金中安排每个试点村10万~20万元的贷款担保金，与该市农商银行、九银村镇银行进行合作，银行按照最高1：8的比例为贫困户和合作社提供产业发展贷款，财政为贫困户贷款进行全额贴息，为产业扶贫提供有力的资金保障。力求通过试点，培育典型、总结经验、示范推广，不断拓宽产业扶贫融资渠道，更好地为产业扶贫工作服务。

2. 抚州市的做法

近年来，南城县引入政府增信机制，通过政府与农行、农发行等银行签订银政合作协议，由政府托底，采取“政府+银行+专业合作社+农户+风险补偿金”的办法，推出“产业扶贫信贷通”，对贷款农户给予部分贴息，构建农村产权融资业务的风险分担机制。通过建立1:8的杠杆比例风险缓释补偿基金，对每个省级贫困村拿出风险补偿金20万元，资金贷款额度160万元，优先发展蜜橘种植、蛋鸡养殖等特色产业，让贫困户致富有“源头活水”。为确保金融扶持资金不跑偏，让每一分钱花在刀刃上，县扶贫和移民局还制定出台了配套的信贷资金督查办法、产业技术培训办法等，全力帮助享受产业贴息贷款的群众管好、护好产业。

南城县万坊镇黎家边村素来有养殖蛋鸡的传统，但过去农民手头资金缺乏，只能“养鸡为过节，提篮卖几斤”，没有形成大气候。为了让这一富民产业能够真正成为当地农民致富的“引擎”，该县依托黎家边村养殖专业合作社的技术、销售优势，为其注入项目资金120多万元，兴建现代化标准鸡舍，并开拓沃尔玛等高端市场，如今黎家边村成为抚州市蛋鸡养殖第一村，村民户均蛋鸡养殖纯收入达4万元。黎家边村蛋鸡养殖专业合作社理事长邱建芝说：“银行资金给了我们很大的帮助，解决了我们发展中的大难题。”据统计，如今在南城县，除了蛋鸡养殖外，南城县通过银政合作已向中药材、肉牛、蔬菜、水产等特色产业扶贫项目发放小额信贷扶贫资金1亿多元，4000余户贫困户在资金的帮扶下实现了脱贫。

为进一步提升资金的扶贫功效，南城县还着力推动建档立卡信息系统与金融机构互联互通，保证金融机构能够实时获取贫困农户的基本信息。同时，建立面向所有涉农金融机构的农户信用信息征集和信用评级体系，形成统一的信息共享平台。如南城县农村合作信用社通过与万坊镇的养殖协会合作，借助协会对养殖户经营状况的了解，由协会推荐客户，通过历年补贴额度、信用状况等多方面考量，核定授信额度，充分弥补了信用社与养殖户信息不对称的劣势。截至目前，已先后为镇里的30户养殖户累计发放贷款100万元，没有发生一笔不良贷款。

二、建立金融脱贫利益联结机制的探索

(一)组建扶贫互助社的探索

贫困地区要真正脱贫,需要主导产业支撑;而要带动一方产业发展,仅靠组织化程度低的农户"单打独斗"很难实现,需要组织起来。在这些方面,中央苏区积极探索,大胆实践。如南城县在开展金融扶贫中,尽量发挥农业专业合作社、家庭农场等新型农业经营主体的带头作用,捆绑帮扶贫困户,提高了扶贫产业贷款质效,防止了"遍撒胡椒面",最大化发挥资金综合效应。建昌镇万年桥村是麻姑稻示范种植村,为了实现"银珠生辉",县农发行根据农业产业化龙头企业、专业合作社、家庭农场帮扶贫困人口的多少、增收幅度等,增加授信额度和实行贴息奖励,目前该产业已带动村里40多户贫困农户走上了联合致富的道路,合作的贫困农户实现人均增收3000元以上。遂川县在探索金融扶贫方面积极进行扶贫互助社的试点工作。

1. 扶贫互助社的目的、性质与主要特点

扶贫互助社也叫扶贫互助会。组建"扶贫互助社"(会)的目的是促进产业发展,增加农民收入,帮助脱贫致富。试点伊始,遂川县就把产业特色明显、有发展潜力的重点村作为重点。由互助社向农户投放借款发展生产,发展本村一村一品和有利于直接增收的种养、小型加工等"短、平、快"项目,使农民收入结构多元化。组建"扶贫互助社"的原则是"政府引导"、"农户自愿",其性质是政府支持下的村民互助合作组织。

"扶贫互助社"的资金来源。试点伊始,要求每个互助社的资金必须达到15万元以上。其资金分步筹集:一是由群众入股。要求自愿入股的农户每户缴纳股金500元(贫困农户经社员大会讨论后可酌情减免),每村至少达到80户以上,筹集资金4万~5万元。二是争取专项基金。向上级扶贫、财政部门请求支持。三是挂点帮扶单位每年投入1万元以上。四是每年从财政扶贫资金中切出2万元作为产业扶贫资金存放到互助社,用于补充资本,扩大规模。五是在互助社资金不足的情况下,鼓励有信用等级的贫困会员向农村合作银行直接贷款,扶贫办按5%/年贴息,减轻互助资金放贷压力。

扶贫互助社有以下四个特点:

(1)在政府引导下组建,入会自愿。在全县扶贫开发工作会议上,遂川县对互助社试点工作进行宣传,要求各乡镇切实做好有关重点村的发动工作。各村通过宣传发动、群众对组建互助社达到一定共识后,由乡村向县扶贫办申报试点。农户自愿缴纳入社股金,标准是500元/户。

(2)在政府大力支持、严格监控下运营。遂川县要求互助资金设立专户,即

由人民银行批准设立互助社账号，资金进出全部经专户转账，资金转账单要有互助社理事会、理事长、理事会会计、乡镇财政所所长或总会计 4 个印章，由乡镇政府财政所对互助资金的日常往来进行监督，确保公开透明，监督到位。其业务必须始终瞄准贫困群体和扶持产业发展，确保互助资金只增不减。互助会必须定期向当地政府以及互助会监委会送达资金运行报告，以便随时掌握情况，实施有效监管。为调动当地党政组织以及互助会本身的积极性，县级管理部门还通过制定具体的标准进行考核评估。重点在借款归还率、资金运转次数以及产生带动效益等方面进行量化考评。对资金运行安全、管理效益明显的互助会，予以一定的资金奖励，以促进所有互助会管理规范、安全运行、滚动发展，长期发挥作用。

为进一步规范贫困村互助资金管理，确保互助资金试点工作健康有序发展，2014 年 7 月，遂川县扶贫和移民办举办了一期贫困村互助资金试点工作培训班。来自全县 20 余个乡镇扶贫专干、41 个贫困村互助社负责人，共 60 余人参加了培训。重点培训了财务管理与核算、互助资金的内部管理。通过培训，切实提升了互助社管理人员的业务素质，提高了贫困村互助资金管理水平，增强了规范互助资金管理的信心。

（3）管理机构选举产生，治理规范。社员大会讨论通过互助社章程和资金管理办法，选举产生互助社理事会和监事会。理事会负责收放贷款及协会的日常工作，监事会负责监督理事会的行为是否合规，从而做到自我组织、自我管理。

围绕资金管理、发放、回收、监督、公示等方面，互助社建立了包括借款户联保制度、借款户违约金制度、互助资金公示制度、互助资金专户专账制度等一整套制度，并以《互助社章程》和《互助社资金管理办法》的形式由会员大会讨论通过，由理事会和监督委员会监督执行，并强化政府监督，真正发挥制度的约束作用。

为确保资金正常运转，发挥资金使用效益，该县引进金融部门信用等级机制，制定信用星级管理规定，主要内容有：会员第一次借款在 2000 元以下，借款期限原则上为 6 个月以内。凡按时归还借款者“一次一星”，“六星”为最高信用等级，每多一星可增加贷款 500 元，最高借款一次性可达 5000 元。这样，既使会员贷款能够达到一定的规模，同时，又能有效地促进会员诚实守信，按时还贷。每个互助社的资金年周转达两次以上，年均有 50%的会员可以享受到这一优惠政策。

（4）积极创新。为使组建起来的互助社充分发挥推动产业发展的作用，拓宽农村金融市场，扩大贫困农户融资渠道和规模，该县在探索中注重引导联合发展。县扶贫办与县人民银行合作在堆子前鄢背等 5 个村开展“互助基金担保”金融创新试点。以该试点村互助基金为担保，县农村合作银行按互助担保基金 1∶8

的规模为农户提供贷款，有效提高了村民贷款金额。

2. 扶贫互助社的主要成效

尽管遂川县所开展的扶贫互助社类型不同、资金不等，扶持的产业也不一样，但在推动贫困户脱贫致富的进程中，均发挥了积极作用，成效显著。

（1）解决了贫困农户贷款难的问题。由于贫困户入社入股，享有从互助社借款的权利。小额贷款、短期周转成为贫困农户发展生产便捷有力的支持。每个互助社的资金年周转均达到两次以上，受益农户年均达 150 户以上。如汤湖镇汤湖村王海洋在大棚育扦茶苗缺乏资金周转时，得到互助社 5000 元贷款，解了燃眉之急，增强了发展茶苗育秧的信心。现在，苗圃长势喜人，预计可获利 3 万元左右。几年来，在扶贫互助社的带动下，互助社农户年平均增收 350 元以上。

（2）促进了产业发展和农民增收。如堆子前鄢背村互助社社员郭久樑，2013 年冬向互助社贷款 5000 元，购买薄膜用以保鲜金橘，使金橘延时到年底出售，价格飚升，纯收入比往年增长 30%以上。汤湖镇汤湖村通过互助社发放贷款发展茶叶产业，2012 年新建茶园 150 亩，完成茶园低改 500 亩，全村茶园面积达到 1700 亩，实现了人均 1 亩茶园的目标。

（3）增强了群众的主人翁意识。在互助社的有序运行中，群众得到了实惠，尝到了甜头，普遍感到这是一个便民利民的好机制，不仅积极参与、主动接受管理和约束，而且督促担保的社员按时还款。这种自我管理、诚实守信、互帮互助的氛围，是其他帮扶机制很难形成的。

（4）推动了农村工作的有效开展。由于互助社牵动了一定比例的农户参与，其观念在潜移默化中转变，多种信息在不断汇集和传播，对党政组织的信赖与融洽也与日俱增。因而，为新农村建设、发展“一村一品”等一系列农村工作带来了新的契机，促进了各项工作的共同发展。

（二）财政专项脱贫投入机制

1. 财政资产收益扶贫的试点

为增强贫困户家庭经济的“造血功能”，永丰县重点推进“一户一策”，搞好一个脱贫致富产业，每户从上级 1000 万元中央苏区产业扶贫资金中得到产业扶贫资金 5000 元的扶助。县里还免费为贫困户提供井冈蜜柚树苗，大力扶助贫困户发展“千家万户老乡”工程等精准扶贫“五个一”工程。目前，已发放帮扶资金 789 万元，发展包括井冈蜜柚、双孢菇、白莲、大棚蔬菜等在内的一批特色产业，1000 多户贫困户在脱贫奔小康的路上，走得愈加坚实。

井冈山市则建立了财政专项脱贫投入机制。组建财政固定投入为主、社会多方筹集为辅的扶贫发展基金，市本级财政每年将门票收入的 10%和土地净收益的 10%注入发展基金。用好专项扶贫资金。切实把上级财政扶持中央苏区和罗霄山脉连片特困地区的2000万元产业扶贫资金用于贫困户发展致富产业。市本级财政每年整合资金4000万元以上用于精准扶贫。整合相关扶贫资源，统一帮扶标准，统筹帮扶到户，通过财政专项投入的杠杆作用，确保每年投入扶贫开发资金2亿元以上。

为寻求红卡贫困户（特困户）的产业增收途径，井冈山市开展以金融产业扶贫为重点的资产收益扶贫试点，成立了金融产业指导委员会，组建井冈山惠农宝产业投资有限公司，按照自愿的原则，将全市1505户红卡户每户1万元产业发展帮扶资金吸收入股，确保贫困户获得稳定的资产性收益，产业投资公司选择确定了九银村镇银行、金融小额贷款公司、井祥菌草公司和瓷福实业公司等四家优势企业进行投资运营，贫困户年收益率不低于股本金的15%，若股本金年实际收益率低于15%，不足部分由政府兜底解决。2015年由惠农宝产业投资公司向入股红卡贫困户发放当年股权收益金225.75万元。

2. 到户产业项目资金的管理

为了充分发挥财政扶贫资金的效益，调动帮扶贫困对象发展产业的积极性，切实增加贫困户的收入，实现脱贫致富的目标，2014年12月，青原区出台精准扶贫帮扶到户产业项目资金拨付管理办法，进一步明确了财政扶贫资金拨付对象、发放程序，强化了财政资金的规范化管理。

第一，资金拨付对象。资金拨付对象为全区建档立卡的精准扶贫结对帮扶的贫困户，且已申报的产业项目已完工，经区扶贫和移民办、财政局检查验收合格的贫困户。

第二，贫困户产业项目公示。经初步验收合格的贫困户所发展的产业项目，在当地政府、村委会的醒目位置予以公示。公示的内容包括贫困户姓名、发展产业项目名称、建设内容及规模、建设地点等。同时，公布区扶贫和移民办的举报电话，接受群众监督，确保公平、公正。

第三，资金的发放。贫困户发展的产业项目经公示无异议后，由乡镇（街道）报区财政局、扶贫和移民办申请资金拨付。经审核无误后，区财政局把帮扶资金拨付到各乡镇（街道）在财政所设立扶贫资金专户，然后通过“一卡通”发放给各扶贫对象户。

第六章　教育脱贫拔穷根

第一节　教育脱贫概述

一、教育脱贫的内涵及其在脱贫攻坚中的地位

（一）教育脱贫的主要形式与内容

教育脱贫也叫智力脱贫，就是通过在农村普及教育，使农民有机会得到他们需要的教育，与自然界和谐相处，同时以较高的质量生存。教育脱贫的形式包括八个：开办“教育扶贫班”；剩余劳动力转移培训与就业扶贫；为国家扶贫重点县建立现代远程教学站；实施教育扶贫工程；设立教育扶贫基金，为贫困学生提供必要而稳定的经济保障；捐献钱物；国家和社会机构为学校提供各种资金，为在校学生提供奖、贷、勤、补、减的资助体系。这些形式中，直接针对各类教育系统中在校贫困生的资助属于教育救助的范畴，而教育扶贫针对的是贫困地区的教育事业发展以及贫困地区贫困劳动者基本素质的提高。这两个概念都属于社会救助的范畴，但在实际运用中，却经常被混为一谈。

简言之，教育脱贫就是通过营造起扶贫、扶志、扶智的环境，解决人的素质问题，转变一些贫困人群的“等靠要”观念，引导贫困农民家庭主动通过发展致富。

（二）教育脱贫在精准扶贫中的地位与作用

关于教育脱贫的地位和作用，已经出现了诸多论断，如教育脱贫是彻底稳定脱贫的重要推手；教育是最根本的精准脱贫，是精准脱贫的治本之策。教育在促进扶贫、防止返贫方面的作用是根本性的、可持续的。“扶贫先扶智”决定了教育扶贫的基础性地位，“治贫先治愚”决定了教育扶贫的先导性功能，“脱贫防返贫”决定了教育扶贫的根本性作用。总体上看，教育在促进扶贫、防止返贫方面

的基础性、根本性、可持续性作用越来越多地被发现和实践。

诺贝尔经济学奖获得者阿马蒂亚·森说，教育的缺失是“能力剥夺的贫困”，是比收入贫困更深层的贫困，它会引发“贫困的代际传递”。联合国教科文组织的研究表明，不同层次受教育者提高劳动生产率的水平不同：本科 300%、初高中 108%、小学 43%，人均受教育年限与人均 GDP 的相关系数为 0.562。教育扶贫是弥补基本实现教育现代化最大短板的有力举措，但是，我国“教育扶贫”工程面临着巨大挑战，2015 年初《人民日报》曾撰文指出，在中国已经发生了贫困的代际传递，产生了“贫二代”：贫富差距已具有一定的稳定性，并形成了阶层和代际转移。这个结论凸显出的社会分化的严峻现实令人担忧。

随着脱贫工作进入冲刺期，精准扶贫需要产业脱贫、教育脱贫、财政金融脱贫、社会脱贫、易地搬迁、保障兜底等多管齐下。习近平指出，扶贫必扶智。“治愚”和“扶智”，根本就是发展教育。相对于产业扶贫、财政金融扶贫、社会扶贫、易地搬迁、保障兜底等，“教育扶贫”是贫穷落后的根源，牵住了贫困地区脱贫致富的“牛鼻子”。木桶理论认为，一个水桶能装多少水不是由最长的那块木板决定的，而是取决于最短的那块木板。贫困地区的教育水平就是扶贫攻坚战中的最短板，扶贫攻坚就是要克服教育这块“短板”。

据国家最新公布的农村教育数据显示，目前我国农村地区特别是老少边穷地区的教育发展还比较滞后。弥补教育“短板”，就需要解决城乡、东西部教育资源分配不均的现状。首先要在观念和政策上向贫困地区倾斜，加强东西部教育资源交流。其次要加大对贫困地区的教育投入，缩小城乡、东西部的教育资源差距。

治贫先“治愚”。高质量的教育扶贫是阻断贫困代际传递的重要途径和提升贫困群众造血能力的重要抓手。贫困地区和贫困家庭只要有了文化和知识，发展就有了希望。通过发展教育扶贫，在助力贫困家庭脱贫致富的同时，培养更多优秀人才，社会活力将进一步激发。

二、国家助力赣南等落后地区教育脱贫的主要举措

（一）教育脱贫需要精准

教育脱贫的关键在“精准”。有专家认为，推动教育公平是最根本的精准扶贫，教育扶贫需要体制扶贫、政策扶贫。一般地，教育脱贫的“精准”包括两个方面，一方面要做到有针对性，聚焦最迫切、最突出、最重要的困难和问题。另一方面要重视差异性，从不同地区的实情出发，制定特色化、实效性的脱贫时间表、路线图。

有针对性。教育水平落后的贫困地区往往在学前教育、义务教育、普高教育、乡村教师队伍、留守儿童教育等方面均存在不同程度的“短板”，教育扶贫

的精准化就亟须政策制定者审时度势，立足最迫切需要解决的难题，集全力攻克。

差异性精准，就是要针对不同类型的教育“短板”、不同地区的教育实情，精准发力，有重点、有步骤、有阶段性地促进教育可持续性发展。如马敏认为，学前教育阶段主要侧重于解决贫困地区幼儿园和师资严重短缺的问题；义务教育阶段则主要聚焦于中小学生生命安全、营养改善和乡村教师流失严重的问题；普通高中教育阶段主要注重高中贫困生资助的问题等。

具体来说，就是实施好“五个精准”。

（1）“精准改造”。让贫困户子女不仅有学校上，而且能上好学校。锁定贫困地区，不留“死角”。切实从最困难的地区做起，聚焦薄弱学校，做到精准扶弱。着力“雪中送炭”，满足基本需要，坚决不搞“锦上添花”，杜绝超标准豪华建设。

（2）“精准招生”。让贫困户子女不仅拥有教育机会，而且拥有更多优质教育机会。这就需要进一步推进招生制度改革，通过多项倾斜政策，从实施优质高中招收农村学生计划，到实施好国家贫困地区定向招生专项计划，再到省属院校安排一定的计划招收农村考生，让更多贫困家庭孩子进入优质高中、重点高校。

（3）“精准资助”。让贫困户子女不仅上得起学，而且免费上学。义务教育阶段实行“钱随人走”，无论贫困家庭孩子在哪里接受义务教育都可享受“两免一补”。高中阶段，全免学杂费并补助生活费。大学阶段，完善贫困家庭大学生学费减免制度，高校内公益岗位优先安排贫困家庭大学生。

（4）“精准就业”。让贫困户子女不仅有业可就，而且能够持续发展。建立贫困家庭大学生实名制信息库，开展有针对性的职业指导和培训，落实高校毕业后服兵役、下基层的优惠政策，鼓励贫困家庭毕业生回乡自主创业，最终达到“一人长期就业、全家稳定脱贫”的目的。

（5）“精准培训”。让贫困农民拥有一技之长，能够脱贫致富。建立面向农民的职业教育“培训包”，采取“群众点菜、专家主厨”的方式，组织“科技小分队”，深入田头地间，使农民一看就懂、一学就会、一干就有效益。

只要做到了这“五个精准”，教育就一定能充分发挥教育扶贫的人才、智力、科技、信息优势，提高贫困家庭的脱贫能力，遏制贫困代际传递，为精准扶贫、全面小康注入强大正能量。

（二）精准发力、综合施策的主要举措

近年来，围绕教育脱贫中的短板和薄弱环节，各级政府精准发力、综合施策，尤其是中共十八大以来，教育部启动实施教育扶贫全覆盖行动，先后组织实施了 20 项教育惠民政策措施，实现了贫困地区义务教育普及、学校基础设施建设、学生资助体系、教师队伍建设、民族教育发展、职业教育提升等领域的教育扶贫全方位覆盖（谢焕忠，2015）。《中共中央国务院关于打赢脱贫攻坚战的决定》

（以下简称《决定》）中，教育扶贫被赋予了“阻断贫困代际传递”的使命，其实现路径被描述为“让贫困家庭子女都能接受公平有质量的教育”。“国家教育经费向贫困地区、基础教育倾斜”，是《决定》浓墨重彩的一笔。归纳起来，中央层面教育脱贫的主要举措如下。

第一，2010~2012 年，连续 3 年，一年一进阶，在国家政策的强力推动下，普通高中、学前教育、中等职业教育三大领域全部纳入国家学生资助体系。

第二，自 2011 年起，我国在集中连片特殊困难地区启动实施农村义务教育学生营养改善计划，片区内 3200 多万农村义务教育阶段学生直接受惠。

第三，从 2012 年起，我国启动实施面向贫困地区定向招生专项计划。该计划实施以来，受惠学生由 2012 年的 1 万人增加到 2014 年的 5 万人，贫困地区农村学生上重点高校人数连续两年增长 10%以上。

第四，2013 年 7 月，国务院办公厅转发了教育部等部门《关于实施教育扶贫工程意见的通知》，明确了教育扶贫的总体思路、主要任务和保障措施等，充分发挥教育在扶贫开发中的重要作用。

第五，2015 年 1 月，教育部会同国家卫生计生委等部门制定《国家贫困地区儿童发展规划（2014~2020 年）》，将对片区内从出生开始到义务教育阶段的农村儿童的健康和教育实施全过程的保障和干预，编就一张保障贫困地区儿童成长的安全网。

2014 年中央下达江西省全面改善贫困地区义务教育薄弱学校基本办学条件专项资金 15.2 亿元，遵照教育部、国家发改委、财政部精准扶贫有关要求，江西省将全省国贫县、特困连片县、西部政策县、中央苏区县、省贫县等 64 个县纳入中央资金支持范围。

“十三五”期间，江西省健全完善家庭经济困难学生助学政策体系，建档立卡贫困户子女直接享受学前教育、义务教育等方面的资助政策，保障基本学习和生活需求，保证贫困家庭孩子上得起学，接受公平的有质量的教育，阻断贫困现象的代际传递。计划 5 年培训 50 万名未能升学和就业的贫困家庭初高中毕业生，采取生活补助和贴息贷款等方式，支持参加 2~3 年职业教育，使其掌握一门技能。

为支持赣南等中央苏区振兴发展，扎实推进教育脱贫，江西省下达了省属高校招收中央苏区县学生专项计划（以下简称地方专项）。2016 年苏区专项招生由省属 10 所本科高校承担，共安排招生计划 700 名，分别为南昌大学（400 名）、华东交通大学（25 名）、江西农业大学（25 名）、南昌航空大学（25 名）、江西理工大学（50 名）、井冈山大学（25 名）、赣南师范大学（50 名）、赣南医学院（50 名）、南昌工程学院（25 名）、景德镇陶瓷大学（25 名），招收 54 个县区学生，逾 10 万考生获苏区专项计划资格，最多可在第一批本科录取控制分数线逐分下降20分录取。

第二节　赣南苏区教育脱贫的实施情况

一、赣州市教育脱贫的开展情况

（一）赣州市教育扶贫的措施

1. 赣州市级层面的主要举措

习近平总书记曾指出，革命老区、贫困地区要脱贫致富，从根本上还是要把教育抓好，不能让孩子输在起跑线上。赣州市认真贯彻习近平总书记讲话精神，大力实施教育扶贫，具体举措如下。

第一，优先支持贫困村发展教育。加强贫困村学校规划，优先支持建设贫困村义务教育学校，同步实现标准化和现代远程教育，让贫困村群众子女能就近享受公平优质教育资源。减轻贫困家庭子女乘车、寄宿等经济负担。加快建设农村义务教育学校食堂，促进罗霄山片区县加快实施营养改善计划。支持贫困村利用闲置校舍改建公办幼儿园、村小增设附属幼儿班、学前教育巡回支教点项目，使每个贫困村都建一所普惠性、低收费幼儿园。

第二，加大贫困生资助力度。落实好现有国家济困助学政策，逐步提高贫困生资助标准。将学前教育贫困生资助标准提高到每人每年1000元，并酌情减免学杂费。落实好义务教育阶段“两免一补”政策，对义务教育阶段建档立卡的贫困家庭寄宿生生活补助标准，在上级规定的基础上每人每年增加500元。对考取全日制普通高等学校的贫困生政府资助金，提高到每人一次性补助6000元；为当年被全日制大专以上院校录取的贫困家庭大学生办理国家生源地信用助学贷款。争取国家倾斜支持，引导社会各界捐资，多渠道筹集贫困生资助资金，积极推动社会力量开展“一对一”帮扶贫困学生，减少因学返贫现象发生。

第三，开展贫困生职业学历教育。通过定向委培特困生等方式，帮助贫困生完成中专以上职业学历教育，实现就业脱贫。落实好农村贫困家庭子女职业学历教育财政补贴政策，从2015年起，市县两级财政列入预算，每年安排5000万元资金，实施贫困家庭子女中、高等职业学历教育财政补贴，每人每年补助1500元。

第四，面向农村贫困家庭子女定向培养乡（镇）农技人员。根据乡（镇）农技人员编制状况及相关政策，确定定向贫困生年度培养计划，委托赣州市农业学校面向全市农村贫困家庭子女系统地培训农业专业技能。对获得中专或大专毕业证书的定向贫困生，由市人力资源社会保障部门组织专门的招聘考试，考试合格者充实到乡（镇）农技推广机构工作。如会昌县 2014 年开展了面向农村贫困家庭子女定向培养乡（镇）农技人员工作，经过前期政策宣传、筛选调查后，有 6 人被确定为培养人员。

第五，大力实施“雨露计划”。2013 年，赣州市加大贫困劳动力转移培训力度，全年“雨露计划”共培训 11287 人。同时，在兴国、于都、瑞金、宁都等 4 个县（市）实行国家级“雨露计划”实施方式改革试点工作，安排补助资金 1979.7 万元，对 4 个县（市）接受中高等职业学历教育的 13198 名农村贫困学生每人每学年给予 1500 元助学补助。从 2015 年起，对参加转移就业技能培训的扶贫对象给予每人 600 元培训补助，提升贫困家庭劳动力创业就业技能；对贫困户家庭未能升学的初高中毕业生参加职业教育实行免费学习，并连续两年每年补助资金 1500 元，通过 2~3 年职业教育使他们掌握一门技能，实现就业增收。大力实施“新型农民职业培训”，为扶贫对象免费开展农村实用技术培训。

图 6–1　建设中的大余县职业技术教育中心教学楼

资料来源：刘善庆拍摄。

第六，实施“订单”培训。大力实施“金蓝领工程”，依托全市职业院校资源，根据当地企业用工需求，开展订单式免费技能培训，对企业开展扶贫对象培训实行经济补助，培训期间给予扶贫对象每人 100 元的生活补助，使每个贫困家庭至少有 1 人掌握 1~2 项职业技能。免费为扶贫对象提供职业介绍、职业指导、就业信息等就业服务，帮助贫困对象在本地企业就近就业。对成功介绍贫困家庭成员就业的中介服务机构，每介绍 1 人给予中介服务机构 200 元补贴。

显然，上述措施中，虽包含教育救助内容，但更多的是教育扶贫的内容。

2. 赣州各县（市、区）的做法

（1）龙南县。针对因学致贫主要发生在学前、高中、大学等非义务教育阶段，龙南县强化教育扶贫，通过降低学前教育费用，加大贫困学生资助，开展教育职业培训等，提升农村基础教育水平，建立多层次、多种类的资助体系，实现贫困家庭孩子从学前教育到大学资助全覆盖。

第一，实现在家门口就读幼儿园。据统计，2011 年以来，龙南县共筹集资金 4800 多万元，建成公办幼儿园 37 所，其中乡村幼儿园 34 所，基本实现了城区每 5 万人口 1 所公办幼儿园，每个乡镇 1 所中心公办幼儿园，较大行政村 1 所村级公办幼儿园的目标。仅 2015 年，龙南县就有临塘等 5 所公办乡镇中心幼儿园，以及杨村镇坪上村等 10 所公办村级幼儿园建成并开园。

减轻贫困家庭负担，降低公办幼儿园费用。城区公办幼儿园保育费比私立幼儿园低 2500 多元，乡镇公办幼儿园比私立幼儿园低 700 多元，有效解决了适龄幼儿入园难、入园贵的问题。同时，对在园特困幼儿给予每人每年 1000 元的资助，切实减轻贫困家庭负担。

第二，不让一个孩子失学。在落实上级资助政策的基础上，龙南县加大对贫困生的扶持力度，逐步提高资助标准。如设立了高中优秀贫困生奖学金，目前已资助品学兼优普通高中学生 100 名，发放资金 10 万元。在帮助就读大专及以上院校的贫困生方面，该县取消了贫困家庭大学生助学贷款的办理限制条件，做到“应贷尽贷”；增加对当年考上全日制大专院校以上的贫困家庭大学新生的政府资助力度，对每年省定资助名额除上级专项资金资助外，县财政再给予每人一次性 2000 元的资助，确保特困大学新生能够顺利完成学业。对全县考上二本以上的家庭经济特别困难学生给予每月 300 元的生活资助。

为了不让一个孩子因为贫困而辍学，龙南县积极开展捐资助学活动，专门设立了政府圆梦助学基金，其中，县财政出资 200 万元，各乡镇广泛募集社会资金 900 余万元，惠及贫困学生 1000 余人。并向社会各界发出倡议书，鼓励社会爱心人士（企业）积极捐资助学。仅 2016 年 3 月，龙南县就联系了广东狮子会汇爱基金会，捐赠了九连山学校、渡江中学电脑和图书等物品，并对品学兼优的困难学生进行了资助。目前，龙南县、乡两级均已设立圆梦助学基金。

龙南县还建立了县直单位结对帮扶贫困生机制，由挂点干部至少联系一名贫困学生，让农村贫困家庭的孩子上学无忧，顺利完成学业。如县委办驻里仁镇上游村工作队，采取“干部捐一点、单位出一点、社会帮一点”的举措，多方筹集扶贫助学资金 10 万多元。

第三，享受免费职业教育。为了让有学习意愿又未升入普通高中或高等学校的贫困毕业生能继续进入职业学校进行培训学习，龙南县对中等职业学校符合条件的学生，按国家规定免学费和给予国家助学金补助，帮助贫困生完成中专以上职业学历教育。近期，龙南县对已建档立卡及 22 个省级贫困村的贫困家庭子女并接受了职业教育的在校学生，按照每人 1500 元/学年的标准给予了补助。此外，还设立优秀贫困学生奖学金制度，每年由龙南县财政对品学兼优的 100 名贫困学生给予每人 1000 元的奖励。

（2）安远县。安远县遵循“政府主导，社会参与”的教育扶贫工作原则，着力构建覆盖全县所有学段贫困学生的长效帮扶工作机制，改善贫困地区办学条件，加大对贫困学生的资助力度。

第一，做好基础设施建设，夯实教育扶贫基础。为解决教育基础设施较差的问题，安远县积极实施教育项目建设。一是实施农村幼儿园扶持计划，支持贫困村利用闲置校舍改建公办幼儿园、村小增设附属幼儿班，力争到 2016 年每个贫困村都建有一所普惠性、低收费幼儿园；采取政府购买服务、民办公助、减免租金、以奖代补、派驻公办教师等政策，支持社会团体和个人在农村举办幼儿园。二是加快实施义务教育学校标准化建设“三年推进计划”，2015 年全面完成建设任务；积极申报、认真实施好全面改善义务教育薄弱学校办学条件等各类项目，为农村薄弱学校创造良好的基础设施条件。扎实推进城区教育园区建设。2015 年完成思源实验学校建设并实现秋季开学招生，为全县孤儿和贫困家庭学生提供一流的学习条件；2016 年实现安远一中整体搬迁，同时，积极实施普通高中改善办学条件项目，努力扩充普通高中优质资源，全面解决贫困家庭学生升学难问题。三是扎实抓好继续教育基地建设，为建立职前与职后教育相互融合、学历与非学历教育协调发展的继续教育体系打下坚实基础。四是在做好基础设施建设的同时，注重加强教育扶贫队伍建设。继续落实好“特岗计划”，积极采取自主招聘教师等方式，补充农村学校所需师资，解决农村学校学科结构不合理的问题。实施农村教师专业能力发展计划，不断提高农村教师的专业化水平。积极实施“三优工程”教研工作，派送学科带头人、骨干教师、优秀教师帮扶农村薄弱学校，让乡村共享优质师资。

第二，加大财政投入力度，健全学生资助体系。在全面贯彻国家各项教育惠民助学政策的基础上，进一步加大县级财政投入力度，着力健全完善贫困学生全覆盖助学体系，确保全县所有贫困家庭学生都能上得起学。一是扩大学前教育资助面，将学前教育贫困生资助标准提高到每人每年 800 元，并酌情减免学杂费，帮助贫困家庭适龄幼儿完成学前教育。二是将义务教育做好做实，落实好义务教育阶段“两免一补”政策，义务教育阶段建档立卡的贫困家庭寄宿生生活补助标准提高到小学生每人每年 1000 元、初中生每人每年 1250 元、特殊教育学校学生每人每年 1200 元。加快农村学校食堂建设，实现“校校有食堂”；按每生每天 4 元的标准为农村义务教育阶段学生提供营养膳食补助，不断提高农村学生营养健康水平。三是加大对高中教育的资助力度。考取全日制普通高中学校的贫困生，根据实际情况分成三类，政府给予 1000 元/（人·年）、1500 元/（人·年）、2000 元/（人·年）的生活补助。贫困户子女就读职业院校的，除按上级规定给予中职学校贫困生享受免学费、国家助学金政策外，另外给予住校生 3530 元/（人·年），走读生 3130 元/（人·年）。四是提升高等教育标准。对高考入学的特别贫困家庭学生一次性给予政府资助金 5000 元，一般贫困家庭学生一次性给 500 元（考取省内高校的）或 1000 元（考取省外高校的）的资助。通过加大对贫困学生的资助力度，减少因学返贫现象发生。

第三，完善帮扶工作机制，创新助学工作形式。在确保所有贫困家庭学生都能入学的基础上，进一步创新助学工作形式，通过完善相关机制、采取干部结对帮扶、留守儿童教育管护等多种有效途径，切实做好贫困家庭学生学习、生活帮扶工作，确保贫困学生都能顺利完成学业。一是完善控辍保学机制。通过进村入户摸底，建立健全贫困家庭文化户口。对贫困生实行入学通知书、学生流失监控和辍学生返校通知书制度。二是加大助学工作力度。积极整合各类社会助学资源，广泛募集助学资金，进一步加大助学力度，在重点做好当年考入高等院校贫困家庭大学新生救助工作的同时，进一步将工作面扩大至全县所有学段的在校贫困生，争取将所有特困家庭学生纳入助学救助。三是完善留守儿童教育管护。进一步深化和完善留守儿童教育管护工作。在巩固提高义务教育阶段留守儿童教育管护工作成果的基础上，进一步延伸工作链条，积极做好高中阶段留守学生的教育管护工作。

第四，建立就业创业体系，完善政策保障机制。加大政府投入力度，建立和完善支持大学生创业就业的政策体系，确保学有所成的贫困学生都能实现创业或就业，从而实现通过教育扶贫带动家庭脱贫的目标。一是实施定向委培为特困大学生创造就业机会。按照贫困家庭子女的高考、中考成绩，争取更多的委培生入学指标，择优选送参加教育、卫生、农业、林业、水利、城市建设、公共事务管理等专业技能培训，毕业后直接安排到相关部门机构工作。二是加大创业政策支持。健全大学生返乡创业就业优惠政策，重点完善大学生创业项目资金扶持、行业准入、税费减免、创业和再就业培训等相关政策，建立大学生创业基地，确保贫困大学生创业有渠道，就业有保障。三是注重提高职业学校学生的就业能力。切实提升初中毕业和高中毕业未能升学的学生职业技能，对初中毕业和高中毕业未能升学的学生开展免费职业技能培训，建立以职业学校为依托、以高中毕业未能升学学生为主的培训基地，对未能升入高一级学校的应届高中毕业生进行职业技能培训，合格者发放培训证书，引导就业。四是加强青壮年劳动力的职业技能培训，进一步做大做强职业教育，完善以安远职校为龙头、县农民学院为骨干、乡镇农民培训中心和村农民培训室为基础的农民教育培训体系。扎实抓好农村新增及转移劳动力的实用技术培训和短期技能培训，着力提高其创业就业能力和致富增收本领。

3. 南康区

南康区“鱼渔”并举，加大培训力度，提高贫困户就业、创业能力。通过开办培训班、聘请专家现场指导、外出学习考察等方式，开展种养殖实用技术和农业产业化技能培训，着力培养农家乐、生态旅游、特色种养等带头人，提升创业内生动力。采取区财政预算安排、整合各类涉农培训资金等途径，多渠道筹集5000万元建设培训资金。建成以区职业中专为主体，与农村党员创业培训基地、创业人才培训基地、光明电子商务创业孵化基地、家具研发基地等联动培训的精准扶贫培训学院，通过建设“1+N”扶贫培训网络体系，力争三年内实现贫困劳动人口精准培训全覆盖。区政府投入60万元在工业园区成立精准扶贫就业服务中心，免费为培训对象提供就业信息、政策咨询、就业指导、职业介绍、就业创业培训等就业服务。

区财政每年在扶贫专项资金中安排贫困户劳动力职业介绍补贴专项费用，对民办人力资源服务机构介绍贫困户劳动力成功就业的，按200元/人的标准给予职业介绍补贴。根据学院培训和公益性岗位需求情况，政府按1300元/月的标准开发1500个公益性岗位，用于扶持培训对象实现就业。同时，通过享受贷款贴息扶持、政府奖补等政策鼓励50家就业扶贫挂牌示范企业解决贫困户就业。

4. 崇义县

自2016年以来，崇义县整合农粮、果茶、林业、卫生、科委等部门，开设了科技“讲堂”。根据农民需要什么就培训什么的“点菜式”科技扶贫培训，在崇义县范围内遴选农粮、果茶、林业、农机、卫生等各类专业人才，举办科技“讲堂”，开设“流动课堂”，让农民不出村就能学到实用科技知识。同时，还组织农业、林业等专家牵手“土专家”和科技示范户，实施了“每村一名土专家，每组一名示范户”的农业科技推广项目，因地制宜地开展“点菜式”服务，将全县的专家和遴选出的312余名“土专家”和1220名科技示范户纳入技术人才库，并公布联系电话、专业特长等，在扶贫移民办的引领下，农民可以挑选所需的人才指导解决自己在生产和生活中碰到的各种难题。2016年1~4月，崇义县举办刺葡萄、脐橙、西瓜、蔬菜、茶叶、油茶、生猪等科技扶贫“讲堂”187期，农业专家、土专家和科技示范户等深入田间地头为农民传经送宝，发放刺葡萄栽培、蔬菜种植、黄龙病防控、有机稻种植管理、农机选购及生猪养殖等技术资料

4.75万份（册），培训农民3.12万人次，其中贫困户1.11万人次。据统计，2016年崇义县精准贫困户年人均纯收入增幅将达到15%以上。

5. 宁都县

（1）宁都县重视贫困学生的学历教育培养，积极筹集资金设立“宁都县教育扶贫专项基金”，联系4所位于南昌、赣州的中专和中职学校作为委培学校，选送贫困村中的贫困家庭子女进行学历教育培养。2014年起，对就读委培学校的贫困村“一村一名”扶贫生，由县教育扶贫专项基金给予每生每学年600元的住宿费补助，中专、中职生连续补助2年，高职生连续补助3年。这是国家优惠职业教育之外，宁都县“无中生有”的智力扶贫新举措。

（2）重视对贫困农民加强农业实用技术培训工作，通过开展培训，使贫困农民人均掌握了1~2门实用技术，提高了他们的自我发展能力。一是健全农民教育培训体系。以县职业中等专业学校为主体，创办农民培训学校，打造培育新型农民“航母”。通过多方联动，形成“县有农民培训学院，乡（镇）有农民培训中心，村有农民培训室”的立体式农民培育体系。二是创新农业实用技术培训方法。围绕产业发展、贫困户的需求，邀请宁都山凤凰禽业有限公司、宁都森旺现代科技示范园、宁都惠大实业、江西绿康科技和宁都宇林生物科技等扶贫龙头企业，将黄鸡、脐橙、银杏、日本野漆树等农业实用技术培训到乡（镇）、村、基地和农户，提高他们的就业能力。三是完善农民培训教材体系。结合主导产业、主推农业新技术、新品种及农民务工需求编印农业实用技术、务工技能等系列教材，提高培训针对性，使农民学有所用、学有所长。

6. 其他市（县）

2014年以来，瑞金市着力推进农村科技体制改革，盘活科技人才资源，从乡镇和涉农部门挑选、推荐一批有一技之长并乐于服务“三农”的科技人才，组成科技特派员队伍，经过定期培训后分派到农村生产第一线，当广大农民的技术顾问，服务农民群众。在“科技保姆”的指导和帮助下，目前瑞金市223个村全部制定了产业发展规划，累计建立各类科技园、科技扶贫示范基地126个，新增农业龙头企业25家，培训种养大户3300户，带动1万余贫困户、低收入户走上了致富道路。

近年来，宁都县依托培训基地和专业合作社，建立健全县、乡、村三级科技培训网络，年均培训农民均在5万人次以上，提升了贫困农民自我增收脱贫的能力。石城县按照“围绕服务‘三农’抓远教，抓好远教促‘三农’”的要求，积极开展“远教+基地”的教学模式，让党员干部联合当地农民筹资组建花卉苗木基地，同时依托基地，通过理论指导、技术培训等方式，带动其他群众参观学习，增强村民的致富本领。

信丰县采取党校培训、基地培训、果园培训、技校培训等实地培训、实用培训的方式，有针对性和高效地开设专班培训，同时以用工市场为导向，提高学员技能素质为核心，细化实化培训质量管理措施。其间，扶贫和移民办会同财政、审计等工作人员进行随时抽查，做到整个培训过程都在监督之下，确保培训实效。

（二）赣州市职业技能培训的主要内容

职业技能培训主要包括种养销等各种技术的培训、经营管理意识和能力培训。技能培训的方式多种，如集中上课、现场教学、远程教育、分散自学。技能培训师资既有专家学者、政府官员，也有从事一线工作的“土专家”，培训内容也各有特色。

1. 新型职业农民培育

2014 年，赣南仅兴国和南康 2 个县（区）被列为全国新型职业农民培育示范县。作为示范县，兴国县按照“第一年示范、第二年见成效、第三年大发展”的要求，稳步推进新型职业农民培训工作，在水稻、蔬菜、脐橙、生猪、肉兔、鹅、鸭等产业中，分层次、分类别、分步骤培育新型职业农民。

2014 年 12 月，由县农粮局、果业局、科协、扶移办等涉农部门组织的“兴国县新型职业农民培训”在县城举行，全县鹅、鸭养殖大户、各乡镇动检防疫人员、兴国灰鹅养殖示范户技术指导员、灰鹅办全体工作人员和畜牧局有关人员 120 余人参加了培训，这次培训覆盖了全县 35 个贫困村。培训班邀请了国家水禽体系养殖环境控制岗位科学家、江苏农业科学院畜牧研究所施振旦教授，国家水禽体系繁育技术岗位科学家、四川农业大学动物科技学院王继文教授，国家水禽体系鹅病诊断与防治岗位科学家、山东农业大学动物科技学院刁有祥教授以及江西省农科院畜科所的专家们亲临指导、亲自授课和现场解答有关问题。专家们结合现代水禽养殖发展前沿技术理论和实践，就兴国灰鹅养殖、疫病防治、保种技术等内容进行了详细讲解。培训期间参训人员对每个课程进行了单项考试，对每个授课专家进行了评议。通过培训，参训人员进一步掌握了水禽养殖的新技术和相关理论，提高了学科技、用科技的积极性。

2. 电商产业培训

电商扶贫的思路实际上是“消费扶贫”，通过有效建立贫困地区资源独特的产品与外界买家的沟通，扩大外界的积极消费，从而拉动贫困地区的经济发展（曲天军，2015）。

宁都县电商产业园免费为有意愿从事电商行业的贫困群众进行电商知识和技术培训。2014 年 10 月以来，宁都县已举办电商技术培训班 5 期，受训人员近千人。县办还组织各乡镇扶贫和移民办工作人员进园接受电商知识技能培训。

结合精准扶贫工作，出台了崇义县《扬眉镇电子商务产业发展实施方案》和

《关于电子商务支持精准扶贫实施方案》。扬眉镇将电商人才培养纳入全镇“干部能力提升”工程，通过专家讲座、基地培训、外出考察等形式，对镇域运营电商和个体户开展一对一、一对多的业务指导和培训，为全镇电子商务发展搭建了高效平台。同时，依托县委党校干部培训主渠道作用，先后组织 18 人参加了县商务局、团县委、县妇联组织的电商培训，并定期组织电商企业、生产企业、从业人员等举办电商沙龙，交流信息，探讨问题，2015 年组织务类电商培训 130 多人次，有效增强了全镇电子商务产业的发展后劲。

3. 油茶产业培训

为把发展好油茶产业与深入持续推进精准扶贫工作统筹结合起来，走出一条符合赣南实际的产业扶贫新路子，赣州各县（市、区）加强了油茶产业的培训工作。

2014 年，宁都县在油茶种植重点乡镇举办油茶高产技术培训班，为参与油茶开发的 1500 多户贫困户传授种植、管理、病虫害防治等油茶稳产高产技术。2015 年 3 月 16~17 日，兴国县精准扶贫领导小组办公室和林业局联合举办油茶栽培技术培训。县林业局油茶办技术人员对油茶产业的背景、现状及发展前景进行了分析，对种苗选择、油茶种植、幼林抚育、成林管理等理论进行了耐心细致的讲解。通过现场技术讲解分析，让在场的参训人员掌握种植油茶技术要领，增加了发展油茶产业信心，给依靠种植油茶致富的贫困户吃了定心丸。

兴国县油茶产业培训班分三期，每期两天，采取轮训的方式，全面系统地对全县 25 个乡镇分管领导、部分精准扶贫对象、乡镇林管站技术人员近 2000 人进行了技术培训，培训内容有油茶栽培的造林地选择、种苗选择、栽植管理。

继出台《发展油茶产业扎实推进精准扶贫工作实施方案》后，信丰县于 2015 年 6 月 9 日举办了林业技术推广站能力建设项目油茶栽培管理培训班，邀请了四位省、市专家进行授课，主要讲解了油茶高效栽培管理、油茶果脱壳、油茶整形修剪、油茶管理等技术。

4. 水果种植技术培训

针对赣南地区柑橘黄龙病猖獗的现状，2014 年，宁都县邀请县果业技术人员，深入各贫困乡村脐橙园，巡回检查果树长势情况并传授黄龙病的识别、防治技术，指导果农及时销毁染病果树，从而有效地遏制了黄龙病在宁都县的泛滥和侵害。针对信丰县油山镇坑口村脐橙种植范围广、数量多的实际情况，2015 年 4 月，该镇积极主动联系县里的相关专家在该村举办了 3 期为期 1 个月的“阳光工程”轮流培训，先后共有 300 余名村民参加，为村民脱贫致富增强科技支撑和智力支持。

崇义县扬眉镇先后与市、县相关部门联系，不定期聘请专家到农村传授种植、养殖新技术。截至目前，已开设专题讲座 8 期，受训农民 2300 多人次。主要讲解特色农业产业如刺葡萄、香瓜、大棚蔬菜等特色农业的种植技术看，旨在让参与培训的农民加深对农业特色产业的了解，更新农业生产理念，拓展创业就业思路。此外，还依托脐橙、蔬菜、刺葡萄、西瓜生产基地，定期组织技术人员深入田间地头对农民进行培训、技术指导、信息引导，手把手传授农民实用技术。该镇还积极整合远程教育站点资源，把畜牧养殖和特色农业种植列为重点学习内容，组织贫困群众开展种植养殖实用技术学习，让贫困群众开阔视野，增强脱贫致富的内生动力。中坑口村利用培训成果，由驻村扶贫工作队出资购进辣椒苗，免费分发给 20 户困难群众种植，并利用远程教育上学到的技术对辣椒进行管理。

5. 养殖业培训

2015 年 10 月 9~10 日，国家肉鸡产业技术体系南昌综合试验站在宁都县举办“宁都黄鸡疫病防控与健康养殖技术培训班”，旨在提高全县黄鸡疫病防控与健康养殖技术水平，促进全县黄鸡产业发展。培训班特邀专家着重讲授“肉鸡疫病防控与健康养殖技术”等。省农科院副院长谢金防主持培训班，国家肉鸡产业技术体系南昌综合试验站专家团队成员、各示范县（宁都、吉安、崇仁、泰和、信丰）负责人和技术骨干以及宁都黄鸡产业企业、合作社、养殖户代表共计 120 余人参加培训。

图 6–2　信丰县举办养蜂技术培训

资料来源：信丰县扶贫和移民办，李慧：《信丰县举办精准扶贫养蜂技术培训班》，省扶贫办网，2015 年 8 月 4 日。

2015 年 7 月 30 日，由信丰县委宣传部、县农粮局、县扶贫办、县供销社等部门组织的信丰县精准扶贫养蜂技术培训班在县城举办。全县蜜蜂养殖户、各乡镇动检防疫人员、养蜂示范户技术指导员等 120 余人参加了培训。省养蜂研究所张串联副所长、市养蜂学会龚文广秘书长担任培训专家。专家们结合现代养蜂前沿技术理论和实践，就蜜蜂选种、蜂箱制作、养蜂技术、市场前景等进行了详细讲解。

2014 年，根据市场需求和农民要求，全南县本着“实际、实用、实效”的原则，制订了农民“冬闲”技能培训计划，采取集中授课和实际操作相结合的方式，力求全县每一位劳动力掌握一门就业技能，提高群众自我发展能力。2015 年 8~9 月，全南县聚焦建档立卡贫困户，有计划地分期分批对有产业发展意愿的 396 名贫困群众进行农业技能培训，培训以脐橙种植、蔬菜种植、水产养殖等农业实用技术为主要内容，努力为贫困群众发展农业产业提供科技支撑。截至 8 月 13 日，全南县已在南迳镇、大吉山镇分别开展了脐橙种植、水产养殖技能培训，共培训 151 名贫困群众。

二、赣州“雨露计划”专项培训实施情况

（一）“雨露计划”概述

1.“雨露计划”的性质

围绕促进贫困群众就业创业，赣州市大力实施“雨露计划”“阳光工程”，三年来共培训贫困劳动力 6.3 万人。

“雨露计划”是专项扶贫和教育扶贫的重要内容，是国务院扶贫开发领导小组办公室向贫困地区开展实施的一项职业技能扶贫攻坚工程，以农村贫困家庭子女为对象，通过直接补助，引导和鼓励学生完成九年义务教育和普通高中教育，继续接受正规职业教育和中长期技能培训。“雨露计划”受益学子每人每年可获资金补助 1500 元，最终实现“培训一人、输出一人、就业一人、脱贫一人”的目标。在实际操作中，其资助范围包括农村贫困家庭“两后生”和青壮年劳动力，既包括学历教育（助学），也包括技能培训，实际上是职业教育助学工程和技能培训工程。

总体来说，“雨露计划”是新阶段扶贫开发工作的主要内容之一，是实施精准扶贫、精准脱贫的有效抓手，是提高农村贫困劳动力就业技能、促进转移致富的重要途径。

2.“雨露计划”的信息化管理

“雨露计划”信息化管理服务系统是基于互联网、物联网技术，利用信息化技术与现代通信技术相结合，为各级扶贫办的“雨露计划”实施工作人员和帮扶

学员提供的一套科学、规范、便捷的管理手段。它具有全员申报和自动审核两个功能：全员申报功能是指贫困人口可以直接通过互联网或手机短信直接申报，系统将从建档立卡数据库及学籍数据库自动提取申报者的其他资料；自动审核功能是指系统自动比对建档立卡数据库和学籍数据库，判断申报者是否贫困人口和在校学生，从而大大减轻了基层扶贫工作人员的工作量，是促进“雨露计划”工作上台阶、上水平的好帮手。

2014 年，国务院扶贫办在全国各省、直辖市、自治区选定一个县进行“雨露计划”信息化管理系统试点，以后将逐步全国推广。兴国县被确定为全省“雨露计划”信息化管理系统唯一试点县。

3.“雨露计划”实施方式的改革

为拓宽“雨露计划”政策的覆盖面，江西省扶贫部门选择宁都、于都、大余等县（市、区）从 2013 年起，开展“雨露计划”实施方式改革试点。这项改革依托“雨露计划”平台，对接受中、高等职业教育和参加技能培训的农村贫困家庭的子女进行直接补助，以求更多的农村贫困家庭新生劳动力提高稳定就业创业和持续增收技能，从而促进稳定脱贫。

改革的核心内容主要体现在三个方面：一是扩大了救助对象的就学自主选择权。原来培训对象只可选择扶贫部门认定的学校就学，学生选择和选择专业的范围有限，影响了学生参与的积极性。改革后，学生完全自主选择就读的职业院（校）和专业，扶贫部门只负责资助钱，不负责选学校，从而拓宽了培训对象的选择范围，有助于提高就业创业质量和稳定就业率以及相关院校的办学积极性。二是扩大了补助范围。往年只补贴中职教育，改革后，补贴扩展到高职教育，从而提升了雨露计划扶贫品牌的档次。三是改变了培训补助资金的拨付方式。以一卡通直补的形式把培训补助金直接补给贫困对象，这种最直接、最简单的扶持到户方式的效果更加明显，更多的贫困家庭劳力能通过这项扶助学到一技之长，从而更有机会得到更高技术含量的工作岗位，获得更高的工薪待遇和稳定的收入，带动全家脱贫。

上述改革进一步缓解了赣南苏区振兴的人才储备压力。赣南苏区振兴发展，需要大批服务于各行各业的实用人才，特别是需要大批熟悉现代设备的技术操作工人和现代农业经营理念的新型农民。仅靠苏区几所中职院校实施“一村一名”中专生扶贫计划，显然难以满足扶贫对象学习需求，也无力解决赣南老区人才总量不足、人才结构不合理的问题，需要借助苏区内外更多中高职院校和各类培训机构来培养人才。“雨露计划”实施方式的改革，显然拓宽了贫困农村人才培养途径，使更多贫困家庭子女在改变自身贫穷的同时，能够更好地服务赣南苏区振兴发展。

（二）推进“雨露计划”工作的主要举措

1. 确保学历教育资助效果的举措

为了保证“雨露计划”职业教育真正作用于贫困户，达到预期目的，各县（市、区）采取了具有针对性的措施。具体如下：

（1）领导重视，组织得力。如崇义县、信丰县委、县政府充分认识到人力资源开发在扶贫开发工作中的重要作用，制订了工作方案，建立了部门联席会议制度，成立了“雨露计划”工作领导小组，乡镇和村也明确了专人负责，形成了县乡村三级联动、齐抓共管、上下配合、通力协作的工作格局。

（2）宣传政策，形成了“横向联动，纵向贯通，全面覆盖”的良好工作格局。如宁都、于都、大余等县被列为“雨露计划”实施方式改革试点后，采取多种形式宣传试点政策。主要形式有三种：一是会议发动，横向联动。及时召开全县动员大会，举办乡、村扶贫干部培训班，宣传试点政策，明确试点工作重点和操作程序。二是宣传促动。运用短信平台，向全县所有村干部发送手机短信，组织县、乡（镇）扶贫干部进村入户，发放“雨露计划”政策宣传资料，做到纵向贯通。三是院校推动。主动与中、高职院校联系，寄发试点政策宣传资料，由学校帮助宣传政策、调查摸底，确保“雨露计划”试点政策宣传到位，实现全覆盖。通过多种宣传，力求凸显“雨露计划”直接面向扶贫对象“直补到户、作用到人”的功能，以“精准扶贫”的思路提升贫困人口综合素质。

（3）严把三关，精准识别对象。一是严把申报程序关。统一印发“户申请、村证明、乡（镇）审核、县审批、公告公示”的“雨露计划”申报流程到各乡镇和行政村，规范申报流程。二是严把资料收集关。统一制作“‘雨露计划’申报样本”发至各乡镇，要求申请对象依样填写申报资料，乡镇按照“样本”逐项审查，统一汇总，确保申报资料完整齐全。三是严把精准识别关。为精准识别补助对象，宁都县抓住建档立卡贫困户和中、高职在校生两个关键要素，落实“三查”措施，确定补助对象名单。一查农户申请。对农户提供的《申请表》的真实性进行审查，将非农业户籍、非农村青壮年劳动力、非职业技能培训等“负面清单”的个人申请表排除在“雨露计划”补助范围之外，拒绝“负面清单”上“关系户”进入补助名单。二查对象学籍。以培训学校出具的学籍证明为依据，对申请对象是否为在校接受全日制中等或高等职业教育情况进行审查。三查贫困档案。依据建档立卡数据库，对申请对象是否为贫困户子女进行审查。利用现有的农村扶贫对象精准识别建档立卡文本和电子资料，对申请“雨露计划”培训补助对象全部到网络系统扶贫对象电子档案一一查对，把非建档立卡贫困户排除在“雨露计划”培训补助对象之外，杜绝钻政策孔子的“投机户”列入补助名单。

（4）三方会审，资金直补到户。通过“三查”的申请对象，经逐级公示无异议后，由“乡镇、县扶贫和移民办、县财政局”三方会审，共同盖章确保为补助对象，最后由县财政局按 1500 元/（人·学）年的标准，分年度通过惠农“一卡通”将补助资金直补到户，确保了“雨露计划”补助的安全和有效。由财政部门实行农户“惠农一卡通”银行账号转账发放“雨露计划”补助资金，将不享受国家惠农补助，不具有财政部门登记在册惠农账户的非农户籍人员排除在外，杜绝了套取资金的“假农户”冒领补助。

2.“雨露计划”在各县（市、区）的落实情况

2013 年被列为“雨露计划”试点县以来，宁都县按照“培训到人、补助到户”的工作思路，精心组织，规范程序，严格审核，深入推进“雨露计划”试点工作有序开展，仅两年，全县共有 7675 名建档立卡贫困户子女享受国家“雨露计划”补助政策，由财政部门通过农户惠农“一卡通”累计发放到户补助资金 1006 万元。2015 年，宁都累计帮助 3367 名贫困群众申办“雨露计划”补助金，其中职业教育 1787 人、技能培训 1580 人，通过“惠农一卡（折）通”账户发放“雨露计划”补助金 517 万元。许多贫困家庭子女通过“雨露计划”补助政策学到了就业技能，走上了工作岗位或在家创业，涉及农机维修、育婴师、家政服务等专业。如钓锋乡下湾村的万小荣，在“雨露计划”补助政策的帮助下，取得农机维修培训班结业后，兴办豫龙农机合作社，为贫困户提供就业岗位 11 个，每户贫困户年增收 3 万多元。

2013 年，江西省下达到于都县用于雨露计划试点的专项资金共 657.37 万元，其中专项用于中高职学历教育补助资金为 605.55 万元，用于技能培训补助资金为 51.82 万元。扶贫部门积极鼓励建档立卡贫困户家庭子女就读中、高职，提高贫困生技能素质，增强贫困户的自我造血功能，解决贫困家庭子女的就业问题，帮助这些家庭从根本上改变现状。全年共受理中高职学历教育补助申请 8615 份，经审核确定的 2012 年秋季学期的补助对象 3873 名、2013 年春季学期的补助对象 4107 名，共发放直补资金 599.67 万元。同时还受理贫困劳力技能培训补助申请 1348 份，经审核确定的补助对象 863 人，发放直补资资金 51.82 万元。到 2015 年，全县累计有 10468 名建档立卡家庭贫困生和劳动力享受到“雨露计划”扶贫政策扶持。2013 年于都县也被国家确定为“雨露计划”实施方式改革试点县，截至 2014 年，该县累计资助中、高职贫困学生 7000 余人。

2014 年，上犹县“雨露计划”改进实施方式，遵循“自愿培训、自主选择”的原则，实行“凭证补助、直补到户”的方式，重点抓好贫困农户、库区移民户子女职业学历教育，已有 185 名贫困农户、库区移民农户子女享受到职业学历教育培训补助 1500 元/年。

崇义县结合实际情况，引导贫困家庭劳动力接受职业教育和技能培训，提高

其就业技能和增收能力，加快脱贫致富步伐。2012~2014 年“雨露计划”培训了 125 人，补助资金 16.05 万元，其中职业教育培训 95 人，转移就业技能培训 30 人。

第三节　吉安等苏区教育脱贫概况

一、各县（市、区）教育脱贫的举措

只有“扶智”才能真正“扶志”，才能让贫困群众看到希望，看到曙光。攻坚克难不仅要用精准的方略消除物质上的贫困，更要用智慧消除贫困的代际传递，用志气消除思想上的贫困。为此，各地结合县（市、区）情，制定了教育扶贫的具体措施。

（一）加大对贫困家庭子女学历教育的帮扶力度

从 2015 年起，遂川县在精准脱贫工作中，特意为“普通高中贫困家庭学生档案库”中考取全日制普通高等院校（含独立学院和民办高校）的考生设立资助金，采取“四精准”措施，解了 120 多名“寒门学子”之忧。一是免补政策更加精准。根据贫困家庭子女实际入学人数和情况，制定更加优惠的学费、住宿费、伙食费（含营养餐）免补政策。二是就学政策更加精准。按照《建档立卡贫困子女招生专项计划》，每年招生中的 20%~30%为遂川籍贫困家庭子女，安排“N 对一”进行重点辅导。三是成长规划更加精准。全县各级各类学校落实专人，精准指导贫困家庭子女填报志愿，根据成绩特长，结合家长、学生意愿，有针对性地引导就读中职、普通高中或普通高校，未升入普通高中或普通高校的学生，进入职业学校就读。四是技能培训更加精准。对就读中职的贫困家庭子女，结合其自身成绩和特长，根据就业前景引导好职业规划和专业选择，落实好中职教育“双证书”制度。

为切断贫困代际传递，井冈山市 2015 年加大教育帮扶力度。一是对公办幼儿园、村小附属幼儿班建档立卡贫困户子女学前教育保教费减半。二是对义务教育阶段建档立卡贫困家庭寄宿生生活补助标准，在上级规定的基础上每人每年增加 500 元。三是对红卡户子女高中阶段学费、书本费全免并予每年补助 1000~2000 元。四是对考取全日制普通高等院校的建档立卡贫困户子女补助 4000 元和考入职业院校的建档立卡贫困户子女补助 2000 元，连续补助两年。五是面向农村贫困家庭定向培养人才。2015 年对建档立卡贫困户子女报考中招“三定向”的加 20 分录取；从 2016 年起，切出 20%的中招“三定向”招生指标，专门用于招收建档立卡贫困户子女，并根据当年招生考试情况确定具体加分标准。

黎川县积极开展“金秋助学”、“圆梦大学”、扶贫济困现场捐赠等助学活动，争取政协海外基金、江西省江苏商会、信用社百福慈善基金会等社会各界捐赠，强化贫困学子教育救助。据统计，2015 年，全县共落实各项助学资金 1214.6235 万元，资助贫困学生 6300 余人。

（二）加强对农民的技能培训

1. 举办各种形式的培训班

为深入贯彻落实产业扶贫工作，实现“输血”式扶贫向“造血”式扶贫的转变，井冈山市以职业技能培训为重点提高农民工素质和就业能力，综合运用财政扶持政策和竞争激励手段，多渠道、宽领域开展劳务扶贫培训输出工作，探索一条“政府扶持、市场引导、定向培训、强化服务、农民增收”的农村劳动力培训就业新路子。特别对未就业的适龄青年，大力开展订单式培训。对参加转移就业技能培训并取得有关部门颁发职业技能证书的扶贫对象，每人给予 300~1000 元培训补助；为扶贫对象免费开展农村实用技术培训。

2016 年上半年，安福县共举办了三期产业扶贫科技培训班。1 月，在县现代农业科技示范园举办了第一期全县产业扶贫科技培训班。培训班上，江西科隆农业发展有限公司总经理和江西北辰德天然省委科技有限公司总经理分别就蔬菜紫玉淮山种植技术和龙脑樟种植技术进行了讲解，并详细介绍了各自产业的扶贫合作发展模式。随后学员们在生态科技园参观了蔬菜、苗木、瓜果的现代栽培技术。6 月，在县职业中学分两批举办了全县第二期和第三期两期产业扶贫科技培训班，共计 120 余人参加培训。培训采取课堂讲授、现场观摩、互动交流相结合的方式进行。县农业局和果业局组织专家分别进行了养鸡、养羊技术以及井冈蜜柚种植技术培训。实训环节，组织学员前往泰和乌鸡养殖场、井开区科技示范园、安福县科隆科技、范园进行实地参观。培训还针对学员需求，发放了《高效养鸡技术》、《科学养羊新技术》等培训资料 180 余份。

盐卤药化、机械机电是新干县两大强县产业，箱包皮具、灯饰照明是两大富民产业。为发挥四大主导产业优势，助力精准扶贫，新干县采取“直线培训+富民产业”的模式，让贫困群众驶上致富的“快车道”。针对困难群众文化程度不高、无一技之长、就业难的现状，新干县制定“政府免费出资、个人自选项目、企业接受成果”的“直线培训”办法，打通贫困群众就业脱贫“绿色通道”。专门组织了面向贫困群众的就业培训，根据贫困群众的求职需求“量身定做”培训课程。在技能培训上，重点围绕四大主导产业用工需求，选择相应的骨干企业为培训点，免费为贫困群众提供“对口式”技能培训，培训结束后直接进入企业，实现了培训与就业“无缝对接”，四大主导产业安置农民工 1.36 万人。

针对部分贫困群众想创业、开实体店又缺资金的现状，新干县劳动、商务等职能部门联手开展电子商务免费培训，让他们掌握电商相关技能，帮助他们开网店。如今，新干县从事电商的企业和个体工商户有500多户，在淘宝、天猫、京东等电商平台上开设经营的网店4000多家。

吉水县的做法颇具特色。主要有两个。

第一，下乡下村送技能。积极号召乡镇干部、移民户代表、后扶直补户和贫困户参与学习，携手林业局业务骨干针对不同乡不同村推送适宜的生产技能，做到精准开班、精准授技。如2015年10月27日，吉水县扶贫办在水南镇组织技能培训暨“双学双用双服务”讲习班。参加者有县扶贫办有关人员、水南镇部分干部、库区移民户代表、享受大中型水库后期扶持的直补人员代表及贫困户代表。讲习班采取理论讲授和现场解答的方式进行。理论课上，县林业局黄健翔高级工程师和农业局黄其高副局长分别向学员们传授了高产油茶技术及井冈蜜柚栽培技术；随后，大家一起来到水南镇高产油茶基地和井冈蜜柚基地，授课专家对学员们的疑问进行了详细的解答。培训班上，县扶贫办业务人员对培训相关政策、移民产业发展扶持政策及扶贫补助相关政策进行了解读宣传，并向学员们发放了学习资料和联系卡。11月3日，县扶贫办在文峰镇举办精准扶贫贫困户技能培训班，文峰镇政府、林业局、果蔬局相关负责人、贫困户代表等70余人加了培训班，专家为学员们讲解了油茶、井冈蜜柚栽培技术知识，课后，老师和学员们一同前往砖门茶油种植基地实地学习考察，现场为学员们答疑。

第二，“精准扶贫贫困户技能培训班”因户施策，办到家门口。针对青壮年劳动力、村干部、致富骨干，县扶贫办联合林业局、果蔬局，定期举办技能培训班，通过实实在在的技能传授，让贫困群众和领头人学到技术、把握本领，争取早日脱贫致富。

2014年9月25日，吉水县峡江水利枢纽移民技能培训第二期培训班在该县水田乡西田村举办，西田移民新村50位移民代表参加了培训。农业专家讲授了大棚蔬菜栽培技术，课后，组织部分参训移民到乌江镇果树园大棚蔬菜基地实地参观学习。2015年6月5日，县扶贫办在醪桥镇农民学校开展了第十四期扶贫和移民技能培训暨“双学双用双服务”讲习班，县扶贫办、醪桥镇政府、村干部代表、移民户和贫困户代表等60余人参加了讲习班。开课前，扶贫办培训站就峡江水利枢纽工程移民技能培训、产业发展扶持、扶贫补助等相关政策进行了详细解读，并现场发放了扶贫移民实用技能培训学习资料、技能培训服务联络卡、扶贫和移民有关优惠扶持政策宣传手册等书面资料。培训课上，县畜牧兽医局专家讲解了吉安红毛鸭选种、饲养、防疫及场区的选址和布局等方面的实用管理技术以及肉牛养殖品种、牛场选址、饲草料选择及饲养管理注意事项等方面的专业技术知识。9月16日，县扶贫办在螺田镇开展了“双学双用双服务”培训活动。参加培训的有螺田镇贫困户和原大中型水库移民等70余人。主要培训养鹅、生姜和大蒜方面的养殖、种植技术。2016年4月20日，县扶贫办在文峰镇葛山村举办了井冈蜜柚栽培、肉牛养殖技能培训班，60余人参加了培训。课后，前往东村井冈蜜柚种植基地实地学习考察。

2. 科技入户工程

在新一轮的精准扶贫行动中，吉安县指阳乡为帮助贫困户尽快脱贫致富，设立了“农家致富讲坛”，组织各村具有专业特长的“土专家”、“田秀才”和致富能手担任主讲人，鼓励这些靠一技之长闯出致富路的村民说农家事、谈致富经，向乡亲传授优质稻种植、禽畜养殖、苗木培育、林果栽培等致富技术，提高群众科技致富能力。自2015年以来，已在14个村（社区）开课36次，听众达5000余人次。

针对农村科技人才缺乏、科技难应用、科技成果转化率低的特点，南城县大力实行科技入户工程，精心织就“科技网络”，变“送科技”为“种科技”，农民“零距离”，破解科技入户“最后一公里”难题。建立起一支由专家—指导员—示范户—协会为骨干的科技推广队伍，采取定期聘请相关专家上门“坐诊”，让农民自己“谈病情”，再对症下药的方法，提升技术传播的效率。如2014年4月30日，南城县扶贫和移民局携带30多袋西瓜种植专用复合肥料、组织3名专业技术人员深入该县西瓜种植专业村——洪门镇沙坪村，举办西瓜技术培训班，对全村瓜农进行系统培训和技术指导。培训班上，技术人员用通俗易懂的语言，对西瓜的种植产知识（瓜田的选择、整地施肥、坐果期管理、防治病虫害等）进行深入细致的讲解。

与此同时，南城县还聘请当地部分种田、种菜、养鱼能手当“老师”，由他们负责组建科普推广栏，针对每一时期生产比较集中的问题，向农民发布农用物质供应、市场运销情况、天气影响、病虫害防治等信息；并动员这些土专家利用闲暇时光，免费进行农技推广、培训；在推广中，注重说干结合，田间指导，把理论与实践操作有机结合起来。到目前为止，南城县扶贫和移民局共为农民发放种养书籍1200册，举办种养科技培训班6期，建立科技示范点3个，发布“农事信息”1600多条，解决实际种养难题300多个。南城县通过“政府搭服务台、农民唱科技戏”的形式开展形式多样的科技助农活动，不断加大良种良法配套推广，集成配套技术推广，覆盖全县的农技推广体系基本建立。同时依托雨露计划、绿证工程、科技入户工程等，对实施产业开发的贫困群众进行各种农业科技培训，提高贫困农户致富技能，增强自身“造血”功能。目前，全县先进种养技术覆盖率达90%以上，农业科技进步贡献率达到52%。

莲花县通过引导农业龙头企业担当科技兴农的主体，建设集科研与推广、经营产品与技术指导、信息咨询与产销于一体的服务机构，加大农业技术推广力度。先后组织农业、农机、畜牧等方面科技人员100余人，深入各村、组开展农业生产技术、贫困农民增收实用技术为主的科技入户活动，确保粮食生产面积的扩大和粮食产量的提高。

2014年，莲花县实施“千家万户房前屋后种满‘摇钱树’”产业扶贫工程，目前已在全县8个乡镇35个行政村全面铺开，已种植桂花大苗、红心蜜柚、白沙枇杷等“摇钱树”13万株，种植面积达1680余亩，惠及农户4000余户。为了推动此项工程顺利实施，莲花县扶贫和移民办聘请县高级艺师，到8个乡镇巡回培训，采用发放栽培技术宣传单、授课、实地指导相结合的办法，培训村干部和农户3000余人次，使村干部和种植农户全面掌握桂花、红心蜜柚、白沙枇杷等果木栽培、管理技术。

3. 建设农家书屋工程

安福县移民办在举办移民实用技术培训时，存在部分青壮年移民忙于务工，无法参加集中培训的情况，造成参加培训的人员多为文化程度较低的老人和妇女移民，极大地影响了培训效果。根据这一现象，安福县移民办以送书下乡作为移民实用技术培训的补充方式，将实用技术书籍发放到移民家中，让移民利用空闲、晚上等时间学习知识，有效解决移民在务工与学习上的时间冲突。

2015年新年伊始，安福县移民办购置一批农业实用技术书籍，免费发放到移民户家中，通过送书下乡，切实帮助移民掌握农业实用技术，增强致富能力，促进经济发展。此次总共赠送书籍3600册，总计价值35000余元，内容丰富，涵盖烟草、蔬菜、家畜、家禽等特色种养技术及病虫害防治多个方面，并结合移民村组产业发展情况，针对性发放，实用性强，为此深受移民群众的欢迎。

2014年以来，新干县以建设农家书屋工程为抓手，加快推进库区文化民生工程建设。通过加强硬件建设和增添图书等方式，着力把全县库区农家书屋建设成为库区移民群众致富的“加油站”，目前，新干县已建成库区农家书屋12家，呈现以下三个特点。

（1）丰富藏书，拓宽阅读范围。该县库区12家农家书屋，每家农家书屋藏书均在2000册以上，图书种类涵盖农业科技、幼儿教育、家庭医疗生活保健、政策法规、民风民俗、社交文艺等十余种；还有戏曲、歌曲、影视等40余种光盘，以及涉及农村生活、时尚娱乐的报纸、杂志等十余种。

（2）规范管理，提升服务水平。研究制定了农家书屋建设、图书借阅、管理、阅读须知等规章制度，规范建设标准，并定期实地检查、督促落实，建立健全移民读书信息反馈机制，及时解决书屋建设过程中出现的各类问题，提高图书利用率。

(3) 加强培训，提高管理能力。定期安排农家书屋专兼职管理员进行出版物的基本知识、图书分类与管理的相关知识、农家书屋基本服务要领、如何引导广大移民群众热爱读书等内容进行培训，通过现场介绍经验、示范操作等方式，保证每个管理员全部掌握图书管理知识，使得农家书屋管理、运行更加规范，有效提高了管理员的管理能力和服务水平。

二、吉安市“雨露计划”专项培训实施情况

(一) 加强“雨露计划”宣传

为了使各级干群更了解“雨露计划”新政策，吉安多举措进行“雨露计划”宣传。如新干县扶贫和移民办公室在2015年7月组织13个乡镇的业务骨干参加全县“雨露计划”政策解读会；号召134家县直单位和13个乡镇的精准扶贫骨干加入工作交流群；开通扶贫政策咨询热线，方便干群进行政策咨询；下发《新干县“雨露计划”培训补助政策解读》文件到乡镇，将26000份《致全县农村建档立卡贫困户的一封信》发放到6674户15732人建档立卡贫困户；通过县电台播放、县报刊载、微信转发并结合该县新出台的《新干县机关党员干部结对帮扶贫困户工作实施方案》文件，号召134家县直单位进村入户对建档立卡贫困户进行“雨露计划”新政策宣传。

通过多举措宣传，让干群了解“雨露计划”新政策的主要内容：一是实施范围已经由建档立卡贫困户、新干全县11个贫困村非贫困户和扶贫移民搬迁户缩小到建档立卡贫困户。二是补助标准由职业教育培训对象每人每学年补助由1500提高到2000元，转移就业技能培训每人次补助由600元提高到1000元。三是资金发放程序标准等。

2016年1月27日，青原区雨露计划信息化服务系统App应用启动仪式在青原区值夏镇步行街广场举办。仪式上，区联通公司工作人员就雨露百事通App软件的运用进行了现场培训，为村民答疑解惑，现场教会村民安装下载App，确保每位咨询的贫困户都能正确使用雨露App（见图6-3、图6-4）。

上述雨露计划信息化服务系统运用“互联网+”管理服务手段，让帮扶对象更加方便、更加快捷地申请到“雨露计划”补助，有利于提高工作效率和补助资金直补到户的扶贫精准度，确保帮扶对象得到实惠。

(二)“雨露计划”的不断完善

1. 探索“雨露计划”新路径

针对“雨露计划”实施过程中存在的受训对象分流渠道多、培训机构配置不匹配、所学专业与实际岗位不对口、参加培训成本过大等实际问题，2015年，

图 6-3 “雨露计划”信息化服务系统 APP 应用启动仪式

资料来源：青原区扶贫和移民办，王妹：《青原区雨露计划信息化服务系统 APP 应用启动仪式顺利开展》，省扶贫办网，2016 年 1 月 29 日。

图 6-4 “雨露计划”政策咨询

资料来源：青原区扶贫和移民办，王妹：《青原区雨露计划信息化服务系统 App 应用启动仪式顺利开展》，省扶贫办网，2016 年 1 月 29 日。

南城县扶贫和移民局积极探索“雨露计划”新路径，按照“实际、实用、实效”的要求，注意发现、引进、推广新品种、新技术，开展有针对性的培训，以产业为依托，以培训新农民、提高农民素质为目标，整合社会资源，搞好实用技术培训。其改进措施主要有三个。

第一，整合资源，加强合作办训。正确引导职业教育和“雨露计划”短期培训协调发展，实施“雨露计划”与中职教育互换工程，即参加中职教育的学员，如果希望提前就业，可以转向参加“雨露计划”培训；参加“雨露计划”培训的学员，如果希望有更系统的学习，也可以转向中职教育。通过“雨露计划”与中职教育呼唤工程，实现互利互惠发展。

第二，放宽培训对象，拓展招生范围。按照规定，“雨露计划”主要对象是贫困家庭劳动力，但是，南城县外出到沿海发达地区务工的比例较高，有的甚至举家外迁，农村剩余的青壮年劳动力并不多。县扶贫和移民局从实际县情出发，将培训对象适当扩大到贫困地区的非扶贫重点乡、重点村的贫困劳动力、留守妇女和贫困村致富带头人。

第三，根据生源特点，灵活安排招生和培训时间。一方面尽量安排农闲时间组织招生；另一方面实行随到随学，注重结果，只要达到规定的培训时间和目的就行。而且，根据实际县情，尽量缩短培训时间，一般安排在 2 个月以内；在课程设置上，以专业基础和职业道德、法律常识、安全知识为主，以调整学员心态和养成良好的工作、学习、生活习惯。

2. 改革“雨露计划”申报方式

为做到“无作假、无后门、无遗漏”，让贫困学生真正享受到国家的好政策，各地扶贫和移民办严格按照国家“雨露计划”教育扶贫政策，对贫困户学生摸底调查、村级公示、贫困户子女就读学校出具学籍证明、网上申报、村镇县逐级资格审核、公示监督等，安排帮扶负责人和包村干部对符合条件的贫困家庭逐一走访，摸清实际情况并将各项数据指标如实填写，提高数据信息的完整性和准确性。

从 2016 年开始，“雨露计划”实行网上申报和网上审批，统一使用全国“雨露计划”管理系统管理和“雨露百事通”申报。这是充分利用现代信息技术而实现精准扶贫的一次有益探索。既可以简化程序，又可以提高扶持对象资格审核的工作效率和精准度。通过“雨露百事通”信息系统平台还可以及时了解扶贫政策、农业技术指导、参加雨露计划的申请与审批情况等信息，更加方便快捷地服务于贫困群众。如遂川县扶贫和移民办在 2016 年 8 月 15 日正式上报了“雨露计划”2016 年计划数。据悉，2016 年全县预计将有 115 人参加职业教育培训，200 人参加转移就业技能培训。职业教育培训补助对象为 2015~2016 学年接受中高等职业教育的贫困在校学生，每人每学年可补助 2000 元；而转移就业技能培训是通过开展技能培训，落实就业扶贫工作，扶持贫困人口创业，使每个有就业愿望的贫困户劳动力均能享受到就业技能培训的帮扶，实现“培训一个、就业一人、脱贫一户”的目标，每个补助对象可享受一次性1000元的补助。

莲花县依托“雨露计划”改革试点项目，充分发挥县内外培训资源优势，加强就业能力培训，增强贫困人口自我发展能力，真正使贫困人口掌握“一技之长”。2014年以来，已收集整理上报各职业培训学校中、高职培训名单326人，补助资金48.9万元，落实职业技能培训600名。

（三）紧贴市场需求 提高“雨露计划”培训绩效

永丰县把促进贫困家庭就业放在重要位置，实行定点培训、订单培训，实现“培训一人、转移一人、就业一人、脱贫一户”。2014年，该县对贫困人员实施“雨露计划”专项培训，在实施过程中，一方面，紧贴市场需求，拓宽培训项目，增强了培训的针对性。依托南昌女子学校、吉安华忆学校、吉安农校，选送了64名贫困学生参加茶艺师、幼儿教师和电子商务师培训，进一步拓宽了培训就业渠道。另一方面，瞄准贫困农民需求，转变培训方式，把科技送到田间，提高现代农民急需掌握的就业技能，极大地提高了贫困农民参加培训的积极性。2015年，全县安排35.1万元用于“雨露计划”培训，培训人数360人，学员均已享受到了国家补贴，解决了3500名“4050”人员实现再就业。

为深入推动扶贫开发工作，并有效开展劳动力转移培训工作，2014年11月12日，由青原区扶贫和移民办牵头，联合青原区安全生产监督管理局，共同举办了一期“雨露计划”电工技能培训班。培训班安排在该区新圩镇政府大楼，为期3天，培训对象分别来自该区新圩、文陂、富田3个乡镇8个贫困村的70多名村民。参训人员皆为男性，年龄为30~50岁。

为筹备好此次培训，该区扶贫和移民办多次深入基层调研，实地了解贫困村民需要，并与区安监部门反复磋商。经过一周的周密部署，最终确定举办一期“雨露计划”电工技能培训班，并对培训内容、地点、训期及培训对象的报名工作等都作了合理、详尽地安排。

2015年5月28日，青原区扶贫和移民办再次牵头，联合吉安新能源技工学校，共同举办了一期“雨露计划”电工技能培训班。此次培训班安排在区东固畲族乡政府二楼会议室，训期3天，培训对象分别来自东固乡15个村的60名建档立卡贫困户。参训人员皆为男性，年龄为18~50岁。

近年来，广丰县委、县政府把发展马家柚产业作为优化农业产业结构、加快农民致富步伐的重大战略举措，着力打造12个马家柚产业带，助推形成以大户种植为主、散户参与的马家柚产业发展格局。县扶贫和移民办根据这一基本县情，结合实施“雨露计划”，选择在种植马家柚相对集中的省级扶贫重点村——

嵩峰乡十一都、银丰两地，相继举办马家柚种植技术培训班。培训专家通过理论授课与现场传授相结合的方式，全面、深入、细致地讲解马家柚高产优质栽培管理技术，着重讲授了马家柚高标准规划建园、栽培地条件、丰产树型的培育、病虫害防治、冻害预防、柚果采收与销售以及柚果商品化管等方面实践经验，为当地柚农推进马家柚产业化提供了技术与智力支撑。这是广丰县扶贫办借助“雨露计划”实施，着力提升智力扶贫水平的新举措。

“雨露计划”脱贫成效显著。如抚州市在乐安、宜黄等 7 个县选拔一批贫困户和库区移民子女，开展高级技工人才培训，毕业后全部安排就业，月工资不低于 4000 元，给这些贫困家庭培育了长期稳定的收入来源。据统计，从 2005 年开始，乐安县共组织了 1 万多名农村贫困劳动力参加了“雨露计划”的各种培训，其中大部分人由承培基地校按照与企业签订的就业订单，安排到了福建、广东、浙江等沿海发达地区大型企业务工就业，就业率高。

第七章　建设新型产业脱贫体系

第一节　产业脱贫概述

一、产业脱贫在精准扶贫中的地位和作用

孙小兰（2013）认为，产业脱贫的思路是以产业发展带动农民增收。产业扶贫的实质就是为贫困地区找到一个适合发展的产业，同时要具备一个有能力拉动这个产业发展的产业组织，在两个前提基础之上，再调动金融资源、科技资源和其他资源来推动这个项目的发展（蒋任重，2015）。

图 7-1　兴国县产业脱贫战略

资料来源：刘善庆拍摄。

产业脱贫是精准扶贫的核心动力，是坚持“输血”与“造血”并重的关键。产业扶贫在精准扶贫体系的地位和作用主要体现在两个方面。

第一，产业扶贫可以帮助贫困地区解决生存和发展问题。一直以来贫困地区靠传统农业都没有解决温饱问题，“输血型”的救济式扶贫也不能解决根本问题，只有产业扶贫才能使贫困地区的贫困人群由“输血型”向“造血型”转变（孙小兰，2013）。

第二，产业脱贫实践效果显著。国内多年的扶贫经验验证了产业扶贫是脱贫致富的重中之重。没有产业发展带动，很难脱贫。《若干意见》出台以来，赣州连续 3 年每年投入 1.8 亿元产业扶贫专项资金，有针对性地扶持贫困群众能直接参与、直接受益、稳定增收的产业项目，加速群众脱贫步伐。实践证明，产业扶贫是解决生存和发展的根本手段，是脱贫的必由之路（孙小兰，2013）。

二、产业脱贫的难点和主要思路

（一）产业脱贫的难点

孙小兰（2013）认为，产业脱贫的主要难点表现在以下五个方面。

第一，有产品没资金。传统农业中不少产品如蔬菜、水果、中草药、养猪等都是扶贫的好项目，但是贫困户确实没有钱，无法做。从国家相关扶贫金融政策看，小额贷款是个好方式，但是小额贷款对生活在最底层的贫困户来说还是贷不上，即便有的专业户要贷也有难度，因为小额贷款的还款时间限制（规定 1~2 年就要还），无法满足生产周期。如种脐橙要四年才能挂果，小额贷款没有那么长时间。商业性贷款要抵押，贫困户没有可供抵押的东西，无法贷款。

第二，有人力没技术。人力资源很丰富，贫困人口比重大，受教育程度低，种植户、养殖户普遍缺乏现代种养殖技术。

第三，有产业没产业链。贫困县产业发展出现了较严重的产业趋同，恶性竞争。有的产业只有初级产品，没有深加工，无法提高附加值。由于处于产业链最低端，产品的附加值低，加之组织化程度低，分散的农户面对市场，风险很大。

第四，有品牌没名牌。即便一些地区企业注册了一些品牌，但是，知名度很低，很难带来实际效益。

第五，有利益没机制。如一些企业落户贫困村里，贫困户通过出租土地给企业或者受雇于企业，确实获得了收益，但是，两者的利益连接机制并没有完善地建立。没有企业的村子则农民各自为政（孙小兰，2013）。

（二）产业脱贫的具体思路

对于如何通过发展产业拜托贫困，孙小兰（2013）提出了以下五条思路。

第一，特殊地区应该有特殊政策。首先，可以考虑建立促进可持续发展的贫困地区农民企业发展基金，让他们先将产业做起来。其次，实行差别化的政策倾斜。对于特困地区，该支持的还要继续大力支持。从政策性金融、小额贷款、商业金融到合作金融都可以实现有区别的倾斜。最后，整合好现有的政策。学习和利用好中央和地方的各类优惠扶持政策，能够为当地的发展创造更多的条件。通过国家政策的扶持和发挥市场的力量，把“看得见的手”和“看不见的手”结合起来，是当地经济发展不竭的动力源泉。

第二，做大规模，延长产业链。做什么样的产业，应该尊重农民意愿，尊重自然规律，尊重市场规律。一是建立初加工、深加工企业。由传统的对粮食加工向土特产品、稀有产品加工转变。在“一乡一产”的基础上，引资或由政府出资在乡镇建立初级产品加工厂，对产品进行初加工或精装，并坚持标准化生产，提高产品附加值。二是加工企业要保障农民的利益，必须建立合作社，以免企业赚钱农民吃亏。三是将大企业扶贫、对口扶贫与产业扶贫结合起来。

第三，注重品牌建设，树立品牌意识，把品牌打造成名牌。对于知名度低的产品，要循序渐进地打造品牌。然后再将品牌塑造成名牌。首先，树立品牌意识。将特色、生态产品进行整合注册。其次，将品牌打造成名牌。

第四，完善利益机制。在产业扶贫过程中应该让企业和农户都成为受益者。而不是某一方受益另一方受损。首先，建立合作化。在农村组建各种专业合作组织，政府给予一定的扶持，让其运转起来。其次，逐步完善企业和农户之间的利益联结关系。一方面，严格执行企业和农户签订的合同，让其成为真正有法律效应的合同。另一方面，让贫困户能够真正分享产业扶贫的利益。如可采用多种方式实行农业产业化，如出租土地，多种方式进行土地流转；通过农户土地入股等方式，使贫困地区的贫困农户真正成为产业化扶贫的受益者。

第五，大力培训贫困农民。首先，强化搞好九年制义务教育。其次，加强现有农民的职业培训。通过职业培训，让农民成为“明白人”，并有一技之长，能够顺利就业和创业（孙小兰，2013）。

三、赣南等中央苏区新型产业脱贫体系的主要特点

（一）财政资金投入产业扶贫的力度不断加大

2012 年以来，中央、省、市、县（市、区）各级党委、政府下大决心和大力气，加大财政支持力度。首先，《若干意见》明确赣州执行西部大开发政策，在产业政策上为赣州若干产业开绿灯，实施优惠的税收政策。2013 年 1 月，财政部海关总署国家税务总局联合下发《关于赣州市执行西部大开发税收政策问题的通知》，明确“对赣州市内资鼓励类产业、外商投资鼓励类产业及优势产业的项目在投资总额内进口的自用设备，在政策规定范围内免征关税”，“自 2012 年 1 月

1 日至 2020 年 12 月 31 日，对设在赣州市的鼓励类产业的内资企业和外商投资企业减按 15%的税率征收企业所得税”。赣州市全面执行西部大开发政策，将直接惠及当地钨和稀土等有色金属精深加工及应用产品生产、汽车零部件制造、脐橙等特色农产品生产等 20 余个产业，有利于赣州市承接沿海产业转移和促进产业转型升级，从而助推赣南苏区早日精准脱贫，实现跨越发展。其次，为支持赣州、吉安、抚州、上饶、萍乡和九江等中央苏区和特困片区以及赣州市没有列入中央苏区和特困片区的县（市、区）发展扶贫产业，江西省委、省政府专门拨出产业扶贫资金，由省财政从 2012 年开始，连续十年每年专项安排支持对象县的 1000 万元财政资金，支持各地发展产业。

为支持改善江西省贫困地区生产生活条件，提高贫困群众收入水平，推动贫困地区精准扶贫、精准脱贫，江西省财政厅于 2016 年 9 月拨付 2016 年度财政专项扶贫资金 37.84 亿元，其中，中央财政专项扶贫资金 20.76 亿元、省级财政配套 17.08 亿元。该笔财政专项扶贫资金中，6.8 亿元用于 3400 个扶贫开发工作重点村实施村庄整治，6.13 亿元用于 2015 年、2016 年搬迁移民进城进园安置、差别化扶持等扶贫补助，9.3 亿元用于赣南等中央苏区和特困片区产业扶贫攻坚，2.97 亿元用于扶贫示范项目、易地扶贫搬迁贴息等特定用途。其余 12.65 亿元按照因素法分配到各地，其中贫困人口因素占 70%，人均可用财力和贫困县各占 10%，农民人均可支配收入和国土面积各占 5%。

“十三五”期间，为增强贫困地区以及贫困户的“造血”功能，江西省在产业扶贫方面，进一步改革财政扶贫资金，推出三个新举措：一是将对 25 个贫困县进一步加大产业扶贫投入力度，并新增安排资金支持 58 个县以外的产业扶贫。二是资金使用上瞄准贫困村和贫困户。对贫困户尤其是缺乏劳动能力的贫困户，结合土地山林流转、租赁或入股，探索扶贫资金出资折股到户的资产受益方式。三是在赣南等中央苏区和特困片区 58 个县设立“产业扶贫信贷通”，支持贫困村建立“选准一项优势主导产业、设立一笔贷款风险金、组建一个合作组织、落实一种帮扶机制”的“四位一体”产业扶贫新模式。

由于江西省在财政资金使用上积极作为，扶贫效果显著，2013 年，江西省在全国财政扶贫资金绩效考评中被评为 A 级省份，获奖励资金 2300 万元；在全国扶贫开发工作考核中被评为先进单位，获国务院扶贫开发领导小组的通报表扬。

（二）不断完善产业脱贫的政策体系

为在全省开展好产业脱贫工程，江西省扶贫和移民办先后与省财政厅、省农业厅、省农信社、中国人行南昌支行等多部门研究，出台了《关于创新模式提高产业扶贫成效的指导意见》、《江西省扶贫和移民产业贷款试点工作指导意见》、《江西省赣南等原中央苏区和特困片区产业扶贫资金项目实施办法》等文件，形成了系统的理论思路和完整的政策体系。

赣南等中央苏区在产业脱贫的探索实践中，不为扶贫而扶贫，而是着眼于产业扶贫与区域发展相互结合，力图通过发展产业，建立新型产业扶贫体系，建立贫困地区、贫困户“造血”机制，增强其“造血”能力。一方面，从根本上脱贫；另一方面，通过发展产业，推动整个区域的经济健康发展。

为解决产业脱贫有产品无资金的困局，赣州市大胆创新。如赣州市城投集团与百瑞信托有限公司、上海赣兴投资发展有限公司和上海百瑞资产管理有限公司共同发起，设立了赣南苏区振兴发展产业投资基金，募集资金规模达300亿元，预计可拉动投资1000亿元以上。该基金的驱动，标志着国家级首支专项支持革命老区的大体量产业投资基金正式运行。

为解决长期以来产业脱贫存在的扶优扶强扶龙头有余、扶贫扶弱扶农户不足，赣州市积极探索实践“产业扶贫信贷通”，提出在以建档立卡贫困户为核心、以贫困群众增收为目标的基础上，重点抓好四个关键环节，形成“四位一体”的产业精准扶贫新模式。“四位一体”的具体含义是：“选准一个优势高效的产业、组建一个支撑有力的合作社、设立一个放大贷款的风险补偿金和创建一个部门帮扶新机制”。要求每个贫困村原则上选准选好一个或几个优势高效的扶贫主导产业，组建一个或几个支撑有力、合作共赢的经济合作组织；县级要设立一个有效放大贷款担保金规模的工作机构，创建一个推进产业发展的扶贫工作小组，做好联系、沟通、协调等服务工作，推进产业扶贫的发展。通过四位一体，赣州市建立了一个新型的产业扶贫体系。新型产业扶贫体系主要特点如下。

第一，立足实际，大力发展现代高效农业、生态农业。产业扶贫，关键在于各地找准自身定位，找出根植于本地的特色与优势，根据市场需要，因地制宜发展。没有调查，就没有发言权、没有决策权。这就需要深入本地农村实际，通过广泛调研，收集信息，在对所收集的信息综合分析的基础上，确立发展重点。赣州立足本市实际，决策因地制宜发展特色产业。坚持宜农则农、宜游则游、宜商则商，大力发展脐橙、油茶、烟叶、茶叶等特色优势产业和养殖业，提高特色产业开发效益；发挥革命老区红色旅游、客家文化生态旅游等资源优势，推进乡村旅游、休闲农业等产业发展。如会昌县，按照“山上茶果林、田间烟稻菜、栏里猪牛羊”的模式，重点发展周期短、效益高的立体生态农业。宁都县耕地、森林、果茶、水域等资源丰富，具备发展特色种养业的潜力。为此，宁都县扶贫和移民办公室积极组织小布、东韶、洛口等乡镇的贫困村群众代表，到安吉、婺源等地参观、学习，让他们了解当地竹产业和茶业的特色种植、加工和销售情况，感受竹业、茶业为当地群众带来的财富，并帮助分析市场行情，计算经济效益；组织赖村、竹笮、长胜等乡镇的部分贫困村代表，到广东、福建等地参观考察牛蛙和黄鸡养殖，开拓他们的视野。通过参观考察，进一步发动群众，充分调动他们的积极性，增强发展扶贫产业的信心和决心。全南县坚持以市场为导向，深入挖掘本地优势，着力发展五大特色产业。一是重点发展芳香苗木产业。依托省级农业龙头企业——全南县厚朴公司，把芳香苗木产业做大做强，打造成全市、全省乃至全国知名的“彩桂之乡”、“梅花之乡”。现在，全南县 6518 户贫困户中已有 5053 户贫困户参与芳香花木产业。二是打好“高山”蔬菜牌，将该县打造成粤港澳地区的“菜篮子”。大力发展蔬菜产业，重点发展设施蔬菜，建立规模化生产、企业化经营的无公害、绿色蔬菜基地，目前，全县蔬菜面积 9.95 万亩。三是巩固好果业。加强脐橙黄龙病防控，巩固好 4.3 万亩果业。四是扶持好生猪产业。扶持好全县 32 家年出栏千头以上的猪场，重点打造好现代牧业、金丰 2 个生猪标准化养殖示范区，提高生猪出栏率。五是培育壮大葡萄产业。目前，该县大吉山、金龙镇、陂头镇、城厢镇等乡镇都发展了一定面积的葡萄。葡萄产业逐渐成为该县新兴的农业主导产业，目前已经建成葡萄产业园 3000 多亩，辐射县城周边群众，带动农民增收致富。兴国县则重点扶持贫困户参与发展农业产业和现代服务业，引导实施“一村一品”，大力发展烟叶、蔬菜、油茶、果茶、花卉苗木、红薯、席草、水产、畜禽、旅游十大产业。

第二，尊重市场经济规律，营造良好的政策环境，大力培育各种经营主体。大量实践证明，新型农业经营主体能够确实有效地带动贫苦户脱贫。新型农业经营主体在资金、技术、销售、就业等方面具有明显优势，能够解决零散贫困户自身解决不了的发展难题，在产业发展中具有示范引领作用，能够带动贫困户共同致富，需要大力培育。在培育各种经营主体时，尤其要大力扶持农民自己的合作社（黄宗智，2010），通过合作社实现产业的“纵向一体化”（即产、加、销一体化，亦称“产业化”）。这样的合作社也许可以在流通领域与政府一同起到关键性作用，及时为农民社员提供市场信息，组织分选、加工、包装、储存、运输、销售等“纵向一体化”的服务。为此，宁都县自 2011 年以来共向 20 家扶贫龙头企业（农村专业合作社）发放了 3260 余万元的扶贫项目贴息贷款，发放贴息资金 91 余万元，涉及种植、养殖、农副产品加工销售及农村经济组织机构、人员培训等多种产业的开发发展，为扶贫龙头企业做大做强和农村专业合作经济合作组织的发展提供了坚实基础。

促进扶持政策落实到户。在完成脱贫对象识别登记、建档立卡的基础上，结合当地实际，针对贫困村、贫困户实际情况，实行精准扶贫到户，建立定对象、定政策、定措施、定责任、定目标的“五定”帮扶机制，在资金、项目、政策、技术培训、信息服务等方面向贫困村、贫困户重点倾斜，帮助贫困村、贫困户选准选好产业、培育发展产业，大幅增加收入。为了进一步提高政策扶持的精准度，出台了到户产业发展扶持政策，对有劳动能力和劳动意愿的扶贫对象，因地制宜，因户施策，采取以奖代补、提供种苗、提供小额贷款或贴息，以及提供信息、技术、服务等方式，有针对性地引导和帮助其选准发展产业。江西省支持各县（市、区）1000 万元产业扶贫专项资金，主要用于扶持贫困户能直接参与、直接受益、稳定增收的种植、养殖、农产品加工、服务项目和其他产业项目，同时加大对贫困村产业基地的基础设施建设投入，发挥基地对贫困户的辐射带动作用。如龙南县制定了发展产业奖补和农业保险补贴政策，扶持贫困群众“各取所需、各展所长”，大力发展油茶、脐橙、生猪、无公害蔬菜、花卉苗木等优势农业产业。根据产业品种及规模分别给予贫困户 400~5000 元的产业奖补，对生猪、水稻等保险品种由政府整合资金投保、参保。

会昌县对贫困户发展产业区别不同情况给予扶持，对于上级有专项资金补助的，如脐橙（橘柚）、油茶、生猪、茶叶、毛竹等产业项目，面积核实、资金补助按原管理渠道由相关职能部门负责实施，帮扶干部帮助贫困户申报项目补助；对于上级没有专项资金补助的，如中药材、养蜂、铁皮石斛等产业项目，会昌县将从县本级每年预算的产业化资金和上级下达给会昌县每年 1000 万元的赣南等中央苏区产业化扶贫资金中切块安排补助资金。针对不同产业的投入和产出比，崇义县先后研究制定了《崇义县推进精准扶贫扶持办法》、《崇义县精准扶贫产业帮扶实施办法》、《崇义县刺葡萄产业发展办法》、《崇义县油茶产业实施发展意见》以及 17 个行业专项扶贫方案，每项政策都精准扶持到户。县财政通过整合涉农资金、社会扶贫资金，盘活结余资金等举措，落实产业帮扶资金 7121 万元。设立了油茶、刺葡萄、乡村旅游、竹木四大扶贫产业发展专项基金和产业发展贷款风险补偿金，为全县产业扶贫提供了资金保障。例如，贫困户发展刺葡萄产业，县财政每亩可给予补助 4000 元，油茶低改每亩补助 300 元、新造每亩补助 600 元，开办农家乐每户补助 10000 元，极大地调动了贫困户发展产业的积极性。

第三，紧跟农业产业发展前沿，及时吸纳新理念、新技术和新方法。在充分发挥本市资源禀赋的同时，赣州积极探索电商扶贫、光伏扶贫等产业扶贫新路子，充分运用现代技术成果（如互联网技术、新能源技术）、现代方法，加快产业精准扶贫步伐。及时引进先进技术，提高抵御市场风险能力。如全南“高山”牌蔬菜成功对接沃尔玛后，全南县蔬菜协会建立了“从农场到餐桌”的可追溯运作模式，在让消费者吃上安全可靠的高山蔬菜的同时，也确立了品牌效应，有效减少了流通环节，降低了农产品流通成本，促进价格基本稳定，解决当地万余农民的农产品销售难题。2013 年，该县蔬菜播种面积达 9.95 万亩，产值 3 亿元。

主动与大专院校、科研机构联合，为农户提供技术服务，引进新品种、新技术、新设施，降低了农民生产经营过程中的成本，提高了农民参与市场竞争和产业抗御市场风险的能力。如全南县芳香苗木产业协会已经与南京林业大学、华中农业大学、华南农业大学、韶关大学、省林科院、赣南师范大学等多家科研院校达成了合作协议，对珍稀林木种苗新品种选育认定、有机肥适生菌的选择、生物有机肥开发、种苗快速繁育和标准化种植、系列产品研发以及野生桂花资源调查利用等多方面进行合作、研发，并采用科学控温、控水技术和无纺布容器培育等先进手段，培育出了楠木、木荷、南方红豆杉、观光木、红楠等乡土珍贵苗木，提高了产品竞争力。

第四，强化利益连接机制，确保产业脱贫项目真正带动贫困户发展（黄承伟、叶韬，2016）。积极探索“保价收购”、“政府回购”、“预期收益前置”、“合股开发”等产业发展新路子，灵活运用土地入股、劳力入股、股份合作等形式，推行“合作社+农户”、“基地+贫困户”、“能人大户+贫困户”等模式，让缺劳动力的农户依靠土地、技术资源发展致富产业。积极引导承包土地向专业种养大户、家庭农场、农民合作社、农业龙头企业流转，对流转贫困户土地的，在享受流转一般农户土地补助政策的基础上每亩再增加 50 元的补助；对流转土地的贫困户给予一定的奖补，增加贫困户财产性收入，具体标准由各地确定。鼓励贫困户以土地、山场、水面承包经营权入股等形式，参与产业扶贫开发，增加扶贫对象的家庭经营收入、财产性收入和工资性收入。整合“财政惠农信贷通”、小额就业贴息贷款、涉农资金扶持等专项政策，引导农业龙头企业、农民合作社、产业能人大户，“公司+合作社（基地）+贫困户”、“合作社+农户”、“基地+农户”、“公司+农户”等模式，建立“风险共担，利益共享”的经营机制，提高贫困户的组织化水平，让贫困户从产业发展中获得更多收益。各地结合实际，制定了农业龙头企业、农民合作社和种养能人、大户扶持带动贫困户发展产业、尽快脱贫致富的具体实施办法。

第二节　赣州市产业脱贫概况

针对目前以钨、稀土初级加工为主，高污染、高能耗和低附加值的产业发展现状，赣州市依托国家政策，承接产业转移和培育新兴产业集群，大力发展电子信息、新材料和新能源汽车等十类新兴产业，促进发展生态旅游、文化旅游和红色旅游，逐步引导产业向“资源主导—制造主导—服务主导”迈进，形成低碳、绿色产业体系，推进生态文明建设，着力打造循环经济的“绿色版图”（黄仪荣、韩高峰、黄敏，2014）。显然，赣州市产业脱贫坚持城乡推进的战略，在城市大力发展十大新兴产业的同时，在广大农村则紧密依托各地资源，大力发展旅游业、生态绿色产业，着力破解产业脱贫难题。

一、赣州市产业脱贫的原则、特点、主要模式

赣州市委书记李炳军（2016）认为，赣州苏区产业脱贫的关键是“五个一”，即要选准一个产业，重点发展覆盖面广、带动力强的农业主导产业和各具特色的优势产业；打造一个龙头，引导企业、合作社、家庭农场发挥传、帮、带作用，吸纳贫困户参与产业发展；建立一套利益联结机制，推行“企业（合作社）+贫困户”、“企业+种养大户+贫困户”等模式，确保企业增效、贫困户增收；扶持一笔资金，采取政府出资、贴息贷款等方式为贫困户提供信贷支持；培育一套服务体系，提供种苗繁育、农资配送、市场信息及产品营销等全过程服务。在“五个一”原则的指导下，根据“资金跟着穷人走，穷人跟着能人走，穷人能人都跟着产业走，产业项目跟着市场走”的思路，按照“规划先行、区域发展、市场运作、差异扶持、利益链接”的发展路径，赣州坚持一项产业一个规划、一套扶持政策、一个牵头单位、一名责任领导、一笔专项资金、一套技术标准、一个创新模式、一个考核办法的推进机制，以大产业促进大扶贫。仅 2015 年，赣州市就凑集产业帮扶资金 52.01 亿元，专项用于贫困村、贫困户产业帮扶及提供相应的免费担保，提高致富脱贫能力，确保每年实现精准脱贫 15 万人。

（一）赣州产业脱贫的原则与特点

1. 赣州产业帮扶的原则

产业帮扶，既要照顾到贫困户的实际情况，也要兼顾区域发展。一般来说，贫困户的致贫原因各异，因此，在精准扶贫时，必须因人而异，因户施策，精准施策。由于经济底子薄，生活能力比较弱，贫困户大都当前生活比较困难，因此，必须先确保其当前生活；与此同时，为了确保其不还贫，还得兼顾长远利益，引导其发展具有长效的产业，在实现精准脱贫的过程中，推动区域发展。赣州市的产业扶贫坚持了“四大原则”、“四大标准”。“四大原则”是指因户施策、长短结合、产业组合、精准扶贫与区域发展；“四大标准”是指验收标准和补助标准，产业项目申报和审批标准，扶持资金申请和拨付程序的标准，保障措施标准。四大原则具体如下。

（1）因户施策。要求对所有能有效带动贫困户脱贫的农业种养产业进行扶持。如信丰县根据“因地制宜、突出特色、统筹发展”的原则，推荐发展以烟叶为主的经济作物类、以半夏为主的中药材类、以甜玉米为主的粮食类、以红瓜子、花生为主的坚果类、蔬菜类，以牛羊为主的畜牧类、以四大家鱼为主的水产类、以鸡鸭为主的家禽类等的养殖产业。根据贫困户的实际情况，选准帮扶产业。

(2) 长短结合。要求产业发展以长效为主、长短结合。一方面，通过短、平、快的产业项目如蔬菜种植、生猪、水产养殖等，帮助贫困户短期内受益脱贫；另一方面，通过长效发展的产业项目如油茶、脐橙等，帮助贫困户获得长期的收入来源，防止返贫。仅宁都县2015年脐橙、油茶种植面积就分别达到13.6万亩和15.7万亩，黄鸡年出笼3500万羽，粮食年产量40万吨以上，长短结合的产业扶贫惠及6000余户贫困户3万多名贫困人口。大余县大力发展短平快的蔬菜，在青龙二塘村、新城南丰村、黄龙叶墩村等建立了300亩以上的蔬菜基地，带动贫困户500户以上。龙南县为了改善贫困村的产业发展基础设施条件，为产业长远发展打下坚实基础，按照“集中力量办大事”的原则，统筹整合资金4200余万元，硬化112公里贫困村产业基地道路、新修2.7万米水圳、新建3处产业交易市场，为贫困村、贫困群众发展产业、稳定增收提供基础设施支撑。

图7-2 特产蔬菜生产示范基地

资料来源：刘善庆拍摄。

(3) 产业组合。鼓励贫困户发展多种产业，拓宽脱贫渠道，分摊风险。如信丰对全县2014年底建档立卡的一类扶贫对象中有劳动能力和产业发展愿望的贫困户（已申报安排扶持5亩油茶林的贫困户除外）实施产业发展精准帮扶。宁都县结合县情实际，2014年10月出台了《关于推进产业扶贫工作的意见》（以下简称《意见》）。《意见》规划了产业布局。根据各贫困村实际，围绕该县“黄鸡、脐橙、油茶、茶叶、花卉苗木、大棚蔬菜”等主导产业及区域特色产业总体发展规划，选择发展“一村一品”、“一村一特”的扶贫产业。全县每年黄鸡饲养年出笼3500万羽，新增果业（脐橙）5000亩、高产油茶10000亩、茶叶2000亩、花卉苗木1000亩、大棚蔬菜1000亩。规划建设以长胜、梅江、会同、田埠、固厚、竹笮、对坊、黄石、小布、黄陂等乡镇为主的黄鸡养殖基地；以会同、赖村、青塘、竹笮、长胜、田头、对坊、固村、固厚、湛田、石上、安福等乡镇为主的脐橙产业基地；以对坊、固厚、赖村、大沽、小布、蔡江、黄陂、钓峰、东韶、洛口、东山坝等乡镇为主的油茶产业基地；以小布、东韶、田埠、大沽等乡镇为主的有机茶叶种植基地；以石上、钓峰、黄陂、安福、肖田等乡镇为主的银杏种植基地；以梅江、会同、肖田、石上、竹笮、东韶等乡镇为主的花卉苗木基地；以竹笮、梅江、青塘、长胜、固厚等乡镇为主的大棚蔬菜基地。充分发挥宁都县作为全国扶贫开发重点县、赣南等原中央苏区县、罗霄山特困片区县、创建全国革命老区扶贫攻坚示范区试点县四张扶贫开发名片作用，通过产业组合，引导贫困群众通过发展特色种、养产业脱贫致富。

（4）精准扶贫与区域发展结合。精准扶贫强调精准到户，是通过精准滴灌实现贫困户个体的脱贫，区域发展是贫困户所在地的发展，因此，两者的关系是点与面的关系，两者的根本利益一致。但是，在资源有限的情况下，在短期内可能会发生资源配置方面的矛盾，有时可能出现顾此失彼的现象。这就要求正确处理；只要正确处理，完全可能实现两者的融合、协同。如于都县在精准扶贫工作中，正确处理扶贫与区域发展的关系，既坚持精准扶贫的三年目标，也着眼于贫困户的长远利益，注重区域发展，界定重点实施区域，集中连片布局产业，培育一批具有竞争优势的主导产业和特色产品，提高贫困群众自我发展能力，帮助贫困群众稳定增收。已确定以桥头乡为轴心的马安、银坑、仙下区域的肉兔养殖基地和以贡江、梓山、段屋、岭背为核心的蔬菜、油茶、脐橙、花卉、优质稻、瓜果等现代农业产业带及其他养殖业，实施产业连片开发建设。对建档立卡贫困户从事特色区域产业给予全方位扶持，只要符合条件的建档立卡贫困户都可以享受产业扶贫到户补助政策，补助标准按照《于都县产业扶贫到户示范项目实施方案》实行，除此之外，还可以享受贷款贴息的政策。桥头乡是于都县最北端的偏远乡，7个行政村中贫困村就有3个，贫困人口占该乡总人口的29.6%。为帮助贫困户脱贫致富，2013年，县扶贫办安排20万元资金，支持桥头乡启动实施“百户养兔产业扶贫到户示范项目”，扶持贫困农户发展肉兔养殖。项目依托养兔合作社向农户提供兔种、饲料、技术和销售服务，并按照每只种兔60元、每个兔笼35元给养殖户予以补助。同时，给予每户养殖户贷款贴息，由养兔专业合作社指导农户建标准兔舍，提供全程免费防疫与养兔技术指导等服务。桥头乡固石村村民谢登斌2013年养了120只种兔，纯利润有40000余元，2014年准备扩大规模，带着乡亲们一起发家致富。目前，桥头乡像谢登斌一样在产业扶贫到户政策的扶持下，办起了肉兔养殖的贫困户有 100 多户。

图 7–3　农业产业示范园与区域发展良性互动

资料来源：刘善庆拍摄。

信丰县古陂镇农伯乐蔬菜专业蔬菜合作社通过“合作社+基地+贫困户”的模式，采用“统一品种、统一技术、统一培训、统一销售”不但实现了种植模式多样化和蔬菜生产的产业化，而且通过示范作用带动古陂镇 400 多贫困户种植蔬菜和甜玉米，贫困户平均每亩甜玉米产值可达到 2300~3200 元，每亩蔬菜产值可达到 5000~12000 元。该县铁石口镇海信棕榈、花卉苗木合作社带动周边农民及贫困户种植户达 500 多户，现种植棕榈苗木 10 万余株，其他绿化苗木 20 万余株，种植面积达 1679 亩，带动 200 多名贫困群众务工就业，贫困群众平均每月工资 2300 元左右。目前，信丰县培育了大阿永青蔬菜基地、小江润泽生态泥鳅养殖基地、大桥镇火龙果及白莲等农业产业扶贫基地 200 余个，2000 多户 4500 多贫困群众参与基地发展，带动贫困群众基地务工就业达 5000 多人次，实现户均每年直接受益 8000 多元。为有效提升扶贫精准度，并推动区域经济发展，宁都县对贫困人口相对集中的地域，将资源禀赋、发展条件、产业基础相近的贫困乡村进行集中连片布局，实现特色优势产业的连片规划开发，实现“一村一品”、“一乡一业”，在全县建立了 1000 多个扶贫基地，涉及油茶、脐橙、三黄鸡等十几个产业，所建的扶贫基地辐射人口当中都有 50%以上的贫困人口。兴国县有针对性地引导贫困农户种植烟叶、蔬菜、油茶、茶叶等，做大做强特色品牌，在高兴长迳、高湖等发展了杨梅、西瓜等产业，在长冈合富、埠头枫林等地发展了大棚蔬菜，在古龙岗、社富、兴江等乡发展了甜柚产业，在崇贤、方太等乡发展了脐橙产业。通过这种方式，既实现了精准扶贫到户的目标，又通过产业的规模化发展，推动了贫困户所在区域的经济发展。

图 7–4　赣南特产展示

资料来源：刘善庆拍摄。

“四大标准”让贫困群众农业产业发展有了“路线图”。其中，第一个标准是验收标准和补助标准。如信丰县对贫困户直接发展产业的，以脐橙、槐米为主的林业类、以烟叶为主的经济作物类、以红瓜子、花生为主的坚果类、以甜玉米为主的粮食类、以半夏为主的中药材类、蔬菜类、以牛羊为主的畜牧类、以四大家鱼为主的水产类、以鸡（含蛋鸡）、鸭为主的家禽类分别明确了和量化了具体的补助标准。

第二个标准是产业项目申报和审批标准。信丰县规定，首先，在项目申报方面，由贫困户提出项目发展申请，并填写好《贫困户产业发展扶贫项目申报表》。其次，在项目审核方面，先由结对干部、扶贫工作队长、村委会审核，主要审核该贫困户是否符合申报该产业项目所具备的条件，扶贫干部对贫困户发展产业进行全程监管。发展 10 种推荐产业之外的其他农业种养产业，由县精准办牵头产业主管部门、相关乡镇研究提出是否同意发展该产业，以及发展该产业的验收补助标准。最后，在项目批复方面，各乡（镇）村委会汇总审核同意后的贫困户产业发展扶贫项目，并填入《贫困户产业发展扶贫项目申报汇总表》，在村、组公示7天后，上报到当地乡（镇）人民政府；当地乡（镇）人民政府对各村上报的贫困户产业扶贫项目进行批复，并下达产业扶贫项目实施批准文件，同时到县精准扶贫领导小组办公室备案。

第三个标准是扶持资金申请和拨付程序的标准。在资金申请上，由贫困户提出项目资金拨付申请，并填写《贫困户产业发展扶贫项目资金拨付申请表》，经贫困户本人签字，帮扶结对干部、扶贫工作队长、村委会审核同意后报当地乡（镇）政府复核，再由各乡（镇）政府汇总，并将填好的《贫困户产业发展扶贫项目资金拨付申请汇总表》在镇、村、组公示7天，无异议后，上报到县里审批拨付。在资金拨付管理上，按照《赣州市扶贫资金管理使用办法》与县财政制定的奖补资金拨付管理办法执行。

第四个标准是保障措施标准。关键是做到三个“加强”，一是加强舆论宣传，为产业扶贫开发工作顺利开展营造良好社会舆论氛围。积极宣传产业扶贫各项政策措施和计划安排等相关内容，大力宣传产业发展的先进典型，通过正面引导，调动群众参与产业发展的积极性。二是加强技术指导。要求县委农工部、农粮、果茶、林业等部门组织农技人员，成立产业扶贫技术指导小组，根据时令特点，常年分赴各乡（镇）开展农业技术帮扶和现场指导，全面提高贫困户发展相关产业的实际操作技能。不定期邀请农业技术专家和学者来举办专题讲座，重点对全县农业产业管理人员和农技人员进行集中培训，不断提升农技服务水平。在全县扶贫工作队干部中广泛开展农业技能培训，使其掌握基本的种养规程和操作方法，为结对帮扶提供及时有效的产业技术指导。三是加强督查考核。县精准扶贫领导小组办公室牵头制定产业扶贫工作考评考核办法，加强对各乡（镇）、帮扶部门（单位）以及帮扶干部开展产业帮扶情况进行考评检查。

2. 赣州产业帮扶的主要特点

贫困人口之所以贫困，一个重要原因是产业层次低，增收渠道不够广。因此，赣州市在产业扶贫上，针对不同的对象，综合运用政策帮扶，因户施策抓产业，坚持打好“三个结合”的“组合拳”，不断增强贫困人口“造血”功能。

（1）注重长短结合。一方面，培育贫困群众能够长期受益的脐橙、油茶等产业；另一方面，积极发展蔬菜种植等短、平、快的产业，带动贫困户脱贫。如赣南脐橙发源地的信丰县，一方面，在保持脐橙稳定发展的同时，大力发展油茶产业，建立了万亩油茶脱贫基地；另一方面，积极发展短、平、快的蔬菜产业，长短产业有效结合。信丰农伯乐蔬菜专业合作社通过“合作社+基地+贫困户”模式，采用“统一品种、统一技术、统一培训、统一销售”不但实现了种植模式多样化和蔬菜生产的产业化，而且通过示范作用带动古陂镇400多贫困户进行种植蔬菜和甜玉米，贫困户平均每亩甜玉米产值可达到 2300~3200 元，每亩蔬菜产值可达到 5000~12000 元。信丰华记蔬菜基地面积达 2200 亩，带动 200 多名贫困群众务工就业，贫困群众平均月工资达 2300 元左右。信丰县大阿镇充分发挥该镇永青蔬菜专业合作社的无公害蔬菜示范基地的示范带动、技术支撑、用工需求、销售渠道作用，围绕流转土地、基地务工、入社学技三个载体，强力推进精准扶贫、精准脱贫工作。该示范基地总规划面积 5000 亩，其中核心区面积达到 2000 亩，“合作社+农户”辐射区面积达到 3000 亩，总投资 4000 万元，主要种植茄子、苦瓜、辣椒、黄瓜等 15 个优质无公害商品蔬菜，已经销到了赣州中心城区及周边县城、各大超市、工厂、学校，蔬菜产业成为当地群众尤其是贫困户的致富产业。

图 7–5　安远县供港蔬菜基地

资料来源：刘善庆翻拍。

（2）注重多产结合。帮扶产业发展，不能仅靠农业，必须多产结合，宜工则工、宜农则农、宜商则商、宜游则游，就是农业也必须全方位、多角度谋划。正是出于多产结合的考虑，赣州全方位、多角度谋划，注重在生态旅游、交通、水利、金融、就业、农村电子商务、文化等方面做活、做好文章，不断吸纳贫困群众参与其中，并在其中实现就业，为贫困户建立起了长效稳定的增收渠道。如大余县在大力发展苗木产业脱贫的同时，花大力气发展乡村旅游，打造了以丫山风景区为代表的农家乐等休闲旅游基地。积极发展养殖业。目前，大余全县年出笼白鸭300万只以上，由南安板鸭有限公司保价回购。该公司采取“公司+基地+农户（贫困户）”的形式，免费提供鸭苗给贫困户，由公司保价回购，在抵扣鸭苗和饲料费用后，每只鸭农户可获纯利润6元以上。作为全国最大的板鸭生产企业，该公司可提供就业岗位720个，目前吸收了46户贫困户就业，带动近千户农户成为养鸭专业户，其中贫困户200多户。

信丰县在脱贫攻坚中，重视农业内部结构平衡，种养业并举。以新田镇为例，目前，全镇12个村中有7个村抓了100亩规模以上的烟叶扶贫基地，带动发展烟叶种植1810亩，预计可实现收购5000担以上、总产值600万元以上，人均增收300元目标。在做大山区特色产业方面，立足山区乡镇山地多、草木资源丰富的实际，全镇建立了6个肉牛养殖、2个蜂蜜养殖、3个杉树和油茶苗木繁育、2个木薯种植等山区特色产业扶贫示范基地。具体是：在花历、坪地山、新田、百石等村新建了6个养牛基地，共安排24户贫困户在基地就业，吸纳17户贫困户入股委托基地饲养肉牛42头；在坪地山、百石上坪新建了2个养蜂基地，养殖规模达180箱，每个基地年蜂蜜产量可达到1000公斤，可实现产值4万元以上；在金鸡、下江、新明等村新建了3个百亩以上规模的杉树苗木、油茶苗木基地；在百石村的月半坑、横下新建了两个木薯种植基地，种植规模200亩，品种是从广西引进的高产、高含淀粉的良种南植199，亩产可达2000公斤，市场价为600元/吨以上，每亩纯利润可达1000元以上，辐射带动贫困户20户。在壮大高产油茶产业方面，在铜锣丘、新明、下江三个村启动了2000亩高产油茶基地建设。

（3）注重统分结合。贫困户具体经营方式可选择联户合作经营、产业大户托管、单户独自经营等模式。赣州市积极培育和发展农民专业合作、股份合作、劳务合作、投资合作等新型合作经营主体，推动产业开发项目家庭经营、集体经营、合作经营、企业经营等多种农业经营方式共同发展。鼓励贫困农户以土（林）地承包经营权作价入股，参与家庭农场、合作农场、联户经营和农民合作社等新型农业经营主体。如大余县依托养蜂合作社，采取自主购蜂养、参与合作社养、委托合作社养三种模式，共建立养蜂基地12个，与800多户贫困户签订养蜂协议，有效推动了贫困户如期脱贫。信丰县通过培植壮大农业企业、农民合作社、家庭农场、种养大户等新型农业经营主体，加快培育发展能带动贫困户脱贫、具有自身特色的农业产业，基本形成“一村一品”的发展格局。同时按照“企业（合作社、农场、专业户）+基地+农户”的产业化经营模式，辐射带动贫困户参与发展农业优势特色产业，使有产业发展愿望、有一定发展能力的贫困户实现增收脱贫。目前，信丰县共发展新型农业经营主体200多个，2000多户4500多贫困群众参与基地发展，带动贫困群众基地务工就业达3000多人次，实现户均每年直接受益8000多元。如铁石口海信棕榈花卉苗木合作社带动周边农民及贫困户种植户达500多户，现种植棕榈苗木10万余株，其他绿化苗木20万余株，种植面积达1679亩。

（二）赣州产业帮扶的主要模式

1. 赣州产业帮扶的三种模式

概括起来，赣州产业脱贫的模式主要有三种，即直接帮扶、带动帮扶、投资帮扶。

（1）直接帮扶模式。适用于有意愿、有能力的贫困户。如崇义依托君子谷、齐云山等农业龙头企业，精选刺葡萄、油茶、乡村旅游、竹木作为全县精准扶贫的四大主导产业，将全县16个乡镇划分为油茶、刺葡萄、乡村旅游、竹木四大产业发展片区，每个产业都制订了发展规划，明确发展目标、年度计划和贫困户参与发展规模。其中，全县共规划油茶产业新造3万亩、低改10.07万亩，新发展刺葡萄产业1万亩、竹木产业2万亩，规划乡村旅游示范点10个。从2015年起，连续三年，有计划地对有能力、有意愿、符合种植发展条件的贫困户，每户全额扶持种植1亩刺葡萄，由君子谷公司提供2年以上规格的安全种苗，费用由县财政和君子谷承担，其中每株种苗县财政补助10元，并由君子谷公司与贫困户签订保护价收购协议，县财政补助搭建棚架材料和工人费4000元/亩。贫困户种植刺葡萄面积超出1亩的，超出的种植面积享受《崇义县刺葡萄产业发展办法》

大力发展蜜橘、茶叶、白莲、水产品、家禽等特色农村产品种养和精深加工，特色农产品加工业以超常速度实现了快速崛起。图为上犹县的茶园。

图7-6　上犹县的茶园

资料来源：刘善庆拍摄。

的扶持政策。大余县研究制定了《大余县农业产业扶贫工作实施方案》，对发展产业的贫困户给予直接补助，具体明确了油茶、柑橘、蔬菜、西瓜、猪牛羊、鸡鸭鹅、花卉苗木等共计 21 种农业产业的补助标准，其中，对种植花卉苗木 1 亩以上的，每亩补助 600 元；种植甜玉米 1 亩以上的，每季每亩补助 400 元；种植蔬菜、西瓜 1 亩以上的，露天种植每亩补助 500 元，大棚种植每亩补助 1500 元；种植茶叶 1 亩以上的，每亩补助 600 元；种植药材 1 亩以上的，每亩补助 500 元等。方案中没有具体点明的，则采取一事一议的方式，由县精准扶贫办组织产业主管部门审核并确定验收补助标准。此外，一些乡镇、帮扶单位立足当地实际和贫困户发展意愿，制定出台本乡镇、本单位产业扶贫到户政策，自筹资金扶持贫困户发展产业，如大余县民政局引导和帮扶新城镇高龙村农户种植生姜，每分田补助 200 元；河洞乡扶持发展食用菌产业，对发展食用菌的贫困户给予 1200 元/亩的搭棚补助等。

（2）带动帮扶模式。对没有产业发展能力的贫困户，必须采取该模式。带动帮扶的主体既包括合作社、产业大户，也包括龙头企业。他们在扩大生产的过程中，流转或吸收入股贫困户的田、土、山等生产资料，或为贫困户提供就业岗位，或为其提供价值链服务，从而使贫困户获得稳定收入。如瑞金市日东乡过去创办过日东茶厂，因经营不善而解散。该茶厂被收购后改名为武夷源实业有限公司，茶厂重获生机，并因获得农业部绿色食品奖而名声大作，产品热销海内外。在此情况下，日东乡党委政府抓住“名牌效应”，主动与公司联姻，推出了“公司+农户”联合经营模式。在省定扶贫村黄竹村抓好种茶试点，农民负责垦山整地，公司提供茶苗、肥料、技术指导，农民将采摘的生茶上交茶场，茶场负责烤制、包装外销。经过五年的合作，现黄竹村户均茶园五亩，全村发展茶叶 1735 亩。仅种茶年收入就超万元。尔后，乡政府又在赣源村、日东村、陈埜村动员 543 户农民种茶 1900 亩。现在，543 户农民年收入全部达 2 万元以上，实现了脱贫致富。

大余县采取政策扶持、干部帮扶、党建引领等一揽子措施，扶持黄龙镇花卉苗木基地的润盛园艺、友缘园林等 8 家花卉苗木企业，这些企业在扩大生产规模的过程中，共流转周边 40 余户贫困户 140 亩土地，为贫困户带来每亩每年 800 余元的收入，同时还吸收周边 30 余户贫困户从事苗木管理、运输、环境卫生等岗位，每月收入 1800 元以上。崇义县过埠镇黄背村农民袁昌新组织 11 户农户，采取土地租赁、自愿加入、按比例分成等方式，成立了刺葡萄种植合作社，共种植刺葡萄 30 余亩，其中 4 户为扶贫对象。合作社成员将土地交付合作社经营，平时参与计酬劳动；袁昌新则负责果园的日常管理，利润按四六分成。该模式较好的解决了贫困户缺乏技术和资金等难题，充分利用了有限的土地资源带动贫困户脱贫致富，实现共同富裕。过埠镇果木村村干部钟连慧在种植8亩刺葡萄的同时，帮扶小龙组扶贫对象钟秀盛、钟秀珠各种植了7亩刺葡萄。钟秀珠、钟秀盛以土地作价入股，钟连慧负责果园经营的资金兜底、技术管理和市场运作，利润按照股份占比（30%∶30%∶40%）分成。通过村干部扶持，解决了钟秀盛和钟秀珠的资金和技术困难，为他们提供了一条稳定长效的增收渠道。

龙头企业带动扶贫也是其中重要的扶贫方法。如于都县以扶贫产业为核心，发挥龙头企业示范带动作用。整合产业扶贫专项资金5000万元，实行“以奖代补”，用于产业扶贫到户补助和鼓励各类经营主体参与扶贫，带动更多的扶贫对象脱贫致富。因此，于都县规定：凡是吸纳扶贫对象就业占用工总人数30%以上的农业产业化龙头企业（用工总人数60人以上的）、农民专业合作社，则由县里为其发展生产提供贷款担保，并视其吸纳就业比例减免担保费用及享受贴息政策；对示范带动的扶贫对象发展油茶、柑橘、茶叶、商品蔬菜、光皮树、大盒柿、奶牛等现代农业扶贫主导产业的，给予资金补助，补助门槛低、标准高，只要当年新增连片种植茶叶2亩以上，就可以纳入奖补范围，钢架大棚蔬菜补助则高达每亩5000元。江西绿中源生态科技发展有限公司先后在于都县梓山、段屋、宽田、黄麟、沙心、贡江、葛坳7个乡镇流转山地5.2万亩，现已建成6个三千亩以上集中连片的优质高产油茶种植基地，新造油茶林3.18万亩，依托产业基地组建了7个油茶产业合作社，吸收会员1600余人，带动当地1200余户农户种植油茶，同时安排当地800多个农民就业，增加农民收入1200多万元，其中解决了180多名贫困农民就业问题，人均年增收2.76万元。如今，在江西绿中源生态科技发展有限公司带动下，于都全县27家市级以上农业龙头企业踊跃加入到农业产业扶贫队伍中来，为3000余户贫困农民解决了就业问题，带动400余户贫困农户发展农业产业。全南现代牧业发展有限公司是一家集供港生猪生产、饲料加工及果业开发为一体的现代集约化养猪企业。公司于2008年获得商务部批准的自营出口经营权及供港配额，目前是赣州市唯一有自营出口经营权，并自主结汇收汇的民营农牧企业。该公司全面实施良好农业规范GAP管理模式，实现了生猪从生产到餐桌全程的安全卫生标准化生产，并注册了“朱美美”商标，先后获得了“江西省农业产业化经营省级龙头企业”、“国家级生猪活体储备基地场”、“国家级生猪标准化示范场”等荣誉称号；顺利通过了国家良好农业规范（GAP）一级认证以及“无公害农产品、无公害农产品产地双认证”。2013年该公司在自有猪养殖的同时，采用“公司+合作社+农户”的农业产业化经营模式，带动周边1650户（其中在册贫困户200多户）农户发展生猪养殖，全年供港生猪6万多头，创汇1000多万美元，农户户均增收6000多元。

（3）投资帮扶模式。适用重度贫困户。在确保专项扶贫资金到村到户的基础上，大余县积极探索长期固定分红受益的模式，县、乡镇和帮扶单位自筹资金进行投资，把投资收益用于精准扶贫，增强资金的循环性和可持续性。目前，大余县政府计划筹备 2000 万元资金入股林盛木业公司回购杉木林，这些收益将全部用于精准扶贫，重点扶助重度贫困户。如信丰县，针对 2014 年底全县贫困程度尤为突出的近 4000 户建档立卡在册一类贫困户，依托金盆山林场、金鸡林场、林木良种繁育中心、油山林场 4 个国有林场，以林场现有山地为主，坚持以不破坏生态为底线，在火烧迹地、病残果园、撂荒地和 25 度缓坡以下以及低质低效林等范围打造 8 个现代高产油茶林精准扶贫示范区，力争用两年，在全县新造 20000 亩现代高产油茶林。以每户贫困户新造 5 亩油茶林为标准，采取自愿申报选择自主经营或委托林场统一管理经营。对委托管理的贫困户由国有林场每户颁发 5 亩的经营权证，委托管理的按贫困户与林场 7∶3 的比例进行分红；自主管理的按贫困户与林场 8∶2 的比例进行分红，贫困群众受益 30 年。效益分红直接由示范区所在国有林场统一划拨至贫困户的一卡通账户。目前，信丰县已落实相对集中区域 16 处 20080 亩，下达前期资金 1500 万元，各乡（镇）正积极推进租地流转工作，进村入户与农户签订租地流转协议，已签订租地合同 1203 户，面积 6041 亩，林场已划定林地面积 6010 亩。全县已完成 2 万亩精准扶贫油茶示范区总体规划，各实施林场科学合理设计示范区主干道，搭建了管理用房，配备了专业技术人员，正在进行小班区划，同时组织民工进行林木采伐和清山作业。信丰县希望通过这种扶贫探索，力图给贫困户拓宽一条长效稳定的增收渠道。

2. 赣州市强化产业帮扶利益连接机制的探索

由于一家一户发展产业规模小、风险大，因此，结对帮扶不能走以前扶持贫困户分散经营的老路子，需要适应现代农业发展趋势，走产权联合、合作经营的路子，积极培育新型经营主体。赣州市以破解市场风险为根本，以促成贫困户抱团发展为重点，着力构建贫困户与涉农企业、合作组织、产业大户的利益联系机制，让贫困户在土地流转、产业前端、保护价格、利润分红、务工就业和股份合作等方面受益，实现市场主体壮大和贫困户增收“双赢”目标。如兴国县既注重培育贫困户参与面大、市场前景看好的龙头企业，又大力扶持专业大户、家庭农场、农民合作社等新型农业经营主体，大力推行“公司+基地+贫困户”、“合作社+贫困户”、“种养大户+贫困户”等现代农业模式，探索出“引龙头、建基地、扶大户、带农户”的产业化扶贫之路，辐射带动贫困户增收脱贫。目前，重点培育壮大了百丈泉食品、山村油脂等一批省市龙头企业，累计发展农民专业合作社 274 家、家庭农场 21 家、种养大户 335 户。如百丈泉食品公司通过组建专业合作社发展“订单”农业，吸纳贫困户参与红薯、灰鹅、草鱼等产业，带动 1.5 万余农户，户均增收 1300 元。龙南县目前已培育了市级以上农业龙头企业 11 家，农民专业合作社 170 家，家庭农场 13 家，宏昌渡江蔬菜基地、东江大稳长排千亩脐橙基地、恒泰产业基地、东坑油茶产业等为重点的乡村农业产业基地 144 家。在此基础上，为了帮助不能外出务工的贫困劳动力和半劳动力在家门口就业，龙南县制定了奖励政策，对安排贫困户就业、达到最低工资标准的农业龙头企业、农民合作社、产业能人大户，按每人每月 300~350 元的标准给予补助。渡江万亩现代农业产业园、桃江现代农业产业基地、里仁花卉苗木基地，东坑、夹湖油茶基地等，都成了带动贫困人口就业脱贫的主要基地，贫困群众在基地务工，每天可得到 50~80 元的收入。

守着稻田挣钱不多，弃田抛荒于心不忍，在外打工心挂两头。这是当前赣南许多农民矛盾心情的真实写照。为了将散落在农户手里的土地集中起来，连片开发种植，推动扶贫产业发展，全南县积极鼓励引导有资金、懂技术、会经营的农村致富能手、返乡创业人员、种养专业大户、龙头企业、专业合作社通过租赁、转让等方式取得周边农户的土地经营权。土地流转为推动全南县扶贫产业发展注入了新的动力。仅到 2013 年 5 月中旬，全南县实现土地流转面积 3 万多亩，涌现出种植面积 500 亩以上的专业合作社 13 个、种植 100 亩左右的专业大户 75 户。“土地流转之后，在家门口就业，既有土地分红收入、务工收入，还能照顾老人孩子，真是一举两得。”务工村民钟展锦说。

近年来，全南县大力扶持农民专业合作社发展。通过统一组织生产、统一购进农资、统一良种供应、统一技术培训、统一防疫灭病、统一产品收购加工及销售，把产前、产中、产后的专业化组织与相应的农户紧密结合起来，使农业产业链的各环节通过合作社控制在农民手中，有效带动农民调整产业结构，极大地提高了农业产业化水平。2014 年，该县在金龙、大吉山、龙源坝、南迳镇等建立了渔业专业合作社 8 个，注册资金 2620 万元，成员数 120 余人，带动 2000 多农户从事渔业生产。2014 年，该县已发展各类农民专业合作社 100 家（其中：种植业 49 个，林业 20 个，畜牧业 8 个，渔业 8 个，农机、植保等服务业 8 个，其他 7 个），入社农户总数达到 4426 户，有 11 个农产品获得无公害农产品认证或绿色食品认证，已建成百亩以上芳香花木基地 30 余个，总面积 8 万多亩；高山蔬菜播种面积达 10 万亩，辐射带动周边农户近 3 万户增收致富。

按照选准“一个好产业，引进一个好龙头，创新一个好机制，形成一个好体系”的思路，信丰县整合涉农资金，进一步加大公司或“合作社+基地+贫困户”的产业扶贫基地建设扶持力度（见图 7-7、图 7-8），促进产业扶贫基地做大做强，增强辐射带动功能。信丰县万隆乡田心村有 368 户农户 1531 人，现有扶贫对象 49 户 124 人。在精准扶贫工作中，积极推进“合作社+基地+贫困户”的帮扶模式，探索精准扶贫新模式。该乡因地制宜，充分发挥地理和区位优势，在田心村引进了白莲种植大户，创建了精准扶贫白莲基地。为有效整合人力、物力和财力，该乡整合乡里筹资的每户 400 元和县挂点帮扶单位物价局筹资的每户 600 元，按户均 1000 元成立村级产业发展扶贫基金。以基金的模式帮助贫困户购买

图 7-7　信丰县西牛镇憨农田园农民专业合作社及（一）

资料来源：刘善庆拍摄。

图 7-8　信丰县西牛镇憨农田园农民专业合作社（二）

资料来源：刘善庆拍摄。

股金 50%（按白莲投资成本 2000 元/亩计算），参股入股托管给合作社或者是产业基地大户，让贫困户享受利润分红 600 元（按白莲亩产利润 1200 元计算），同时享受政策补助资金 400 元（坚果类），仅此一项，贫困户户均增收 1000 元。扶贫基金还能以周转金（本金）作为下一轮产业发展的帮扶基金。在乡村干部的积极引导下，目前有 18 户一类贫困户入股，并有 2 人在白莲基地长期务工就业。

万隆乡依托合作社、产业基地或种植大户，由种植大户承担风险，亏损部分由大户补齐，完全旱涝保收，给入股农户吃了“定心丸”，不用担心亏本，踏踏实实拿分红。同时，万隆乡正积极向县里建议为大户购买农业保险等措施，确保大户不因灾受损。

图 7-9　兴国县蔬菜合作社基地

资料来源：刘善庆拍摄。

围绕打赢精准脱贫攻坚战，信丰县充分发挥党员能人和大户的示范带动作用，通过建立产业扶贫示范基地，贫困户与能人大户、专业合作社正式签订土地入股协议或用工务工合同等方式，建立完善稳定利益联结机制。

（1）精心打造了小河镇新芫村“帮扶干部+能人大户+贫困户”烟叶产业示范基地。新芫村种烟大户李喜生种植烟叶 100 亩，经当地挂点帮扶干部牵线搭桥，让基地与当地 8 户贫困户成功签订用工协议，保障烟叶生产各个环节中优先聘请这 8 名贫困户；烟叶收购后，该种植大户将轮作水稻，在水稻生产用工时也同样优先聘请这 8 名贫困户。李喜生说，“种烟用工按 60 元/天计算，一个烟叶生产周期内贫困户户均可以增收 4000 元左右，收益还是比较可观的。”据统计，2016 年该镇共建立烟叶产业扶贫示范基地 9 个，种植面积 3020 亩，占全镇烟叶落实总面积的75%，签订入股协议和用工合同的贫困户达231户。为了发挥该基地的脱贫示范作用，一方面强化培训，提高实用生产技能。2016年以来，小河镇邀请县烟草公司、县农粮局举办多种形式的烟叶生产实用技术培训6期，涉及烟苗移栽、烟田管理、大培土、病虫害防治等各个烟叶生产关键环节，参训烟农达到456人次，其中贫困户烟农121人次。为增强培训效果，小河镇还编印了通俗易懂、简单易学的《烟叶种植技术三十问》宣传手册300册，免费发放给所有参训烟农。有效提升了烟农种植技术水平，促进了烟叶生产标准化、规范化、科学化。另一方面重点扶持，鼓励贫困户自主种植。对具备一定劳动能力和农业发展意愿的贫困户，特别是一般贫困户和扶贫低保户，小河镇党委政府在资金和政策上予以倾斜，优先考虑机耕道修建和烤房指标分配，并专门安排一名烟技员提供全程技术指导，重点鼓励和扶持这部分贫困户发展烟叶规模种植，增强扶贫“造血”能力。目前共有16户建档立卡贫困户发展了烟叶种植，平均种植面积为6亩。

（2）组织贫困户和能人大户结对子，成立相应的农民专业合作社。小河镇志和村党员李玉山，系从全南县龙云养鱼厂辞职的鱼类养殖专家。在当地政府扶持下，李玉山带领贫困户成立了该镇第一个鱼苗孵化专业合作社，推行生产技术、采购配送、养殖模式和对外销售等“四统一”操作模式，大大降低了贫困户各方面的风险。目前，该合作社共吸纳了10户贫困户，经营了35口鱼塘。参照这一模式，小河镇建立能人大户带动精准扶贫示范基地5家，为贫困户提供就业岗位102个，专业合作社吸纳贫困户85户，脐橙、西瓜、小辣椒、花生、肉牛养殖等产业逐步发展壮大，贫困户生产技术上进一步提升，自我发展和增收致富能力显著增强。依托江西木子农业发展有限公司在庄高村创办的“油茶造林产业扶贫帮扶基地”，信丰县嘉定镇庄高村及周边有产业发展意向的贫困户68户186人到基地分包经营，基地为他们提供种苗、技术、销售服务和就业岗位。大塘埠镇的300余户贫困户，通过在该镇采取“龙头企业+示范园+贫困户”的模式建立起槐米产业扶贫创业孵化示范园，通过政府采取的“赊苗、赊肥料种植，全程技术指导管理，订单保护价收购”的帮扶脱贫方式以及免费为他们提供的产前、产中、产后一条龙服务，通过槐米“输血”项目增强了自身“造血”脱贫的能力。

会昌县采取“政府+金融机构+龙头企业（合作社）+贫困户”的模式，为贫困户提供增收渠道，具体做法是：贫困户直接向金融机构申请农民住房产权抵押贷款，所贷资金投入龙头企业（合作社），获得入股分红；或采取由金融机构以最优惠的利息向龙头企业（合作社）发放产业扶持贷款，龙头企业（合作社）根据获得的信贷规模按1万元扶持一户贫困户的标准，履行精准扶贫义务，会昌县按贷款金额5%的年利率为龙头企业（合作社）提供利息补贴，龙头企业（合作社）按贷款本金计利每月最低不少于5‰对贫困户进行保底分红。如果贫困户的土地在龙头企业（合作社）规划区内，且愿意流转的，龙头企业（合作社）按最优惠的价格全部进行流转，从而增加贫困户土地流转收入；对有劳动能力和劳动愿望的贫困户且愿意到龙头企业（合作社）务工的，龙头企业（合作社）在用工需求范围内，优先吸纳贫困户劳动力到企业务工，增加贫困户的务工收入。

于都县重点推动贫困农户以扶助资金入股和以土（林）地承包经营权作价入股，鼓励参与家庭农场、合作农场、联户经营和农民合作社等新型农业经营主体。同时支持部分贫困村畜禽、种子种苗合作基地建设，为帮扶对象种养业项目无偿提供优质可靠的种子、种苗。

围绕“1+4+N”主导产业政策，宁都县探索建立了“公司+贫困户”、“合作社+贫困户”的产业扶贫新模式，采取以奖代补、提供种苗、小额贷款等办法，发展了惠大实业、鑫友农产品、森旺现代农业等一批有影响力的农业企业或专业合作社，引导贫困户采取直接参与、山地入股、临时务工等形式融入产业扶贫链，辐射和带动贫困群众脱贫致富。如对坊乡油茶扶贫产业，通过落实以奖代补政策，激发了油茶合作社和贫困户的双向互动。目前，该乡参与油茶种植的农户达603户，种植面积8000余亩，贫困户覆盖率达90.3%，人均从油茶产业中增收600余元。近几年来，宁都县以“企业+合作社+贫困户”、“合作社+产业基地+贫困户”的发展模式，共开发种植脐橙6600亩、油茶9900亩、有机茶叶1500亩、银杏1000亩，大棚蔬菜等其他经济作物11653亩；扶持黄鸡标准化养殖基地6个，扶持生猪养殖合作社9个，参与产业发展农户达11274户46387人，其中贫困户7892户。

“龙头企业+合作社+农户”，强化利益连接机制的有益探索

全南厚朴公司于2008年11月注册成立，注册资本6000万元，主营业务包括厚朴、桂花、梅花、罗汉松等名贵树种种质资源收集、苗木繁育、种植；芳香保健产品研发、中药材及林产品精深加工等经营管理及产品销售；芳香生态休闲旅游开发。公司现有员工近400人，其中管理人员32人、有高中级职称的科技人员22人。公司采取“公司+合作社+基地+农户”的模式，带动全县1.3万多农户（其中贫困户近5000户，约占全县有劳动力贫困户的90%）参与发展芳香花木产业，建成芳香产业总面积7.7万亩（其中贫困户种植苗木1.6万亩），走出了一条企业增效与农民增收、生态保护与产业发展齐头并进、相得益彰的特色生态产业化扶贫新路子。

一、主要做法

主要做法有以下五个：

（1）广泛调研，因地制宜选好产业。根据全南县山地资源多，长期以来当地农民习惯在房前屋后、道路两旁等种植一些桂花树、罗汉松等常绿花卉树，有一定的种植基础和技术，而且种植这些树投资少、管理粗放等实际情况，在广泛调研的基础上，厚朴公司确定了把芳香花木作为公司的主营产业来抓，并制定了公司发展规划。

（2）发展合作社，依法规范运行。在对分户生产、大户承包、业主独资经营等几种经营模式的优劣进行尝试并比较后，厚朴公司创新组织经营模式，创立了全南秀美芳香产业专业合作联社，并在全县86个行政村设立农民合作社分社，采取"公司+合作社+基地+农户"等产业发展模式，免费赠送桂花、厚朴等苗木，免费提供技术服务，签订合同，承诺按市场价格优先回收苗木产品，促进了全县芳香花木产业种植快速发展。为了取信社员，使合作社依法规范发展，合作社股东大会选举了董事长、理事、监事，设立了办公室，安排了合作社管理人员，同时依法制定了章程。合作社各机构分工明确，职责分明，协调有序，统筹有力，合作社运行有条不紊。

（3）创新模式，破解土地流转难题。山林、田地分到户以后，制约农（林）业产业化发展的主要瓶颈就是土地。为此，厚朴公司在走访调查摸底、遵照群众意愿的基础上，大胆尝试，探索出了六种土地流转模式：一是租赁分红。在芳香产业核心种植园区（生态旅游景区）内，以每亩700元的价格租用农户40年山地使用权，并在景区建成后，每年以旅游门票收入的10%作为股份红利，按租用面积比例给农户分红。二是返包管理。以每亩700元租金租用农户40年林地使用权、按每年每亩300~400斤晚稻收购保护价折算租金租用农户耕地，在统一规划种植芳香花木后，再以每年每亩1200元的标准返包给农户经营管理。三是以杉木价格实物折算。对流转加入合作社的林地，按每亩200元定金预付给参与流转的社员，以13年为一个采伐期限，届时按每亩采伐5立方米杉木商品材销售收入的23%作为租金支付给合作社，其中20%由合作社分配给社员，3%留作合作社公积金（主要用于乡村公益事业建设）。四是以林药价格实物折算。企业在流转林地上种植的厚朴、黄柏等林药植物有收益时，按林药实物市场价值的15%作为土地租金支付给农户。五是入股分红。农户以土地折价入股合作社，合作社再将土地入股企业，待企业经营产生利润后按股份分红。六是入股经营。有一定技术或劳动能力的农民将土地入股合作社并成为社员后，参与合作社经营管理，获得一定的基本工资和股份分红。按照上述六种土地流转模式，目前，厚朴公司已流转山林、土地4.6万亩。

（4）搞好服务，激发社员积极性。一是技术服务。加强了与相关科研院校的合作，目前，厚朴公司已经与南京林业大学、华南农业大学、江西省林科院等多家科研院校签订了“产学研”合作协议，在生物有机肥开发、种苗快速繁育和标准化种植、系列产品研发以及野生桂花资源调查利用等多方面进行合作，每年请专家到社指导。同时，积极组织专业技术人员下乡镇、进基地，定期或不定期地对社员进行花卉苗木等实用技术培训。目前，已举办各类培训班69期、培训社员6800多人次。二是信息服务。在合作社建立网络平台，通过简报、专栏、手机短信等手段，及时将有关芳香苗木生产的政策动态及市场信息传递给社员，为社员生产决策提供参考，使社员真正成为芳香产业链条上的一环，进一步增强合作社的凝聚力。三是市场服务。通过不断完善合作社自身的销售网络渠道，将千家万户种植的小产品打入竞争激烈的大市场，变单打独斗为集团作战，“抱团”闯市场，使社员无后顾之忧，一心一意抓技术、搞生产、谋发展，有效降低了生产经营的风险。四是资金服务。为满足部分资金紧缺社员的发展需要，合作社通过整合合作社发展基金、政府奖补资金等各种涉农资金，预先为其提供肥料、农药、薄膜等生产资料，待产品售后再予以结算；通过合作社，向金融机构申请抵押贷款和小额贷款等多种信贷支持。

（5）延伸产业链，提高经济效益。一是开展产品深加工。为提高芳香花木产业的经济效益，延长产业链，厚朴公司新建了2000多平方米的芳香花木产品玻璃展示大厅和20000平方米的芳香苗木繁育中心，启动了万吨有机肥工厂建设和彩桂苗木培育示范基地建设。同时，积极开展芳香花木产品深加工研究，开工建设了研发中心及利用桂花、梅花、厚朴提取精油、厚朴酚和芳香保健产品、天然化妆品的深加工厂区。二是发展生态旅游。依托芳香产业基地，瞄准了当今人们日益崇尚生态、追求自然、注重养生的市场需求，大力发展休闲养生旅游和森林旅游。目前，已经初步形成了以桂花产业园和古韵梅园为特色的森林生态休闲旅游线路3条，年接待游客20万人次以上。

二、取得的成效

成效主要有以下四个。

（1）龙头企业发展升级。厚朴公司成立于2008年，从一家仅有300多亩基地的小型农林企业发展到现在的集芳香花卉苗木生产、名贵树种种质资源收集、芳香保健深加工产品研发于一体的高科技生产服务型企业和省级林业龙头企业、省级农业产业化龙头企业，现已跻身国家林业局最新公布的首批国家林业重点龙头企业名单，产业链延伸到以精油、香水提炼为主的第二产业，以及以观光休闲农业为主的第三产业。目前，公司已建成3万亩厚朴、黄柏资源储备基地；建成古韵梅园3000亩，成为全国规模最大的赏梅主题观光园；建成珍稀芳香花木种质资源圃2000余亩；公司开发的彩叶桂花新品种“虔南桂妃”已通过鉴定并登陆国际新品种；2000多平方米的芳香花木产品玻璃展示大厅和2万平方米的芳香花木繁育中心也建成投入使用，公司资产达6亿多元。被评为“省级现代农业科技园”。

(2) 扶贫产业快速壮大。厚朴公司和合作社主要围绕芳香花木产业发展而组建，较高的组织化程度和良好的利益联结机制，有效推进了全县芳香花木产业发展。截至2014年，该县已建成超过百亩以桂花、梅花、厚朴、罗汉松为主的各类芳香花木产业园区、示范基地30余个，芳香花木产业总面积近8万亩，并正在逐步形成由苗木培植向旅游观光、保健休闲、精油萃取的生态产业链延伸。

(3) 农民群众增收致富。厚朴公司以创办农民专业合作社的方式，带动全县1.3万余户（其中入股7000多户）农户参与芳香花木产业建设，对促进农民增收特别是贫困农民致富起到了积极作用。一是土地流转租金。农民能得到每亩一次性700元或分期按实物折算的土地出租收益。二是入企打工薪金。一些经公司培训能够从事苗木管理服务的农民通过土地返包可以获得每年每亩1200元的工资收入；部分留守妇女和年纪较大的农民在核心园区内打工能够得到每天50~100元的劳动报酬，如南迳赣江源生态经济示范园高峰期一天的用工量就达到500~600人，平均每人月收入达到1500元以上。三是门票收入“股金”。参与生态旅游景区土地流转的农户，待景区3年建成后每年能按土地出用实际面积比例获得门票收入10%的分红。四是种植苗木收入。带动了未参与土地流转的农民种植厚朴、桂花等高附加值苗木近4万亩，平均每年每亩收益可达4000多元，是传统种植效益的3倍。如该县南迳镇黄云村，种植桂花、罗汉松等700余亩，全村人均年收入达到5000元以上，由过去的“贫困村”变成了现在的“老板村”。

(4) 农村经济社会发展。村级组织通过建立农民合作社分社，将抛荒耕地和林地集中起来流转租赁给龙头企业进行规模化经营，增加了村级集体收入。如2013年，该县南迳镇南迳村流转林地面积1300亩，耕地面积500亩，获得土地流转管理费8万元，占全村集体收入的48.5 %。村集体经济实力增强后，积极改善村容村貌和完善基础设施建设，解决了部分村集体经济薄弱尤其是贫困村“无钱”为群众办实事的问题，促进了农村经济社会发展。

三、三个启示

启示主要有以下三个。

(1) 发展思路是关键。“思路决定出路。”要发展一个产业，关键在于选好一条适合当地实际的发展路子。厚朴公司立足于当地丰富的山地资源，加快土地流转，种植土壤要求不严、管理粗放的芳香苗木作为公司主营产业，因地制宜地制定了产业发展规划，并创新举措，推动了产业的快速发展。

（2）合作共赢是基础。公司要发展赢利，农民要增收致富。厚朴公司以保障农户利益为核心，根据不同农户的需求，采取不同的土地流转模式，促成了农民意愿，同时兼顾了公司、农户、合作社等各方利益，促进了土地流转工作的稳步开展；采取“公司+合作社+基地+农户”等产业发展模式，免费赠送苗木，免费提供技术服务，签订合同承诺按市场价格优先回收苗木产品，让农民从中得到实惠，激发了农民参与种植的积极性，扩大了芳香苗木产业规模，实现了公司、合作社、农户的互惠互利、合作共赢。

（3）产业发展是根本。要实现千家万户小生产与大市场的有效对接，就必须提高农业生产的组织化程度，“龙头企业+合作社+基地+农户”等产业发展模式是当前较为成功的经营模式。如“厚朴模式”的经营模式，主要是由厚朴公司规模化营造芳香苗木基地，因地制宜发展乡村森林观光旅游，开展保健产品的深加工，不断延伸产业链，从第一产业向第二产业、第三产业不断延伸，不断提高公司经营水平和辐射带动农民增收致富能力。只有这样，才可能赢得贫困群众的充分信赖和大力支持，他们参与的积极性才会提高，产业才能得到健康发展。

二、种植业脱贫概况

（一）主要的脱贫方式

1. 庭院种植

庭院种植强调充分利用房前屋后的空间种植适宜作物，以增加收入，摆脱贫困。如崇义县 2015 年提出了“庭院种植 2~5 棵刺葡萄”的产业扶贫思路，并提供“五统一”服务。“五统一”具体指统一种苗供应、统一技术指导、统一质量标准、统一品牌、统一市场（保护价 2.5 元/千克）。考虑到贫困户缺技术，该县组织贫困户分批次到君子谷企业种植基地参观学习操作规程，和贫困户进行面对面交流。利用精准扶贫结对帮扶平台，结对帮扶单位对全县贫困户种植刺葡萄实行全覆盖。目前，全县共有 6272 户贫困户，1858 户已申报刺葡萄庭院种植户 6845 棵，通过结对帮扶干部发送种苗 6845 棵，并指导贫困户进行种植。如高治彩，是黄背村坳下组的扶贫低保户，得知政府大力推广刺葡萄产业及相关扶持政策后，主动报名争取了 3 亩刺葡萄育苗，在废弃的屋棚周边按照标准间距种植。据他介绍，废弃的屋棚刚好可以充当刺葡萄藤攀爬延展的支架载体，比一般支架更高大，既可以废屋利用、节省投资，又可以提高刺葡萄产量，最大限度增加收入，两全其美。

2. “基地+农户”

作为一种新型的农业经营模式，该模式强调产业分工，由农民负责生产环节的工作，由基地承担技术指导以及销售等环节，通过这种合作，充分发挥各自的优势，实现双赢。作为一种脱贫模式，该模式使贫困户有效避免了市场风险和技术风险，由于其优势明显，因而在脱贫攻坚战中得到大力推广。按照“做强富民强镇产业、做大山区特色产业、壮大高产油茶产业”的思路，信丰县建基地抓示范，带动贫困人口广办家庭种养业脱贫。

信丰县大阿镇永青蔬菜基地为广大群众尤其是贫困户探索了一条行之有效的致富路子。基地现种植面积 1260 亩，年产量达 12000 余吨，年产值达 2500 万元，产品主要销往赣州中心城区及周边县。基地成立了合作社，实行统一品种、统一育苗、统一施肥、统一指导、统一销售“五统一”管理模式，组织农户进行生产，共辐射带动太平围、西江、谷山、大阿、阿南等周边村农户 184 户，种植蔬菜 970 余亩，户均年收入 2 万元以上。一是统一品种。根据阶段性蔬菜种植计划，通过手机短信统一安排农户种植品种，形成规模种植、规模效益。二是统一育苗。基地根据农户申报情况按成本价为农户提供种苗培育服务，降低农户生产成本。特别是在国家农业部、省农业厅及市委、市政府的关心下，新建了温控大棚，为今后提前育苗、蔬菜提早上市抢占市场打下了坚实的基础。2016 年拟新建育苗中心 1 个和温控玻璃大棚 5 亩。三是统一施肥。通过编发《大阿蔬菜种植简报》、发手机短信等形式，告知农户施肥、病虫害防治、采摘等环节的生产技术要求和注意事项，农户根据技术要求进行施肥。四是统一指导。建立农技扶贫培训中心，搭建“田间课堂”、“专家讲堂”、“移动课堂”等农技扶贫培训平台，采取专家授课、现场观摩、现场实践等形式，开展送技术下村组、送指导到田间地头等帮扶服务。邀请山东寿光蔬菜专家、高级农艺师刘五四，深圳市农科中心专家、高级农艺师喻富清，高级农艺师、县植检站长刘群生，高级农艺师、县种子站长黄良生，县阳光工程培训学校校长、农技专家李胜生，农艺师、县经作中心主任袁青云和高级农艺师、本土农技专家刘玉生等，在基地和太平围、西江、大阿、东风、阿南、谷山、明星、禾秋、川风等 12 个村开展农技培训、农技实践累计 37 批次，累计培训农户 2100 余人次。五是统一销售。基地提供蔬菜代卖服务，农户可在市场行情较好时自行销售蔬菜，也可在市场行情下跌时将蔬菜交给基地代卖。另外，基地为农户提供销售行情、介绍蔬菜商贩，实现资源共享。

该基地自建立以来，致力于推广新品种和新技术，引导农户学用农业新技术、引种新品种，实现基地增效、农户增收。一是基地示范推广。依托基地大棚，设立新品种试种区、新技术推广区，作为新品种试种、新技术推广的重要载体。共引进、推广种植了玉翠苦瓜（韩国）、极红 98 甘蓝（日本）、先甜 5 号玉米（德国）、越夏皇后西葫芦（以色列）、格福西兰花（新西兰）、富士急 8 号菠菜（意大利）、农甜 88 号甜玉米（瑞士）7 个国家和国内其他地区的新品种 40 余个；依托华南农业大学，建立并使用了水、肥一体化自动喷灌系统；投入 70 余万元，建设温控连体大棚；大阿农业技术推广综合站在基地设立了农产品质量安全检测室，对农产品进行检测；推广了水漂育苗、机质穴盘育苗、测土配方施肥技术、嫁接苗技术等现代农业生产管理新技术十余项。二是田间培训推广。组织农户采取田间培训、现场实践等方式，提高农户种植新品种、推广新技术的技能。共推广种植了韩国玉翠苦瓜、日本极红 98 甘蓝、日本华冠上海青等新品种 40 余个。三是示范户带动推广。建立蔬菜新品种、新技术示范试验田，实现“基地+农户”联动。在推广新品种和新技术时，基地实行无偿服务，免费给农户提供新品种，向农户传授新技术，参与种植新品种、推广新技术的农户户均每年可增收 1000 元以上。

图 7-10　正在基地劳动的贫困户

资料来源：刘善庆拍摄。

为了进一步发挥基地+农户在精准脱贫工作中的作用，崇义县创办“产业扶贫示范基地”，积极扶持基地发展。县发改委、交通局、水利局等单位整合资金，解决产业扶贫示范基地通水、通电、通路等问题。如今，崇义县规模以上的“产业扶贫示范基地”基本实现了通水、通电、通路。同时，该县对发展产业扶贫示范基地的农民制定了一系列扶持政策，如对种植刺葡萄、蔬菜、油茶、养蜂、茶叶、养殖等项目都给予一定的资金扶持和政策倾斜。

影响“产业扶贫示范基地”发展的关键问题是技术、资金和产品销售。为了提高贫困户技术水准，崇义县聘请专家授课，积极引导贫困户执行无公害生产技术操作规范，向“高产、优质、高效、环保”的方向发展。为了解决资金问题，崇义县就业局、农商银行、农业银行等部门积极配合，为农民提供低息或贴息贷款；同时为农民争取征地、用电等方面的优惠政策。截至 2015 年 9 月，信丰县万隆乡积极筹资 11 万元加上帮扶单位筹资合计 27.5 万元，在各村建立村级产业发展扶贫基金。引导各村结合实际，发展适合本村村情的“时间短、见效快、风险低、成效好”的农业产业，现已形成以全乡烟叶、田心白莲、高坎花生制种、石店柏枧龙头养殖等为主的示范基地，辐射带动该乡 12 个村农业产业发展，覆盖帮扶带动全乡 275 户贫困户脱贫增收致富，实现了花小钱、办大事、办好事，让农民尝到了不用远离家乡就能脱贫致富的甜头。为解决产品销售问题，崇义县与君子谷野生水果世界联系，大力推广刺葡萄种植，签订了长期的供销合同。

崇义县还通过投放广告、举办农民文化节、参加展销会等形式，推广蔬菜、油茶、西瓜、茶叶等产品；采取“走出去、请进来”的方法，大力发展订单农业，积极引进外地客商到该县收购脐橙、西瓜、茶叶、生猪等农副产品。同时，还引导农民合作社建立了自己的网站，设立了果品直销网点，产品除在全国大中

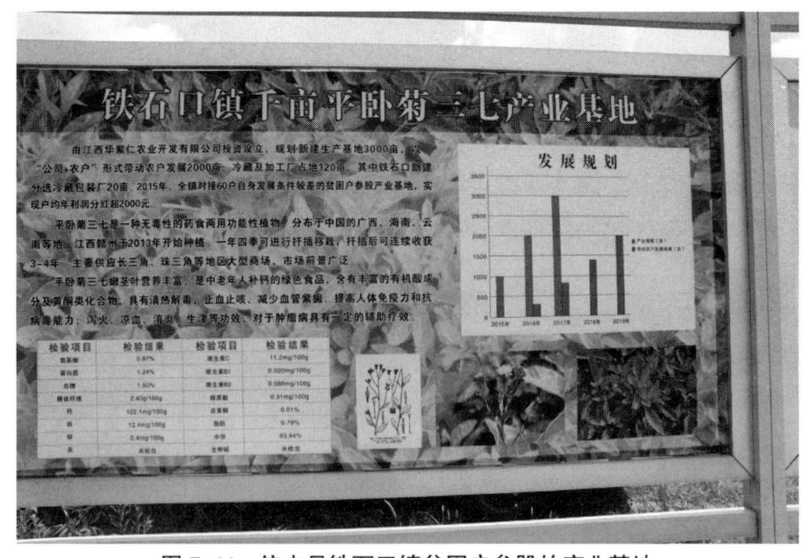

图 7-11　信丰县铁石口镇贫困户参股的产业基地

资料来源：刘善庆拍摄。

城市销售外，还远销韩国、日本等东南亚国家，使“产业扶贫示范基地”获得更多的增值利润。

崇义县引导农民创办“产业扶贫示范基地”的良好政策和环境，吸引了众多农民的积极参与。到目前为止，崇义县新建“产业扶贫示范基地”153个，其中规模以上“产业扶贫示范基地”达49个；新增刺葡萄面积7640亩、蔬菜面积1100多亩；种植西瓜3200多亩，种植油茶5000多亩，争取低息或贴息贷款2.7亿元。特别是“龙勾西瓜”因技术标准统一，富硒、果皮亮丽、含糖高、香气足，已成为崇义及周边县市乡知名品牌。如今，“产业扶贫示范基地”已成为该县贫困户脱贫增收的主要渠道和现代农业的重要支点，不仅降低了农业风险，增加了贫困户收入，还培育了一大批有文化、有专业知识的职业农民。

兴国县埠头乡官桥蔬菜基地位于枫林、垓上两个村，建设面积1000亩，于2012年7月开始建设，2015年已建成大棚基地800亩，已成为兴国县新品种、新技术、新设施示范推广基地。蔬菜产品主要供应兴国县城及赣州市中心城区，产品市场竞争力较强，土地产出率、经济效益较好。借助蔬菜基地这个平台，精准帮扶贫困农户增收致富。脱贫方式主要有以下四种。

（1）土地流转收益。贫困农户通过将土地承包经营权流转给基地，直接参照耕地每亩每年600斤稻谷的标准，以国家当年公布的粮食收购保护价为标准，折算成现金作为流转租金。如以2014年的标准，农户每亩可获得819元的租金收入。

（2）参与基地劳务收入。让周边贫困农户到基地参加劳动，按照男劳动力80元/天、女劳动力50元/天的工资标准，增加贫困农户的劳动力收入。全年日均安排劳动力达80人以上，其中长期在基地务工的贫困户达26人。同时，针对身体有残疾的贫困户提供蔬菜挑选、包装等较轻松的工作，力所能及地帮扶贫困人口。

（3）流转反包自主经营。贫困农户在将土地流转后，基地定期组织贫困户进行蔬菜种植技术培训，鼓励有技术、有胆识的贫困户再次从规模经营主体手中承包部分大棚，承包农户负责按照标准从定植到收获的管理劳作，基地给予每月1500元的保底工资并提供除劳动力以外的一切设施、设备、种苗、农药、化肥等生产资料和农产品销售，确定亩产基数，超过部分基地作价收购。如贫困户杨冬明反包2亩大棚经营，亩产基数为6000斤，实际产量11000斤，超出的5000斤基地以1元每斤收购，则农户除保底工资收入外，每年还可增收1万元。

（4）提供技术支持发展产业。针对离基地较远的贫困户，基地向当地贫困农户提供种植技术上的支持，再由贫困农户在基地之外按照统一产业品种、统一技术指导、统一生产流程、统一行业标准、统一品牌注册、统一销售渠道的方式，带领贫困农户增收致富。

3. 现代农业示范园

现代农业示范园属于技术密集型产业。与传统的注重投入与依靠资源为主的资源型农业产业不同，现代农业示范园重视物质投入、智力投入，因而代表了现代农业的发展方向，既是实现农业转型升级的重要抓手，也是有效解决贫困户增

图 7-12　兴国县现代农业示范园

资料来源：刘善庆拍摄。

图 7-13　兴国县农业示范园大棚苦瓜

资料来源：刘善庆拍摄。

收致富的重要手段，因而得到赣州市各级政府的大力扶持。如会昌县周田镇中桂村尚山万亩生态果业基地原属荒山，在当地政府的积极引导下，2014 年，基地已种植脐橙、橘柚 10015 亩，种植户达 386 户，带动 400 多人脱贫致富。近年来，会昌县采取多方争取和整合资金发展扶贫产业，通过建设现代农业示范园、示范基地等方式，扩大产业覆盖面和劳动力，有效地促进了贫困群众创业增收。目前，该县已形成脐橙、油茶、生猪、烟叶、优质稻五大扶贫支柱产业，以及瓜果蔬菜、欧亚提子等区域特色扶贫产业，涌现了麻州前丰蔬菜基地、珠兰上照苗木基地等各类产业示范基地村 26 个，贫困户从产业扶贫中人均增收 1000 元以上。

4. 龙头企业带动

作为发展现代农业的重要手段，农业龙头企业一直受到政府的高度重视。因其规模较大、管理水平较高，辐射带动作用比较明显，抗风险能力相对较强，在脱贫攻坚中也被寄予厚望，成为帮扶贫困户脱贫的重要途径。如龙南县桃江乡，结合精准扶贫、精准脱贫工作，完善“龙头企业+农户”经营模式，引进了窜客惠家农业公司，采取农业订单的方式，组织贫困农户与企业签订产销订单，采取“先付钱、后生产”的模式，企业同时还为签约农户提供优质种子、化肥和技术服务。2016 年，该乡 5 个行政村全部与窜客惠家农业公司签订了合作协议，其中中源村产业扶贫基地种植面积有 150 亩。

“参与产业扶贫农业订单种植的贫困户还可通过‘产业扶贫信贷通’政策，由我们公司担保向银行申请贷款，每季度还可获得 800 元分红，为更多贫困户带来收益。”谈到产业扶贫农业订单给贫困户带来的又一好处时，窜客惠家农业公司经理谢晓胜这样说道。

5. 脱贫车间

脱贫车间是开办在贫困户家门口的车间。这是沿海产业向中西部梯度专业的结果。因其有效降低了劳资双方的交易成本，因而受到了资方与劳方尤其是贫困户的欢迎。如大余县为解决贫困户在家门口就业的问题，大力发展扶贫车间，引进工艺技术较容易掌握、劳动密集型、经济效益较好且又适合各贫困户就业的新建五金仿藤家具厂，作为就业扶贫车间试点企业。为了搞好试点工作，县财政安排 600 万元专项资金，用于支持扶贫车间的贫困户手工费补助，按每张藤椅编织手工费的 10%进行补助，并且对每培训一名农户（贫困户）一次性财政补助培训费 300 元。一个贫困户通过 2~3 个月的熟练操作，一天可生产 8~13 张藤椅，月收入可达 2000 元以上。同时，对有管理能力的贫困户提升为车间主任，增加贫困户的收入。目前，大余县在 22 个省级贫困村已全部建立扶贫车间，并将在全县 105 个行政村范围内推广，每村带动 10 户，预计可带动 1000 余户贫困户脱贫致富。

图 7-14 信丰县脱贫车间

资料来源：刘善庆拍摄。

针对部分贫困群众因身体、年龄、技能等因素导致“大厂门难进、小厂干不了”的就业弱势现象，龙南县创办了就业扶贫福利厂，为贫困群众量身定做了简易手工产品生产岗位 500 个。这家公益性企业实行市场化运作，聘请专业团队管理，加工服务及仿真花卉、圣诞树、彩灯等产品。考虑到员工身体及年龄等特殊原因，就业扶贫福利厂里还为在岗就业人员办理社会保险、购买人身意外保险和提供免费食宿、二次利润分配等政策。已让 264 名贫困人口实现了就业，其中包括 40 名残疾人。在此基础上，龙南县在全县设立乡级外发加工点 27 个、村级扶贫车间 26 个，开辟了一条就业扶贫的新路子。经过 1 年的运行，就业扶贫福利厂已经成为该县精准扶贫的“样本”。

如果说大余县、龙南县的扶贫车间都是政府主动而为的话，那么，上犹县的扶贫车间则完全是企业家基于市场因素的自觉、自为行动。2016 年 7 月 5 日，位于上犹县紫阳乡圩镇的扶贫福利灯饰加工厂正式开业。开业当天，就吸引了 48 户贫困农户前来做工。该灯饰加工厂完全由赖鑫英所有，主要业务是串灯泡、串单边、绞线、打插座、上灯泡、贴标签等工作，操作简单，之前没接触过的都可以很快上手，熟练工一天可得 60 多元的计件工资。

赖鑫英 1998 年从于都县嫁到上犹县紫阳乡胜利村，之后一直在外务工，奔波在外的她做过小工，生产过塑料花，当过售票员。一次偶然的机会，赖鑫英听说了灯饰加工行业。她隐约意识到，灯饰加工应该会有很大的商机。于是，很快对灯饰加工进行了考察，并立即在村里进行尝试。开始，她只是试着拿一些原材料分给村里的姐妹们，并教她们操作。很快，姐妹们就把做好的货拿给了赖鑫英，赖鑫英也如约支付了她们的计件工资，开始下一轮的进货。随着原材料越进越多，灯饰加工的名气也越来越大，不仅本村，其他村的村民也来找赖鑫英拿原材料进行加工，其中不少是贫困户。

随着灯饰加工的规模逐渐扩大，赖鑫英开始建立专门的加工工厂——紫阳乡扶贫福利工厂。如今，赖鑫英的福利工厂已有 146 名固定工人，其中有 56 名是贫困户（包括残疾人 7 人，其中高基坪村的刘秋华、周甲秀夫妻俩都是一级残疾）。

为了方便乡亲们做工，赖鑫英还实行了送货上门服务，不管是哪个村的，只要一个电话，马上送货上门，做好后再统一进行回收。走在紫阳乡的各个村落，到处都能看到一边做着灯饰加工、一边聊天的妇女和老人。

（二）主要脱贫产业

1. 脐橙产业

脐橙产业是赣州市重要的富民产业。经过几十年的努力，赣州市已经成为世界著名的脐橙生产基地。但是，近年来，因黄龙病肆虐，脐橙产业发展遭遇重大挫折。赣州市积极打好柑橘黄龙病防控攻坚战，保护脐橙产业。严格按照柑橘黄龙病防控各阶段技术标准的要求，切实做好病树砍伐、树兜处理、统一喷洒农药等防控措施，确保柑橘产业健康、有序发展。关于赣南脐橙的文献比较多，本处不就该问题展开详细论述。

2. 油茶产业

2013 年，赣州市获批“全国油茶产业发展示范市”。2015 年 9 月 29 日，江西省油茶产业精准扶贫工作现场会在信丰县召开。江西省将油茶产业发展与赣南等原中央苏区振兴发展、山区扶贫攻坚结合起来，把油茶产业作为脱贫攻坚工作的一个重要抓手，全力发展油茶产业。

油茶在江西省种植历史悠久，各地均有分布，是山区特别是赣南等中央苏区最具有特色的经济林资源。油茶具有经济效益高、收益长的特点，成为江西省山区农民的致富产业。近年来，江西省高度重视油茶产业发展，油茶产业取得了可喜成绩。油茶造林面积质量有了新提升：2015 年江西省完成油茶新造林面积 43.5 万亩，油茶造林合格率达 95.9%；油茶发展模式推广有了新成效：各地按照“五统一分”模式全面推进油茶发展，取得了良好成效；油茶精准扶贫工作有了新举措：赣州市制定了《赣州市油茶生态产业精准扶贫实施方案》，通过整合涉农惠农资金，开展金融支持，发展油茶全产业链，支持油茶产业精准扶贫。目前，全市油茶林 230 万亩，产值达 36 亿元，带动 8 万多贫困户脱贫。根据新的规划，

2015~2018 年，赣州市将新建 100 万亩开发生态化、适度规模化、经营集约化、管理科学化、技术标准化的油茶林，将辐射带动 50 万贫困人口脱贫致富。

图 7-15　赣州万亩油茶产业扶贫基地

资料来源：刘善庆拍摄。

在省、市政策的驱动下，信丰、定南、瑞金、龙南、大余、石城等县（市）积极出台扶贫政策，发展油茶产业。如瑞金市出台油茶种植补助 600 元/亩（贫困户 650 元/亩）的政策；龙南县对新造和低改油茶林分别给予每亩 500 元、200 元的补助，对集中连片种植 500 亩以上的，给予水、电、路、生产管理用房等基础设施建设重点扶持。为调动农户种植油茶的积极性，各金融机构主动介入，服务油茶产业发展有了新变化。如“油茶贷”是中国农业银行总行为赣南油茶产业量身定做的信贷产品。目前，中国农业银行在赣州的 17 个县域支行推出了“油茶贷”服务，新批贷款 2.2 亿元，2016 年发放“油茶贷”3.5 亿元。龙南县开展了多种信贷模式融资业务，并出台了贴息政策，共同支持油茶发展。通过出台油茶产业奖补方案，免费为贫困户提供所需的种苗，加强对贫困户技术培训和指导，积极引导贫困户发展油茶产业。《大余县油茶产业发展实施方案》明确县财政每年筹集不少于 1000 万元专项扶持油茶产业发展。对贫困户发展油茶 1 亩以上的，每亩补助 500 元，每株良种油茶苗另外补助 4 元；并给予贷款贴息政策。县农业银行开展油茶贷款业务，每亩油茶林提供 1000~3000 元贷款。通过“一揽子”扶持政策，大余县油茶产业迅速发展到 2 万亩以上，辐射带动 138 户贫困户。石城县则对集中连片新种植规模 30 亩以上的农户，按每亩 405 元的标准给予资金扶持。截至 2015 年，兴国县共有油茶面积 62.3 万亩，其中老油茶林面积 52.3 万亩、新造高产油茶林面积 10 万余亩，千亩以上规模高产油茶基地 11 个，龙头加工企业 4 家，全县有油茶种植户 2.1 万户，其中种植大户 21 户、贫困户 4215 户。

会昌县切实把精准扶贫与油茶产业发展相结合，充分发挥远方林牧公司的示

图 7–16　兴国县万亩油茶基地

资料来源：刘善庆拍摄。

图 7–17　信丰县万亩油茶示范区规划示意图

资料来源：刘善庆拍摄。

范带动作用，积极推广“龙头企业+基地+贫困户”的产业发展模式，不断延伸产业链，提高附加值，并逐步完善集油茶种植、休闲观光、精深加工为一体的产业链，走出一条扶贫生态共赢新路子。

信丰县立足高起点、长效化、精准化扶贫要求，紧密联系县里传统的油茶产业，整合全县技术、山林和扶贫资源，由县林业局牵头主抓，在全县新造20000亩现代高产油茶示范区，以此辐射全县近4000户贫困户走上脱贫致富路，走出了一条具有信丰特色的精准扶贫新路子。归纳起来，信丰油茶产业脱贫模式的主要内容是：以国有企业为平台，建立市场化运作机制，坚持长效与短效有机结合，确保产业收益精准到户。为此，信丰县正加大工作力度完成油茶苗木定植任务；采取划分片区、签订协议等形式积极稳妥地做好2万亩高产油茶分配到户工作，跟进后期管理和效益分配，使油茶产业早见效，贫困群众早受益。目前，信丰县已落实相对集中区域16处20080亩，下达前期资金1500万元，各乡（镇）正积极推进租地流转工作，进村入户与农户签订租地流转协议，已签订租地合同1203户，面积6041亩，林场已划定林地面积6010亩。

瑞金市结合实际、创新思路，积极探索油茶产业发展三种模式，有效兼顾了政府、企业、贫困户三方利益。油茶产业发展的三种模式具体如下。

（1）收购已挂果油茶林返租模式。通过整合产业扶贫资金，购买油茶企业已挂果油茶林，由市扶贫和移民服务中心代贫困户持股，返租给企业经营，企业按

图7–18　信丰县万亩油茶基地上间种的旱稻

资料来源：刘善庆拍摄。

当年油茶林所产茶桃的30%支付租金，并实行每年至少1500元/亩的租金保底。在具体实践中，瑞金市整合全市49个贫困村每个村100万元的产业扶贫资金，委托中介评估公司评估后，分别按每亩6000~10000元的价格购买绿野轩等林业公司已挂果及没挂果的油茶林，并将油茶林返租给油茶企业经营管理，实行股权和受益权分离，股权为国家所有，受益对象为全市17个乡镇49个贫困村的产业扶贫户。其中，分红（租金）享受对象认定及调整由乡村调查上报，市扶贫和移民办审核后发放收益金，并实行动态管理。预计通过收购已挂果油茶林返租模式，49个贫困村3547户产业扶贫户户均受益可达2072元、人均受益达581元。

（2）贫困户与企业合作造林模式。贫困户与企业合作种植油茶林，企业负责油茶林的种植、经营管理，贫困户以政府扶持种植油茶林补助资金作为股金投入企业，股权登记至扶贫和移民服务中心，股金分红由贫困户受益①。同时，为确保贫困户在2018年实现脱贫，油茶企业从种植油茶到挂果前（前5年）每年向贫困户支付定额红利，实行贫困户提前受益，挂果后（第6年起）降低分红比例的方法，贫困户按当年油茶林茶桃产量的一定比例作为固定股权分红，并实行分

图7-19　兴国县万亩油茶基地

资料来源：刘善庆拍摄。

① 为确保贫困户的利益，瑞金印制并颁发了《瑞金市精准扶贫贫困村油茶产业受益证》。该证是省定贫困村产业帮扶资金统一入股油茶产业，所获受益用于贫困村扶贫开发户、扶贫低保户产业扶持；该证是瑞金市统筹产业帮扶资金，由瑞金市城投集团公司运作经营，所获受益用于全市建档立卡的扶贫开发户、扶贫低保户产业扶持。该受益证要求结对帮扶干部详细填写该贫困户所属乡、村、组，准确填写姓名、身份证号、受益脱贫账号，同时写清楚了受益证的有效期。

红收益保底。

（3）贫困户以林地入股模式。贫困户与油茶企业合作造林，林农以林地入股，公司负责投资管理，林农成立理事会，监督公司管理和收入分配。分配比例为每年采摘的鲜果按照二八的比例分成，即林农两成，公司八成，并且从第5年开始公司保底每年100元/亩给予林农分成。瑞金市绿野轩林业有限责任公司采用该模式分别在瑞金市瑞林镇、冈面乡、丁陂乡合作造林1107.47亩，98户农户参与，其中贫困户48户。2014年，合作造林农户没有投入一分钱，每亩拿到分红106元，户均11.3亩每户分红1198元，2~3年，基地将进入丰产期，预计林农每户平均可实现分红8000多元。

按照“政府引导、企业带动、贫困户受益”的原则，通过争取项目资金、出台扶持政策等方式，龙南县重点扶持企业、合作社、大户带动贫困户发展油茶产业。目前，新开发了东坑圳背、临塘东坑、桃江康复等高产油茶基地3000余亩，龙南县油茶种植面积达3万多亩，规模种植企业3家，注册“南茶园”、“东御坊”品牌两个，有效带动了贫困户积极参与发展油茶产业。2015年，在龙南县临塘乡的虔心小镇，采取“公司+基地+农户”的发展模式，采用阶段就业、反租倒包、自我发展、基地共建等方式，建成了万亩生态油茶和有机茶园，不仅为300多名贫困户提供了家门口的就业岗位，还辐射带动周围贫困户发展油茶、茶叶产业，开辟了一条农业产业扶贫新路。龙南县实施油茶产业扶贫的做法主要体现在以下五个方面。

第一，落实产业扶持政策。一是中央现代农业发展油茶项目、油茶产业中央基建投资项目、巩固退耕还林成果油茶项目、农业综合开发名优经济林补助、新一轮退耕还林等项目资金，优先满足有一定数量贫困户入股或吸纳一定数量贫困户就业的油茶种植企业和大户的需求，并严格执行相关补助标准。二是在省级油茶产业发展专项资金中，每年安排50%用于支持一定数量贫困户入股或吸纳一定数量贫困户就业的企业和大户进行低产油茶林改造。三是从省级低质低效林改造项目指标中调剂部分指标用于低产油茶林改造。四是在精准扶贫资金中安排油茶产业扶贫专项资金，用于支持贫困户发展油茶产业。五是对贫困户在房前屋后种植的油茶按照500元/亩的标准进行补助。六是支持企业、大户带动贫困户发展油茶产业，对吸纳贫困户达到一定数量的，在项目资金、信贷规模、技术服务等方面予以重点支持。

第二，建立扶持机制。由县财政整合专项资金用于油茶产业发展。各相关部门调配项目资金支持油茶发展。建立健全小额贷款扶持机制，简化贷款手续，扩大信贷规模，开展多种信贷模式融资业务。黄龙病果园转产户种植5亩以上、一般种植户种植10亩以上、大户（企业）种植500亩以上，按要求集中连片种植且经验收成活率达85%以上，享受一次性每亩600元补助。按要求集中连片改造低产油茶林10亩以上，经验收成活率达85%以上，享受一次性每亩200元补助。优先对集中连片高标准种植1000亩以上高产油茶林基地逐年给予水、电、路等基础设施项目扶持。

第三，整合涉农惠农资金。在中央财政加大政策扶持和资金倾斜支持的基础上，按照“资金性质不变、管理权限不变”的要求，对上级部门和市、县财政安排的涉农项目资金进行整合（主要包括财政部门的现代农业扶持产业发展等资金，国土部门的土地整治项目等资金，水利部门的小农水重点县建设项目等资金，农业部门的粮油高产创建等资金，林业部门的造林补助等资金，扶贫部门的产业扶贫等资金，交通部门的农村公路建设等资金，农业综合开发部门的土地治理项目等资金，水土保持部门的水土保持重点建设项目等资金），用于支持油茶产业精准扶贫。

第四，完善金融扶持政策。根据油茶种植特点及投入产出规律，设计专门支持油茶产业发展的信贷产品，如农行的“金穗油茶贷”等，延长贷款期限，提高贷款额度，实行利率优惠；积极探索开展油茶扶贫贴息贷款试点工作，解决发展油茶产业投入不足的问题，具体包括油茶林地流转、租赁、承包及油茶树苗、肥料、农机具等的购买和油茶整地、抚育、种植、简易房建造、果实采摘等环节的投入。

第五，创新经营机制。依据贫困人口脱贫的需要，在坚持“依法、自愿、有偿”的前提下，引导贫困户以土地、扶贫资金等形式入股，积极创新“林权变股权、补助资金作股金、林农当股东、保底分红、利益共享”的运行机制，兼顾社会、企业、政府利益，实现多赢。积极探索贫困户参与油茶经营的多种模式：一是家庭自主经营模式。按照“五统一分”的模式进行开发。二是参加油茶专业合作社模式。以村组为单位，组建油茶合作社，统一开发经营。三是股份制模式。以林地、补助资金入股，参与“公司+农户（贫困户）合作”经营模式。四是回购返租模式。对已有产出的油茶基地，引导产业扶贫资金进行回购，回购方倒租给企业经营。五是股权改造模式。对已有产出的油茶基地，引导产业扶贫资金进入，进行产权改造。回购返租、股权改造油茶林面积和收益分配，由各乡镇根据实际情况测算，要达到“当年有收益、年年有增长、三年能脱贫”的要求。

2015年以来，崇义县在建设良种油茶基地的同时，积极综合运用清理林地、密林疏伐、整枝修剪、合理施肥、病虫害防治六项技术性“低产油茶林”改造，助推林农增产增收。崇义县金坑乡实施的油茶“低改”，初步建成了以地方特色产业、油茶景观、美化环境、涵水保土及特色生态旅游为主体的油茶产业基本框架，已完成油茶“低改”3000亩，其中示范基地500亩。

于都县按照“五统一分”（统一流转、统一规划、统一整地、统一购苗、统一栽植、分户管理和收益）产业帮扶思路，采取“公司+贫困户”模式，以油茶种植企业为平台，实现贫困户与公司共同经营、共同受益，为贫困户着力解决技术、资金、管护、销售等各个环节的问题。具体体现在以下四个方面。

第一，解决技术难题，让贫困户“会种植”。积极开展油茶种植技术教育、宣传及培训，切实让贫困群众掌握种植技术。不定期组织贫困户进行高产油茶种植技术培训，让贫困群众掌握油茶种植的基础知识和基本技能，仅2015年全县参加油茶种植技术培训的学员就达到3500余人次。此外，还以油茶基地为载体，在务工种植实践的同时，“手把手、一对一”传授油茶种植技术，切实让贫困群众掌握一门“看家本领”。

第二，解决资金难题，让贫困户“有钱种”。于都县采取“五统一分”、政策补贴、金融贷款等方式，进行综合保障，切实解决贫困户发展油茶产业的资金难题。整合1.3亿元产业扶贫专项资金，用于支持发展油茶产业。其中1亿元，向公司回购高产油茶林1.2万亩；另外3000万元，用于新造高产油茶产业精准扶贫示范基地建设。实行由政府主导林地流转、规划、整地、购苗等环节，大大降低了贫困户在这些环节的成本，贫困户只需种植、承租种植便可获得收益，极大地解决了种植资金难题。同时，加大对贫困户油茶种植育苗、整地等方面的补助力度，减轻贫困户资金压力。大力争取金融信贷扶持，对符合条件的贫困户，通过“油茶贷”、油茶保险等方式，有效解决贫困户产业发展的“资金难”问题。

第三，解决护管难题，让贫困户“有示范”。以贫困村组为单位，组织有劳动能力和有开发意愿的贫困户组成油茶专业合作社，成立理事会，把农户（贫困户）各自的林地统一流转整合起来，相对集中连片开发，建园后按贫困户承受能力划块经营管理，建立油茶产业精准扶贫示范基地，对集中连片开发100亩以上精准扶贫示范基地的水、电、路等配套基础设施建设实行以奖代补。对油茶产业精准扶贫示范基地内的贫困户，实行贷款贴息补助，按贷款基准利率的100%予以贴息，贴息周期5年。

第四，解决销路难题，让贫困户“不愁卖”。通过市场化运作方式，帮助贫困户实现“好果不愁卖”。一方面，以油茶种植企业为依托，贫困户在选择种植油茶的同时，与公司签订产品收购合同，明确在油茶丰收后以略高于市场平均的价格卖给公司，由企业统一销售，解决了贫困户种植油茶的“后顾之忧”。另一方面，以农村电商为依托，以村级淘宝服务站为平台，积极发展油茶产品线上营销，不仅提高了产品销售价格，而且带动了脐橙、花生等其他农产品销售，极大地拓宽了贫困户增收渠道，增加了收入。

截至目前，于都县引进规模化种植油茶企业15家，建立油茶专业合作社34

家，有针对性打好油茶产业扶贫“组合拳”，建成了段屋、梓山、黄麟、盘古山、银坑等10个万亩油茶示范基地，辐射带动周边乡镇1000余户贫困户种植油茶。

信丰打造基于国有企业平台的油茶产业扶贫机制

信丰县为深化国有林场改革、盘活国有林场资产资源和大力发展油茶产业，深入持续推进精准扶贫工作统筹结合起来，走出一条符合该县实际的产业扶贫新路子，该县出台了发展油茶产业推进精准扶贫工作的实施方案。采取乡（镇）场集中规划、林场统一实施、贫困户申报经营的方式，发展壮大油茶产业。目标是防止贫困户返贫和逐步进入小康。

标准与平台。针对信丰县2014年底建档立卡确认的一类扶贫对象中贫困程度大且有积极性的贫困户，以每户新造5亩油茶林为标准，采取自愿报名的方式进行申报。通过一年的实施，在全县新造20000亩现代高产油茶示范区，建立起贫困户长效稳定的增收渠道；以国有林场现有山地为主，辐射周边山地，在金盆山林场、金鸡林场、油山林场和林木良种繁育中心4个国有林场集中营造20000亩现代高产油茶林精准扶贫示范区。示范区中属林场之外的周边山地，由乡(镇）具体负责向国有林场流转。

（1）四大基本原则。一是生态“红线”原则。坚持以不破坏生态为底线，在火烧迹地、病残果园、撂荒地和25度缓坡以下残次林以及低质低效林等范围内规划发展油茶，坚持公益林、天然阔叶林、水源涵养林、通道防护林、乡村风水林等重要生态区域不造，避免过度开发，防止生态破坏。二是相对集中原则。示范区在全县核定任务下，安排相对集中连片山地进行开发，以便于统一管理，保证开发效果。三是规范标准原则。坚持新造油茶林良种良苗标准，严格油茶种植与管理的技术规范，加强技术普及、培训和服务，确保高标准、高质量。四是收益分配原则。贫困户自愿申报选择自主经营或委托林场统一管理方式经营。对委托管理的贫困户按贫困户与林场7∶3进行分红，对自主管理的按贫困户与林场8∶2进行分红。示范区所在国有林场每年以书面方式向贫困户进行经营状况、财务收支、经营计划公示。在有收益的每年12月底前，由示范区所在国有林场及自主经营户将当年分成收益分别上交县油茶办，经县工作领导小组统一核准后划拨至贫困户一卡通账户。

（2）六个实施步骤。一是宣传发动（2015年5月底前）。召开相关会议，进行动员部署，所有精准扶贫结对帮扶干部深入农户进行政策宣讲。二是山地流转（2015年7月底前）。由有关乡（镇）组织力量，对示范区中属林场之外的周边山地，向示范区所在国有林场完成流转任务，明确乡（镇）与农户签订租赁协议，林场与乡（镇）签订使用协议，30年协议期满后油茶林归原山主所有。三是整地育苗（2015 年 12 月底前）。由全县统一组织、县林业局统一安排各林场具体实施、各乡（镇）积极配合完成示范区内油茶林的整地整带任务；由县林业局统一组织完成育苗或调苗任务。四是统一定植（2016 年 3 月底前）。由各林场按规定期限和标准，在示范区内种植现代高产油茶苗。五是规范管理（2016 年 4月底前）。由各林场组织人员，按技术规程统一管护。定植验收合格后，由贫困户按照就近的原则自愿申报，确定委托管理或自主经营方式，对于自主经营的油茶林也享受相应的扶持政策，由林场技术人员统一对其进行技术指导。六是签订协议（2016 年 5 月底前）。贫困户自愿申报，选择自主经营的与林场签订自主经营合同书，选择委托管理的与林场签订托管经营合同书。

（3）五个“强化”保障措施。一是强化组织保障。成立信丰县油茶产业精准扶贫工作领导小组，由相关县领导任组长、副组长，农口等部门单位负责人为成员，领导小组下设办公室（以下简称“油茶办”），负责组织全县油茶产业的规划发展、技术服务、项目对接等工作。二是强化资金保障。2015 年，县财政按 1 万元/户标准拨付油茶产业发展资金，计 2000 元/亩。三是强化协调保障。要求各乡（镇）和各相关单位必须强化责任，通力协作，确保各项任务按时按质完成。四是强化效益保障。建立油茶经营合作社，强化产业推进与技术服务、加工销售后续力量，提升现代高产油茶产业效益。加强农业保险，采取多种方式对油茶产业实施林业投保，切实降低经营风险。扶持壮大友尼宝等加工企业，推进油茶产业不断向高端延伸，切实提高油茶产业附加值。五是强化督查保障。由县油茶产业精准扶贫领导小组牵头，协同县委督查室、县政府督查室和县精准扶贫办，开展经常性监督检查，确保顺利完成油茶产业扶贫工作的目标任务。规范专项资金管理，保证产业扶贫资金的正常使用，切实维护贫困户利益。

3. 烟叶种植

烟叶种植是继脐橙、油茶产业外又一个重要的扶贫产业，因而在赣南各地受到普遍重视。如兴国县出台了《大力扶持现代农业产业发展的优惠政策》，在土地流转、基础设施和金融信贷等方面给予特殊优惠政策。在烟叶种植方面，2014 年县财政拿出 500 万元用于土地流转补助；烤房建设除烟草行业补贴外，县里再补助 5000 元/座。扶持政策推动了兴国县农户种植烟叶的积极性高涨，烟叶种植面积 1.25 万亩，收购烟叶 3.74 万担，面积、产量均实现翻番，并吸纳 2800 余名贫困户进烟叶基地务工，人均每月可增收 1000~1500 元。

安远县龙布镇稳步实施农业产业结构调整，采取以下三个措施推动烟叶等特色富民产业发展。一是逐步扩大烟叶生产面积，做大做强烟叶产业。该镇坚持科技兴烟，烟叶种植面积达 2600 多亩，烟叶产量 7000 多担，为 2015 年争创“万担烟叶乡镇”奠定扎实的基础。二是大力推广烟叶保险，鼓励烟农参保。龙布镇烟叶合作社工作人员主动联系烟叶种植户，开展烟叶技术培训及参保政策宣传，提高烟叶产业的抗风险能力，保证烟农利益。三是争取和实施烟水烟路等基础设施项目。该镇实施了总投资达 150 万余元的烟水烟路工程项目，并投入 500 多万元，着力建设龙布中心烟站，改善和提高烟叶生产的基础设施水平。

为了加强烟叶的生产管理，信丰县采取“合作社+农户”的模式，采取统一“育苗、配送、种植、打药、采摘、烘烤”等“一条龙”管理模式，既保证了烟叶的品质和品相，又保障了烟农的经济收入。该模式彻底打破了过去烟叶产业发展零敲碎打、效益低下的困局，实现了规模化、规范化和市场化，确保了贫困农户在烟叶种植上的效益。2014 年，信丰全县种植烟叶 17499 亩，收购烟叶 51377.54 担，同比增长 13200.24 担；平均产量 293.6 斤/亩，平均产值 3503 元/亩；均价 11.93 元/斤，同比增幅 2.8%；烟农户均收入 3.75 万元。烟叶种植的收入成为信丰县 2014 年 3759 户 15038 人脱贫农户致富的重要渠道之一。

三、养殖业、农产品加工业脱贫概况

（一）养殖业脱贫概况

养殖业既是赣南农村的传统产业，也是赣南贫困户脱贫的重要途径。养殖对象比较广泛，如牛、羊、鸡、鸭等各种家禽家畜以及鱼类，此外，还包括以下几种养殖业。

1. 灰鹅

灰鹅是兴国县的特有品种，在赣南其他地区也广为饲养。2011 年以来，兴国把灰鹅作为“十二五”产业扶贫的重要内容之一，每年投入 20 万~50 万元，大力推动贫困农户养殖兴国灰鹅。

兴国县灰鹅品种 1994 年获得江西省发布的地方标准（DB36/178—1994）证书，一直是兴国县贫困户脱贫致富的重要产业之一。兴国县灰鹅养殖中心历经 20 年对鹅种的纯繁，建立良种繁育体系，精心选育，从而提高了兴国县灰鹅的繁殖性能和生长速度。2015 年 1 月，兴国县灰鹅品种获得国家畜牧业标准化技术委员会专家们的审定通过，获得了国家标准。

为了推动灰鹅产业发展，兴国县采取“公司+基地+农户”模式，建立了灰鹅贩销联合体。到 2014 年底，兴国县已建立灰鹅扩繁养殖基地 19 个，专业合作社 4 个，规划了 44 个兴国灰鹅养殖重点村，灰鹅饲养量达到 438.66 万羽，出笼量达 316.37 万羽。灰鹅已成为兴国农民脱贫致富的重要产业。

2. 生猪

作为贫困户脱贫的重要产业，生猪养殖业得到了赣州各县（市、区）的重视。如大余县，对贫困户养殖生猪年末存栏 3 头、年出栏 6 头以上的，给予每头补助 100 元；需要贷款的，享受贷款贴息政策。与此同时，各企业和专业合作社也制定了包括提供仔猪、技术服务、信贷担保、保价回收等一系列优惠政策，带动农户（贫困户）养殖生猪。目前，全县年出栏生猪 40 万头以上，辐射带动 248 户贫困户养殖生猪，惠及 832 名贫困户。

定南县以生猪产业引领产业发展，在生猪产业发展中突出规模化养殖、动物疫病防治、畜产品质量安全三大重点，实现产品“由量到质”、品种“由劣到优”、防疫“由乱到治”、模式“由散到聚”、生产“由无为到有为”的整体性转变。目前，已建成供港、供深绿色通道 300 多公里，是全国生猪调出大县、全国重要的生猪供港县之一，供港、供深（圳）无公害生猪主要生产基地以及中央储备肉活畜储备基地，其生猪养殖标准化示范区被列为第七批全国农业标准化示范区。

定南县建立了“公司+合作社+基地+贫困户”的生猪养殖模式，贫困户与企业（合作社）形成了紧密的利益联结机制，也有利于企业进一步扩大生产规模。如定南县茂丰有限公司自 2008 年加入合作社后，2014 年 3 月，公司存栏生猪就达到 1200 多头，每年可以获得 100 万元左右的收益。与此同时，该公司通过提供技术和饲料的方式，带动周边 300 多户贫困户从事生猪养殖，实现脱贫致富。

3. 蜜蜂

赣南较高的森林覆盖率、良好的生态环境为蜜蜂产业的发展提供了优异的条件，赣南许多农家都或多或少饲养了蜜蜂。一些县（市、区）还将此作为贫困户脱贫的重要手段。如大余县积极鼓励发展养蜂产业，崇义县在 2014 年更将“刺葡萄、南酸枣、脐橙、油茶、毛竹、蔬菜、养蜂”七大优势农林产业作为扶贫项目，出台了前所未有的产业扶持和补助政策，鼓励广大农户特别是建档立卡贫困户根据自身实际发展七大产业，增加收入、实现脱贫致富。为了大力推广养蜂产业，崇义县打出了一套产业发展“组合拳”。

（1）出台了高额补助政策。崇义县规定：贫困户饲养一箱蜜蜂补助 500 元，累计 10000 元封顶；同时还统一为贫困户提供优质蜂种。因为购置一箱蜜蜂的成本为 600 元左右，政府补助占去了大头，有效解决了贫困户缺资金难题。

（2）开展了多种形式的技术培训。县残联专门聘请了养蜂专家对全县养蜂贫困户进行集中培训、养蜂基地现场教学和上户跟踪指导，理论知识与实践操作相结合，让养蜂贫困户全面熟练掌握养蜂技术，彻底解决了贫困户缺技术难题。

（3）创立了合作社带动模式。在县农粮局的支持下，成立了大密、石路、黄背 3 个养蜂专业合作社。以石路百花园蜜蜂养殖专业合作社为例，合作社总投资近 30 万元（含 15 万元贫困户补助款），包含 32 户 475 箱，其中贫困户 25 户 303 箱。合作社初始资金由创始人、过埠镇石路村村支书曾宪有筹集，主要用于贫困户养蜂补助（在政府补贴 500 元/箱之后，剩余成本由合作社承担，贫困户不需投入任何资金）、聘请专业技术管理人员费用以及合作社日常管理开支。利润按照“3∶3∶4”分成，即贫困户分得利润的 30%，聘请的专业管理人员分得 30%，剩余 40%归合作社出资人所有。通过合作社带动，大大降低了贫困户单户养殖的风险，产生了规模效应，确保了贫困户常年有稳定收入。

（4）全力培育核心品牌。将蜂蜜送国家权威部门检测，鉴别出口感好、营养价值高的蜜作为主打产品，确保销售的产品是绿色、生态、纯天然、无任何添加成分的优质蜂蜜。鼓励以合作社为平台注册蜂蜜品牌，加大广告宣传力度，逐步培育出崇义自己的蜂蜜品牌，以提高产品附加值。

（5）通过电商平台扩宽销售渠道。通过农村电子商务知识培训项目，为农户提供农产品网络销售培训，让有条件、有能力的贫困户掌握网络销售技能；通过农村电子商务服务网点建设，为农户提供网络代售代购农产品以及其他商品，通过淘宝、微商、农村 e 邮等渠道，拓宽产品销售渠道，为蜂农解决“销售难”的问题。

截至目前，崇义县在北部建立了“过埠—思顺—上堡”蜜蜂养殖基地，在中部建立了“横水—龙勾”养殖基地，在南部建立了“铅厂—关田—聂都”养殖基地，一个覆盖全县的蜜蜂养殖产业基地已经形成规模，全县已发展蜜蜂 2000 多箱，涉及贫困户 400 多户，年产值近千万元。

（二）农业加工业脱贫概况

1. 初级产品的加工

上述灰鹅、生猪、鸡、鸭、鱼等初级农产品都存在进一步加工的问题。事实上，赣南也初步建立了一些农产品的初级加工企业，实现了部分增值。如上犹县米厂就不少，大米加工业比较发达。上犹县紫阳乡的尹英强是其中一个代表性企业家。在大学毕业后的第五个年头，他收购了紫阳乡为民米厂，并且当年就扭亏为赢。但是，2014 年的一场大火，使他损失了 20 多万元的设备与材料。在当地政府的帮助下，尹英强在高基坪村坳下组重新建立厂房，占地 6 亩多，生产车间、仓库、办公楼等设施一应俱全，总投资超过 600 余万元，日产量达到 80 余吨。

在大米加工过程中，他发现紫阳乡虽有“油米之乡”的美称，但大多数农户都是各自种植，各自销售，没有形成很强的市场竞争力。为了改变这种状况，尹英强决定发展有机大米，采取“企业+基地+农户”的模式，由公司与农户签订协议，公司给农户提供种子种植。农户在种植过程中，不打农药和施化肥，以保证大米的纯正有机、绿色、健康。收割后，公司再以高于市场价20~30元的价格收购农户手中的粮食。在签订协议时，尹英强优先考虑乡里的贫困户。目前，已经与全乡216户农户签订了协议，其中152户是贫困户。除此之外，公司招工也优先考虑乡里的贫困户，现在厂里的工人有56人，其中有32人是贫困户。如此一来，不仅能把紫阳大米产业做大做强，还能够带动贫困户脱贫致富。

瑞金市万田乡的大禾米，是生产制作黄元米馃的原料。因黄元米馃口感柔细腻、有嚼劲，深受人们的喜爱，古代曾为瑞金的贡品之一。但大禾米本身产量低，产品也未深度开发和外销。仅在逢年过节农民自做自销黄元米馃，大禾米种植也未形成规模。万田乡党委、政府进行深度开发，唱响了黄元米馃这一绿色品牌。

第一，抓规模种植，把种植的各个环节当作第一车间严格把关。做到面积上规模，达到种植面积8500亩，产量3400吨；质量优化，种植时不撒化肥，用农家肥，不打农药，确保了原生态、绿色、环保、安全。

第二，抓好深度加工，注重产品包装，创办了黄元米馃生产合作社。做到统一生产规格、统一产品质量、统一外形包装。

第三，抓好产品的营销。乡里在北上南昌南下广州、深圳依托超市建立了23个销售点。连香港、台湾客商也都看好黄元米馃，加入助销的行列。万田乡麻地村米馃大户钟吉安春节期间生产了21000多斤米馃，每公斤10元，纯收入6万多元。万田乡成为远近闻名的米馃市场，也让万田乡村民鼓起了钱袋子，仅米馃一项年人均增收500元以上。

2. 深加工

总体来看，赣南农产品深加工企业不多，需要大力发展，以进一步提高贫困户的收益。在为数不多的深加工企业中，厚朴公司是其代表。

为追求生态效益最大化，全南县推动脱贫产业延伸产业链条，在深加工等第二产业上释放更多“红利”。为此，该县加大绿色产业招商引资力度，重点引进了厚朴公司等农林产品深加工企业8家，使该县的芳香花木、优质果品、绿色蔬菜等产业逐步向深加工转型升级。厚朴公司与法国花宫娜公司及英国科夫氏公司等跨国企业合作，研发香水、精油、护肤品等高端产品20余款，投产之后，年产值可望超过3亿元。

四、旅游脱贫概况

（一）一种新的扶贫模式

1. 旅游扶贫的主要含义

赣南等中央苏苏区是客家摇篮、红军故里。森林覆盖率高，生态环境好，文化底蕴深厚，拥有丰厚的红、绿、古等旅游资源。作为脱贫攻坚的重要手段，由于扶持对象主要居住在农村，因此，旅游扶贫主要是扶持农村贫困户摆脱贫困，是通过扶持具有旅游资源的贫困乡村发展旅游产业，带动贫困地区区域经济发展、贫困农民脱贫致富、村庄环境改观的一种新的扶贫模式。

随着现代旅游业的快速发展，旅游消费市场日趋丰富和多样化。“开轩面场圃，把酒话桑麻”的独特农家生活让越来越多的城市人向往，以“吃农家饭、住农家屋、享农家乐、观农村山水”为主要内容，以回归自然、放松身心为目标的乡村旅游逐渐受到市场和社会的广泛关注与认同。顺应着这种潮流，农家乐逐渐兴盛起来。它的兴起，丰富了城市居民的闲暇生活，拓宽了农民的致富门路，也带动了假日经济的发展，取得了较好的社会效益和经济效益。

2. 赣州乡村旅游获得上级支持概况

2014 年，国家发改委、国家旅游局、国务院扶贫办等 7 部委发布了《关于实施乡村旅游富民工程推进旅游扶贫工作的通知》（以下简称《通知》），同时公布了乡村旅游扶贫重点村名单，江西省有 49 个县 204 个村被列入扶贫重点村名单。《通知》明确，到 2015 年，国家扶持全国约 2000 个贫困村开展乡村旅游；到 2020 年，扶持全国约 6000 个贫困村开展乡村旅游，带动农村劳动力就业。力争每个重点村乡村旅游年经营收入达到 100 万元。每年通过乡村旅游，直接拉动 10 万贫困人口脱贫致富，间接拉动 50 万贫困人口脱贫致富。为了推进乡村旅游事业发展，《通知》提出了需要解决的五大重点任务：一是加强基础设施建设，改善重点村旅游接待条件。二是大力发展乡村旅游，提高规范管理水平。三是发挥精品景区辐射作用，带动重点村脱贫致富。四是加强重点村旅游宣传推广，提高旅游市场竞争力。五是加强人才培训，为重点村旅游发展提供智力支持。

2012 年国务院下发《关于支持赣南等原中央苏区振兴发展的若干意见》，明确提出要推动赣南等中央苏区红色旅游与生态旅游、休闲旅游、历史文化旅游融合发展，支持赣州、吉安创建国家旅游扶贫试验区。根据《意见》精神，吉安市在 2012 年 8 月就着手开展《吉安市国家旅游扶贫试验区专项规划》（以下简称《规划》）编制工作，《规划》以井冈山红色旅游为本色，以井冈山、武功山、青原山“三山”旅游为支撑，以赣江流域为纽带，以古村落生活方式旅游、历史文化旅游为突破，以温泉休闲旅游为亮点，规划面积达 2.53 万平方公里，规划范围覆盖全市 13 个县（区）。2013 年 3 月，国家旅游局、国务院扶贫办正式批准设立赣州、吉安国家旅游扶贫试验区。国家旅游局出台了《关于支持赣南等原中央苏区旅游产业发展的实施意见》，该《实施意见》在规划、项目、宣传推广、打造精品、区域合作、智慧旅游等十个方面对赣南地区旅游业发展提出了实施意见，要求试验区积极发挥资源优势，合理保护并开发旅游资源，以发展红色旅游、乡村旅游、生态旅游、民俗旅游等旅游产品为重点，为探索建立旅游扶贫开发新模式积累经验。

2014 年，赣州扎实推进瑞金共和国摇篮景区创国家 5A、陡水湖景区创国家 4A，赣州市旅游集散中心、郁孤台历史文化街区等重点旅游景区项目稳步推进；此外，还重点打造赣南苏区红色旅游长廊、赣州三江六岸文化画廊、赣南温泉度假旅游区、赣州森林小火车观光度假旅游区、于都中央红军长征体验园等一批有带动作用、社会和经济效益并重的重点招商项目。

在推进农业与旅游融合发展方面，赣州大力推进 10 个旅游扶贫重点县、100 个旅游扶贫特色乡镇、1000 个旅游扶贫示范点的旅游扶贫工程建设，积极发展休闲农业和乡村旅游，打造一批休闲农业和乡村旅游示范点。同时推动红色旅游与生态旅游、休闲旅游、历史文化旅游相结合，提升城市品质旅游，加快赣南采茶戏、兴国山歌、石城灯彩、客家曲艺、于都唢呐等非物质文化遗产旅游项目开发，打造“赣南特产”旅游文化品牌。

2011 年和 2012 年，国家旅游局累计下达江西省片区县的项目资金近 500 万元。此外，江西省旅游委还积极协调省财政厅、省发改委、省交通厅等省直部门，仅 2013 年、2014 年就下达片区县省级涉旅资金两亿多元，几乎涉及片区所有县（市），重点改善了片区内 18 个旅游景区特别是红色旅游重点景区内的公路和旅游步道，并新修建了一批旅游公厕和游客服务中心。2013 年，江西省级红色旅游专项资金下达片区县 260 万元，为发展红色旅游提供资金支持。赣州市以赣南苏区振兴发展为契机，实施重大项目带动战略。积极编报旅游重点项目向上争资争项。2014 年已成功争取国家、省扶持资金 7500 万元。新建、在建和续建重点旅游项目 42 个，总投资 240.3 亿元，累计到位资金 33.35 亿元。

（二）赣南乡村旅游扶贫的开展情况

在国家政策的鼓励下，加之赣州市获批“国家旅游扶贫试验区”后，各县（市、区），立足本地良好的生态环境，大力发展乡村旅游，并以旅游业为支点撬动扶贫。

1. 全南县

全南县整合绿色扶贫产业和旅游资源，积极开辟以观光休闲农业为主的第三产业，着力打造“珠三角后花园”，提升扶贫产业的整体效益。以和谐秀美乡村、南迳镇万亩古韵梅园为依托，策划了汽车越野、溯溪探险等多项活动，精心打造了古韵梅园、温泉度假、瑶族山寨、雅溪围屋、中滩胜地等生态旅游景点，串联农业观光、果蔬采摘、农家乐等休闲旅游，逐步形成“无处不风景、处处皆可游”的农旅融合发展格局，全年旅游总收入达 3.34 亿元。

2. 崇义县

崇义县充分发挥独特的生态环境和自然资源优势，探索旅游扶贫新路径。2014 年，崇义县整合资金，投资约 5000 万元美化景区，改造和提升旅游基础设施建设，建设上堡梯田景区公路及景区大门，改造齐云山自然保护区公路项目；启动总投资 200 万元过埠至上堡梯田损坏公路的维修；开展库区农村垃圾无害化处理试点和库区水上木棚上岸工程，100 多个库区水上木棚都实现上岸居住，着力打造过埠“梦想家园”移民示范点；通过项目建设带动旅游开发扶贫，大力发展库区观光旅游、生态旅游项目，建设上堡梯田、陡水湖、齐云山旅游示范区，助推群众脱贫致富。

崇义县上堡乡素有堪称“中国三甲，客家一绝”的梯田景观，还有亿年冰川遗迹、上堡整训等众多旅游景点，10 个行政村中，有 4 个是省级贫困村，2 个是市级贫困村。2015 年，上堡乡仍有 432 户（1186 人）被列入上级精准扶贫对象。面对如何打好新一轮扶贫攻坚战的大考题，该乡创新旅游扶贫思路。2014 年，上堡乡抓住《舌尖上的中国》等知名媒体栏目的宣传推介契机，围绕申报全球重要农业文化遗产、创建全国 4A 级景区的目标，把旅游产业作为第一产业来抓，发展乡村旅游，通过发展旅游产业带动当地群众脱贫致富。其主要举措如下。

第一，立足优势，明确发展战略。上堡乡政府高度重视农家乐发展工作，加强组织领导，积极整合产业资源，全力推进农家乐的发展。全面依托梯田、温泉、冰川遗址、土特产的优势和自然风光，开发各类资源，为农家乐提供服务。

第二，强调特色经营理念。在深入分析农家乐客源市场现状和消费趋势的基础上，以农业、农村、农事作为乡村游的主要载体，从装修到食宿，结合地方特色，突出“乡、野、土”的农家风味，形成鲜明的地方特色和个性风格，实现每家都有主打品牌。

第三，精心规划。以创建市级农家乐休闲旅游特色点为目标，以梯田观光为重点，对全乡旅游资源进行合理规划，争取上级优惠政策，引导和支持群众开办农家乐、完善接待设施、提高接待水平，积极发展乡村生态旅游。抓住旅游循环公路贯通的契机，以水南、竹溪为重点，着力抓好水南—竹溪旅游示范带建设。

第四，完善设施。着眼长远、合理规划，抓好竹溪村木梓排观景台、停车场、圩镇一河两岸景观带、上堡整训旧址修复、上堡梯田景区大门等工程建设，将境内旅游资源串联，推动以梯田观光业为主，生态采摘业和红色旅游业比翼齐飞的旅游产业格局的形成。

第五，创新载体。开展旅游发展党员“三带头”活动，即党员带头服务游客、党员带头支持旅游基础设施建设、党员带头发展旅游相关产业和带领群众脱贫致富。成立矛盾纠纷调解队、交通疏导工作队等志愿服务队，通过党员带头宣传，监督质量，调处纠纷；带头不荒田不荒地，发展农家乐、传统种养，引导群众脱贫致富，浓厚旅游发展氛围。

目前，上堡乡旅游公路建设顺利实施，旅游示范点建设初具雏形，旅游产业风生水起。2015 年全年共接待游客约 12 万人，实现旅游综合收入约 3000 万元。2015 年，水南村被评为“全国最美休闲乡村”，赤水村被评为“全国生态文化村”。景区内 7 户农家乐年收益均超过 15 万元，当地群众收入水平有了很大提高。

3. 安远县

安远县发展旅游谋致富。一是加快旅游基础设施建设，加快推进旅游线路和旅游景区的交通、住宿、餐饮、卫生、通信等基础设施和配套设施建设。二是精心打造核心景点景区。依托原有优势，加快三百山景区创 5A 和东生围围屋群创 4A 开发建设进度，建设东江源温泉度假中心、游客集散中心。推进 3A 级乡村旅游点创建和 9 个全国乡村旅游扶贫重点村的乡村旅游发展工作。推动形成东江探源游、温泉养生游、客家风情游、乡村休闲游等精品旅游线路。三是切实推动乡村旅游业的发展。鼓励推动乡村旅游示范点建设，对发展乡村特色旅游业予以补助扶持，贫困户发展农（林）家乐，接待场所达到农家旅馆标准的，给予补助 5000 元/家。

安远县车头镇官溪村坐落在县旅游胜地永兴山脚下，村中有永兴山风景区、独立岽现代农业观光基地、竹海等旅游观光资源，风景秀丽；距离县城只有 14 公里，临近省道，给官溪村发展乡村旅游提供了便利的地理交通条件。车头镇充分利用这些有利条件，大力扶持官溪村发展乡村休闲旅游，引导、支持当地贫困户发展具有特色的“农家乐”菜馆，从主打官溪做粄队开始，树立自身品牌。如今，官溪村已经涌现了 15 家“农家乐”菜馆，并且联合成立了官溪村乡村旅游合作社。现在的官溪贫困村已经成为产业发展后劲十足的乡村旅游度假新村。

4. 大余县

为使乡村扶贫游景点有品位、有层次，大余县在开展乡村游扶贫中，将乡村扶贫游作为统筹城乡发展和发展乡村扶贫旅游经济的重要载体，改变过去“撒胡椒面”的方式。以财政扶贫资金为引子，整合相关部门资金、基础设施和产业配套，合理布局，连片开发，集中打造扶贫村乡村旅游点，实现一村一景、一片一景，探索建立了一条“建基础、美生态、惠百姓、早脱贫”的旅游扶贫新模式。先后规划建设丫山风景区、梅岭风景区、黄龙乡村旅游扶贫示范园、青龙元龙荷塘乡村旅游扶贫基地、浮江双田三月三“樱花谷”、吉村桃树下“桃花岛”等风景秀丽、各具特色的乡村旅游示范点 24 个。

图 7–20　大余县丫山旅游合作社

资料来源：刘善庆拍摄。

截至目前，全县接待国内外游客 97.8 万人次，其中，境外游客 4.3 万人次，旅游总收入 4.5 亿元，旅游创汇 660.2 万美元，使全县 3.5 万余人直接或间接受益，其中，建档立卡扶贫对象受益达 3500 人，占总贫困人口的 15%以上。如丫山风景区流转贫困户林地 926 亩、农田 129 亩，为 41 户贫困户带来林地每亩每年 18~30 元、农田每亩每年 500~900 元的流转收入、每月 800~2000 元的务工就业收入；青龙元龙荷塘乡村旅游扶贫基地每个周末接待游客达 300 余人次，当地 100 多户贫困户通过“保底+提成+务工”的方式，户年均收入 2 万元以上。

2015 年 10 月，江西省乡村旅游提升与旅游扶贫推进工作会在大余县开幕，会议极大地促进了大余县乡村旅游发展，有利于构建旅游扶贫的新格局。

5. 石城县

石城县琴江镇大畲村原来是贫困村，基础设施差、交通不方便，农民人均收入不足千元，是典型的“三无村”（无设施、无产业、无资金）。该县依托大畲村丰富的资源优势，以打造旅游新村为目标，实施农村危旧土坯房改造，整村推进各项设施建设。该县聘请江西嘉景旅游规划设计有限公司编制《石城县大畲村乡村旅游开发控制性详细规划》，明确大畲乡村旅游点发展目标、发展思路和发展方向，对全村道路交通、旅游服务设施（旅游服务中心、餐饮、住宿服务）、环

图 7–21　大余县丫山旅游合作社

资料来源：刘善庆拍摄。

境保护与卫生系统等进行统一规划，并修缮了南庐屋、紫气腾光等古民居，建成了古戏台、莲文化馆、白莲物种园、百亩荷花园、旅游商贸一条街。2013 年，该村被评为全省首批 4A 级乡村旅游点。

在大畲村乡村旅游点的示范带动下，石城县整合扶贫、农村土坯房改造、交通、林业、水利等多项资金，先后打造出横江镇赣江源旅游新村、龙岗乡水庙新村、小松镇古松新村、屏山镇长溪古村等一批乡村旅游点。如今，石城县通过乡村旅游累计带动贫困户 1000 余户，人均增收达 1500 元以上。仅 2014 年 1~7 月，全县接待游客 95.04 万人次，同比增长 24.8%；实现旅游收入 2.76 亿元，同比增长 32.7%。

上堡乡水南村乡村旅游扶贫的做法

水南村位于崇义县上堡乡东部，辖 18 个村民小组，410 户，1589 人，其中精准扶贫户 69 户，220 人（2015 年）。村内耕地沿山坡开垦成阶梯式农田，以景色壮观而著名，是上堡梯田核心景区的重要观景地之一。面对新形势下的扶贫攻坚问题，水南村依托独特的生态资源优势，创新旅游扶贫思路，精力挖掘打造以梯田观光为龙头的生态旅游观光产业，为推动该村扶贫开发工作取得新成效增添了新的动力。

（1）整合资金，完善基础设施建设。全力跑项目、争资金，整合资金完善基础设施建设，沿水南景区公路新建128个错车道和20多面反光镜，提高道路安全系数；投资122万元兴建4个旅游停车场，共可容纳汽车200余辆；投资360多万元修建观景台、青石板游步道及仿木质生态护栏；投资1082万元修建上堡梯田景区小循环公路，建成后可将水南、赤水、竹溪、良和五大梯田群落串联成一线。

（2）扩大宣传，树立生态旅游品牌。与“舌尖上的中国2”、“客家足迹行”等知名栏目组接洽，吸引栏目组到水南梯田取景；邀请赣州电视台摄制组拍摄上堡旅游风光宣传片，在赣州电视台和崇义电视台滚动播出等。通过与媒体宣传，从而树立上堡梯田生态旅游品牌，扩大上堡梯田在国内的知名度。

（3）规范经营，提升旅游服务质量。吸纳当地农家乐业主成立上堡乡农家乐协会，组织协会成员外出婺源等地考察学习旅游服务，并组织协会会员到崇义、赣州等地学习服务业和餐饮业知识等，规范经营活动，提升农家乐的服务质量和水平。在水南农家乐业主的带动下，全乡已有53户村民从事农家乐经营活动；提供就业岗位500多个，带动相关村民人均每年增收5000多元。

（4）深挖资源，拓展旅游观光项目。利用客家传统文化和景区地理地形优势，发展多样化旅游项目。在万长山投资新建5000亩观光茶园，为当地贫困户提供就业岗位，实现劳务扶贫，带动贫困户年均增收1500元；在水南梯田建立高山有机大米生产基地，采取“公司+基地+农户”的模式发展有机大米种植，吸引游客参与打田坎和九层皮制作等农家活动，以此建立集旅游—观光—休闲—娱乐为一体的旅游基地，带动约10户贫困户从事相关服务工作，人均年增收近2000元。

经过几年的努力和精心打造，水南村经济逐步转型升级，生态旅游产业已逐步成为第一富民产业。

五、电商脱贫概况

（一）江西省电商脱贫工程

2015年12月11日，江西省扶贫和移民办、省商务厅、省邮政分公司正式签订《江西省电商脱贫战略合作框架协议》，正式启动政企合作的电商扶贫新模式：依托中国邮政集团公司推出的“村邮乐购”农村电商项目，坚持以“农产品进城”为主体，着力聚焦贫困村、贫困户、脱贫产业，积极探索和走出一条有别于其他电商企业的发展之路。根据协议，三方决定2016~2018年立足三大合作目标，整合资源携手实施七项合作重点，启动推进江西省电商精准脱贫工程。

三大合作目标是：在全省贫困村建设2900个电商脱贫站并建成100个电商

脱贫示范村；选定建档立卡贫困对象为电商脱贫站站长并联合培育出1000名电商脱贫带头人；在贫困地区打造电商脱贫十大产业、十大品牌，带动10万贫困人口脱贫致富。

七项合作重点是：①在贫困村建设一批农村e邮精准脱贫站，列为省扶贫和移民办、省商务厅电商精准脱贫基地。②建设精准脱贫线上平台，帮助贫困村村民把农产品卖出去，卖得更多，卖出更好的价格。③培育精准脱贫产业，重点采取“农户+合作社+电商推广销售”的方式，培育发展贫困村专业合作经济组织，促进产业规模化发展。④带动一批贫困对象实现自主创业，选定有一定能力的贫困对象担任精准脱贫站站长，把他们培养成电商人才，通过网销、预售、众筹三种方式帮助他们实现创业梦。⑤建设一批“乡村旅游脱贫示范村”，在贫困县旅游景点设置乡村旅游电商体验馆，将闲置房间建设为“乡村驿站”，提供“民居住宿”、“农家饭庄”等服务，使乡村旅游成为贫困户脱贫致富的新型产业。⑥开展农村电商精准脱贫专题培训，建立一批电商脱贫的培训基地。⑦选定贫困对象在贫困村开办一批“快递超市”。

江西省坚持以“六个一”（一个站点、一个带头人、一个主打产品、一个合作社、一个主平台、一条邮路）为抓手，解决贫困地区农产品的卖难、送难问题，实现一个站主带动一群人、一个站点拉动一片增收致富，全力打造成规模、可持续、见实效的电商脱贫“江西模式”。

建好“一个站点”。在贫困村建设电商脱贫站点，江西邮政先期投入数万元进行统一装修改造和设备添置，配齐大屏幕电视、电脑、电商应用软件、打印机、扫描枪、助农取款设备、农产品展示架、邮件寄存柜和封装设备，交付站主免费使用。扶贫部门按照开一个补助一个的原则，落实每站1万元补助资金。邮政联合扶贫、商务部门成立专门的项目团队对站主电商培训，不定期地组织站主到浙江等发达省份现场交流学习和高校深造；并指导其收集、挖掘农产品信息，提供专业的文案策划、图文设计、线上推广、包装寄递等全环节服务，帮助贫困户把农产品以更高的价格卖出去，实现增收致富。如2015年底，兴国县埠头乡生姜遭受丰收烦恼，收购价格低至0.5元仍卖不出去，眼看要烂在地里。电商扶贫项目组积极策划网上义卖，组织当地电商脱贫站点以不低于1.8元的价格优先向贫困户收购生姜，现已销售10万余斤，帮助160余户贫困户和村民户均增收1400多元。

选好“一个带头人”。江西电商脱贫工程优先选择和培养适合的贫困户担任站主，同时，积极对返乡农民工、返乡大学生、乡村干部、致富带头人、农民合作社负责人等进行多维度筛选，确保每个站主都有带动农村百姓增收致富的担当和能力，确保每个站点都有带动农村百姓精准脱贫功能和实效。

推好“一个主打产品”。做电商就是做品牌，做农产品更是做品牌。江西电商脱贫工程在全国大力引进农村电商精英，组建近百人的农村电商专业运营团队，负责农产品品牌策划、运营推广、品控管理和大数据分析等各环节服务，指导各地、各站点树立主打的特色产品和品牌，打造“一村一品牌”、“一县一特色”。截至目前，已成功注册和塑造“老俵情”、“廖奶奶咸鸭蛋”、“将军山茶油”、“傩乡桔颂”、“功橙赣南”、“南康荷包胙”等十余个品牌。宁都县垄下村地处深山，“80后”农民工刘芳夫妇返乡开办电商脱贫站点，运营团队根据其地域特色，重点引导其打造野生和山珍特色，前期组织30多户贫困村民生产山茶油、采摘野生灵芝等山珍。通过线上策划推广，2015年短短8个月，累计销售70多万元，帮助每户贫困户增收近6000元。春节前，一家金融机构慕名而来，一次性订购30多万元山茶油，让贫困村民过了一个丰收年。

扶好“一个合作社”。通过直接扶植或与当地政府、企业合作等方式，建立“农户种植制作+合作社加工包装+电商推广销售”经营体系。通过合作社运作，因地制宜挖掘和培育“前方有市场、后方有资源”的本地特色产品，将资源优势转化为发展优势，打造电商脱贫特色产业，以电商脱贫的规模化、产业化、可持续发展，带动贫困百姓实现脱贫致富梦。截至目前，通过电商脱贫工程推动成立廖奶奶咸鸭蛋、井冈山竹荪、兴国生姜、广丰碱水粽、遂川茶油等30余个合作社。瑞金市凤岗村85岁的廖奶奶，借助“村邮乐购”平台把咸鸭蛋销往全国各地，仅半年多累计卖出6万多枚，价格由原来的1.5元提高到4元。如今，“廖奶奶咸鸭蛋合作社”对接该村30户重点贫困户，免费提供3000只鸭苗，合作社统一收购鸭蛋进行深加工，为每户贫困户带来4000多元的收益。

用好“一个主平台”。邮乐网是一个集线上网购和线下零售于一体的独特创新购物服务平台。电商扶贫以“邮乐网—邮乐农品”为主体，积极开发“寻味家乡”App等自主电商平台；并根据不同的客户群体，组织微营销和自媒体营销，积极开通“老俵情”微店、“乡村寻味”有赞旗舰店等平台，主动接入淘宝、京东等知名电商平台，全面构建农村电商线上综合服务体系。目前，已开设各类网上县馆65个、上线农产品1800余款。所有电商平台开辟“电商脱贫农产品专区”，优先推送电商脱贫站点信息、优先销售贫困户产品，并广泛开展“革命老区精准脱贫年货节”、“我要扶贫”公益推广等系列线上活动。其中，“革命老区精准脱贫年货节”在春节前不到一个月的时间，推广销售年货大礼包18221件，销售额达360多万元，带动瑞金黄沙村4000多斤滞销土蜂蜜和井冈山40多户红蓝卡贫困户的竹荪销售一空，每户增收2000多元；各地聘请85名贫困户参与年货节打包配送，人均增收1500多元。

开好“一条邮路”。为突破农村物流配送“最后一公里”“瓶颈”，专门对电商脱贫站点和贫困村增开直通邮路，确保电商产品出得去、进得来。政府以购买公共服务的形式给予补贴。为进一步提升“县—乡—村”物流配送能力，江西邮政投资数亿元，对全省农村邮路实施新型化、信息化、机械化改造，增开邮路，增配车辆；并坚持以开放共享的思维，积极打造“1+N”农村快递综合服务体系，为顺丰、“四通一达”等快递企业提供代运、代投、代收服务，两年内实现“村村通快递”。江西电商脱贫工程自启动以来不到5个月，已建成电商脱贫站点636个、县级运营中心31个、仓储配送中心37个、电商智慧产业园1个，带动农产品销售245万笔，销售额达5000余万元；带动2000多户贫困户人均增收1600多元；成功塑造了“廖奶奶咸鸭蛋”、“傩乡桔颂”、“功橙赣南”、“南康荷包胙”、“井冈山竹荪”等一批地方性产业、区域性品牌。

图 7-22 南康区电商创业园

资料来源：刘善庆拍摄。

江西电商脱贫工程启动以来，省扶贫和移民办、省商务厅、省邮政分公司先后联合印发战略合作框架协议、2016年实施方案和加快推进工作通知等配套文件指导实施，各地制定实施方案，成立领导小组和协调推进机构，全面统筹加快各项具体工作的开展。2016年4月18日，召开电视电话会议，进一步调度推进，将在全省重点推进“双千双百双十”计划。“双千”计划具体指在全省2900个贫困村全部建立电商脱贫站点；并培育1000个农村电商精准脱贫带头人。“双百”计划是指把100个贫困村打造成电商脱贫示范村；电商脱贫站每天为贫困村贡献的脱贫纯收入不低于100元。“双十”是指在贫困村打造出10个电商脱贫村镇品牌产业；通过实施农村电商精准脱贫工程，带动 10 万以上贫困人口脱贫致富。

（二）赣州电商脱贫概况

1. 主要政策措施

乘着“互联网+”浪潮，依托赣南脐橙等农产品、南康家具、服装、旅游等优势产业，赣州“联姻”电子商务，促进贫困群众持续稳定增收。

近年来，赣州先后出台一系列政策，鼓励农村电商发展。这些政策主要有三项，一是在赣州注册且符合执行西部大开发税收优惠政策规定的农村电子商务企业，减按 15%的税率缴纳企业所得税。二是政府专门安排财政资金，鼓励农村电子商务企业开展自主品牌建设，培育发展出口名牌，争创省级、国家级名牌产品。对于经认定获得省级以上名牌产品的企业，给予 5 万元以上奖励。三是大力构建县、乡、村三级电商服务网络，通过和阿里巴巴、邮政公司、顺丰集团等大型电商物流企业合作，全面铺开农村快递物流网络，打通农村网络购销运输配送渠道。

图 7-23　南康区电商精准扶贫实训区

资料来源：刘善庆拍摄。

为了帮助贫困户通过电子商务实现脱贫，赣州市整合各项扶贫资源，从免费培训、扶贫贴息、小额信贷、信息服务等方面，全方位、多角度扶持。优先安置贫困户到电商产业园落户创业，帮助贫困户借助商务部新农商网、供销社网上商城、阿里巴巴“村淘”、京东商城、顺丰嘿客网、1 号店、邮乐网、融 e 购、善融商务等平台销售农产品，拓宽农产品销售渠道，增加农民收入。鼓励电商龙头企业安排适当产品、适当岗位帮助贫困户实现就业。2014 年，赣州市脐橙电子商务销量达 5 万吨、交易额达 4.7 亿元，分别增长 92.3%、113.6%。

2. 各县（市、区）电商脱贫概况

2014 年来，宁都县抓住电子商务进农村的有利时机，按照“精准扶贫、电商助困”的思路，采取政府搭台，市场唱戏，群众受益和“电商 + 扶贫 + 帮困”模式，大力实施电商扶贫，取得显著成效。宁都县主要从以下三个方面促进电商产业发展，助力贫困户脱贫致富。

图 7–24　宁都县飞天电商产业园

资料来源：刘善庆拍摄。

（1）建设农村 e 邮站，助民销售增收。利用建在各行政村或中心村的“农村 e 邮”电商服务平台，将竹笋、草菇、芋头等天然食品或无污染农产品，通过电商直销增加农民收入。如赖村镇莲子村的贫困户宋事亭，通过网络卖芋头，省时省力，每斤比圩场上多卖 1.5 元，网销近千斤芋头，增收 1000 多元。据统计，通过农村 e 邮销售农副产品，能为农户增加收入约 20%。

（2）构建电商产业链，助民就业增收。通过当地从事电子商务经营的龙头企业、专业合作社与地方电商交易平台等，构建起面向电子商务的产业链，帮助和吸引贫困户参与进来，实现完全或不完全就业，从而达到减贫效果。例如，田头镇的孔明灯线下加工厂，从事生产制作人员涉及长胜、竹笮等 5 个乡镇达到 2000 余人，他们中有 80%属于贫困户劳力，这些以前被称为农村劳动力“边角料”的人，如今一个月下来也能赚到 500~1500 元的报酬，生活质量明显改善。

（3）培育电商人才，助民创业增收。县电商孵化园免费为贫困劳力提供电商知识培训，县政府出台政策支持，县邮政部门提供 e 邮服务等，帮助贫困户直接以电子商务交易实现增收，达到减贫脱贫效果。其中，最典型的方式就是帮助贫困户在电子商务交易平台上开办网店，让他们直接变身为网商。例如，年仅 18 岁的廖竹生由于先天疾病，他的双手手腕无法伸直，属于三级肢体残疾。在县里的帮助下，他在淘宝网上开了个布鞋分销店，每个月能赚到近 2000 元，不仅能够自食其力，还能帮助减轻家庭经济负担。现在，像廖竹生这样的残疾人、贫困户网商和网店主全县已有 200 多人，他们的月收入均为 2000 元以上。

图 7–25　南康区电商创业园

资料来源：刘善庆拍摄。

自电商扶贫工作开展以来，宁都县新增各类土特产网店近 500 家，已有 81 家农业企业、265 家农民专业合作社抱团，辐射带动贫困群众 800 余人从事电商产业，从业人员人均可年增收 6000 元以上。

于都县以全国电子商务进农村试点县为契机，按照“上级补助、全额投入，本级财政、倾力支持”的原则，将上级财政安排的 2100 万元电子商务发展资金全部用于电商大楼和电商孵化园建设，扶持本地电商企业发展壮大，大力推动与电商紧密相关的交通、网络、物流等基础设施建设，着力建设适合于都环境的电商进农村生态圈；另外，县财政在有限的资金里，计划 2016~2020 年，每年挤出 2000 万元预算资金，其中 1000 万元作为电子商务发展专项资金，采取“企业投入、政府补助”的方式，对企业物流进农村实行物流补贴；另外1000万元作为担保资金，与金融机构合作，推出“电商信贷通”，按照资金池模式运行，银行按1：8的比例放大至8000万元的专项贷款，用于解决电商企业资金困难问题。目前已开设65个淘宝村级服务站，其中贫困村18个，吸纳200余名贫困户为合伙人。在阿里巴巴全国300多个淘宝村级服务站中，于都县收获了客单价“全国第一”、开业当天销售额“全国第三”的好成绩。京东、一亩田、居无忧、农村e邮等10余家电商企业陆续进驻于都。如岭背镇青年谢普兴，曾经年销手工棉被1000多床，现在组建了手工棉被合作社，吸纳附近贫困户参与，通过电商平台销售手工棉被后，2015年1月至10月总销量已经超过10000床，经济效益明显提升。在电商产业的带动下，一些常年在外务工、经商的人员陆续返乡，现已有1000余人通过“一台电脑、一根网线”实现了创业梦。

赣州市章贡区地处赣州市中心城区，为打好电商扶贫攻坚战，积极出台《章贡区电商扶贫专项方案》，依托章贡区位于中心城区的人才、物流、技术等优势，加大和城区电商城、电商园的对接合作，大力引进电商企业和平台，全力帮助贫困户通过电商实现创业，多次开展电商扶贫宣传和培训，形成了电商扶贫的浓厚氛围。其措施主要有三个。

（1）建设电子商务园区。总投资5亿元，重点建设章贡区飞天电商园，2017年全面完成。目前，进驻产业园区的电商企业168家。2016年通过飞天电商园等电商企业举办免费电子商务知识培训8期，培训人数412人，其中贫困人口93人，帮助33人实现就业。

（2）组建镇、村电子商务平台（在镇建立电子商务进农村服务中心，在村建立服务站），培育一批电商创业能人。2016年计划总投入60万元，建成10个以上村级服务站，其中贫困村站3个以上，带动贫困户创业，或帮助贫困户销售产品。目前，已与“e邮通”、土购网等电商企业达成初步合作意向。

（3）推进电子商务物流配送项目建设。重点建设赣州市配送“云堤生活”服务平台项目，建成3个仓储中心，45个分拨中心，500个末端网点，贫困村物流网点覆盖率达70%以上，2016年实现农产品进城促增收，工业产品下乡便民生。

2015年8月成功入选第二批国家级电子商务进农村综合示范县后，定南县依托龙头企业和农民专业合作社，有效整合现有配送中心仓储资源，在阿里巴巴、京东商城等知名网络平台开设县级馆，为电子商务平台运行提供有力保障。同时，引进北京新农商学院作为电商创业孵化园的运营商提供专业技术支持，注重理论知识与实践相结合，提高从业者的创业能力。截至目前，孵化园已累计组织培训11期，培训1000多人次，其中贫困人口400多人。

为推动电商和精准扶贫的“联姻”，定南县确定天九镇为电子商务进农村工作示范镇，投资 100 多万元，建设镇级电子商务孵化中心、运营中心。以“农村 e 邮”为平台，在龙塘村等村级建立了 20 个电子商务服务站，在 8 个省级贫困村规划建设了 8 个电商脱贫服务站点。截至目前，定南县共有电商企业 45 家、个人网店 226 家，电商从业人员 4000 余人，其中贫困人口 1200 多人。

信丰县建立了 2 个县级运营中心，增加到村配送面包车 24 辆、三轮摩托车 59 辆，有效地帮助当地贫困户解决农产品销售难的问题。截至 2016 年 1 月，全县实现电子商务销售额达 1.8 亿元。同时，打造了信明电商孵化园，5 个淘宝村级服务站，22 个村级农村 e 邮电商服务站，仅邮政 22 个村级农村 e 邮电商服务站实现代销、代缴金额 72.9 万元，为当地贫困户户均增长收入 900 元左右。

2015 年 9 月，会昌县委、县政府出台了《会昌县电子商务扶贫专项实施方案》（以下简称《实施方案》），支持电子商务产业发展。该《实施方案》完善了电商扶贫体系，建立县级运营中心、乡（镇）服务站、村级服务点，全面构建县、乡（镇）、村三级电商服务网络。建设集产品策划和包装、品质检测、网货展示、仓储配送、物流快递为一体的县级服务中心，通过“网货下乡”和“农产品进城”，帮助贫困群众节支增收，让电商扶贫成为脱贫致富的新引擎。据了解，2015 年会昌县电子商务交易额达 10.76 亿元，其中网络销售达 5.96 亿元，网络购物达 4.8 亿元；已注册并从事电商的企业达 297 家，从事电商人员 3000 余人；已建立 4 个县级运营中心，全年开展电商培训 40 多期，培训人员 4000 多人；全县已有 21 家快递公司、73 家物流企业，年发货量达 350 万单。

图 7–26 大余县黄龙镇电商服务中心

资料来源：刘善庆拍摄。

2016 年 5 月 12 日上午，会昌“村邮乐购·农村 e 邮”精准脱贫工作推进会在县邮政分公司召开。会议的主要任务是贯彻落实省扶贫和移民办、省商务厅、邮政公司江西省分公司《关于印发〈2016 年江西省电商脱贫工程实施方案〉的通知》，安排部署该县“村邮乐购·农村 e 邮”精准脱贫站的建设工作。该县按照“三个优先”的要求，即有一定电子商务基础的贫困村优先、专业合作社运行较好的贫困村优先、有省派定点帮扶单位驻村工作队（第一书记）的贫困村优先的原则，已挑选出 30 个“十三五”贫困村建设“村邮乐购·农村 e 邮”精准脱贫站，县邮政分公司、扶贫和移民办分别对每个脱贫站提供 3 万元、1 万元的补助，用于站点装修、硬件设施添置、授权使用“村邮乐购·农村 e 邮”品牌及站点的运营维护。目前，该县已建成庄口镇大排村、西江镇湾兴村两个“村邮乐购·农村 e 邮”精准脱贫站。

崇义县扬眉镇把电子商务产业发展作为助推精准扶贫、深化商贸流通体制改革的重要途径。抓培训、提技能，抓创新、建平台，着力加强电商人才队伍建设，为全镇电子商务行业发展提供了坚强有力的人才保障。目前，该镇建成电商平台 7 个，开设网店（微站）139 家，其中贫困村开设网店 34 家。扬眉镇扬眉寺青年吴平生于 2015 年 11 月成功注册了“阿莲土特产网店”，他将本地的脐橙、艾米果、黄元米果及南酸枣糕等 38 种土特产销往全国各地，月均交易在 800 笔以上，每月交易额达到 5 万元，并为本镇的 34 名扶贫户提供了就业岗位。

六、光伏脱贫概况

国家鼓励光伏扶贫，并把光伏扶贫当作十大扶贫类型里产业扶贫的重要组成部分。一般而言，光伏扶贫主要指在贫困户家庭屋顶上安装太阳能电池等组件，为贫困户建立小型光伏发电站，亦称屋顶分布式太阳能光伏发电系统，在保证贫困户“自发自用”的同时，“余电上网”卖给供电公司，直接为贫困家庭增加稳定的收入，加快脱贫步伐。

按照“一户一站”和“互助联营”模式，赣州市大力扶持符合光伏发电建设条件的贫困户建立光伏发电。如于都县对贫困户给予每瓦 1 元的安装补贴，并由安装企业捐助每瓦 1 元安装补贴，同时贫困户享受 5 万元以内的贴息贷款。光伏发电价格按 0.8596 元/度的标准（入网电价 0.4396 元＋国家度电补贴 0.42 元）收购。

在于都县罗坳大桥移民新村，帮扶干部引导 150 户移民尝试光伏发电产业增收脱贫。以安装 5 千瓦装机容量为例，如果经过竞争性谈判确定每瓦 8 元，则需 4 万元，政府补 1 元，供应商补 1 元，投资光伏发电企业补 1 元，每瓦只需 5 元，贫困户只需投入 2.5 万元。经测算，5 千瓦装机容量年均发电收益 5000 多元，预计 5 年可收回投资成本。光伏发电使用寿命最长达 25 年，收回成本后，贫困户还有 20 年的稳定收益。

信丰县通过晶新光伏发电产品、简化并网程序等方式，帮助解决低收入农户增收难的问题。信丰县油山镇老屋下村的贫困户朱恩福就是其中一位受益者。为切实帮助朱恩福脱贫，县委宣传部精准扶贫定点帮扶工作队联合信明实业、宝骏物流、晶新能源公司等爱心企业共同筹资 25000 多元，为其免费安装了 3 千瓦的光伏发电设备。有了这个光伏发电设备，他不仅可以享受按发电量每度电国家给予 0.42 元、省政府给予 0.2 元的福利，而且县委宣传部还给予他每瓦 1 元的补贴，除去生活用电后，用不完的电就卖给国家，每个月有 300 元左右的收入。

大余县制定出台了光伏产业脱贫方案，采取贫困户个人自建模式、村委会集体自建模式，公司企业带动共建三种模式，2016 年带动 300 户以上贫困户发展光伏产业，户均年收入可达 3000 元以上。

为扎实推进精准扶贫、精准脱贫工作，稳定增加贫困户收入，2016 年 3 月 24 日，定南县出台了《定南县 2016 年光伏扶贫工作实施方案》（试行）。关于资金补助问题，方案明确，对符合安装条件安装 3 千瓦光伏发电站的建档立卡贫困户，政府将按每户 6000 元的标准进行扶持，但享受了光伏扶贫政策的，不能同时享受产业扶持政策（除油茶产业外），其他建设资金由贫困户通过自筹或申请贷款等方式解决；对经批准设立的示范点上符合安装光伏电站条件的非贫困户，政府也将按每户 6000 元的标准进行扶持，其他建设资金由安装户通过自筹或申

图 7-27 崇义县的光伏扶贫项目

资料来源：崇义县扶贫和移民办，邱为东：义县杰坝乡光伏扶贫项目正式并网发电，2016-01-14，省扶贫办网。

请贷款等方式来解决；对安装 60 千瓦光伏发电站的省定贫困村，设备安装费从市、县两级筹集的每村 100 万元产业帮扶资金中解决。对贫困对象安装费不足的问题，方案明确，定南县将通过县政府设立光伏扶贫贷款担保基金，合作银行按照 1∶8 的比例放大贷款规模的方式解决。各安装户贷款额度原则上不超过投资总额扣除财政安装补贴后的金额。贷款合同期限为 3~5 年，合同期满后，可重新授信两个周期（贷款周期共计 15 年）。前 5 年只需支付贷款利息，第 6 年起分期还本还息，至第 15 年还清本息。

2015 年 12 月 23 日，崇义县杰坝乡长潭村委会与江西晶科家庭光伏科技有限公司签订合同，在长潭小学安装 1 套 5.2 千瓦的光伏发电设备，项目投入共计 4.58 万元。项目落地后，预计每年可为村集体带来固定收益万余元。同时，以长潭村为试点村，逐步推行光伏产业到户。2016 年 1 月 13 日，经过选点、勘察、设计、安装、调试等，1 套 5.2 千瓦的光伏发电设备正式并网发电。该项目由定点帮扶单位中国进出口银行江西省分行投入 4.58 万元购置，产权归村集体所有，并网发电后，将结束这个“十三五”省级贫困村集体收入为零的历史。

2016 年来，龙南县里仁镇通过政府企业双补助、银行发放贴息贷款、“公司+农户”联营等方式，利用贫困户的房屋坡顶资源，发展光伏发电产业，示范、引导贫困户脱贫致富。同时，针对有自有房屋但不具备安装条件的贫困户，由村委会牵头，推行贫困村“产业合作社”模式，另行选择适宜场所，如村委会或公共区域屋顶、山坡，建设屋顶或地面分布式电站，发电所得收入由参与农户自行分配。

由于光伏发电是新生事物，虽有政府扶持，但村民仍需自费一部分，因此，普遍担心资金投入的安全性问题。为打消村民的疑虑，该镇挑选 9 户精准扶贫户成立了里仁镇光伏产业合作社，由政府补贴贫困户安装光伏发电站，实行全额并网发电，通过该试点工程，迅速在贫困户中产生有益影响。

“穷了大半辈子，没想到阳光也能卖钱。”看着电表上跳动的数字，上游村李东姣心里美滋滋的。因为患有类风湿性关节炎，今年 47 岁的李东姣一直没有办法去外面务工，穷了大半辈子的她，自从家中装上光伏发电系统后有了收入，心里说不出的高兴。李东娇家里安装光伏发电设备，政府补助 1 万元，自己出资 1.4 万元，设备总容量 3 千瓦，并网发电后，天气好的时候平均每天可以发电 20 千瓦时，按照每千瓦时 1.2 元来算，每年靠卖电就有 4000 多元的“阳光”收入。

第三节　吉安市产业脱贫概况

一、吉安市产业脱贫概貌

（一）脱贫攻坚“第一引擎”

产业是经济发展的基础，没有产业支撑，贫困群众很难脱贫致富，扶贫开发也难以持续。吉安市把产业扶贫作为脱贫攻坚的“第一引擎”（秦世豪，2016），以产业扶贫作为主战场，广泛推行“千村万户老乡工程”的实施。立足贫困乡村的资源禀赋、区域特点、产业基础，厘清思路、合理规划，让贫困群众宜工则工、宜农则农、宜商则商、宜游则游，确保从产业中受益。在巩固发展井冈蜜柚、绿色蔬菜、花卉苗木的基础上，培育发展畜禽养殖、水产养殖、家庭农庄等特色富民产业，并根据其发展规模的大小，对参与产业发展的贫困户给予资金扶持，鼓励引导他们自力更生，发展生产，实现脱贫目标。

不断创新扶贫产业经营模式，从提升农民的组织程度入手，采取龙头带动、抱团发展、合作经营、托管经营等模式，把贫困户集聚到农业产业链、价值链上。在资金投入方面，吉安市建立起财政挤、项目帮、金融扶的产业扶贫资金投入机制（秦世豪，2016）。

财政挤。指市本级安排产业扶贫专项资金1亿元，各县（市、区）相应安排不少于1000万元的产业扶贫资金。项目帮，即各县（市、区）每年1000万元的省级产业化扶持资金确保一半以上直接用到贫困户，每户扶持资金不少于5000元。金融扶，指政府按贫困户贷款额度的12.5%向商业银行存入风险抵押金，对贫困户产业贷款给予贴息奖补，并对参与扶贫产业保险的贫困户给予保费补贴（秦世豪，2016）。

吉安市大力推动产业扶贫的成效显著。如永丰县仅2015年就新增井冈蜜柚种植面积4500亩、绿色蔬菜4000亩、有机白茶2500亩、白莲4500亩、高产油茶10000亩、双孢蘑菇20万平方米。有3178户贫困户参与其中，9074名贫困群众依靠发展产业实现了脱贫目标。自2013年启动扶贫攻坚工作以来，新干县大力发展产业扶贫等工作，使全县贫困人口减少5917人，贫困发生率降低为4.85%，一大批贫困户开始过上了红红火火的好日子。

(二) 一些市（县、区）产业脱贫的做法

1. 井冈山市

井冈山市以科技为依托，发挥井冈山国家农业科技园八角楼园区的科技示范、带动引领作用。以六大产业为重点，积极引导贫困户参与“两茶一竹”、果蔬、花卉苗木、特色养殖等六大产业发展，变基地奖补为品牌打造和市场推广为主。打造“一村一品”，扶贫重点村建立农业产业基地，宜养则养、宜种则种。广泛推行“千村万户老乡工程”，给贫困户无偿提供20株以上柚苗等果苗，力争覆盖80%以上建档立卡的贫困户。

鼓励贫困户以扶助资金和土（林）地承包经营权作价入股，参与家庭农场、合作农场、联户经营和农民专业合作社等新型农业经营体系。发展多种合作模式，根据贫困户所在地的自然资源和传统种养习惯，采取“专家+农技人员+科技示范户+贫困户”、“龙头企业+合作社+基地+农户”、“合作社+农户+基地”等模式，组织贫困户挂靠龙头企业实施集约式扶贫开发。力争每户贫困户加入一个合作社，发展一个以上（井冈蜜柚、红心猕猴桃、菌草、毛竹、高山油茶、娃娃鱼等）农业增收项目。

积极拓宽销售渠道。采取政府推动与市场运作相结合，以农业订单、物联网、电子商务等方式搭建农产品销售平台。

2. 遂川县

遂川县委、县政府确定主攻狗牯脑茶叶、金橘、板鸭、油茶、毛竹、井冈蜜柚六大富民产业，县财政整合科技扶贫、信贷扶贫及涉农资金等，每年投入产业扶贫奖补资金4000多万元，着力扶持贫困户发展特色产业。按照“一户一亩茶、一亩果、一亩油茶、一亩毛竹，加入一个新型产业合作组织”的“五个一”产业规划，增强贫困户“造血”脱贫功能。在产业扶贫上，重点扶持贫困户发展特色产业，给予5000元每户结对帮扶发展产业。

狗牯脑茶是遂川县产业的重中之重，需要大力发展。为此，该县瞄准贫困户制定“特惠制”扶持措施，将新种茶叶产业基地的奖补门槛由50亩降至5亩，针对贫困户专项安排200万元奖补资金。3年来，全县茶叶产量翻了两番，达到3600吨，农民仅茶叶一项就人均年增收520元。

截至2014年12月，遂川县实现茶叶种植总面积20万亩，金橘总面积达12万亩，高产油茶总面积达63万多亩，井冈蜜柚总面积2万亩，毛竹林面积37.73万亩，年加工板鸭800万只。

依托产业特点，积极扶持引导成立农民专业合作社，专业合作社与贫困村、贫困户建立联结关系，带动贫困户发展产业，吸纳贫困户劳动力就业。提倡扶持给贫困户的项目资金参股到专业合作社，保底分红，增加收入。截至2015年，

全县共成立农民合作社 370 家，注册资金 60675.573 万元，覆盖 23 个乡镇 188 个村，辐射带动贫困户达 3.5 万余户，带动社员人均增收 1500 余元。

3. 新干县

近年来，新干县大力扶持贫困户发展绿色蔬菜、花卉苗木、高产油茶、商洲枳壳、优质果业等特色富民产业，安排落实产业发展资金 1400 万元，推进了产业、科技、服务三大平台建设，为全县 5000 余户贫困户提供了财政惠农信贷通、小额贷款担保、补助农业保险、技术培训、信息等扶持措施。截至 2016 年 6 月，全县农村土地流转面积 15.9 万亩，涌现了城上鑫耀果业、井盛设施农业、三湖商洲枳壳、金川腊月红等果蔬示范基地 61 个；全县农民合作社达 607 家，家庭农场达 523 家，农民直接或间接参与农业产业发展的达 2 万多户。

针对困难群众文化程度不高、无一技之长、就业难的现状，制定“政府免费出资、个人自选项目、企业接受成果”的“直线培训”办法，打通贫困群众就业脱贫“绿色通道”。新干专门组织了面向贫困群众的人才就业培训，根据贫困群众的求职需求“量身定做”培训课程。在技能培训上，重点围绕四大主导产业用工需求，选择相应的骨干企业为培训点，免费为贫困群众提供“对口式”技能培训，培训结束后直接进入企业，实现了培训与就业“无缝对接”。

4. 永丰县

永丰县运用省政府每年下达的中央苏区振兴发展产业扶贫资金政策，重点支持和抓好井冈蜜柚、绿色蔬菜、高产油茶、竹木花卉、珍贵楠木和茶叶烟叶六大特色富民产业。如瑶田镇陈祥根在政府的扶持引导下，开荒造高产油茶林 300 余亩，年纯收入达 30 余万元。2015 年，永丰县新增井冈蜜柚种植面积 4500 亩、绿色蔬菜 4000 亩、有机白茶 2500 亩、白莲 4500 亩、高产油茶 10000 亩、双孢蘑菇 20 万平方米。有 3178 户贫困户参与其中，贫困户户均增收 1200 元以上，9074 名贫困群众依靠发展产业实现脱贫目标。

二、种植业、养殖业脱贫概况

（一）种养业主要脱贫方式

1.“千村万户老乡工程”

“院里圈养鸡鸭猪，房前屋后栽果蔬，务农、养殖两不误，小本经营也能致富。”这是遂川县堆子前镇贫困户巧打时间差、发展庭院经济、守家创业的真实写照。

针对贫困户缺少资金、技术的实际情况，近年来，堆子前镇积极引导贫困户利用短暂的农闲时间，瞄准市场行情，大力发展具有“短、平、快”优势的庭院经济。

图 7-28　遂川白莲产业扶贫项目

资料来源：遂川县扶贫和移民办，袁玉萍：《遂川：创业培训助扶贫，致富之花别样红，省扶贫办网》，2016 年 8 月 1 日。

峡江县安排专项资金，多产业结合，突出抓好“五个五”产业扶贫。针对贫困户特点及当地产业发展状况，对重点贫困户进行“一户五亩烤烟、一户五亩中药材、一户五亩蜜柚、一户五亩油茶、一户五十只畜禽”精准脱贫。

按照“区域化、基地化、规模化、标准化”的要求，新干县着力引导贫困群众以市场为导向，因地制宜，积极调整农业结构，推动区域发展，发展特色产业作为增加贫困人口收入的主要途径，做大做强绿色蔬菜、高产油茶、花卉苗木、中药材和优质果业五大特色产业。仅 2013 年，该县新发展井冈蜜柚 2630 亩，花卉苗木 5500 亩，绿色蔬菜 1 万亩，中药材 3.1 万亩，高产油茶 1.17 万亩。目前，已建成以金川、沂江、界埠等乡镇为主的蔬菜产业带，以桃溪、七琴等乡镇为主的食用菌产业带，以溧江、大洋洲等乡镇为主的葡萄产业带，以溧江、七琴等山区乡镇为主的高产油茶产业带，以国道、省道、县道两侧为主的花卉苗木产业带，以三湖、荷浦等乡镇商洲枳壳为主的中药材产业带。

新干县荷浦乡张坊村是“十二五”省级贫困村，全村有耕地面积 5304.3 亩，下辖 16 个自然村，2510 人，其中，贫困户 119 户 336 人。2014 年初，新干县委、县政府下发了《创新扶贫机制，实施精准扶贫》，村“两委”班子审时度势，紧抓机遇，率先在全县范围内成立了首个莲子专业合作社，投资 70 多万元种植莲子，面积 382 亩，参与农户 149 户 681 人，其中贫困户 107 户 432 人，覆盖云堆、肖家、周家、阮家、桥头五个自然村，并于当年取得实效。全年共收获莲子20多万斤，按市价8元/斤算，产值达160多万元，实现户均增收3000多元，有89名贫困户当年成功脱贫。

图7–29　游客正在荷浦张坊五百亩太空莲基地观赏荷花

资料来源：新干县扶贫办，朱秋燕：《新干县扶贫产业硕果累累》，省扶贫办网，2015年7月7日。

吉安县广大农户利用房前屋后、道路两旁的空闲地和自有林地大力发展井冈蜜柚千村万户老乡工程，向撂荒土地要效益、向荒山荒坡要效益、向残次林地要效益，全县实施千村万户老乡工程1.67万户，种植井冈蜜柚面积4.6万亩，其中贫困户1227户，户均3.5亩，亩均收入约1万元。

2. 龙头企业带动型

在市场脱贫的道路上，泰和县以企业、公司等市场要素为载体，充分激发市场活力，使之发挥最大效益。泰和县东固太子参产业采用“龙头企业+基地+农户”的模式，走出了一条带领贫困户脱贫致富之路。通过省级龙头企业富荣蘑菇开发公司的引领带动，经过几年的发展，东固太子参产业已逐步形成，太子参种植户的思想也发生了根本性的转变，从“要我种”到“我要种”。

富荣蘑菇开发公司采取以低于成本价的价格向贫困户提供种苗，免费技术培训和最低保护价收购太子参等有力举措，极大地调动了广大种植户的积极性；再加上太子参种苗脱毒技术成功推广，使得太子参的种植成本极大降低。从2014年下半年开始，公司从种植户中选出一些家境比较贫穷，勤劳肯干的贫困户来加以帮扶，免费为他们提供种苗、农药、化肥，真心实意帮助他们脱贫致富。在这些积极因素的作用下，2016年东固太子参的种植面积比去年增加了1倍，达500亩，参与户数200余户，其中直接参与贫困户100余户，几乎形成了“家家都种参、户户都谈参”的局面。预计每亩参农可赚2000元，贫困户户均每年可增收4000元。

2014年以来，吉安县积极探索产业扶贫新路，通过“公司+合作社+农户”模式，从而实现精准扶贫。位于贫困村塘下村的康基源菌业公司，成立菌业产业合作社，吸收本地贫困户加入，推行“包菌种提供、包技术服务、包产品销售”，贫困户只需投入不足1000元，就可开展一分地规模的种菌，利用自己收集的稻草、牛粪，一年收入就可达3000元。目前，该基地可辐射农户4000余户，户均年收入可达2万余元。与康基源菌业产业合作社相类似，在产业扶贫政策的扶持下，贫困村永阳镇江南村、天河镇横林村、油田镇七里村、指阳乡老居村等先后发展起果业、山羊、苗木、梅花鹿等扶贫产业合作社，吸纳贫困户40余户，产业发展前景看好。

为解决贫困户产品卖难的问题，吉安县陆续引进福圆食品、奕方农业、温氏养鸡等省级以上行业龙头企业29家，解决农产品卖难的问题。此外，还定期举办葡萄节、蜜柚节等特色农产品节庆活动，唱响品牌，提升知名度，扩大销售。

为增强产业扶贫效益，永丰县按照“培育一批主体，兴旺一批产业，致富一方农民”的工作思路，用工业化的理念，引进以种植销售为主、总投资2亿元的山东寿光惠丰设施农业和以农副产品精深加工为主、总投资5亿元的浙商联盟农副产品商贸物流中心等龙头企业，采取“公司+基地+农户”的经营模式，带动了全县农业富民产业的快速发展。

3. 基地、合作社带动型

除企业、公司等市场主体外，泰和县还整合全县34个农民产业合作社，在“合作社+基地+能人+贫困户”的“四加”模式运作下，助推群众脱贫致富。为推动井冈蜜柚产业发展，带动贫困农户脱贫致富，泰和县投入财政专项扶贫资金300万元，充分发挥财政扶贫资金的撬动作用，吸纳、整合更多资金用于项目建设，促进井冈蜜柚产业发展，带动贫困群众脱贫致富。截至2013年底，在澄江的大塘，南溪的上垅、南源，塘洲的洲头，螺溪的藻苑，沙村的坪洲，马市的柳塘，苏溪的上宏，万合的竹山，华盖山8个乡镇10个村，流转土地1.1万亩，建成10个千亩井冈蜜柚产业扶贫示范基地。全县在基地的示范引领下，连片百亩以上蜜柚面积达2.8万亩、基地37个，井冈蜜柚总面积已发展到3.9万亩，涉及农户1万多户。截至2014年9月，吉安县108个贫困村中，有40个村参与了各类产业合作组织，其中有30个村成立了自己的产业合作组织。永阳镇江南村井冈蜜柚、油田镇七里村苗木、梅塘镇前岸村肉牛、澧田镇塘下村鲜菇、固江镇东风村鹌鹑、油田镇丁田村山羊六个产业合作组织多数都具有因地制宜、策应当地产业发展战略、效益高、投资风险小、劳动强度不很高等特点，具有较强的辐射带动贫困户发展致富产业的潜能。

吉州区为加快农民合作社发展，帮助贫困群众脱贫致富，做大做强贫困村产业基地，吉州区不断扩大合作领域。在产业分布上，由过去以粮油生产为主，逐步发展果业、蔬菜、高产油茶、畜禽、花卉苗木、葡萄等多个领域。先后建立了兴桥镇钓源、东塘，樟山镇泸田、尧塘，长塘镇西逸亭，曲濑镇腊塘、长明井冈蜜柚基地；重点打造樟山镇大江边、长塘镇陈家田心村和曲濑镇水南村蔬菜基地；新建了长塘镇培模、樟山镇尧塘高产油茶基地，长塘镇案前、樟山镇泸田养牛基地，兴桥镇袁塘、樟山镇赤塘花卉苗木基地，兴桥镇东塘、曲濑镇高联、长塘镇赵塘葡萄基地。目前，全区 19 个扶贫村已建成产业基地 21 个。在产销服务上，由单一的生产中间环节，逐步拓展为系列化全程服务领域。不断引导合作社实施品牌战略，严格按照规定程序生产，做大做强已有一定规模的合作社，如凤凰生猪专业合作社、兴桥岭下葡萄专业合作社、福牛奶牛专业合作社、长塘田心蔬菜专业合作社。同时，不断升级合作形式，从最初单纯的农民合作形式到目前以畜禽、果蔬等产业为主的“合作社+农户”模式和以奶牛、井冈蜜柚、果业和蔬菜等产业为主的“公司+合作社+农户”多种合作模式。吉州区依靠合作社这个龙头，不断拓展辐射范围，开拓市场，农副产品不断向农贸市场、超市和平价商店延伸，建立了农副产品直销店，实现了农超对接，销售范围逐步向全市及周边地区拓展，促进了农民专业合作社可持续性发展，先后有 5 家合作社被省农业厅评为省级示范社。

近年来，青原区加快推进贫困村“一村一品”主导产业，支持产业合作社帮村带户，努力构建“合作社+基地+贫困户”经营模式，现有 18 个贫困村建起了产业专业合作社。2015 年，该区共投入产业扶贫专项资金 1000 万元，扶持贫困村、贫困户和专业合作社发展特色富民产业种植面积 7200 亩，扶持贫困户 1441 户 4323 人。2016 年，青原区东固畲族乡三彩村香猪产业合作社通过“合作社+贫困农户”的“三统一分”模式，即统一猪苗、统一技术、统一销售、分户养殖，带动 12 户贫困户发展香猪养殖产业。

遂川县重点扶持农业龙头企业和农业专业合作组织，通过推行“公司（合作社）+基地+贫困农户”、“合作社+企业+贫困户”的产业化发展模式，催生出一批“茶叶村”、“金橘村”、“板鸭村”，帮助周边产业带贫困人口创业就业，增加贫困群众收入。为促进农民专业合作社的发展，遂川县出台了《关于实施农民合作社扩量提质示范工程的意见》，从产业基地奖补、项目扶持、税负优惠、信贷保险扶持等方面给予支持。对扶贫带动效应强，经济效益好的农民专业合作社，优先安排扶持资金，激励农民专业合作社等吸纳贫困户社员。2014 年计划安排产业扶贫资金 188 万元用于扶持 14 个同时达到“两个 30%”的农民专业合作社，即贫困户社员比例达 30%；贫困户社员的入资比例达 30%，并按贫困户社员数和比例分三个档次安排帮扶资金。经初步核查，至少有 166 户贫困户 672 人将直接受益。

遂川县县草林镇大坪村地处山区，目前，该村已规划连片蜜柚种植基地 5000 亩，通过采取“合作社 + 基地 + 贫困户”的模式，现有合作社成员 95 户，其中贫困户 47 户。仅 2015 年，合作社发放土地流转费和劳务费就达 400 多万元，使大坪村人均增收 2500 元，同时辐射和带动周边车源、源溪、草林等村 300 多户贫困户种植井冈蜜柚 1500 亩，让越来越多贫困户摆脱了贫困。2016 年，遂川县已经形成了以茶叶、金橘、板鸭、油茶、毛竹、井冈蜜柚为主体的富民产业群，农民合作社从 2014 年的 252 家增加到 370 家，覆盖 23 个乡镇 188 个村，辐射带动贫困户达 3.5 万余户。

新干县着力打造特色产业示范基地，突出示范带动，培育一批辐射面广、带动力强、区域特色明显的现代农业示范基地，着力打造“绿色蔬菜、花卉苗木、中药材、高产油茶、优质果业”等农业示范基地。2013 年，新干县新增和改造百亩以上特色基地 43 个，其中 500 亩以上 12 个，涌现了溧江唐家茭白、桃溪板埠井冈蜜柚、七琴炉村高产油茶、界埠宝嘉旺园林，以及城上大坑、荷浦塘边、沂江刘家巷绿色蔬菜等一大批特色产业基地。

重视发展现代农业，积极推行“专业合作社+基地+农户”的发展模式。通过农户加入专业合作社，合作社建立基地，基地带动农户发展产业的集群发展模式，贫困群众从中得到较大收益。2013 年，新干全县新发展农民专业合作社 163 家，目前专业合作社总数达 423 家。

图 7–30　果农正在城上乡速效桃园示范基地采摘油桃

资料来源：新干县扶贫办，朱秋燕：《新干县扶贫产业硕果累累》，省扶贫办网，2015 年 7 月 7 日。

（二）建立多方利益联结机制的探索与实践

吉安市积极鼓励贫困户以产业帮扶资金和土（林）地承包经营权等方式入股，参与家庭农场、合作农场、联户经营和农民专业合作社等新型农业经营组织，发展各种合作模式，使产业扶贫和到户帮扶有机结合起来，使贫困户真正成为产业扶贫的直接受益者。

吉水县将上级指示精神与本地实际紧密结合，大胆探索、创新。探索由县扶贫和移民办与本地绿色食品加工及养殖企业、龙头企业等签订战略性合作协议，采取赊销记账的方式，推行提供种苗、提供饲（肥）料、提供疫苗、提供技术和回收的“一赊销四提供一回收”模式帮助贫困户发展产业，对带动贫困户脱贫致富、成效显著的企业（公司），实行贷款贴息扶持、资金奖补、评先评优等优惠政策。在双方合作方式上，吉水县逐步探索出加盟式合作、股份式合作、联营式合作“三式合作法”，通过建立“专业合作社＋基地＋贫困户”的产业发展链，不但扩大了合作社规模，带动贫困户增收致富，而且促进了产业由分散经营向规模化经营转变。

2015 年，井冈山市加入各种产业扶贫专业合作组织的贫困户达 4099 户。其主要模式如下：

（1）“公司＋合作社＋贫困户”。如拿山乡江边村成立了江边村草莓种植专业合作社，与井冈山鹏浩农业发展有限公司合作，由公司为全村加入合作社的 13 户红卡户、6 户蓝卡户提供了 19 个草莓生产大棚及苗木等生产资料并负责技术服务。贫困户在合作社组织下，进行分户经营，产品由公司按保护价统一收购，公司投入的大棚等生产资料按四年期从大棚收益中扣还，剩余收入全部归贫困户所有。经过一年的运行，贫困户户均收入在 6000 元以上。此外，贫困户还可参与公司生产劳动，年人均收入最高可达 1 万元以上。

（2）“龙头企业＋能人＋合作社＋贫困户”。厦坪镇厦坪村与井冈山市井祥菌草公司合作，成立了由本村食用菌种植能人为引领的连心食用菌种植专业合作社，按照合作社利用帮扶单位帮扶资金和贫困户入股资金建立生产大棚等基础设施，贫困户分户经营管理，井祥公司提供菌种和技术服务，并负责产品回收的模式运行。合作社将全村贫困户全部纳入进来，以政府扶持的红卡户 10000 元、蓝卡户 5000 元作为入股资金，贫困户除可获得股金分红外，有劳动能力的贫困户参与合作社生产，还可获得效益工资，户均年收入达 10000 元以上。

（3）“合作社＋产业基地＋贫困户”。长坪乡中烟村，以茶叶为主导产业，成立了中烟村茶叶种植专业合作社，将村 14 户贫困户组织起来，贫困户以山场土地入股，由合作社出资负责茶叶种植和统一经营管理，前三年由合作社支付土地租金，茶园投产后收益按四六分成，即贫困户四成合作社六成，同时贫困户还可以到基地务工赚取劳务工资。以这种模式扶持贫困户的还有拿山乡沟边村的“六六六”专业合作社，睦村乡蕉塘村的油背果业种植专业合作社，菖蒲村井昌杜鹃种植专业合作社等。

(4)“扶贫帮扶单位+合作社+贫困户”。拿山乡贵溪村依托挂点帮扶单位井冈山市园林所，成立了由贫困户参与的花卉苗木专业合作社。市园林所除提供生产技术服务外，还帮助合作社找市场，提供销售服务。井冈山市林业局依托自身优势，将挂点村长坪乡仙口村的贫困户组织起来，由其下属单位长坪林场和贫困户一起共同组建猕猴桃种植专业合作社，按照林场和贫困户共同出资（贫困户以产业帮扶资金入股），林场负责经营管理，贫困户参与生产，确保贫困户股金年收益率不低于20%的模式运行。

(5)“公司+村级组织+贫困户”的帮扶模式。如拿山乡北岸村和沟边村，与井冈山市忆棕丝布鞋有限公司合作，由村委会统一组织贫困户手工纳制红军布鞋，由公司统一回收，按每双计价给予报酬，使相当一部分老弱病残贫困户足不出户在家中生产，增加收入。这项扶贫模式比较适合劳动能力较弱的贫困户。

新干县莲子专业合作社扶贫案例

找准定位，统一认识。“一亩田，七分涝”是张坊村耕地的真实写照。由于大部分耕地是低洼易涝低产田，迫于生计，大部分青壮劳力都外出打工，只留下老弱病残幼留守村庄。2014年春节，一次不经意的闲聊，让张坊村村支书刘飞江找到了开启张坊村人致富之门的“钥匙”。原来，村里一户人家的女婿赖某在莲子之乡——赣州宁都发了“莲子”财。恰逢春节，赖老板回到村里过年。听说这个消息后，刘飞江立即找到赖老板了解莲子种植、销售及经济效益情况。在实地察看了本村一片紧邻袁河的低洼地后，赖老板觉得自然条件、环境均十分适宜莲子种植。村“两委”班子当机立断，多次召开群众代表、党员大会，并请赖老板现身说法，让群众了解莲子种植，市场需求及经济效益情况，解放群众思想，统一认识。春节刚过，村委就组织群众代表、村小组干部一行十多人，前往赣州宁都实地考察，打消群众的顾虑。

(1)搞好经营，规范管理。宁都之行，对村干部、群众的触动很大。在借鉴宁都县经验的基础上，村委会提出了一套模式。首先，村支书刘飞江等带头注册成立了荷浦乡张坊村莲子专业合作社，参社户数149户681人，其中贫困户107户432人，覆盖基地附近五个自然村。其次，采取土地入股的方式，本着自愿参与的原则，将土地流转到合作社，作为合作社种植莲子的产业基地。对采取土地入股的农户除按每年每亩400元的价格给付租金，所获利润还对半分成，彻底打消农户顾虑。最后，规范合作社经营模式，采取“四”统一的模式，进行经营管理，即统一技术、统一管理、统一销售、统一分配。

（2）三级联动，做好帮扶。一是人员帮扶到位。2014 年初，新干县委、县政府下发了《关于精准扶贫实施方案》的意见，张坊村作为全县精准扶贫的试验点，委派了一名县委常委负责挂点，并安排了县扶贫办、县农业局、县石油公司、县房管局、县市管局等单位挂点帮扶。乡党委书记作为张坊村莲子产业发展的第一责任人，分管农业的党委委员、副乡长具体负责，村两委班子全程跟踪服务。二是资金帮扶到位。为支援荷浦张坊村莲子专业合作社，县扶贫办专门安排 20 万元精准扶贫资金到参与贫困户，作为贫困户的入股资金，由合作社统一管理使用；农业、房管等挂点部门在项目安排上重点倾斜，安排 30 万元，用于基地基础设施建设；乡政府在财力资金十分紧张的情况下，挤出 20 万元，作为合作社莲子产业发展的启动资金。三是技术帮扶到位。为彻底解决群众的后顾之忧，县扶贫办专门从宁都聘请了一名技术顾问，负责技术指导。县农业局专门安排一名懂业务的副局长负责，2 名业务能力强、有责任的技术员常驻基地，现场解疑解惑。

通过一年的运转，荷浦乡张坊村莲子专业合作社取得了较好的经济和社会效益。一是带动了贫困群众增收。荷浦乡张坊村莲子基地取得了当年投入、当年见效的好成绩，基地共产新鲜莲子 20 余万斤；实现销售收入 160 余万元，剔除成本，人均增收 2000 元以上。二是实现了贫困劳动力家门口就业。基地有长期雇工 30 名，采摘旺季多达 60~70 人，带动了农户在家门口就业，就地赚钱。如云堆村付千生、付建瑞、阮一凡三名年逾六旬的贫困户，年仅在莲子基地打工，每人收入就达 1 万多元。

（三）养殖业脱贫概况

1. 鹅

2016 年，遂川县双桥乡东垓村是“十三五”重点贫困村，该村党支部针对肉鹅养殖投入小、见效快的特点，以及该村林地多、河流多、水草丰盛的天然优势，为建档立卡贫困户们送来了鹅苗，以图能通过“造血”的方式助农脱贫，并以此开辟长效化的致富之路。为此，村里还举办了一期养鹅技术培训会，就选址选苗、科学饲养、销售出路等问题为养殖户们进行了详细介绍，并适时组织大家实地参观养殖场，就如何采购鹅苗、防止鹅病等养殖中存在的问题进行探讨。

永丰县龙冈乡龙冈村地处永丰县最南部，远离县城，资源匮乏。全村有 50 户贫困户，226 人。为了确保贫困户有“一项致富产业、一手职业技能”，吉安市民政局定点扶贫工作组多次到龙冈村实地考察，为该村确定养鹅产业，并成立合作社，纳入全村 80%的贫困户。为了促进养鹅产业的发展，市民政局积极组织专家，结合科技下乡服务，采取集中授课与进村入户相结合的方式，对参与养鹅的贫困户和农民进行专题培训，引导他们通过走“特色养殖、绿色养殖”的路子发家致富。为鼓励龙冈村的村民养鹅，彻底摆脱贫困，市民政局拨付10万元，县扶贫办给参与养鹅的贫困户每户补助5000元，以解决他们的投资问题，同时吸引更多的农户加入养鹅行列。

2. 鸡

泰和县采取“政府+企业+贫困户”一体化的合作模式，由政府筹集资金向企业（合作社、基地）购买鸡苗，优先向有条件、有意愿且有能力养殖的贫困户免费发放300羽左右的鸡苗，企业（合作社、基地）与贫困户签订饲料、技术服务、收购等协议，实行“统一供应种苗、统一提供饲料、统一疫病防控、统一技术服务、统一价格回收”。

2014年12月，泰和县召开了“螺溪镇藻苑村畜禽养殖小区项目建设协调会议”，会议主要研究了螺溪镇重点贫困村藻苑村畜禽养殖小区产业扶贫资金使用问题，决定调整螺溪镇藻苑村畜禽养殖小区260万元产业扶贫资金用途，其中200万元用于养殖小区基础设施建设，60万元用于养殖小区购买乌鸡苗等生产资料。会议要求在发展养殖业过程中，各相关单位要通过资金、项目或政策给予大力支持，确保项目在产业扶贫上取得实效。

3. 牛

泰和县利用全国优秀龙头食品企业江西和泰实业有限公司的市场杠杆作用，2009年开始，与之开展优质杂交肉牛养殖扶贫项目。依托这个扶贫项目，通过5个乡镇18户规模肉牛养殖户辐射，带动了上万杂交肉牛养殖户，年均新增出栏肉牛3.6万头。2014年，泰和县扶贫和移民办公室与佳和公司联手打造“公司+农户”的产业扶贫新模式，由佳和公司、县扶贫和移民办公室共同投入资金在贫困村建设牛栏，佳和公司出资购买肉牛，再聘请贫困农户负责管理和饲养，达到贫困户不用外出就能零风险的增加收入。目前，佳和肉牛养殖农业科技示范园饲养肉牛5000头，投资6000万元，安排扶贫产业专项资金300万元，87户贫困户参与项目。

泰和县灌溪镇山场资源丰富，是散养牛的天然牧场，历来养牛。在产业扶贫工作中，该镇与肉牛大户、专业合作社联手，推行肉牛“领养”模式。养牛大户（合作社）免费提供母牛，扶贫办出钱，农业服务站提供技术，农户领养的产业模式，使贫困户成为肉牛产业大军中的主力，真正实现了“造血”扶贫。

村民繁母牛所产公牛犊养到10月龄内，重量约300公斤时，大户按照市场价收购，而母牛犊则统一饲养到成熟期，当作“领养”牛，再发展成农户领养，形成良性的领养模式。对于特殊因素影响母牛繁殖的，大户又免费为农户更换。

为了降低农户的养牛风险，灌溪镇农业服务站工作人员与养牛贫困户建立一对一帮扶关系，免费为农户及时进行技术指导，提供防疫措施。政府积极动员散户加入合作社，实行原料采购、技术管理、产品销售“三统一”，同时鼓励未养牛的村民种植饲草、秸秆，这样既能保证饲料充足，又拓宽了其他村民的收入渠道。合作社、养殖基地招聘工作人员时也优先考虑领养了母牛的贫困户，目前，各养牛基地工作人员有80%以上是贫困户，月工资都在2000元以上。这种做法，在促进贫困户增收、脱贫致富的同时，又提高了当地的就业率。

通过贫困户肉牛“领养”模式，泰和县灌溪镇已有上百贫困户走上了脱贫之路。由于该模式脱贫效果明显，正在泰和县各乡镇大力推广。有些乡镇在此基础上，正在积极探索新模式，试图整合全镇养牛户、合作社，建立跨区域合作社联盟，打造肉牛品牌，进一步提高肉牛产业链附加值。

三、旅游脱贫概况

（一）多维旅游脱贫路径

在旅游脱贫工作中，井冈山市的旅游脱贫工作呈现出“1234”的鲜明特征。

“1”就是突出一条路径，即以红色旅游为主体的多维脱贫路径。

“2”具体指在旅游脱贫工作中注重打造两个增长点。一是打造罗浮旅游扶贫试验区。加快推进游客中心、华润希望小镇建设，发展康体养生、文化创意、温泉度假、乡村旅游等旅游扶贫产品。二是打造茨坪、茅坪、黄坳等环景区融合带动带，发展特色乡村、红色培训、运动休闲、农家乐等旅游接待服务。

“3”指丰富三个层级，即构建乡、村、户三级旅游扶贫网络。以新型城镇化建设为抓手，重点打造龙市、厦坪、拿山、茅坪、柏露、长坪、下七等特色旅游小镇；结合村庄整治和提升，打造文水、渥田、菖蒲、大井、茅坪等旅游扶贫特色村；以家庭农场为依托，鼓励和引导贫困户参与发展以农事体验、休闲观光相结合的农家乐。

“4”指推行四种旅游脱贫模式，即政府主导、景区帮扶、亦农亦旅、异地安置等旅游扶贫模式。发挥精品景区辐射作用，带动贫困村脱贫致富。加强贫困村旅游宣传推广，提高旅游市场竞争力。2018年农家乐发展至1000家，带动1.6万人就业，人均增收8000元。

（二）融合式旅游脱贫路径

吉州区立足贫困村情，推动生态旅游、古村旅游、休闲旅游、历史文化旅游相互融合，并在以下三个节点抓紧抓实。

第一，编制规划，科学开发。严格坚持先规划后开发的原则，抢抓发展机遇，组织专门力量，对旅游资源进行普查，对景观质量进行评估。同时，切实抓好旅游规划工作，在前几年完成钓源景区旅游规划的基础上，邀请专家实地考察，有针对性地做出钓源农业生态观光旅游规划。

第二，项目带动，提升品质。投入专项资金 500 多万元，支持钓源景区申报创建国家 4A 级景区；完善钓源景区公路、通讯和相关旅游服务配套设施，提升了景区旅游接待水平。

第三，拓展业态，做大做强。以创建国家历史文化名镇（名村）、江西省乡村旅游示范点为抓手，推动全区乡村旅游提档升级。2010 年，钓源古村被评为“第五批中国历史文化名村”，后又被评为“江西省 4A 级乡村旅游示范点”。目前，以吉州现代农业科技示范园和钓源古村为核心的农业休闲旅游带，正吸引着四面八方的游客前来休闲观光。

四、电商脱贫概况

从阅读到的文献看，吉安市的电商脱贫主要依靠“村邮乐购·农村 e 邮”。“村邮乐购”是中国邮政面向农村市场打造的“精准脱贫电商服务站”，主要宗旨是“服务农村、助力农业、致富农民”。通过“村邮乐购·农村 e 邮”，农民可把自己的优质副产品推出去卖个好价钱，更重要的是可以让农民安下心来发展产业，打消销售顾虑，助力农民增收致富，实现“购物不出村，销售不出村，生活不出村”，打通了“农产品进城，工业品下乡”双向流通渠道。通过“村邮乐购·农村 e 邮”，村民既可以买到纯天然的绿色农产品，把健康分享给家人，也可以足不出户买到城里的产品，实现城乡服务均等化。

井冈山洪石村书记黄小华组织村民成立合作社，利用当地竹林种植优势，打造竹荪种植脱贫产业。2015 年 11 月底开办了电商脱贫站点，通过产销有效联动，成功销售竹荪 1.3 万多单，金额 110 多万元；带动井冈山竹荪品牌影响力进一步提升，吸引大批浙商到井冈山进行收购，竹荪价格由原来 2.5 元/斤推高至 6 元/斤；合作社种植规模由 60 亩扩大到上百亩，加入红蓝卡贫困户增加到 46 户（186 人），在该村贫困户总数（64 户）中占了 72%，不到 4 个月，贫困户人均增收 1500 余元。

为有效拓展井冈山特色农产品销售渠道，加快贫困农民脱贫致富步伐，2016 年 1 月底，由井冈山市扶贫和移民办、井冈山市邮政局和井冈山市商务局共同举办的“年货节”精准扶贫活动正式拉开序幕。活动借助井冈山近 200 个邮政网点，以推进井冈山农村电子商务服务平台建设工程（以下简称“农村 e 邮”）为抓手，根据我国春节期间年货消费购物的需求，精心挑选井冈山冬笋、山茶油、竹荪等特色农产品，进行线上推广销售，帮助贫困农户销售传统特色农产品，增加贫困户收入，助力贫困户脱贫。该活动每年举办一届。

高坪镇位于遂川县西南部，与两省（江西、湖南）三县（遂川、上犹、桂东）交界，离县城80公里，山多田少，人多且分散。该镇借助“村邮乐购·农村e邮”电商平台，逐步改变传统销售方式，带领广大贫困农户走向致富道路。车下村“村邮乐购·农村e邮”电商服务站自2015年10月28日开业以来，线上成功交易2万多笔，并带动线下销售，总销售额达160多万元。

遂川县车下村张冬梅夫妇返乡后，依托“村邮乐购”平台从事电商脱贫事业，从当地贫困户手中租来1500亩土地种植茶叶，收购5万多斤野生茶籽压榨茶油，2015年带动村里上百贫困户人均增收4500多元；春节期间还组织20多个贫困户制作“笼藏米果”，销售50多万元，前后不到1个月的时间帮助每人增收3000多元。于田村郭建军、彭波，大学毕业后回乡开办电商脱贫站点，以狗牯脑茶叶为主打特色品牌，有效带动家乡豆浆皮、板鸭等农产品线上销售，网上月均交易额达30多万元，每月收入上万元，既实现了自己创业，又带动周边贫困户农产品销售，帮助村里50多户贫困户每月人均增收近600元。

相比于井冈山市、遂川县，吉安县“村邮乐购·农村e邮”进展稍慢。2016年6月8日，全县首家“村邮乐购·农村e邮”电商服务站在永阳镇新塘村正式运营。

五、抚州、萍乡、上饶产业脱贫概况

按照“户有脱贫项目、村有致富产业、片有产业规模”的工作思路，抚州、萍乡、上饶等苏区县（市、区）积极转变扶贫思路，大力发展产业，实现精准脱贫。

（一）产业脱贫的主要形式、特点

1. 产业脱贫的主要形式

（1）抚州苏区县产业脱贫的模式。在产业脱贫攻坚中，抚州把工作重心定位在探索和完善脱贫长效机制上，积极构建利益连接机制，因势利导壮大富民优势产业集群，进一步扶持更多农户融入产业，分享产业发展红利。针对贫困户脱贫条件不一、致富能力不同、增收困难的实际，通过构建“政府扶持、龙头企业引领吸纳、合作社组织联合、贫困户广泛参与”的利益连接机制，跨村发展，跨区吸纳，带动周边，覆盖到户，在帮好有条件、有能力的贫困户脱贫致富的同时，对条件差、没能力的贫困户，鼓励引导加入专业合作社或产业化龙头企业，依托合作社或龙头企业拉动脱贫致富，着力破解一家一户挣钱难的问题。

南城县出台了《进一步明确扶贫攻坚主导产业和扶持政策的意见》，鼓励支持发展设施蔬菜、蛋鸡、鳜鱼等产业发展，通过实施“龙头”带动战略和“整村推进”帮扶，形成了产业支撑、龙头带动、农业增效、农民增收的产业化扶贫新格局。

示范带动，合作促动。围绕省级农业示范区建设，南城县支持和鼓励农村土地经营权流转，扩大产业发展集中度，建设优势产区，着重打造集中连片、规模经营的特色农业扶贫生产基地。引进和培育壮大一批关联度高、带动力强、技术创新能力强的扶贫龙头企业和农民专业合作社，采取“龙头企业+合作社+农户+基地”的生产经营组织模式，大力发展农产品精深加工项目，实现“小群体”共同对接“大龙头”，提高农民组织化水平，增强产业化经营规模优势。南城县沙洲镇邓坊村是省级贫困村，在发展扶贫产业中，村里瞄准良好的生态环境，鼓励发展土鸡养殖，创办了全县首家土鸡专业合作社，带动了村里30多户贫困农民养鸡，目前全村养殖土鸡近10万羽，户均预计可增收3000元。迄今为止，南城县建成建立了大棚蔬菜、优质糯稻、油茶种植等六大特色高效农业种植扶贫示范基地12个，优质特色产业种植面积发展到11.8万亩；建立规范化健康养殖区、HACCP体系养殖示范基地和无公害养殖基地9个，涵盖了水产、生猪、肉牛、蛋鸡等；拥有市级以上农业产业化龙头企业43家，其中国家级龙头企业2家，省级龙头企业7家；全县拥有粮食、蜜橘、畜禽、水产等农民专业合作社289家，连接基地30.8万亩。通过合作社带动，龙头企业联动，产业促动，覆盖贫困户4600户、带动1.3万人实现稳定脱贫。

积极实施品牌带动战略。通过开展品牌包装、推介、展销等促销活动，南城县加强产品的质量认证和监管，重点培育和打造地理标志特色农产品、省著名商标提升产品附加值。同时积极推行“龙头企业+农户”、“专业合作社+农户”、“家庭农场”等产、供、销一体化生产经营模式，切实解决好“小生产”和“大市场”的产销矛盾，通过农展会、网上销售、农超对接、农餐对接等多种形式，多渠道拓展农产品销售渠道，努力拓宽农特产品市场。目前，全县拥有无公害农产品25个、有机食品11个、地理标志农产品4个，带动了全县70%以上的贫困户实现了致富增收。

2014年，黎川县东鑫红豆杉生物科技园向该县日峰镇联盟村10户贫困户和10户库区移民户，无偿捐赠了12000余株价值12余万元的红豆杉树苗。东鑫实业红豆杉生物科技园坐落于日峰镇联盟村，是黎川县东鑫实业有限公司的科技示范基地。目前，科技园与江西师范大学建立了产品研发合作基地，致力于南方红豆杉培育种植、生产加工、盆景开发、资源研究。该科技园采取“公司+基地+农户”的方式发展红豆杉产业。该公司在建设示范基地的同时，向贫困农户无偿发放树苗，公司负责技术指导，3~4年后公司按市场价向农户收购红豆杉树枝叶，用于提取紫杉醇及制作红豆杉茶叶等。据悉，3~4年后每株红豆杉的产值在650元以上。目前，科技园已拥有100余亩红豆杉苗木培育基地，每年培育红豆杉苗木上万株；有2000余亩红豆杉种植基地，种植红豆杉3万余株。

资溪县瞄准贫困户，以专业合作社和实体企业为平台，采取入股、务工等多种帮扶措施，实现贫困户增收。明确专业合作社贫困户以入股、务工等方式参与产业的，贫困户数所占比例不得少于30%，所有扶持项目能使贫困户直接增收数不得少于扶持资金的30%。对带动20户以上贫困户增收的合作社和实体企业，贴贷款基准利息（以当年人民银行公布为准），贴息上限为30万元；对带动10户以上的给予3%的贴息，贴息上限为15万元。贫困户分户种养项目由乡（镇）牵头组织站所进行验收，由乡（镇）收集材料，统一报账，扶持资金按"一卡通"发放，以提高办事效率。

在产业脱贫工作中，广昌主要依托"基地+贫困户"的模式。目前，全县建有大棚蔬菜规模种植基地6个，种植20余个品种的时新蔬菜1836亩。而在盱江镇立新村，短短两个月内，牛蛙养殖户就由原来的7户增加到27户，养殖规模从500万只增加到1500余万只。新建标准化肉牛养殖基地近50个，共养夏洛莱、西门塔尔、利木赞、鲁西黄牛等良种肉牛3000余头，母牛1000余头。通过基地的引领示范，带动了全县其他农户近2000户，共养殖肉牛2万余头。

2. 上饶、萍乡苏区县产业脱贫的模式

铅山则着力打造"合作社+贫困户"的产业脱贫模式。2014年12月20日，铅山县紫溪乡紫溪村残疾人刘和平高兴地来到紫夷蔬菜专业合作社，申请加入合作社。铅山以贫困户为核心，以增加贫困群众收入为目标，精心选择了16家支撑有力、愿意带领贫困群众脱贫致富、有奉献精神的合作社为扶贫产业项目的实施平台。要求合作社会员吸纳贫困户比例在贫困户中占80%，保证60%以上产业扶贫资金直接落实到贫困户，让贫困户得到实惠，让合作社产业做大做强。得到扶持的合作社负责产业发展的培训、技术指导服务；贫困户生产的产品全部包收购；承担市场风险，提供最低保护价，确保贫困户的利益。

莲花县强化农业产业扶持，推进"公司+合作社（基地）+贫困户"（流转土地）等模式，采取保底分红、股份分红、利润分配等方式，增加扶贫对象劳务、租金、股息、红利等财产性收入，实现800名贫困人口脱贫。

上饶、萍乡苏区县积极培育各种市场主体，大力扶持农业专业合作社的发展，越来越多专业化、规模化的合作社涌现出来，从而构建了"公司+基地+农户+合作社"的产业扶贫模式。

2. 产业脱贫的特点

总体看，抚州产业精准脱贫的方式已经从单纯的"输血型"扶贫向"输血"与"造血"并举转型，具体表现在以下三个方面。

（1）产业脱贫对象的筛选。在建档立卡的精准扶贫户中，选择有强烈脱贫致富愿望、自力更生、吃苦耐劳，且家庭有一定劳力、有一定的技术、场地等发展条件的“三低”农户。

(2) 脱贫项目的确定。一户一策，精准施策。根据贫困户意愿，以易管理、低风险、有销路、收益稳为原则，确保贫困户脱贫效果。同时，依托当地产业特色和农业龙头企业（合作社），利用其技术优势、市场优势，建立“一户一策”相结合的产业救助方式。

(3) 脱贫力度的运用。精准脱贫，通过结对扶贫，加大财政扶持力度。抢抓季节及时实施，强化管理和服务。对成效明显的，加大力度重点扶助，提供强有力的智力支撑和技术依托，使其尽快走上脱贫致富之路。

（二）种养加产业脱贫概况

1.“家常种养业”脱贫概况

(1) 抚州苏区县的情况。南丰县紧紧围绕脱贫致富的目标，立足资源优势，巧打“绿色生态牌”，采取“公司+基地+农户”模式，大力发展烤烟、中药材和蔬菜、生态橘园休闲旅游等生态产业，不断壮大产业规模，努力把资源优势转变为经济发展优势，帮助农民群众增产增收、脱贫致富。

依托本地实际，南城县着力抓好“一粒米、一棵菜、一条鱼、一只鸡、一枚蛋”的“五个一”扶贫工程，按照打造粮食生产功能区和现代农业示范区的“两区”发展路径，促进扶贫产业转型升级。目前，全县建成粮食生产功能区 18 个，建成标准化优质农产品生产基地 16 个，形成了 10 万亩优质蔬菜、10 万亩特色水产等农产品板块生产区和千吨禽蛋生产加工基地 2 个，拥有“洪门”土鸡蛋、“阿颖”淮山等江西省名牌农产品 8 件，米、菜、鱼、鸡、蛋五大农业主导产业年销售收入超 20 亿元，带动了 2 万贫困农户走上了脱贫致富之路。

南城是江西省首个“吨良田”县，水稻种植是很多贫困户的主要产业。该县抓住承接“国家粮食丰产工程”项目和正在实施的“赣中南农业综合开发”项目的良好机遇，加快水稻示范区建设，提高标准化种植水平，先后投入农业综合开发资金 5000 多万元，建设标准化农田 8 万余亩，改善灌溉农田面积 11.6 万亩，改造中低产田 3 万亩，还在株良镇田南村、徐家乡刘湖村建立了 2 个百亩高产示范核心区。通过提高统一配套集成技术、统一技术指标、统一操作规程，使整个核心区的标准化耕作率达到了 96%以上。以此为契机，重点在里塔、上唐等贫困乡镇建立了 10.6 万亩示范区，带动辐射周边发展优质稻栽种面积达 122 万亩，大大提升了贫困区农户水稻种植的产量与质量。

广昌县立足实际，瞄准了肉牛养殖、蔬菜种植等农家熟悉的“家常种养业”，为重点产业发展提供全方位技术服务。一是与江西农业大学动物科学学院进行技术战略合作，为肉牛养殖户提供种牛选择、疫病防治、人员培训等服务。二是组织蔬菜种植户多次赴外学习，并聘请技术人员进行指导。

为支持重点产业发展，广昌县出台了特色种养产业发展补助办法和金融信贷支持意见；与部分银行合作，争取金融信贷扶持，降低贷款门槛；从拮据的县财政“抠”出专项资金 5600 万元，补助给种养户。

（2）上饶苏区县的情况。近年来，上饶县煌固镇不断探索将合作社、企业、基地和贫困户“捆绑”在一起的模式，结成产业利益共同体，实现抱团发展。积极鼓励贫困户以劳力入股的方式，参与产业发展和产业经营，享受产业发展红利。截至目前，全镇通过产业帮扶贫困户 900 余户，带动 2000 余名贫困群众增收致富。

“我包你种，你产我销，旱涝保收。”这是上饶县煌固镇北乡种养殖农民专业合作社的白莲种植基地针对贫困户实施的扶持措施。上饶县北乡种养殖农民专业合作社成立于 2009 年，位于煌固镇沿坂村，属于国家级示范合作社。该社推行“水上养莲、水下养鱼”的立体生态农业，把承租的 568 亩水田统一进行平整后，由贫困户认种，合作社统一免费提供太空白莲种苗、鱼苗及化肥，全程为贫困户提供技术培训和技术服务，采摘的白莲，贫困户可自行销售，如遇销售“瓶颈”，合作社统一兜底收购，真正做到让贫困户稳赚不赔。目前，白莲种植已带动 62 户贫困户年均增收 3 万元。

煌固镇塘里村生姜生产示范基地依托当地特色农产品生姜的优良品质和得天独厚的自然环境资源，以知味养殖专业合作社为平台，打造面积 50 亩的标准化生姜生产示范基地。合作社从湖南引入高产小黄姜种 3 万余斤，吸收先进的生姜种植技术，亩产可达 4500 斤，2016 年以“合作社 + 农户”的模式运行后，带动 20 户贫困户，户均增收 8000 余元。章宅桥 65 亩葡萄基地，带动贫困户 20 户 64 人；煌固村 260 亩油茶基地，带动贫困户 50 户 196 人。

2. 特色产业脱贫概况

（1）抚州苏区县的情况。南城积极调整产业脱贫结构，每年设立 100 万元专项驱动资金支持蔬菜项目发展，建设“菜篮子工程”，大力推进蔬菜规模化、设施化、产业化发展。对贫困农民建设蔬菜大棚、发展绿色无公害特色产品、无土有机栽培进行奖补。同时，推广测土配方施肥、蔬菜设施水肥一体化、无土栽培、色板诱杀、频振式杀虫灯、雄蜂授粉、微滴灌等 20 多项先进适用新工艺、新技术，并建立菜园生产管理档案和质量追溯制度，全方位保证蔬菜质量。截至目前，全县拥有蔬菜标准化生产示范基地 6 个，发展高效蔬菜种植面积 6700 亩，建立蔬菜大棚 3000 余个，大棚面积 2000 多亩，产值 5000 余万元，其中 300 户贫困户每年增收近 3 万元。

及时调整养殖结构。按照“人无我有，人有我优，人有我特”的思路，南城采取奖补形式，鼓励贫困户选择黄尾蜜鲴、细鳞斜颌鲴、鳜鱼、鲈鱼、鲳鱼等“名优特新”品种养殖，同时建立完善基层技术推广体系。通过上门服务，积极推广机械增氧、自动投饵、无公害生产等，将先进水产发展实用技术送到贫困养殖户手中，全县生态鱼养殖数量达 700 多万尾，1200 多户贫困户实现了“水中捞金”。

蛋鸡产业是近年来南城县兴起的一项新兴特色产业，南城县将其作为扶贫重点产业进行培育。按照“规模化、标准化、生态化、品牌化”的发展思路，每年安排 100 万元，扶持蛋鸡标准化建设。为推进蛋鸡品牌战略，提升市场竞争力，该县还对蛋鸡生产资源进行有效整合，积极组织引导龙头养殖企业、专业合作社大力创建蛋鸡品牌，申报商标，提高鸡蛋产品的市场知名度。品牌化战略的实施，使南城县蛋鸡产品远销广东、福建、上海等省市，其中“洪门鸡蛋”已大批量进入了沃尔玛、家乐福、麦德龙等大型超市。目前，全县存笼蛋鸡 3000 羽以上的规模场达 187 家；全县蛋鸡存笼 330 万羽，2014 年鲜蛋产量达 3.7 万吨，产值 3.5 亿元，带动近 2000 户贫困农户走上了脱贫路。

按照“一户带多户，多户带全村、一村带多村、多村成基地”的发展思路，南城县采取“典型、协会、龙头企业三方联动”的办法，围绕产业化经营理念，大力发展“一村一品”。如徐家乡白洲村过去以水稻种植为主，村民收入很低，在帮扶中，根据因地制宜的原则发展大棚蔬菜种植，种植户年收入达四五万元，七成以上的村民靠种植大棚蔬菜走上了富裕路。2014 年，全县涌现出梅溪制种村、王坪板栗村、光塔蔬菜村、湖东珍珠村、沙坪西瓜村等“一村一品”专业村 28 个。其中，南丰蜜橘新增面积 3 万亩，产量达 1.4 亿斤，麻姑仙枣面积 3 万亩，引进的冬枣、伏脆蜜枣等品种十多个；全县淮山栽培面积 1.5 万亩，产量达 2250 万斤。具有明显资源优势和地方特色的产业化作物带已初步构建，扶贫村村民 60%的收入来自特色农业产业。

资溪县紧紧抓住振兴发展苏区的有利时遇，充分利用好赣南等中央苏区和特困片区产业扶贫资金，把生态优势转换为经济优势，在外部专家的论证下，决定全县域发展有机农业，选定有机白茶、有机大米、有机果蔬、农业生态观光旅游为重点的支柱产业。动员和鼓励贫困户参与有机产业发展，凡达到一定产业规模的给予 2000~6000 元的财政扶贫资金。目前，发展种养项目 188 个，实施扶持的资金达 87.3 万元。2014 年，已发展有机果蔬 2100 余亩，扶持资金 404.2 万元；有机茶叶 2.1 万亩，扶持资金 339 万元。

57 岁的郑江北是南丰县太和镇下桐村特困户，妻子长年体弱多病，儿子一出生就失去生活自理能力，生活的全部重担落到了他一个人身上。进村入户走访的村党支部书记了解他家的情况后，把他介绍到南丰县美孙甲鱼养殖专业合作社工作。如今，郑江北每年收入达 3 万元，不仅能维持生计，还学会养殖技术。据悉，美孙甲鱼养殖合作社养殖面积达 1000 余亩，年产优良种蛋 2000 万枚，社员平均每户年利润在 20 万元以上。目前，加入该合作社的社员都已脱贫致富。

（2）上饶苏区县的情况。在中央苏区和特困片区产业扶持项目年度资金 96 万元的撬动下，2014 年初，广丰区嵩峰芋头主产区十一都、银丰与石岩三村 345 家（其中贫困户 70 家）农户，以种植、销售芋头和马家柚等地方农产品的虹一种养专业合作社为龙头，建成标准芋头生产基地 300 亩，形成“能人＋合作社＋农户”的经营模式，实行统一芋种、除草、施肥、浇水与保护价收购。当年实现可分配盈余 90 多万元，70 家贫困户户均新增年收入 1.36 万元。

嵩峰乡是典型的山区乡，80%的国土面积是山地；贫困人口达 2968 人，占全乡人口总数的 10%以上，占全区贫困人口总数的 7%。面对如此重的脱贫任务，为了做到精准发力，该乡立足“特色产业”找出路。

有产品无产业，有产量无销量，有收成无收益。这是嵩峰农业产业过去的发展状况，也制约着许多村民脱贫致富。嵩峰乡党委、政府在开展精准扶贫、精准脱贫过程中，通过积极引导土地流转，助推懂技术、会管理、市场营销经验丰富的创业成功人士，依托农业特色产品优势返乡创业。在浙江省金华市从事冷冻食品销售发家致富、熟悉农业特色产品市场行情的王睦福，在乡村党政组织倾心帮助下，返乡后成功流转土地 2000 多亩，种植独具地方特色的嵩峰芋头。他担任法人代表的江西虹一生态农业开发有限公司由此应运而生。在省级贫困村银丰村的芋头种植基地，芋头采收时节，每天有超过 4 万斤芋头直接销往浙江、上海等地。

王睦福说，“为了让贫困户真正受益，公司出台了‘量身定制’的惠民政策，即贫困户土地优先流转或入股、具有劳动能力贫困人员在基地优先就业；同时贫困户劳务工资相对用工标准再上浮 10%，贫困户年终土地入股分红再让利 10%。”2015 年以来，到基地务工的村民达 621 人，其中大部分是贫困户，年人均增收可达 5000 元以上。

煌固镇东山村的上饶县金凤凰养殖专业合作社，拥有鸡、猪、羊标准棚 1000 平方米，现已带动 50 多户贫困户养殖纯天然的白耳鸡、巴马香猪、山羊。缪土金就是直接受益的贫困户，他的爱人有糖尿病，儿子正上初中，他也因做过心脏手术不能干体力活。加入合作社后，他每年可出栏 600 只土鸡，40 多头山羊，年收入 50000 元。岭下村的上饶县凤吟蓝孔雀养殖合作社，自 2012 年开始专业养殖蓝孔雀，现有 100 多只商品孔雀和 170 多只种孔雀。蓝孔雀为国家二级保护动物，易养、效益高，极具开发价值。经过前期系统的指导培训养殖技术，现已带动 4 户贫困户养殖增收。

（3）萍乡苏区县的情况。在产业脱贫攻坚战中，莲花县决定把莲产业发展成为全县农业主导特色产业，把蔬菜瓜果、花卉苗木、绿色水稻、油脂原料等培育成区域特色主导产业，真正形成“一乡一业”、“一村一品”产业布局。为此，县里出台了《关于加快新型农业经济体系建设的实施意见》等文件，重点对莲籽产业、蔬菜种植、家庭农场、种养大户等提供信贷、贷款贴息的政策倾斜；强化农业龙头企业、农业经营主体发展产业的金融扶持，鼓励吸纳扶贫对象就业，并视吸纳扶贫对象就业比例提供减免担保费用及贴息政策；鼓励返乡创业人员自主创业和大力发展农业专业合作社。

为切实做大做强莲产业，莲花县委、县政府连续两年出台了《关于扶持莲产业种植加工的实施意见》，成立了莲产业发展局，为正科级事业单位，确保有专职机构和人员具体负责莲产业工作。加大了对莲产业的扶持力度。继2012年省扶贫资金1000万元全部用于莲产业后，2013年又安排400万元扶贫资金，扶持莲产业发展。新增扶持资金主要用于对新增莲子每亩补助300元，巩固老莲子基地每亩补助100元，并对莲子基地水利设施建设，莲子良种繁育基地及有突出贡献的龙头企业，农民专业合作社进行了扶持。政策的强力扶持，吸引了湖南等地投资人前来加大种植力度，并逐步带动本县农户大力加盟。

为延伸莲产业链，提高附加值，莲花县积极开展招商引资活动，目前已有种莲企业5家，莲子专业合作社8家，莲产品加工企业5家，莲旅游企业3家。2014年先示范发展莲田养鱼500亩，并兴建莲产品加工厂和建立销售市场，带动当地农民共同致富。如今，莲花县正在筹建“江西省莲产业研发中心”，完成种质资源圃建设，引进国内外荷花新品种进行繁育和展示，兴建智能温室进行科学研究，通过光温调节延长花期，做到5~11月均有花开，并建设占地面积80亩的水上荷花观景区；做好莲产品精深加工，开发出多样性莲产品，并建立冷冻库，延长鲜莲食用周期。莲花县力争通过2~3年的努力，全县种植莲子（藕）面积5万亩，打造百里莲产业带，扩大荷花博览园莲子（含花莲）种植面积，使荷花博览园连片面积达到6000亩，将莲花县打造成全国最佳赏莲地和全国知名的莲产品交易市场，真正将莲花打造成名副其实的“莲花之乡”。

上述举动效果明显，仅2014年，莲花全县油菜种植面积就达15万余亩、莲子种植面积达3万余亩，解决劳动力就近就地就业1万余人。

3. 生态循环农业脱贫

南丰县既是驰名中外的蜜橘之乡，也是生猪生产大县，为减少生猪养殖对环境的影响，积极推行无公害化畜牧养殖，引导规模养殖场、养殖大户大力发展沼气工程，形成了“猪—沼—橘”、“猪—沼—菜”、“猪—沼—粮”等多项生态循环模式。为进一步加大沼气工程建设力度，南丰县还出台了一系列激励政策和扶持措施，把生态家园建设与农业综合开发、农村扶贫、移民建镇、水土保持、改水改厕、退耕还林等相关项目建设结合起来，实行“以奖代补”政策，农户每建一座沼气池，给予数百元至上千元的补助。

如南丰县莱溪乡华丰蜜橘生态园种植大户周华健，种植了2000多棵橘树，养殖了生猪、朗德鹅、土鸡等多种畜禽，园内还建有300立方米的沼气发酵工程。“养猪产生的粪便，沼气池出的沼液，池塘整治清除的淤泥都是好东西，用它们给橘树施肥，能结出优质果实。用了有机肥后，果子香甜可口，比其他果农每斤多卖1元钱。”正在忙碌的周华健说。

截至2016年，南丰县农村已建立沼气池1.4万余座，并带动农村精品蜜橘的发展，形成了30多个生态精品蜜橘园。

（三）电商脱贫概况

2015年，莲花县成为首批国家级电子商务进农村综合试点县。目前，已落实到位专项扶持资金2100万元，已搭建电子商务平台，面积共13000平方米，共对接引进电商及配套项目6个，其中，传承电子商务公司正式投入运营，与阿里巴巴等知名电商企业已正式签约，电商线下体验馆和小微电商创业项目正在规划设计，农村电商服务站建设有序推进，部分已投入使用。

上饶县煌固镇立足实际，主动求变，按照“一乡一业、一村一品”的思路，加速“村邮乐购·农村e邮”电商扶贫站点的建设，夯实“村邮乐购·农村e邮”电商脱贫的产业基础，推广“村邮乐购·农村e邮”电商脱贫线上平台，帮助群众将贫困乡村的乡土产品，通过网络销售增加收入，初步探索出“电商扶贫”的新路子。塘里村电商脱贫站是该镇重点打造的电商脱贫示范村站之一，通过“贫困户+合作社+电商脱贫站”的方式，“邮乐网”将本地农产品茶油、葛粉、大蒜、腌菜干等在网上销售并办理快递业务，为贫困户“减支增收”服务，真正实现“购物、销售、生活、金融、快递、创业”六不出村的目的。

2015年11月，广丰区茭塘村马家柚产量大超预期，当地传统销售渠道无暇顾及中小种植户，尤其是贫困户。当地站主吕燕苘充分依托“村邮乐购”平台，积极帮助贫困户网上销售马家柚。截至2016年3月，累计销售23万斤，其中帮助80余户贫困户销售12万斤，户均增收5300元。军潭村张晓兰在家开办电商脱贫站点后，带领当地贫困百姓利用闲暇时间，自制、包装和网上销售碱水粽等当地特色农产品。自2015年5月以来，分别销售碱水粽1.3万个、中秋月饼6.7万元、清明果3万多个，帮助20多户贫困群众人均增收3000多元。

（四）旅游脱贫概况

目前，南丰县共有林地面积201.82万亩，蜜橘林面积70万亩，森林覆盖率74.8%，拥有国家森林公园军峰山、国家2A级旅游风景区潭湖、国家湿地公园仙人湖等丰富旅游资源。近年来，随着生活水平的不断提高，人们越来越追求“生态”和“绿色”。瞄准这一消费趋势，立足浩瀚橘海之绿，南丰县着力发展生态休闲游和文化体验旅游。在城市建设上，先后建成琴湖公园、橘都文化公园、醒依公园等高品位城市公园，并高标准打造橘乡如意湖、一江两岸水景等城市水系，着力描绘“城在绿中，水在城中，人在景中”美丽画卷。理念的创新，促进了当地农民生产、活动方式的转变。目前，南丰县农民兴办农家乐热情高涨，日子越过越红火，涌现出农家乐逾 500 家。据不完全统计，2016 年，南丰县从事各类休闲农业的生态园 180 多家，每年接待游客百万人次，辐射带动贫困人口近 6000 人，走出了一条发展生态旅游业，实现富民兴村、持续发展之路。

广昌县头陂镇龙虎村村民吴东平等开山平土，创办火龙果种植基地，一期投资 500 余万元，力求打造集生产、销售、旅游观光为一体的农家乐，已吸引了 11 户农户加入。

资溪县重点培育和打造“三夫”有机蔬菜和“迦南”有机水果，为扶贫产业示范园和农业旅游观光园。对在县旅游规划区内开展建设乡村旅游点并经旅游部门评定达到三星级及以上的，每个给予 16 万元建设资金扶持，明确每年扶持 4 个。

近年来，莲花县积极培育油菜花、莲花、桂花、油茶花等特色休闲观光生态农业，增加农民收入。莲花县以建设国家级生态县和中国旅游强县为主线，以回归自然、体验农味和休闲观光为特色，围绕莲花做文章，从种莲、赏莲、颂莲、品莲等多个角度，塑造“莲花”品牌，打造全国一流荷花“观光地”；建立了一批各具特色的产业村、生态村、旅游村和文化村。2014 年，荷花博览园成功创建为国家 4A 级旅游景区，吸引外地观光游客 6 万余人。

第八章　深化党建脱贫

第一节　党建脱贫概述

一、扶贫开发与基层党建“双推进”

党建脱贫就是把扶贫作为党委（支部）党的建设的一项重要内容，组织党员帮助贫困户脱贫致富。这是党建工作的一个创举。习近平总书记指出，全面建成小康社会，最艰巨最繁重的任务在贫困地区。全党全社会要继续共同努力，形成

图 8-1　兴国县大江古村会议室

资料来源：刘善庆拍摄。

扶贫开发工作强大合力。啃下扶贫攻坚的“硬骨头”，需要把党的建设与扶贫开发有机结合，充分发挥基层党组织的战斗堡垒和党员干部的先锋模范作用，实现扶贫开发与基层党建“双推进”。

实现精准脱贫，关键是找准党的基层组织建设与扶贫开发工作的结合点。当前，扶贫开发与基层党建融合度不够问题还比较突出，“两张皮”现象严重，具体表现在以下两个方面：

第一，“要做的”与“想要的”不能完全统一。有的基层党组织在宣传扶贫政策、确定扶贫对象、制定扶贫规划、实施扶贫项目、使用扶贫资金等方面没有充分发挥组织引导作用，“要做的”与“想要的”不能完全统一，导致群众主体作用发挥不明显。

第二，资源难以整合。有的地方找不到以党建促扶贫的抓手，把扶贫开发与基层党建工作相割裂，就扶贫抓扶贫，就党建抓党建，导致资源整合难、机制不顺畅。

党建扶贫要出成效，需要通过四个融合，解决扶贫与党建融合不够的问题。

（1）目标融合。坚持“党建带扶贫，扶贫促党建”，党建、扶贫双推进。把基层党建目标任务与扶贫开发目标任务有机融合，把基层服务型党组织建设的重心放在找“贫”根、寻“困”源上，确保扶贫开发工作做到哪里，基层服务型党组织建设工作就开展到哪里，实现党的建设和扶贫开发“无缝对接”。

（2）责任融合。建立健全“书记抓、抓书记”责任机制，坚持做到精准扶贫与加强基层党建工作同研究、同部署、同推动、同考核，建立“定人员、定任务、定责任、定目标、定时限”的“五定”责任机制，通过一级抓一级、层层抓落实，督促各级把扶贫开发与基层党建“双推进”抓在手、扛在肩。

（3）项目融合。加大项目整合力度，用活用好各种扶贫资源，做到有基础设施建设的地方就把党组织阵地建设“捆绑”起来，有产业培植壮大的地方就把集体经济融入进去，有急难险重的工作任务就由党员带头顶上去。把群众愿望、群众需求与党建项目紧密结合起来，着力发展一些改善生产生活条件的项目，着力办好一些顺民意、惠民生的好事、实事，把扶贫项目做到群众心坎上。

（4）机制融合。探索建立党政同责，部门联动的工作机制。按照“领导带头、乡镇主抓、部门联系、干部驻村”工作模式，整合各方资源、动员各方力量，形成上下联动、各方配合、齐抓共管的工作格局。落实工作任务，明确工作要求，建立责任清单，实行责任分解，发扬“钉钉子”的精神，完成任务销号。全面加强对乡镇扶贫工作的考核办法，把驻村工作队纳入机关年度考核，实行“不脱贫不脱钩”，将目标、任务、资金和权责下到镇（村），重点突出精准扶贫、精准脱贫考核导向，把改善贫困村面貌，提高贫困人口生活水平和减少贫困人口数量作为重要指标，提高考核权重。将镇、村主要领导作为重点考核对象，并作为干部选择任用，年度考核等次确定和奖惩的重要依据，对未按期完成减贫脱贫目标任务的，要实行问责。

二、党建脱贫的关键

党建脱贫是一项重要内容，要突破党建脱贫攻坚难题，方法措施精准是关键。精准扶贫的关键是精准选人。从目前情况，许多地方还存在选人不精准、为选派而选派的问题。每年选派新农村建设驻村帮扶工作队时，一些单位部门对选派扶贫没有高度重视，有应付的思想，打着“小算盘”，不考虑农村的实际和选派人员的能力素质，舍不得放出骨干、业务尖子；不想被派往贫困地区，总是要求派到经济条件好、交通条件便利、社会矛盾少的地方；一些单位没有认真分析基层情况，没有了解基层群众需要什么样的干部，导致选派的干部优势发挥不出来。要把因村派人精准真正落到实处、抓在手上，必须要做到“三化”。

第一，常态化落实。把选派干部到扶贫一线作为建立在基层一线培养锻炼干部链条的主渠道，真正做到单位扶贫帮扶点、干部直接联系群众挂钩点“二点合一”，统筹做好下派干部挂职锻炼、选派第一书记工作，盯住扶贫脱帽任务，分期分批做好选派，持续推动各种资源和力量下沉到基层，为扶贫工作注入强大的生机与活力。如瑞金市 2015 年下派 4500 多名党员干部组建了 223 支扶贫工作队，结对帮扶 223 个村 2.53 万户 7.89 万名贫困群众。

第二，精准化选派。认真分析基层贫困原因和发展后劲，找准症结，有针对性分类选派干部到扶贫一线。村级党组织软弱涣散的，要选派党性强、熟悉党务的干部；发展滞后，贫困面广的村要选派熟悉产业发展的技术干部；矛盾纠纷集中、热点难点问题多的村要选派熟悉法律、群众工作经验丰富的干部，让选派干部发挥优势，完成好组织赋予的建强基层组织、推动精准扶贫、为民办事服务、提升治理水平四项工作。整合各方力量，做到贫困村百分之百有驻村帮扶工作队队长、第一书记，新选聘的大学生村官重点派往贫困地区。

第三，实效化考核。严格实绩考核，制定科学合理的考核方案，细化考核内容、量化考核指标，强化考核结果运用。对作风踏实、工作业绩突出、考核结果优秀的干部，该重用的重用，该提拔的提拔；对考核不合格的要重新选派或是延长选派期限，把选派制度真正执行起来，严格执行下去。强化日常监管，建立组织部门、派出单位、乡镇党委、扶贫部门联动管理机制，全方位了解选派干部履职情况，特别是乡镇党委，要大胆管理，把选派干部管起来、用起来。

第二节　党建脱贫的实践

一、一些苏区县（市、区）的做法

（一）三级书记工程

吉安县将井冈蜜柚产业发展列为书记工程，由县、乡、村三级书记挂帅，县、乡、村分管领导在一线靠前指挥，现场协调解决问题；县四套班子领导负责所挂乡镇、扶贫村点、美丽乡村点，重点抓井冈蜜柚基地建设与千村万户老乡工程，各村党支部书记带头种植井冈蜜柚，通过做给群众看，带着群众干，带领群众发展井冈蜜柚千村万户老乡工程。如敦厚镇下岭村委会通过农业招商，投资3600余万元建成占地1000余亩井冈蜜柚科技示范园。示范园按照"猪—沼—果—鱼"模式进行山地综合开发，其中果树以井冈蜜柚为主，栽种了金沙柚、金兰柚、桃溪蜜柚、沙田柚、脆香柚等蜜柚品种，采用了1年生裸根苗、容器苗及3年生带土球大苗等不同方式建园，实施井冈蜜柚品种对比试验、新品种引种示范、新技术应用推广等课题项目，着力打造成集种、养、学、游于一体的井冈蜜柚科技示范园。主要采取了如下三个方面的措施。

1. 创新经营方式

从"一家一户"到规模种植经营，土地流转是难题。该县坚持"百姓的土地百姓做主"的理念，以农民增收为目标，以百姓受益为主体，创新经营方式。在引进有实力的大户时，鼓励农户用土地参股，让农户除了租金外获得二次分配。在联户经营中，充分发挥农民专业合作社组织作用，由支部书记和党员干部牵头、能人领办农民专业合作社，农民通过土地、劳力、自有资金等资源，以多种形式入股专业合作社。在小户铺开中，只要贫困户愿意种植井冈蜜柚，优先扶持贫困户种植。如安塘乡赤陂村是典型的移民村，为实现移民"搬得出、稳得住、能致富"的目标，该村结合村情，确定井冈蜜柚为主导产业。该村井冈蜜柚基地从西端到东端，沿敦永公路绵延达3公里，规划总面积1万亩。在实施过程中，该村按照"大户带动，联户经营、小户铺开、农民受益"的开发模式，分大户示范区、党员干部示范区、联户种植示范区三个功能区进行产业布局。引进江西隆博鑫发农业开发有限公司为产业开发主体，对产业基地进行统一规划建设，公司为农户种植井冈蜜柚提供管理技术、销售服务等产供销一条龙服务，带动农户参与井冈蜜柚种植。目前，基地首期完成井冈蜜柚种植面积5000多亩，其中公司示范种植面积达 4000 亩、党员干部种植面积达 140 多亩、村民联户种植面积达 800 余亩。在大户和党员的带动下，有 105 户村民参与井冈蜜柚种植，其中贫困户 39 户，户均种植面积 10 亩。

2. 连片开发，打造重点

围绕建设 10 万亩井冈蜜柚种植基地目标，该县重点打造“百千万”工程，做到“乡乡有基地，村村种蜜柚”，每个乡镇完成一个 200 亩以上的连片井冈蜜柚示范基地，重点打造了敦厚乌石、油田雁洲、万福老岗、桐坪坤溪、凤凰村前等千亩基地；大力发展井冈蜜柚“千村万户老乡工程”，全县实施“千村万户老乡工程”6200 户，打造了敦厚钟家坊、凤凰土洲、曾家坊等一批井冈蜜柚“千村万户老乡工程”示范点。如永阳镇蒋芳村种植户蒋宣民前几年种植了 10 亩柚子，喜获丰收，产量达 3 万多斤，收入达 12 万元。尝到甜头的蒋宣民计划扩大生产规模，种植 100 亩井冈蜜柚。在他的带动下，村里有 23 户农户种植井冈蜜柚，面积达 800 亩。井冈蜜柚成为蒋芳村民脱贫致富的“摇钱树”。在建基地的同时，该县加大招商引资力度，通过招引上海奕方、福圆食品等龙头加工企业，实现一产的“接二连三”，增强农民的信心，推动种植规模扩大，不断延伸产业链条，增加产业附加值。

3. 加大财政支持力度

该县坚持把井冈蜜柚产业作为农民脱贫致富的主导产业来抓。所有扶贫点和美丽乡村建设点的房前屋后绿化苗木首选井冈蜜柚苗；能种植井冈蜜柚的荒山、荒坡和撂荒地，尽力种植井冈蜜柚。同时，县里出台财政扶持政策，对连片 10 亩以上的农户自主经营的井冈蜜柚基地进行奖补，“千村万户老乡工程”建设所需苗木，由县里免费供应，购苗款由县财政解决；对重点井冈蜜柚基地和井冈蜜柚产业带的一些重要节点，县里还对其水、电、路、滴灌等基础设施建设进行补助。

（二）南丰县“三抓三强”

近年来，南丰县围绕扶贫攻坚，创新方式方法，着力抓好基层党建工作，以“三抓三强”为具体抓手，充分发挥基层党组织的战斗堡垒作用，为全县精准扶贫工作提供了坚强的组织保证。

抓责任，强落实，构建“党建+精准扶贫”新机制。南丰县认真落实基层党组织书记履行抓党建的第一责任人职责，要求贫困村所在乡镇党委书记履行直接责任人职责，村党组织书记履行具体责任人职责，进一步强化抓党建的主业意识和主动精神，提高思想认识，抓实主体责任；建立健全领导干部结对帮扶机制，确定每个省定贫困村由 1 名县级领导联系、1 个县直部门和 1 个驻村“连心”小分队帮扶，定期开展调研指导，帮助解决具体问题；推行党员干部服务承诺、督诺、践诺制度，各级领导干部每年至少为贫困村联系点兴办 3 件实事好事、为贫困户解决两个实际困难，帮扶实绩纳入干部年度考核范畴。

抓基础，强保障，提升“党建+精准扶贫”新动力。南丰县着力加强基层党组织带头人队伍建设，重点从“能人、富人、名人、文人”中挑选干部组成村“两委”班子，提升村“两委”班子成员服务精准扶贫工作能力；按照“三规范一加强”的要求，加大村级组织活动场所建设力度，连续两年共投入资金 2000 余万元完善村级活动场所建设，共新建、改建村级活动场所 83 个；大幅提升贫困村党组织服务群众工作经费，建立资金稳定、管理规范的经费保障机制，将服务经费提高至每年 5 万元，确保贫困村党组织有钱办事；建立健全村组干部报酬待遇正常增长机制，全面落实“基础工资+绩效工资”制度，进一步激发村干部干事创业的热情。

抓示范，强产业，推进“党建+精准扶贫”见成效。南丰县结合各贫困村实际，依托产业协会、电子商务、农业企业，推行“支部+协会”、“支部+企业”、“支部+电商”等发展模式，在各贫困村深入实施“党建示范点创建、品牌培育”工程，形成先进带后进、后进赶先进的生动局面，带动全村共同脱贫致富。

（三）南城县驻村扶贫“四多”

南城县围绕“精准扶贫、精准脱贫”的工作要求，选派 150 个扶贫攻坚小分队驻村开展扶贫工作，全力破解扶贫攻坚难题，取得了良好成效。

（1）精准对接，多级联动广覆盖。①机构全覆盖。成立了由县委书记任组长的扶贫开发工作领导小组，制定并下发了《关于扎实推进农村扶贫开发工作的实施意见》，各乡镇、村也相应成立了领导机构，构建起了县里有工作领导小组、乡镇有扶贫工作站、村有驻村工作队、组有责任人的“四级”扶贫工作机构。②贫困村全覆盖。结合省、市直扶贫工作，挑选经济条件好、涉农项目多的 10 个县直单位与 10 个贫困村“一对一”开展对口帮扶，从帮扶单位向每个贫困村选派了“第一书记”，专门抓扶贫工作，切实为贫困村提供信息、技术、项目、政策、资金等全方位的帮扶，为他们搭建项目对接、产业承接平台，做到“不脱贫拖不钩、不脱贫不撤队伍”。③贫困户全覆盖。结合全县开展的“四进四联四帮”活动，向其余 140 个行政村派驻了扶贫攻坚小分队，选派了 475 名优秀年轻干部、农村工作经验丰富的中层领导干部到村开展扶贫工作，实行定点、定人、定时、定责帮扶，做到“一队驻村、单位全员帮扶”，确保了每户贫困家庭都有帮扶责任人。目前，全县 3401 个贫困家庭均落实了帮扶责任人。

（2）强力推进，多项整合促落实。①强化资金保障。充分利用赣南等中央苏区产业扶贫专项资金，撬动放大扶贫资金效应。将扶贫资金列入年度预算，并做到逐年增长，同时整合其他各项涉农资金，优先向贫困村、贫困户覆盖。近两年，该县财政共安排扶贫资金 1200 余万元，整合各涉农项目资金 7800 余万元。②强化项目落实。该县按照“自下而上，自上而下”的原则和“乡镇申报、部门审核、县上研定”的要求，每年由县扶贫和移民局牵头汇总梳理各贫困村上报项目，从新农村建设、兴修道路、安全饮水、农网升级、农田改造等 10 余个方面制定好年度项目实施明细表，明确项目实施时间、工程进度、实施单位、具体责任人等，实行挂牌公示、销号落实。③强化扶贫措施。按照“一村一策、一户一法”，分类施策，坚持做到八个“到村到户”：基础设施到村到户、产业扶持到村到户、搬迁扶贫到村到户、教育扶贫到村到户、旅游扶贫到村到户、就业扶贫到村到户、金融扶贫到村到户、保障扶贫到村到户。

（3）分类实施，多向帮扶安民心。①保障帮扶。按照分类实施、精准发力的原则，驻村小分队对各村贫困户进行了分类建档立卡，将全县 1591 户特困户、3809 名特困群众，全部纳入保障救助范围，在城乡低保、农村五保、医疗保险、大病救助、救灾救济、特困帮扶、危房改造等方面予以重点保障，确保基本生活政府兜底。上唐镇德溪村龙盘岭组贫困户钱美云和丁坊组吴爱玉两名妇女患有静脉曲张，驻村小分队知晓后，积极为她们联系了抚州市第七医院，免费为她们进行了手术治疗，使她们得以康复。新丰街镇田东村小分队发挥自身优势，在 9 月初组织部分医疗专家进村入户，为包括贫困户在内的全体村民进行了免费义诊，得到了群众的广泛好评。②产业帮扶。驻村小分队把培育壮大产业作为增加群众收入、实现脱贫致富的突破口。对有创业意愿的贫困群众，全部纳入创业扶持对象，在资金、技术、政策方面给予全力支持，千方百计加快脱贫致富步伐。洪门镇庄上村森林资源丰富，毛竹产业发达，驻村小分队摸清情况后主动与扶贫和移民局、农开办、林业局等部门沟通协调，由小分队、村委会牵头组建了毛竹种植专业合作社，鼓励贫困户以土地、山林的形式加入合作社共同发展生产，为村民搭建起一个致富平台。龙湖镇五角口村驻村小分队，发现该村在反围剿战争期间留存有不少战斗碉堡遗址，积极同县、市旅游部门联系，对遗址进行了抢救性发掘，为该村探索出红色资源旅游的产业扶贫新路子。两年来，该县共为贫困户创业提供信贷支持 480 余万元，贴息 30 余万元。③安居帮扶。将省定贫困村的宜居自然村庄，分批纳入新农村建设点规划，逐步解决运输难、出行难、饮水难等问题。针对因自然条件差、不宜居的地区，为他们制定科学的移民搬迁规划，分步骤稳妥有序推进，并引导贫困户在迁入地就业创业，促使移民搬迁群众住得下来、发展得起来，逐步脱贫致富。两年来，该县累计搬迁安置 860 余人，将他们从水棚和深山中“请出来”，切实改善了生活生产环境。

（4）严格奖惩，多措并举保长效。①保障和激励跟进。为使驻村干部“沉下去、安下心”，该县建立了驻村干部生活补贴制度，对驻村小分队成员实行每人每天发放 50 元的生活补助；另明文规定在今后的干部提拔中，有驻村小分队经历的干部优先考虑，未参加驻村帮扶的年轻干部一律不予提拔使用，确保驻村干部能扎扎实实“干下去”。②督导跟进。由县“四进四联四帮”活动办牵头，从县扶贫和移民局、组织部、纪委等单位抽调 12 人组成 4 个督查队，不定期对各驻村小分队在村扶贫工作情况以及群众满意度等情况进行督查，确保精准扶贫工作得到有效推进。③考核跟进。以村为单位，要求各驻村小分队每月按时上报扶贫工作台账，随时了解掌握小分队在贫困村、贫困户的帮扶情况和帮扶效果。并将扶贫攻坚工作列入乡镇和县直单位年度目标考评和领导班子年度考核的重要内容，实行一季一调度、一年一考核，有效激发该县各级各部门扶贫攻坚动力。

二、支部引导　党员示范

（一）党支部的引导作用

1. 赣州的探索

2015 年 5 月，信丰县安西镇的 28 户贫困户，通过在该镇依“党支部 + 基地 + 农户（贫困户）”模式建立的“三红柚产业扶贫基地”务工、经营，人均增收 3200 元以上。聚合力。崇义县扬眉镇充分发挥农村党组织的示范带动和先锋引领作用，在全镇 10 个整体脱贫村打造“一镇一业、一村一品”党建助推精准扶贫示范点 26 个，由村党支部引领贫困户发展脐橙、刺葡萄、油茶、西瓜、香瓜、辣椒、百香果种植、生猪、家禽养殖等特色优势产业，从而形成了“支部+”的脱贫模式。

图 8–2　贫困村党支部精准脱贫战略规划

资料来源：刘善庆拍摄。

在推进精准扶贫工作中，信丰县西牛镇曾屋村通过党支部带头，党员示范带动的方式，开辟“五条扶贫渠道”，多管齐下方便群众脱贫，使贫困群众的脱贫致富门路广、渠道多，取得了较好的扶贫效果。

（1）开辟了“合作社＋贫困户”的扶贫渠道。村党支部鼓励贫困户自愿以土地、山林、水塘、空心房、土坯房等自有资源发展脱贫产业，形成利益联结机制，引导全村 54 户贫困户发展成为“憨农田园合作社”成员；合作社负责规划产业发展，协调土地流转，规范生产销售等活动。在合作社的带领下，群众发展了白草莓、小香瓜、甜玉米、烟叶、蔬菜等为主的特色种植产业。目前，已吸纳了 10 户贫困户以土地等形式入股合作社。

图 8–3　曾屋村党支部、村委会暨便民服务中心办公楼

资料来源：刘善庆拍摄。

（2）开辟了“基地＋贫困户”的扶贫渠道。采取贫困户到“基地就业”和“学习培训”的方式，让贫困户从产业发展中获得更多收益。村党支部鼓励和引导贫困户参与基地产业发展，充分发挥基地对贫困户的辐射带动作用，引导贫困户以市场为导向，优化种植结构，重点发展了果蔬、蓝莓、火龙果等效益好、收入高的产业，重点解决了贫困户缺资金、缺技术的难题。

（3）开辟了“岗位＋贫困户”的扶贫渠道。村党支部通过收集企业用工信息，与企业洽谈，为有用工意向的企业与贫困户穿针引线，从贫困户中为企业输送劳动力。目前，已帮助 5 名贫困群众到企业务工。同时，结合贫困户家庭和个人的实际情况，合理开发设立了护林员、保洁员、水库管理员、老年活动中心管理员等公益性岗位，用于扶持贫困户就业。目前，已安排 7 名贫困户在公益性岗位就业，每人每年可获得工资性收入 7000 元。

图 8-4　信丰县憨农田园农业专业合作社（一）

资料来源：刘善庆拍摄。

图 8-5　信丰县憨农田园农业专业合作社（二）

资料来源：刘善庆拍摄。

（4）开辟了“政策+贫困户”的扶贫渠道。针对14户残疾人、无劳动能力的贫困户，村党支部通过政策兜底进行帮扶，使其能够基本维持生活；对于6户五保户，引导其到西牛镇敬老院进行集中供养，让其能够安度晚年；对2户因学致贫的贫困户，帮助协调落实困难家庭助学补助政策和助学贷款政策，确保贫困户子女不因贫困而辍学；对于2户因病致贫的贫困户，帮助落实大病救助等相关保障政策。

（5）开辟了“能人+贫困户”的扶贫渠道。村党支部引导各类组织、企业、个人等通过捐赠救助、发展产业、促进就业等形式参与扶贫，增强贫困户发展动力，明确贫困户发展方向，带动贫困户增加收入。目前，有15户贫困户通过能人带动发展了产业，有6户贫困户通过能人带动到企业务工。

2. 吉安的创新

在江西省委组织部的指导与帮扶下，新干县以贫困村溧江镇桃湾村为试点，不断创新发展“党建+”理念，通过实施党员“百分制”考核、“十户联创”等有效载体，将党建有效融入到扶贫攻坚工作中，走出了一条基层党建与精准扶贫深度融合“双推进”的新路子。2015年，桃湾村脱贫摘帽，农民人均收入达7200元，人均增收2100元，贫困人口减少42户、116人。

在体系建设上优化组织建设，为“双推进”提供坚强的组织基础。桃湾村党支部设立了10个党小组，以“十户联创”、党员“百分制”考核为载体，开展村干部、组干部、党员与贫困户结对帮扶活动，全村42名党员干部与67户贫困户结成对子，在资金、项目、产业、技术上进行帮扶，实行销号管理，脱贫一户销号一户，绝不让扶贫任务落空。

在队伍建设上注重能力培养，为“双推进”提供扎实的人力保障。大力实施“三个培养”工程，把党员培养成能人、把能人培养成党员、把党员能人培养成村干部，同时，大力培养农村致富能手和乡土人才，提高村党组织的创造力、凝聚力、战斗力。邀请农技部门对常年留守在家的村民开展以蔬菜、油茶种植以及养殖等实用技术及创业培训，已培训了村民210人次；通过党支部牵线搭桥，联系了48名村民到企业务工就业。

在服务建设上做好项目工程，为“双推进”提供有效的公共服务。着力推进基层服务型党组织建设，认真落实“四议两公开”工作法、“一事一议”等工作制度，通过听取民意、集中民智、凝聚共识，优先解决群众反映强烈的困难和问题，做好村庄建设规划以及涉及各项基础设施建设的矛盾纠纷排查化解工作，确保项目顺利实施。

在增收致富上注重产业支撑，为“双推进”提供明确的前进方向。村党组织采取“合作社+农户”的形式，牵头成立桃湾村兴龙高产油茶合作社，强化党组织的政治引领和协调服务作用，把党的组织优势有效地融入产业优势。该村形成以高产油茶、翠冠梨为主，电商产业、养殖业为辅的产业发展新模式，做到村有骨干产业、户有增收项目。仅桃湾村兴龙高产油茶合作社就吸引 181 户农户以土地入股加入合作社，高产油茶种植面积达 1360 亩，投产后村民每人每年增收 2000 元左右。

3. 抚州的实践

南城县黎家边村曾经是一个贫困村，因为人多田少，很多人日子都过得比较紧巴。在脱贫奔小康的路上，村里想了很多办法，种过槟榔养过猪，砍过树办过板材厂，几经摸索，都没有形成产业。后来，该村把目光瞄准在蓬勃兴起的蛋鸡养殖上，村委会为此引导养殖户成立了蛋鸡养殖专业合作社，县扶贫移民局专门派技术员到村里蹲点指导，并帮忙联系订单。目前，黎家边村已经发展成为全县重要的蛋鸡养殖基地，全村蛋鸡存笼数量达 10 万多羽，产品销售远达浙江、福建等近 10 个省市，2014 年产值超过 200 万元。“过去上面说搞什么就搞什么，农民积极性上不来。现在听农民意见，让农民做主，政府只给政策，效果大不相同。”村干部对此深有感触。据了解，在南城县与黎家边村一样发展起来的产业扶贫村还有 40 多个，已经形成了以蛋鸡、板栗、大棚蔬菜、水产养殖等为主导其他产业并存的产业扶贫发展新格局。

广昌县赤水镇村党支部充分发挥战斗堡垒作用，按照“项目带动，产业支撑，村民受益”的思路，以“基地＋合作社＋农户（贫困户）”的形式，打造肉牛养殖基地。搞好特色种养产业的组织协调服务工作。成立镇扶贫攻坚“共创·小康”工程领导小组，指定挂点村的镇领导班子成员为特色产业定点帮扶责任人，从基地审批到基地建设，做到全程参与、全程指导。在肉牛养殖基地、火龙果基地的征用土地上，积极帮助协调基地用地问题。该镇结合全县苏区振兴与扶贫攻坚“共创·小康”工程有关政策，用活特色种养产业的金融信贷支持、产业项目支持等各项优惠政策，为全镇肉牛产业基地共争取项目资金 130 万元，贷款 300 余万元。与此同时，该镇充分调动群众产业开发积极性，着力建设一支敢于致富、善于致富奔小康的农民实用人才队伍，培养了一批有文化、懂技术、会经营的农村致富能人，带动村民加入“牛人”队伍；积极为缺乏致富技能和门路的村民搭建培训、扶持、信息平台，从肉牛选种、饲料配比、病疫防治到肉牛配种等肉牛养殖各个环节进行指导培训。积极邀请相关专家以座谈、培训、现场指导等多形式，从特色产业种养各个环节进行指导培训，至 2015 年，已邀请省、市、县相关专家指导培训 20 余次，使全镇 100 多户参与特色种养的农户（贫困户）都熟悉掌握了实用技术。目前，广昌县赤水镇已发展成各种产业合作社 20 余家，共建立 5 个肉牛养殖基地，其中回辛村兰家肉牛养殖基地占地 19.9 亩，参与养殖的农户17户，已引进了240多头肉牛。通过积极发养殖业、种植业等产业，目前，该镇党组织带动全镇360余户农户（贫困户）增收致富，从而实现了“输血式”扶贫向“造血式”扶贫的战略转变。

4. 萍乡的实践

2015年，三板桥乡30户建档立卡贫困农户收到了乡政府“亲戚”送来的礼物——1200羽鹅苗，这已经是萍乡市莲花县三板桥乡连续第三年向建档立卡贫困户赠送鹅苗。2015年，该乡分两批再向帮扶对象赠送共计5000羽种鹅。

萍乡市莲花县三板桥乡根据乡内山坡丘陵多、草源丰富的特点，通过前期实践，确定了将白鹅养殖作为农业精准扶贫的产业项目。该乡对接湖南省炎陵福来喜鹅业有限责任公司，组建了白鹅养殖产业党支部，成立了两家白鹅养殖专业合作社，由聘任的专业技术员负责白鹅防疫和养殖全程跟踪辅导。在资金上，该乡为帮扶的贫困户免费提供鹅苗，出栏的白鹅给予每羽10元现金补助。三年来，该乡共整合扶贫资金24万元，助力297户贫困农户养殖白鹅，户均年增收3000元以上。

（二）党员示范模式

1. 赣州的情况

崇义县扬眉镇充分发挥党员的先锋模范作用，一是采取“1+1”、“1+X”等形式，组织150多名党员致富带头人与300多户贫困户结成帮扶对子，动员全镇扶贫干部通过个人出资、发动群众入股、争取项目扶持和扶贫贷款等方式，创办脐橙、刺葡萄、西瓜、百香果等种植基地80多个，直接或间接带动贫困户150多户，每年至少帮助贫困户增收3000元以上。二是采取“支部+能人+贫困户”的方式，由村党支部牵头，支持和鼓励致富能人成立农民专业合作社2个，带动贫困户40多户。在此基础上探索实施基础设施优先建设、扶贫贷款优先申请等方面的优惠政策，充分调动了能人引领的积极性和主动性，“能人经济”势头明显增强。

进入长潭村，道路两旁映入眼帘的是一片白茫茫连绵起伏的塑料大棚，大棚里郁郁葱葱，生机勃勃，一个个饱满的麒麟瓜长势喜人。这一切都缘于大棚西瓜的主人赖宝春。赖宝春不仅是远近闻名的种瓜能人，还有一个特殊的身份——崇义县杰坝乡长潭村主任。他担任村干部已有19个年头，2014年换届又以高票连任村主任。

谈起种植大棚西瓜的初衷，赖宝春黝黑的脸上露出了笑容：“就是希望能摸出一条适合长潭村产业发展的路子，带领大家摆脱贫困的帽子。”

长潭村地处深山，地理条件差，交通严重不便。1956年，为支持国家兴建上犹陡水发电厂，长潭大部分乡民携家带口移居他乡，留下来的乡民移居后靠在沿库周边，严重缺乏生产生活资料，经济十分落后，全村人口 2000 人，贫困人口却多达 289 人。

为了带领贫困户脱贫，他曾试过靠招商引资的办法，但都未能实现，也曾经试图说服贫困户们利用抛荒地种点东西，也没有成功。既然没人愿意冒险，赖宝春决定自己带头先干。经过一番市场考察，他决定尝试种植大棚西瓜。为学习技术，他通过朋友辗转联系到会昌县的一位种植大户，从苗种选择、大棚搭建、瓜苗培育、施肥技巧等各个环节都认真学习、实践。2014 年 2 月，开始试水种植大棚西瓜，短短五个月时间内从无到有，大棚西瓜成功上市，虽然试种产量不高，但却让这位村主任看到了脱贫的希望。

2015 年 2 月，赖宝春的大棚西瓜种植规模从 4 亩扩大到了 20 多亩，西瓜大棚由 2014 年的 20 座增加到 65 座，预计产量 10 万斤，收益 18 万元。扩大规模的同时，他惦记着贫困的长潭老表，从土地承包、搭棚、育苗、施肥、采摘的各个环节，他充分利用一切就业机会，吸纳了十几个贫困户劳动力，为他们解决就业问题。乌金坑组的贫困户刘耀伸夫妇就是其中的受益者，通过参与土地流转、出工等形式，夫妻二人共增收 8000 多元。

“授人以鱼，不如授人以渔”，在解决劳动力就业的同时，赖宝春更加注重带动贫困户种植大棚西瓜。“只要有人想学习，我会毫无保留地传授技术，使大家都能够富起来。”在赖宝春的带动下，已有几户贫困户表现出了极大的兴趣，积极向他学习种植技术，准备来年也种植大棚西瓜，希望扶贫大棚能够实现他们的“脱贫梦”。

2015 年，信丰县小河镇旗塘村立足烟叶主导产业，采取“专业合作社+基地+贫困户”模式，发挥党员种烟大户的示范带动作用，在烟叶育苗、机耕、植保、烘烤和分级过程中，以及轮作芝麻等其他经济作物期间，优先聘请本村贫困户用工务工。政府则从加大基础设施建设投入、降低生产成本扩大生产规模、落实帮扶干部责任三个方面入手，鼓励和引导贫困户参与基地产业建设。目前，众和烟叶合作社共吸纳建档立卡贫困户入社 11 人，直接在基地用工务工贫困户 113 人，创造了较好的经济效益和社会效益，走出了一条旗塘村特色产业扶贫新路子。

石城县高田镇黄柏村村支书熊新南 2010 年试种槟榔芋成功致富后带领乡村脱贫。2013 年，在镇党委、政府的大力支持下，熊新南注册成立了石城县新昌槟榔芋种植专业合作社，实行半公司化运作，统购种子、化肥、农药，加强种植技术的指导，收购季节统一销售，提升产品的定价能力，提高了农民进入市场的组织化程度，当地百姓纷纷加入合作社，依靠种植槟榔芋发家致富。发展至今，合作社成员遍布黄柏村及周边桂竹村、堂下村、朱家村、岩岭村、上柏村等地，

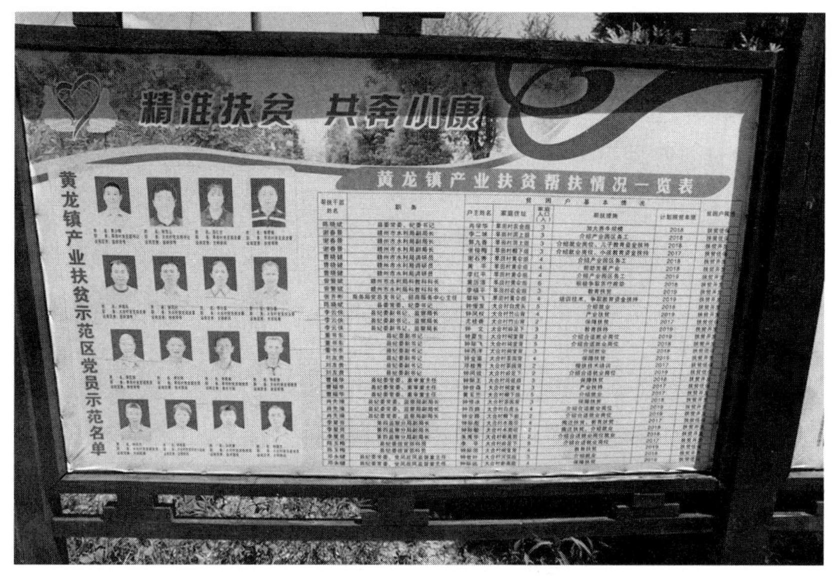

图 8–6 大余县黄龙镇产业扶贫党员示范名单

资料来源：刘善庆拍摄。

已有 300 余户农民加入种植槟榔芋的行列，种植面积达 800 余亩，为当地农民创收近 400 万元。村槟榔芋种植专业合作社充分利用好精准扶贫这一平台，通过产业帮扶，带领贫困家庭走上富裕之路。针对贫困户面临的资金问题，槟榔芋种植专业合作社充分发挥县委、县政府出台的《石城县“金福通”扶贫贷款试行方案》，为贫困户发展产业提供信贷支持，积极帮助贫困户解决产业资金问题，促进产业扶贫，提高贫困户致富能力，真正做到“授人以渔”。

2. 吉安的情况

吉安县有农村贫困人口 5.3 万人。除了对因残障、孤寡而失能的三类贫困户采取救济式扶贫外，该县将重点放在具有发展能力的一、二类贫困户身上，采取引导资助式产业扶贫，扶持一类贫困户发展 1 个以上致富产业，资助二类贫困户建立稳定的收入来源。该县找准横江葡萄、温氏肉鸡、井冈蜜柚等特色扶贫主导产业，由懂市场、会经营的能人或村组干部牵头组建产业合作社，把一家一户分散经营的农户组团，改变农户“单打独斗”的局面，不断增加贫困户的现金收入、财产性收入和经营性收入，让贫困户实现抱团脱贫。永阳镇江南村是全县 108 个贫困村之一。近年来，村民在村支书胡乾元的带领下，成立蜜柚、麒麟瓜、肉牛等农产品的“江南产业合作社”，干部带头认股，村民以土地或资金入股，村里还建了吉安江南产业网售卖当地农产品。22 户入社的贫困户每户从产业合作中增收约 5000 元。目前，全县共成立了 318 家合作社，优先吸纳贫困户加入，其中规模最大的横江葡萄专业合作社有社员 273 人。

遂川县为广大农村党员创新推出“红色信贷”工程，帮助农村党员创业致富，拓宽群众致富之路。资金缺乏问题，挡住了不少有致富能力、有强烈创业愿望的农村党员的创业脚步。针对这一实际，遂川县以“党建+”思维，坚持党组织推荐把关、党员党性作担保、金融机构扶持给力、职能部门相应奖补，创新推出“红色信贷”，并“升级”推出力度更大、优惠更多的“红色扶贫信贷”，引导和帮助农村党员带头创业致富，以党员先富带动群众共同致富。

“红色扶贫信贷”为党员“量身定做”。该县将“红色扶贫信贷”与产业扶贫紧密结合，凸显帮一名党员上一个项目、扶一项产业富一方群众的作用。该县明确以党员为骨干的各类专业合作社、产业互助社、农场、林场等农村经济组织为申贷对象。

重点倾斜扶贫主导产业。将本地根植性强的茶叶、板鸭、金橘、油茶、毛竹、井冈蜜柚六大富民产业作为重点扶持方向。对致力于发展这六大产业的党员，除优先放贷并适度加大放贷额度外，还采取项目资金补助、选派科技特派员驻点指导等措施，予以重点鼓励。

强化辐射带动作用。深入开展“红色扶贫信贷”助民富大比武活动，每年评选一批“红色扶贫信贷创业标兵”，并每年对产业发展效果好、扶贫带动效应大、资金良性运转的获贷农村经济组织给予专项直补，每个组织直补金额最高 5 万元。大力引导通过“红色扶贫信贷”致富的党员与 5~10 户农户结成致富共同体，积极为农户提供项目、信息、资金、技术帮助，带领群众共同致富。

“红色扶贫信贷”的实施，走出了一条抓党建、促扶贫的新路子，实现了多方共赢。截至目前，全县共发放“红色信贷”及“红色扶贫信贷”1100 多笔，金额达 6690 多万元，经办银行先后优惠利息 30 余万元，有关部门兑现财政贴息和奖补资金达 60 余万元，累计扶持农村党员创业项目 1570 个。在“红色信贷”及“红色扶贫信贷”资金的撬动下，全县先后有 45 个贫困村找准了脱贫致富主导产业，4000 余户贫困户因此越过了贫困线。

3. 上饶的情况

把贫困户的资金集中起来购买母羊和配种公羊，交由合作社统一托养，独羊成群羊，小钱变大钱，产生红利后再分给贫困户……在推进精准扶贫过程中，上饶县黄沙岭乡麻墩村的做法让人耳目一新。已经运行了两年的合作社形势一片大好。合作社负责人、麻墩村支部书记周庄武告诉记者，目前饲养的美国白山羊与内蒙古大草原共生产母羊 100 多只。“托养的方式减轻了贫困户的风险和压力，增强了合作社的实力，又增加了贫困户收入，食品安全也有了可追溯的源头，实现包养包销，让贫困户实实在在获利。”周庄武说。

为更好地推进羊群养殖的发展，麻墩村派专人定期外出学习种养、药品、管理等方面的技术知识；在生产实践中，聘请相关专家进行技术指导，逐步积累经验。为避免羊群近亲繁殖，定期对种公羊进行串换，确保羊种优良。由于羊群食量大、不忌口，为保证羊的食物来源和周边环境，合作社派专人负责收割毛草供羊群食用，而晴天则采取放养的方式，科学喂养，确保肉质的鲜美。2015 年，合作社已对外出售 40 多只羊，纯获利 7 万余元。“自己不用操心不用累，只需出点本钱就能拿到分红，合作社让我们发了‘羊财’。”受益的贫困户翁烈江喜上眉梢。

膘肥体壮的羊羔子鼓起了村民的钱袋子，天凤合作社成了麻墩村村民脱贫致富的新引擎。目前，已有 51 户建档立卡贫困户加入该合作社。“发展产业，最难的是转变村民的观念，村民认可了，产业才能真正壮大起来，脱贫的道路才能越走越顺。”周庄武表示，“合作社效益这么好，现在不仅是贫困户，其他村民也纷纷要求加入，我这个社长带领大家共同致富的信心更足了，计划 2016 年再添 70 余只羊。”

4. 萍乡的情况

莲花县良坊镇清塘村创造了“村社共建+贫困户”的特色产业扶贫发展路子，扭转了贫困局面，持续增强贫困群众脱贫致富的后劲。所谓“村社共建+贫困户”就是由当地村干部们牵头组建专业合作社，土地由村集体经营和贫困户经营土地投入相结合，采取“合作社+贫困户”的经营管理模式。合作社依托山地、气候优势，开展蜜柚、蜜梨果树种植。通过各级帮扶单位支持，投入资金 20 余万元，已开发的 60 亩蜜柚基地、30 亩梨树果园基地已全部种植；种植柚子树 2400 株，梨树 2200 株。预计每亩产量在 750 公斤以上，预计 2 年后可挂果，4 年后可丰产，可实现每亩收入 5000 元以上，为了增加贫困户收益，在果园投入阶段，果园除草、施肥、打药等请本村贫困人口完成，可为 10 户以上提供就业机会，每户年均增收在 2000 元以上；挂果产生效益后，32 户贫困户受益；贫困户脱贫退出后，收益为全村村民享有。

信丰县“党支部+家庭农场+贫困户”精准扶贫模式

2016 年 2 月 3 日上午，信丰县新田镇锦玉农场蛋鸡养殖基地人头攒动，不时传出阵阵笑语，贫困户入股锦玉农场蛋鸡养殖首次分红仪式正在这里举行，来自新田镇新田村、铜锣丘村、金鸡村共 23 户贫困户喜领 1.75 万元的利润红利。

“投入 2000 元入股资金，入股农场半年，这次农场给我发了 1000 元的红利，刚开始我是抱着试试看的心态，真没有想到农场主还真兑现了承诺，回去我要动员其他贫困户也入股农场，共同脱贫致富。”一大早来农场基地分红的该镇铜锣丘村锦背田小组村民陈功传尝到甜头后心里乐开了花。

同样来领入股分红的新田村螃蟹钳小组村民邱仁昌接过话茬：“我觉得党委、政府的这种扶贫模式很好，号召我们以资金入股的形式，还能保证保底分红，入股后，什么事都不用管，直接参与分红，摇身一变，从贫困户变成股东了。”

新田镇锦玉农场于2015年3月正式投产，总投资120万元。目前，农场采取贫困户合股经营的模式，吸纳了23户贫困户。不到一年，农场实现盈利。根据入股情况，当日入股贫困户均领到首笔分红，每户贫困户分得了500元或1000元的产业扶贫红利。“贫困户和农场签订合同，养殖、销售全部由农场负责，解决了入股贫困户的后顾之忧，促进了贫困户的增收。”锦玉农场负责人廖春生说。

为解决贫困户缺资金、缺技术、缺劳力的困难，新田镇采用“党支部+家庭农场+贫困户”的精准扶贫模式。由村党支部牵头拉线，动员贫困户以现金、劳力等入股的方式，促成了新田镇锦玉家庭农场与新田、金鸡、铜锣丘、下江四个村的32户贫困户结成了利益共同体，其中在农场入股蛋鸡养殖的贫困户23户，入股养牛的5户，在农场务工的贫困户4户。

该模式的具体运作方式是：

（1）村党支部。提供牵头牵线服务，一是在争取上级政策扶持农场和帮扶贫困户上提供牵头服务。二是在促成农场与贫困户结成利益共同体上提供牵线服务，并全程监督双方履约践诺。三是农场成立了党小组，农场党员跟入股贫困户结对，全程跟踪通报生产经营情况。

（2）农场主。一是负责蛋鸡和肉牛厂房、农场道路、环境设施等硬件设施建设，资金投入不向贫困户摊派。二是负责蛋鸡、牛的饲养等日常工作。

（3）贫困户。以现金入股的方式，出资2000元，购买种鸡成本300羽计1200元，雇请工人工资成本800元，将300羽蛋鸡委托农场饲养；肉牛则以牛计价入股的方式，委托农场饲养。贫困户入股资金通过自筹、亲友借筹或银行融资筹方式解决。

（4）期限和利益分配比例。蛋鸡和肉牛委托饲养期限为一年，蛋鸡收益以6个月为时间段进行利润分红，分红比例按农场主：贫困户5∶5执行；肉牛则以12个月为时间段进行利润分红，增值部分分红比例按农场主：贫困户5∶5执行。基于照顾弱势原则，农场主承诺：若出现重大疫情及其他不可抗因素，保证在协议期满后，返还贫困户入股本金2000元，另加20%的利润即400元。

第三节　“第一书记”

一、第一书记概述

1. 第一书记理论概述

中共中央组织部、中央农村工作领导小组办公室、国务院扶贫开发领导小组办公室在印发的《关于做好选派机关优秀干部到村任第一书记工作的通知》中指出：“第一书记”的主要职责任务之一，就是在乡镇党委领导和指导下，紧紧依靠村党组织，推动精准扶贫。

“第一书记”在精准扶贫最前线，既当指挥员，帮助拿方案，想对策，把握大方向，坚定总目标；又当战斗员，在一线掌握情况，在一线体现服务，在一线解决问题，在一线检验成效。刘永富（2015）指出，第一书记要在驻村帮扶上下功夫，要一心扑在扶贫开发上，避免走读、挂名等形式主义。贫困村缺哪方面的人，就派哪方面的人。贫困村哪方面力量弱，就重点强化工作队哪方面的责任。可以说“第一书记”是精准扶贫的先锋，他们不仅把办公室搬到了田间地头，更把责任近距离地放在了脱贫致富上。

为强化第一书记在精准扶贫工作中的先锋作用，各地探索贫困村“第一书记”与驻村工作队队长相统一的有效帮扶机制，充分发挥干部驻村帮扶工作作为精准扶贫的重要“管道”作用。

为客观、公正评价驻村（社区）党组织第一书记工作实绩，全面了解目标任务完成情况，建立健全激励约束机制，推动村（社区）党组织第一书记扎实深入开展工作，各地研究制定了专门的考核办法。一般地，对第一书记的考核重点是考核工作目标完成情况、履行工作职责情况、密切联系群众情况、廉洁自律情况四个方面，主要包括建强基层组织情况、推动精准扶贫情况、为民办事服务、提升治理水平、化解矛盾纠纷情况、执行工作纪律情况等内容。

对第一书记的工作考核实行全面考核与重点工作考核相结合、平时考核与年度考核相结合。考核分平时考核、年度考核、任期考核。第一书记在村（社区）工作的年度考核结果，即为公务员本人或事业单位工作人员的年度考核结果。对第一书记评为“优秀”等次的，优先列为后备干部，择优提拔重用或在职称评聘时优先考虑。年度考核为“不称职”的，不得继续担任第一书记，是后备干部取消后备干部资格，派出单位不得评为党建、精准扶贫等相关工作先进单位。

2. 各地加强第一书记管理的具体举措

2015 年，信丰县选派 295 名村第一书记到各村开展精准扶贫工作。为确保第一书记积极履职尽责，主动干事创业，信丰县特地为第一书记量身定做了“十个一”任务清单，即撰写一篇扶贫调查报告、制订年度扶贫工作计划、上门开展政策宣讲活动、帮助解决一些实际问题、做好矛盾纠纷排查化解工作等。

为推动“十个一”任务落实，信丰县成立 10 个督查组，不定期对第一书记履职情况进行督促检查，对有实招、干实事、有实效的第一书记进行通报表扬，对工作不力、进度缓慢的则进行预警扣分。到年底，县委将对照任务清单对第一书记进行目标考评，对考评 80 分以下且排位后三名的进行组织处理，对工作业绩突出、作风踏实、表现优秀、群众满意度高的则优先推荐提拔使用。

目前，信丰县 295 名村第一书记已到各村围绕精准扶贫“十个一”任务清单开展工作，着实加强了精准扶贫的组织保障，为贫困户脱贫打下了坚实的基础。

遂川县下派第一书记，强化扶贫工作。各帮扶单位对所扶持的贫困村派出政治素质好、组织协调能力强、工作作风扎实、热爱和熟悉农村工作的同志任“第一书记”。2015 年，全县定点帮扶单位选派 108 名干部到贫困村任第一书记。第一书记到村任职后，与村“两委”会密切配合，发挥互助组、互助金优势，帮助贫困村、贫困户摸清贫困情况，制订扶贫计划，设计扶贫项目，协调扶贫资金，落实扶贫任务，帮助贫困村、贫困户脱贫致富。

2015 年，扶贫新一轮包村联户和选派第一书记工作开展后，南城县积极创新包村联户工作方式方法，全面推行年度帮扶事项承诺制度，督促各包村工作组和第一书记认真履职尽责，全面完成帮扶任务，确保包村联户工作取得实打实的成效。

（1）立足实际制定承诺。各包村工作组和选派第一书记入村后，通过召开村“两委”成员会、党员会、村民代表会等形式，了解村情民意；通过深入田间地头、走访村民，找准本年包村工作重点和帮扶方向。在此基础上结合帮扶部门（单位）自身业务工作实际，初步确定帮扶事项。

（2）面向社会公示承诺。年度帮扶承诺事项确定后，帮扶部门（单位）和所包村签订《部门（单位）包村联户帮扶事项承诺书》，进一步明确帮扶项目、推进措施、时间节点及进度。年度帮扶事项承诺书在所包村党务村务公开栏公示，让帮扶村党员群众明白今年包村工作组具体帮什么、做哪些事。

（3）多方联动落实承诺。南城县坚持各部门（单位）主要负责同志带头包村联户，明确要求各包村部门（单位）主要负责同志每月至少一次深入帮扶村现场办公，帮助各包村工作组和“第一书记”研究解决帮扶事项推进过程中遇到的困难和问题。建立包村联户联动机制，对那些单靠包村工作组自身力量难以完成的帮扶事项，由包村工作组提报，整合各方面力量资源，推动帮扶事项落实。

(4) 强化督查兑现承诺。该县成立专门督查组，对照承诺事项完成时限，采取周检查、月调度、半年现场观摩、不定期明察暗访等方式，督促指导各包村工作组和第一书记履行承诺内容，对不力的单位和个人进行调整，该严惩的要严惩不贷。

二、第一书记在各地的精准脱贫概况

2016 年，在脱贫攻坚的进程中，会昌县珠兰乡大西坝村以建强基层党组织为抓手，突出“党建+扶贫”，充分发挥基层党组织在脱贫攻坚中的战斗堡垒作用和党员干部的先锋模范作用。

“帮钱帮物，不如帮助建个好支部”。上级党组织为了进一步加强该村村级组织建设，把该村“第一书记”的选派作为脱贫攻坚的“牛鼻子”项目，大力推进竞争上岗制度，完善村干部的选拔任用机制，把政治上靠得住、发展有本事、群众信得过、为群众办事的优秀人才选进村“两委”班子。在大西坝村“第一书记”冯宗伟等的努力下，该村筹措各类资金近千万元，整村推进打造村级旅游景点，带动村民脱贫致富。

冯宗伟担任第一书记后，大力发展原籍大学生、退伍军人、农村致富能手等优秀人才加入党员队伍，做强村级人力支撑。强化对困难党员的人文关怀，增强党员的凝聚力和向心力，发挥党员先锋模范带头作用，在实践中时时处处事事以身作则、率先垂范。

发挥村党支部的统揽作用，整合村级人力、物力、财力和社会资源，撬动社会资金参与扶贫，实现扶贫资金和扶贫产业的抱团发展，形成精准扶贫强大合力。本土商人陈泉山，在该村产业扶贫政策的吸引下来到该村投资兴业，在村里搭起了大棚，成立了合作社，搞起了“生态旅游、观光、采摘一体”的产业，村民可以把土地流转给合作社，还可以到合作社务工，带动了一批人致富。

如今的大西坝村已成为珠兰乡一道亮丽的风景线，茂密的竹林、碧绿的荷塘、婀娜的莲花，小溪相随，鸟语相伴，空气清新，成了县城居民自驾游的好去处，真正实现美了家园，富了农民。

为切实打赢脱贫攻坚战，助农增收实现同步小康，莲花县根据县域山地、气候优势，致力发展精品果树脱贫产业，组织县乡驻村工作队、第一书记逐户调查摸底，听取贫困户发展意愿，通过单位定点帮扶贫困村、干部“结穷亲”帮扶等，筹措帮扶资金，明确发展模式，帮助实现精准脱贫。仅 2015 年，莲花县落实专业合作社 61 个，带动果业特色产业基地 35 个，发展蜜柚、蜜梨、葡萄等果业面积 2000 余亩。尤其是 2014~2016 年，实施千家万户种满“摇钱树”惠民工程，全县投入产业扶贫资金 1200 余万元，整合涉农资金 5600 余万元，在 98 个村种植蜜柚 36.5 万株，蜜梨 22 万株，形成具有莲花特色的果业群，带动近 3 万名贫困人口实现增收。

第九章　完善社会保障兜底脱贫

第一节　社会保障脱贫概述

一、国家软实力的重要组成部分

社会保障是指国家通过立法，积极动员社会各方面资源，保证无收入、低收入以及遭受各种意外灾害的公民能够维持生存，保障劳动者在年老、失业、患病、工伤、生育时基本生活不受影响，同时根据经济和社会发展状况，逐步增进公共福利水平，提高国民生活质量。

一般来说，社会保障由社会保险、社会救济、社会福利、优抚安置等组成。其中，社会保险是社会保障的核心内容。社会保险和商业保险是国家社会保障体系的两大支柱，两者不可或缺、不可偏废。加快发展现代保险服务业，促进保险与保障紧密衔接，把商业保险建成社会保障体系的重要支柱，这是我们目前社会保障工作中的一项重要内容。

归纳起来，全球的社会保障模式大致可分为国家福利、国家保险、社会共济和积累储蓄四种。我国目前在建的社会保障制度属于社会共济模式，即由国家、单位（企业）、个人三方共同为社会保障计划融资，而且这是未来相当长一段时期的改革趋势。个人责任的强化已经成为全球社会保障制度改革的共识。

社会保障是现代工业文明的产物，是经济发展的“推进器”。社会保障制度是现代国家一项必备的基本制度，社会保障制度是否完善已经成为社会文明进步的重要标志之一，不仅成为衡量社会文明程度的主要标尺，而且成为国家软实力的一个组成部分。因此，社会保障制度成为维护百姓切身利益的“托底机制”，是维护社会安全的“稳定器”。

二、精准脱贫的必要支撑

（一）已初步建成社会保障公共服务体系

党中央、国务院高度重视社会保障工作，陆续建立了以下社会保障制度。

第一，已经建立了医疗保险制度。一是建立了城镇居民基本医疗保险制度、新型农村合作医疗制度，我国医疗保险的覆盖率已经达到了95%，最低标准意义上的“全民参保”已经实现。

第二，实行城乡医疗救助制度，在新医改中大幅度提高基本医疗保障水平。

第三，建立农村最低生活保障制度；继续完善城镇职工基本养老保险制度，大力推进基金省级统筹和养老保险跨地区转移接续工作；养老保险基金规模不断扩大，并有效实现保值增值等等。从2009年起，仅用3年基本实现了社会养老保险制度全覆盖，这是我国社会保障事业发展的重要里程碑。

上述制度的建立和完善，让越来越多城乡居民享受到实惠，我国已初步建成社会保障公共服务体系，社会保障水平逐年提高。“十三五”将实施“全民参保”计划。

虽然成就巨大，但是，当前我国的社保制度建设还存在一些发展中的问题，主要有四个：一是还有相当一部分人群特别是农村贫困人口该参保没有参保，存在着些许的空白地带。二是社会保险关系转移接续还不够顺畅，适应流动性不够，服务有待进一步提高。三是待遇差距包括城乡差距较大，公平性问题仍然存在。四是经办管理体制方面存在部门分割的问题，导致工作效率低下，发展速度受限等（郭玉兰，2016）。

（二）精准脱贫的兜底工程

从扶贫角度来说，就其性质而言，社会保障属于救济式扶贫。因此，社会保障是精准扶贫、精准脱贫的一种有效方式，是精准扶贫、精准脱贫的必要支撑。社会保障制度是精准扶贫、精准脱贫的兜底工程，是全面建成小康社会的有力保障。习近平强调，任何时候都不能忽视农业、不能忘记农民、不能淡漠农村，必须始终坚持强农惠农富农政策不减弱、推进农村全面小康不松劲，在认识的高度、重视的程度、投入的力度上保持好势头。习近平总书记提出的这“三个不能”是我们进一步做好农村扶贫攻坚和社会保障工作的重要指南。实现好、维护好、发展好广大农民的根本利益，让广大农民过上稳定、富裕、安心、幸福的日子，这其中社会保障不仅不能缺位，而且必须做好做精准。我国在农村建立健全社会保障体系等一系列强农惠农富农政策，不仅极大调动了农民的积极性、主动性和创造性，而且提高了农村人口的生活质量。我们应当继续完善农业支持保护体系，创新保险支农惠农方式，让农民更好地参与现代化进程、更多地分享现代化成果，像城里人一样体面生活。必须认识到完善农村社会保障是关系农村精准扶贫、精准脱贫的一件大事，是确保广大农民与全国人民同步实现全面小康的一个重要步骤，这是我们目前社会保障制度建立和完善的重点难点。

精准脱贫要精准保障。“精准保障”的关键问题是解决“兜底”问题，就是要搞清楚哪些保障是关系到农民最基本安全的。李克强总理指出，我国的贫困人口中，因病致贫、因病返贫占了很大比例，通过大病保险给他们一个最基本的保障，这本身是“善事”，更是整个社会的“稳定器”。“我们把大病保险做好了，就能把社会的‘最低线’兜住，也就安定了民心。”“大病保险制度的探索，既包括社会保障体系构建，又包括把社会保障与商业保险相结合实现‘兜底’，还包括织牢社会‘安全网’，让老百姓安心就业创业。”城乡居民大病保险是中国特色社会主义医疗保障体系的重要组成部分，目前将社会保障与商业保险结合起来开展大病保险，在各地推广试点的过程中取得了良好效果。

目前，进城务工的农民工就业质量还处在相对较低的水平，大多属于脆弱就业群体和不稳定就业群体，劳动者权益保障方面的问题仍然突出。此外，返乡创业的新农民又要承担创业面临的种种风险和压力。因此，对于农村人口来说，“精准保障”还应当包括农民工就业、失业方面的必要保障。

2015 年以来，江西省强化社会救助托底功能，统筹实施各项救助制度，实施精准特惠救助扶贫。根据中央、省、市文件要求，针对“因病致贫、因病返贫”这个制约脱贫攻坚的最大症结，省扶贫办、省人社厅、省卫计委、省财政厅、省民政厅、省医保监管局等联合制定了《关于建立农村贫困人口重大疾病医疗补充保险制度的工作方案（试行）》（赣扶移字〔2016〕37）号文件。根据文件规定，农村贫困人口重大疾病患者的住院和省人社厅认定的门诊特殊慢性病医疗费用，经城乡居民基本医保、大病保险补偿后需个人负担的费用，由医疗补充保险按政策规定给予报销补偿，普通门诊费用不纳入重大疾病医疗补充保险报销补偿范围。农村贫困人口重大疾病医疗补充保险报销补偿不设起付线，符合政策规定的医疗费用在按城乡居民基本医保年封顶线 10 万元、大病保险年封顶线 25 万元报销补偿后，再对剩余个人负担费用按年封顶线 25 万元给予补偿保险报销补偿，即农村贫困人口重大疾病患者符合政策规定的医疗费用，按以上三项报销补偿顺序叠加后，年封顶线最高可达 60 万元。

第二节　赣州市社会保障兜底脱贫概况

一、赣州市社会保障兜底脱贫的整体情况

赣州市积极提升社会保障兜底水平，重点抓好低保兜底，有效衔接农村低保和扶贫两项政策，做到应保尽保，并逐步提高保障水平；抓好医疗保障，全面实行农村贫困人口大病商业补充保险，构筑新农合补偿、新农合大病保险补偿、农村贫困人口大病商业补充保险补偿、民政医疗救助四道保障线，坚决遏制农村“因病致贫、因病返贫”（李炳军，2016）。

赣州市在社会保障兜底脱贫方面进行了多方面探索，进行了多种创新，主要表现在三个方面：大病医保、特困人员保障、临时救助。

（一）大病医保兜底

大病医保兜底属于健康扶贫。在大病医疗保险方面，根据赣州市经济社会发展状况以及贫困户的实际情况，赣州市对脱贫对象由政府出资为其购买合作医疗保险，享受新型农村合作医疗基本保障和大病保险保障，并逐步提高报销比例。通过扩面提标强能力，着力解决贫困群众看病就医难题，筑牢防止因病致贫、因病返贫的医疗保障底线，贫困人口个人自负医疗费用降至10%左右，健康扶贫“落地生根”。其主要举措如下。

第一，扩大受益范围，贫困户享受政策红利。将原农村低保、“五保”供养对象享受的政策扩大到所有农村建档立卡贫困对象。主要是“一补一免二降”。一是参合全补助。贫困户全部由政府出资补助为其购买新农合，确保全部参合。二是免住院押金。参合贫困户在市内（驻市）公立医疗机构住院实行“先住院、后付费”，凭户口本、身份证、参合证、相关部门出具的贫困户证明免缴住院押金。三是降起付标准。参合贫困户在县级和乡级定点医疗机构住院，可报费用降至不设起付线，直接按补偿标准进行补偿；在新农合大病保险补偿时，起付线下降50%。

第二，提高保障水平，参合患者得到了更大保障。主要是“三提高、二扩面、二增加”。一是提补偿标准。2016年市级新农合定点医疗机构补偿比例提高至55%，39类传染病在市定点医院救治，新农合按照60%的比例给予补偿，新农合大病保险对农村建档立卡贫困对象补偿比例提高10%。二是扩支付范围。省外就诊参合患者医疗费用的85%全部纳入新农合大病保险可报费用，在市内定点

医疗机构和非定点医疗机构就诊的参合患者住院期间发生的目录外药品费用纳入新农合大病保险可报费用。三是增补偿项目。增加新农合大病保险、意外伤害和慢性病门诊费用补偿。意外伤害的大病保险补偿年内封顶线为2万元，慢性病门诊大病保险补偿比例为40%，不设起付线，年内封顶线3000元。

第三，建立补充保险，降低贫困户自负医疗费用。出台《赣州市2016年农村贫困人口疾病医疗商业补充保险实施方案》（赣市府办发〔2016〕10号），由政府出资为建档立卡贫困人口购买商业补充保险。筹资标准为每人90元，市、县财政按2∶8的比例负担。参保贫困人员住院发生的医疗费用，按现行新农合政策和新农合大病保险政策补偿后，剩余部分中属于目录内部分费用，由农村贫困人口大病医疗商业补充保险补偿90%，个人负担10%；现行政策规定，由个人全额负担的目录外住院医疗费用，由农村贫困人口大病医疗商业补充保险补偿75%，市内定点医疗机构负担5%（在出院时新农合直补时给予直接减免），个人负担20%，市外医疗机构或非定点医疗机构就诊则由个人负担25%。农村贫困人口大病医疗商业补充保险补偿不设起付线，年封顶线为25万元。农村贫困人口疾病医疗商业补充保险实施后，新农合目录内的补偿，由原来乡、县、市的90%、80%、55%提高到现在的99%、98%、95.5%。新农合目录外的补偿，由原来的补偿水平为零提高到现在的补偿75%~80%，个人仅需负担20%~25%。累计补偿最高金额由原来每人的35万元提高到现在的60万元。这项政策实施后，贫困人口个人自负费用比例预计将下降到10%左右，剩余部分还可按条件申请民政城乡医疗救助。

第四，增强能力建设，切实方便广大群众就医。下发《关于加强基层卫生计生机构服务能力建设指导意见的通知》（赣市府办发〔2015〕65号），制定《赣州市基层卫生计生服务机构发展规划（2015~2020年）》（赣市府办发〔2015〕66号），从管理体制、政策扶持、功能定位等14个方面提出加强基层医疗机构能力建设的举措与要求。推进村卫生室建设，把村级卫生计生服务室建设资金纳入年度计划生育事业经费预算，优先安排贫困村公有制村卫生计生服务室建设。

（二）社会保障与临时救助

1. 特困人员的社会保障

《赣州市兜底保障脱贫工作方案》首先明确了救助对象，即对于无劳动能力，无生活来源且无法定赡养、抚养、扶养义务人，或者其法定赡养、抚养、扶养义务人无赡养、抚养、扶养能力的老年人、残疾人以及未满16周岁的未成年人，给予特困人员供养，实行应保尽保。其次，明确了救助标准。严格落实“五保”户集中供养3660元/年、分散供养3120元/年；孤儿集中供养1100元/月、分散供养700元/月的救助标准政策。从2016年起逐年提高上述救助标准，确保农村低保和“五保”对象实际收入增幅高于全市农民年人均可支配收入增幅。“十二五”时期，全市新增农村低保对象7万人，保障标准提高了一倍多。最后，不断改善供养基础设施。在现有基础上，逐步改善农村养老机构基础设施条件，力争到2020年，全市每个乡（镇）建成1所以满足农村“五保”对象集中供养需要为主的区域性养老服务中心。

2. 临时救助

按《赣州市兜底保障脱贫工作方案》规定，对因灾、因交通事故等意外事件，家庭成员突发重大疾病等原因，导致基本生活暂时出现严重困难的家庭，或者因生活必需支出突然增加超出家庭承受能力，导致基本生活暂时出现严重困难的最低生活保障家庭，以及遭遇其他特殊困难的家庭，给予临时救助。根据贫困程度一次性给予贫困家庭100~5000元的临时救助；对特别困难的贫困家庭给予1万~3万元的特别救助。

二、各县（市、区）社会保障兜底概况

在赣州市出台的政策基础上，各县（市、区）根据自身贫困户的数量、致贫原因、财力等情况，制定出台了富有本地特色的社会保障兜底扶贫政策（见图9-1、图9-2）。

图9-1　兴国县社会福利中心

资料来源：刘善庆拍摄。

（一）“应保尽保”

1. 全南县

2015年以来，全南县继续加大社会救助力度，提高最低生活保障标准，着力扩大低保覆盖面，做到“应保尽保”、“应退尽退”。从2015年1月1日起，对全县农村低保对象，在保障标准和月人均补差水平全省规定的基础上，再提高20元，即保障标准260元、月人均补差水平185元。同时，全南县还积极扶持

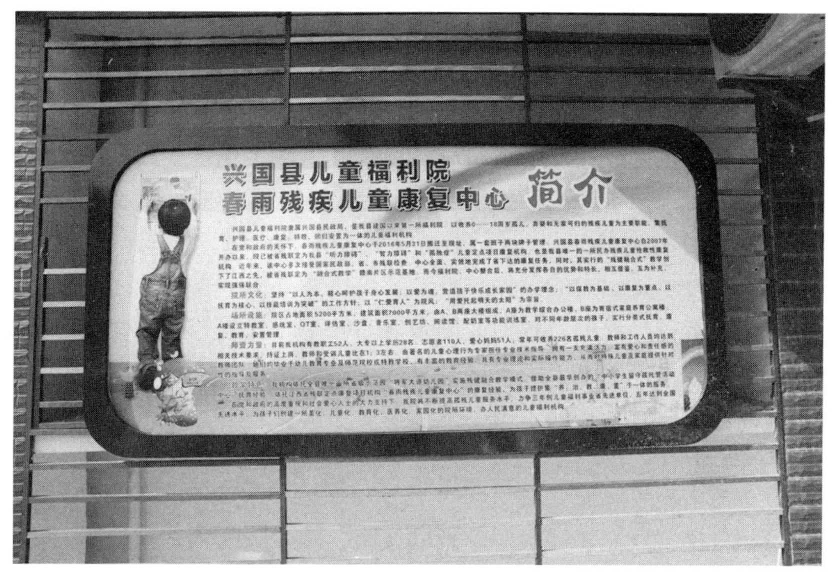

图 9-2　兴国县社会福利中心内的儿童福利院、残疾儿童康复中心

资料来源：刘善庆拍摄。

农村特困人员供养机构以及居家养老、农村幸福院等农村养老服务平台建设，目前在建 23 个农村幸福院，让农村贫困群众老有所居、老有所养。

2. 南康区

南康区通过大力实施最低生活保障，措施有两个。一是提高补助标准。将农村低保月补助标准由 145 元提高到 165 元，集中供养“五保”标准达到每人每年 3660 元，提标幅度达到 14%。二是提高低保覆盖面。争取苏区振兴发展专项扶持政策，增加农村低保指导人数 6880 名，新增保障资金 1600 万元，使农村低保人数占农业人口的比例由原来的 4.2%提高到 5.2%，提高了低保覆盖面。区财政安排资金 79.9 万元为未参新农合的 2105 名扶贫对象购买合作医疗保险。

（二）大病兜底

1. 全南县

全南县完善救助机制如下。

第一，为使贫困群众能得到及时救助，全南县积极构建社会救助“绿色通道”，建立了“一门受理、协同办理”机制，将“12349”统一救助热线并入了“96333”服务热线。并且在各乡（镇）建立了统一的“社会救助受理窗口”，让困难群众救助有门、受助及时，确保突遇不测、因病因灾陷入生存困境的群众得到及时、有效救助。

第二，下拨一批救助资金，即下拨部分“救急难”资金至乡镇。每年安排全县“救急难”资金总量20%拨付至乡镇人民政府，对出现急难型贫困家庭，乡镇可以审批1000元及以下的救助资金。

第三，制定相关救助标准。结合全南县实际，及时制定“救急难”救助标准。对因遭遇意外事件或突发重大疾病导致基本生活出现严重困难的家庭，根据困难程度和救助需求给予一次性生活救助，救助标准从500元起步，每500元一档，最高救助金额不超过5000元；因遭受特别重大困难，造成重大刚性支出远远超过家庭或个人承受能力的低保对象、特困供养人员、孤儿、未纳入低保的支出型贫困家庭给予特别救助，救助金额采取“一事一议”的方法研究，报请县政府批准，最高救助金额一般不超过30000元，特殊情况下不超过50000元。2011年，钟永明确诊为股骨头坏死，由于没钱做手术更换人造骨头，他只能长期卧病在床。2015年11月，得益于“救急难”的帮扶，钟永明成功更换了人造骨头，手术共花费7万多元，政府兜底就解决了近6万元。

第四，积极探索建立多层次医疗救助体系，减少因病致贫返贫现象。扎实开展好大病医疗救助和医疗保险试点工作，取消了病种限制，并对贫困家庭中患重性精神病等7种重大疾病的患者实施免费救治，对尿毒症患者免费透析救治，对农村患耐多药肺结核、肺癌等15类重大疾病的患者实施按病种付费救助。由县财政出资，为全县农村贫困户14377人购买了一份大病医疗保险，使不幸得大病的贫困群众又多了一份保障。

据统计，2015年全县实施生活救助、医疗救助等救急难182人次，发放救助金50多万元，支付贫困户保险总金额17.2万元，下拨冬令春荒救济款180万元。

2. 南康区

南康区通过大力实施民政救助扶贫、医疗扶贫、基础设施扶贫等保障扶贫措施，切实保障贫困医疗救助、最低生活保障。

第一，提高补助标准。将农村低保月补助标准由145元提高到165元，集中供养“五保”标准达到每人每年3660元，提标幅度达到14%。

第二，提高低保覆盖面。争取苏区振兴发展专项扶持政策，增加农村低保指导人数6880名，新增保障资金1600万元，使农村低保人数占农业人口的比例由原来的4.2%提高到5.2%，扩大了低保覆盖面。区财政安排资金79.9万元为未参新农合的2105名扶贫对象购买合作医疗保险。

第三，自主提高医保报销比例。贫困户在区级医疗机构就诊实际补偿比由60%提高到65%，省、市级定点医疗机构就诊实际补偿比由50%提高到60%，新增北京、上海等10家区外市级定点医疗机构，报销比例由35%提高到50%。

第四，健全优化救助体系，扩大救助范围。将患有恶性肿瘤、重性精神病、尿毒症等17种重大疾病的农村贫困户全部纳入医疗救助范围，区财政按35元/户的标准为贫困对象购买大病补充医疗，按每人每年160元的标准为公办养老机构供养老人办理了人身意外险，并建立了自然灾害公众责任险，对因灾造成的人身伤亡事故，在政府救济的同时还可给予最高8万元的保险理赔，大大提升了受灾群众恢复生产生活的能力。

3. 宁都县

2015年，宁都实施保障扶贫工程"兜穷底"。对特殊困难群体和因灾、因病致贫的实施社会救助，确保全县31000余农村低保、"五保"对象得到兜底保障。于都县强化兜底保障。一是对低保户、"五保"户两类扶贫对象实行兜底保障，符合新农保、新农合参保条件的，从2016年起由县财政为其代缴最低档标准的保费，直至脱贫。二是对符合低保条件的扶贫对象及时纳入低保范围，逐步提高低保、"五保"补助标准，扩大低保覆盖面。三是将所有扶贫对象纳入城乡医疗救助对象，逐步提高救助标准和封顶线。四是积极推进"救急难"工作，对因病、因意外伤害、因突发事件等特殊原因导致暂时陷入困境的家庭实施临时救助。

4. 于都县

立足减轻群众看病就医负担，于都县先后整合新农合补偿制度、大病保险补助、医疗商业补充保险制度、民政救助、"健康暖心"工程救助五项重大补偿制度，连线成面，全力织就扶贫对象医疗保障网，从体制机制上破解因病致贫、因病返贫问题。通过五项医疗保障措施，贫困群众患病住院最多可获得66万元的补助，个人负担费用不超过医药总费用的10%。2015年，于都县扶贫对象大病保险共补偿4833人次，补偿金额达到1460万元。

5. 龙南县

根据对全县贫困状况的分析，龙南县因病因残致贫人口占总贫困人口的64%，是贫困的主因，患有大病、慢性病等疾病的群众，一方面医疗支出庞大，另一方面没有收入，形成恶性循环，经济负担沉重。为了解决因病致贫群体的困难，消除因病致贫返贫现象，龙南县建立健全了医疗保障、社会救助制度，多管齐下解决群众看病难、看病贵问题。

第一，增加县外定点医疗机构。目前，龙南县群众大病基本都在广东省的知名医院就医，但限于基本用药、基本治疗、基本支付等因素，报销比例不足35%。对此，该县将邻省医疗技术水平较高，参合农民就医人次较多的广州南方医院、广东省人民医院等5家医院列为县外定点医疗机构，参合农民住院报账比例由35%提高至50%，起付线由800元降至600元。

第二，适度提高县级公立医院报账比例。县财政安排专项资金，将县级公立医院新农合报账比例由80%提高至85%，通过医疗机构直补到病人手中。

第三，开展大病保险工作。贫困群众全年累计可报费用中自付部分达到起付线 1.5 万元以上的，由大病保险按 50%~70%的比例进行再次补偿，年补偿最高金额达到 25 万元/人。

第四，扩大救治病种范围和提高相关病种的报账比例。在全市统一 15 种重大疾病的基础上，新增 4 种重大疾病救治范围；在原有 19 种慢性病的基础上，新增 3 种常见慢性疾病纳入新农合报账范围，进一步提高慢性病报账比例和补偿封顶线；增加 14 种临床应用较多、效果较好的药物为新农合目录内药物。扶贫对象进行慢性肾衰透析、癌症放化疗等不设起付线。

第五，提升公共医疗服务水平。筹资 7000 多万元回购并改造县人民医院，投资 2.6 亿元新建了县第一人民医院。与市人民医院、广州南方医院、广东省人民医院建立了下派专家组、医技交流培训等协作关系，有效提升了县级公共医疗服务水平。利用各乡镇老村部、原村小等改建为乡村医疗一体化场所，逐步将村卫生室纳入新农合定点，享受门诊统筹报账。出台了《龙南县公立村级卫生计生服务室标准化建设实施方案》，并优先实施贫困村产权公有制卫生计生服务室建设，统一规划了卫生计生服务室 29 家，每家村卫生计生服务室按照新建 10 万元，改建 5 万元的标准，目前已投入建设资金 110 万元。截至 2016 年 6 月底，程龙镇龙秀村、夹湖乡三门村、临塘乡西坑村、东坑管委会均兴村、黄沙管委会新岭村等 12 家卫生室已开工建设，其余 17 家正进行开工前准备工作。龙南县各乡镇卫生院及村卫生室还积极开展“一对一”健康服务，对辖区内所有贫困户进行了建档立卡管理，实行了一对一或一对多的医疗随访服务机制，让患者在家就能享受到基本医疗服务。

第六，提高医疗救助比例。将支出型贫困家庭大病患者的个人自付救助比例由 50%提高到 60%；城乡低保非常补对象的救助比例由 80%提高到 90%；城乡低保常补对象、“五保”供养、孤儿、城镇“三无”人员救助比例达到 100%。积极推进“救急难”工作，对因病、因残等致贫家庭给予临时救助。

综合施策后，贫困群众因病致贫、返贫问题得到有效解决。比如，汶龙镇曾某（8 岁），2014 年患白血病在广州南方医院就医，累计花费 45 万元。按目前的政策，累计补偿、救助费用可达 30 万元，与原政策最高补偿 8 万元相比，补偿、救助费用提高了 22 万元，自付费用与原政策自付部分相比减少了 61.4%。

6. 大余县

据精准识别建档立卡统计，大余县有贫困人口 22802 人，其中因病 6840 人占 30%，因残 2052 人占 9%。为更好地保障和改善民生，减低因病因残给贫困户带来致贫返贫风险，该县多筹并举、积极落实医疗保障扶贫。

（1）制定了一批重要文件。制定了《大余县精准扶贫工作实施方案》、《大余县卫生计生精准扶贫工作实施方案》、《大余县农村低保五保精准扶贫工作实施方案》，为贫困户的医疗保障提供政策支持。出台了《关于认真做好大余县医疗扶贫大病补助工作的通知》，为贫困户发生大病医疗、意外事故等提供支持保障，解决了贫困户的因病致贫、因病返贫、报账不便等问题，使贫困户得到实实在在的实惠，减少支付、三年脱贫。

（2）开辟一条“绿色通道”。在各大医院建立精准扶贫对象就医绿色通道，设置导诊台（精准扶贫接待室、咨询室），在醒目位置设置绿色通道和就医标识流程。给精准扶贫对象发放“卫生计生精准扶贫绿色通道卡”，精准扶贫对象凭卡可优先看病；对于急诊病人、高热病人、重症病员和65岁以上的老年人及来自边远乡镇的扶贫户患者，重点做出安排。

（3）完成一批健康档案。县财政下拨第一批免费体检资金50万元，按照每人250元的标准补助第一批试点的2000名对象。体检完成后为精准对象建立健康档案，里面包含个人基本信息、血型、药物过敏史、既往病史、家族病史、遗传病史、生活环境等信息，有利于主治医生迅速了解病情、对症下药。

（4）新建一批村卫生所。该县计划2015年规范化建设好19个贫困村卫生所，2016年规范化建设19个，2017年规范化建设20个。村卫生所由乡镇政府、村委会和乡镇卫生院共同选址，建设用地由当地乡镇政府与村委会落实，无偿提供给村卫生室永久使用，建设规费由当地政府减免。村级卫生所建立后，医务人员能及时为贫困户的健康提供便捷服务，重点解决贫困户“小病不出村”的看病就医难问题。

（5）保障一批特困人群。对精准扶贫户中的“五保”户的日常门诊、重大疾病门诊、住院产生的费用在医保部门报销后自负费用，由民政部门100%给予补助。对低保户、贫困儿童、低保边缘户、贫困户自负费用可报范围内实行按一定比例补助、对五类重性精神病免费治疗、对耐多药肺结核等15种重大疾病实施大病救助，对尿毒症等8种重大疾病实施免费救治。对因发生急重危伤病、需要急救但无能力支付医疗费用的贫困户家庭成员，72小时内的抢救医疗费用，享受疾病应急救助政策。

（6）实施三险合一助力精准扶贫。大余县精准扶贫以资金撬动保险大市场，保障全部贫困户。该县已与中国人民财产保险股份有限公司大余县支公司、中国人寿保险股份有限公司大余县支公司、中国人民人寿保险股份有限公司大余县支公司三大国有保险公司签订了大病补助合同。政府出资为每位贫困户每年投保20元，由中国人民财产保险股份有限公司大余县支公司为贫困户提供大病医疗补充保险；政府出资为每位贫困户每年投保120元，由中国人寿保险股份有限公司大余县支公司以低保费、零利润，对患者个人自费医疗费用实行再保险；政府出资为每户贫困户每年投保 100 元，由中国人民人寿保险股份有限公司大余县支公司为贫困户提供 20 万元航空意外身故、致残保障，8 万元火车、轮船、公共汽车意外身故、致残保障，6 万元一般意外身故、致残保障。该县打造出全省第一个与三个保险公司共同签订大病补助合同的工作特色。三大保险，大余县总计投入 395.658 万元，为全县精准扶贫对象 22802 人投保。

（7）创建一个报账平台。从县农医中心、县民政、三大保险公司抽调 1~2 名工作人员集中办公，完成报账平台组建，建立报账平台制度和报账流程，要求其热情服务、礼貌接待，耐心向精准扶贫户解释本单位的报账项目及需要的报账手续，让贫困户充分了解医疗扶贫的政策，享受医疗扶贫的红利。只要符合条件的精准扶贫户都在这里报账，实现一站式服务，最快捷办理。据测算，一个贫困户发生意外事故，经多重报账，自费费用只达到总费用的 10%。

7. 安远县

安远县辖 8 镇 10 乡，总人口 39 万余人，属国家限制性开发区域。2014 年，全县财政总收入 6.3 亿元，其中公共财政收入只有 4.6 亿元，农民人均纯收入 5718 元，只占全省农民人均纯收入的 56.5%。2015 年，通过精准识别，全县仍有贫困户 15456 户，贫困人口 52513 人，贫困发生率为 16.4%，其中因病致贫 6748 户 22626 人，占全县贫困人口总数的 43.1%。为解决贫困户因病致贫问题，安远县采取了三个措施。

先推出大病救助惠民政策。在可用财力非常紧张的情况下，安远县财政想方设法筹资 6000 多万元，紧紧瞄准因病致贫弱势群体，出台了《加强城乡重大疾病医疗保障工作实施方案》，推出大病救助惠民政策，可有效遏制因病致贫、因病返贫问题发生。

家住安远县欣山镇下庄村的贫困户张志祥是享受此政策的第一人。2015 年查出患有尿毒症后，前后共花去 30 余万元治疗费，享受政府大病救助政策之后，经过五道政策屏障补助，张志祥个人只支付 32846 元。

在新出台的大病救助政策中，安远县圈定了 16 种危及生命的重大疾病二次补偿病种。针对患病程度、治疗情况、贫困类别，在原有基本医疗、大病保险、民政医疗救助政策基础上，创新出台了城乡居民大病二次补偿制度和贫困户大病医疗补充保险制度，通过五道补助体系，可有效防止群众因病致贫、因病返贫。

城乡居民大病二次补偿的主要内容如下：

第一，对于参合、参保普通病患者，出院结算费用经基本医疗报销、大病保险理赔及民政救助三层补助后，剩余可报费用减去 1 万元起付线后，按 60%进行二次补偿，封顶补偿金额 5 万元。

第二，对于参合、参保重大疾病患者，出院结算费用经基本医疗报销、大病保险理赔及民政救助后，剩余部分（含可报和不可报费用）按55%进行二次补偿，封顶补偿金额10万元。

第三，该县财政还统筹安排设立了贫困户大病医疗补充保险基金，一次性支付并委托给县人寿保险公司，由县农医中心与县人寿保险公司签订合同，为所有参合贫困户办理大病医疗补充保险。

第四，建档立卡的参合贫困户患大病所产生医疗费用，经新农合基本医疗、大病保险、民政医疗救助及二次补偿报销后，剩余部分（含可报和不可报费用）减去8000元后（低保户、五保户减去4000元），0~5万元（含）按35%报销，5万~8万元（含）按40%报销，8万元及以上的按45%报销，封顶线为每人每年5万元（低保户、"五保"户补偿比例再提高5%）。

在扎实推进城乡重大疾病医疗保障工作中，安远县整合卫生、民政、医保等部门资金，并在县财政预算安排了专项资金，形成了大病救助资金流。

安远县大病救助资金的筹集办法有三个：

（1）筹集基本医疗保险大病医疗保险资金。按新农合参保人均22.5元的标准筹集新农合大病医疗保险费，按每人每月20元的标准筹集城镇居民大病医疗保险费。

（2）筹集城乡居民二次补偿资金。其中整合新农合基金2000万元、医保基金200万元、民政医疗救助金160万元。

（3）筹集贫困户大病医疗补充保险资金。由县财政统筹安排，按贫困参合人员每人每年20元的标准，设立贫困户大病医疗补充保险基金。

精准服务一站受理更便民。为方便群众办理大病救助补助，安远县从民政、医保、农医中心、商业保险等单位专门抽调工作人员，并在县行政服务中心设立一站式服务窗口。参合患者在定点医院结算后，可到一站式服务窗口申请办理新农合大病保险理赔、民政医疗救助、大病二次补偿和贫困户大病补充保险手续。参保的城镇居民在定点医院出院同步结算后，直接生成大病医疗保险报销数额；在非定点医院住院的凭发票在行政服务中心医保窗口报账，一单生成统筹支付和大病保险支付金额后，到一站式服务窗口办理民政医疗救助、大病二次补偿。通过简化程序，真正实现大病医疗保障一站式服务，给参保群众提供了极大的便利。

完善基础卫生院基础设施。为有效解决医务用房紧张的现状，改善患者看病就医环境，2014年4月，安远县出台了《2014~2016年乡（镇）卫生院标准化建设计划》，每年整合资金3000多万元，用于完善基层卫生院基础设施，极大地提升了乡（镇）卫生院软硬件服务能力。

8. 瑞金市

2015年9月21日，为进一步解决瑞金市精准扶贫对象因病致贫、因病返贫问题，加大对精准扶贫人员的医疗救助力度，瑞金市出台了《精准扶贫对象基本医疗补充保险实施方案》（试行），确定了补偿对象、补偿顺序和补偿比例及标准等。

（1）补偿对象。享受新农合基本医疗保险或者大病医疗救助保险补偿比例不足 90%的参保对象。

（2）补偿顺序。由新农合基本医保补偿，其中符合新农合大病保险补偿的，在新农合大病保险基金中先行补偿，涉及第三方赔付的，由第三方先行赔付，最后剩余金额进入精准扶贫医疗补充保险补偿。

（3）补偿比例及标准。剩余金额在 30000 元以下的，扣除参保对象自付总医药费 10%后全额支付，最后剩余金额在 30000 元（含）以上的，扣除参保对象自付总医药费 10%后按 70%支付，每人每年最高补偿限额为 100000 元，余额部分，符合条件的对象由民政部门实施大病救助。据悉，江西省投资集团公司按照每年 50 元/人的标准，拨付了 400 万元的保险基金，为瑞金市精准扶贫对象 78914 人从 2015 年 9 月 1 日至 2016 年 8 月 31 日参保。

第三节　吉安市、抚州市社会保障兜底脱贫概况

近年来，吉安市、抚州市以“托底线、救急难、可持续”的原则，瞄准扶贫工作长期性、突发性和长效性的特点，增强保障性扶贫的三大功能，托起了贫困户的生活底线。

一、托起贫困户生活底线

（一）吉安苏区的托底帮扶情况

井冈山市瞄准长期性，增强保障性功能，托起贫困户生活底线。井冈山市把保障群众最基本的生活放在首位，优先解决群众关切的突出民生问题。除了解决贫困户的安居问题外，还采取了以下两大举措。

第一，通过扩面提标，提高群众基本生活标准。对扶贫对象中符合农村低保条件的生活困难户，尤其是“红卡户”优先纳入最低生活保障范围，做到“应保尽保”。对低保户实行动态管理，及时更新，对生活条件好转，超出保障条件的做到“应退尽退”。同时，自 2015 年 1 月 1 日起，将“红卡户”家庭低保对象的低保标准参照上年省定标准的基础上每人每月再增加 40 元。新城镇枫梓村的红卡户贺辉就是其中一位受益者。在提高标准之前，他每月领取的低保救助金是 200 元，如今，每月可领到 240 元。

第二，提升医疗和养老服务，保障群众基本医疗和养老。一是加大乡镇卫生院和村卫生室建设力度，以乡（镇）卫生院、村卫生室门诊服务为主体，引导病人就近就医，实现“小病不出村、常见病不出乡、大病不出市”。二是市财政出资 133.911 万元，为所有符合条件的贫困户代缴了新农合费用。三是提高新农合报销比例，扩大报销范围。对门诊统筹和门诊大病（慢性病）分别按照 65%和 40%的补偿比例进行补偿。白内障患者、儿童先天性心脏病等困难患者在定点医疗机构进行治疗的，按规定减少治疗费用或是免费治疗。四是为应对人口老龄化，在增加敬老院床位的同时不断地提升养老服务。目前全山有敬老院（养老院）7 所，可容纳 500 余人养老。五是市财政出资 84.46 万元，为所有 16~59 周岁的贫困户缴纳了新型农村养老保险。以居家为基础、社区为依托、机构为支撑的社会养老服务体系正逐步建立和完善。

（二）抚州苏区的托底帮扶情况

1. 南城县

南城县保障扶贫到村到户。具体采取了四个措施。

（1）完善最低生活保障制度。逐步提高低保、“五保户”补助标准；扩大低保覆盖面，将符合农村低保条件的扶贫对象纳入低保范畴，做到“应保尽保”。

（2）加强农村敬老院升级改造建设，继续实施孤儿和无生活来源重度残疾人生活费补助及“五保户”集中供养等制度。

（3）对农村重度残疾人等困难群体参加新型农村社会养老保险，由政府为其代缴部分或全部最低标准的养老保险费。

（4）进一步健全医疗保障制度，对因病致贫的贫困户提高医疗救助水平，增强其自我脱贫能力；强化民政、残联、红十字会组织慈善救助的职能，搭建政府部门救助资源、社会救助项目与贫困农户救助需求相对接的信息平台，鼓励、引导、支持社会组织、企事业单位和爱心人士开展慈善救助。

2. 黎川县

黎川县加大对特困扶贫对象的救助力度。对符合农村低保条件的困难群众实行“应保尽保”，“五保”对象由政府托底，全面保障其生活；充分发挥省民政厅挂点帮扶黎川的优势，加快乡镇敬老院建设步伐，提高农村五保供养能力和水平。目前，洵口镇敬老院项目已基本完工，龙安镇敬老院主体工程和日峰镇敬老院风雨走廊项目将于 2016 年底竣工。同时，加大对农村孤儿和事实无人抚养儿童的保障力度。截至目前，累计救助 152 人，发放救助金 27.265 万元。

二、托起贫困户临时救助底线

为防止贫困户因遭遇突发事件、意外伤害、重大疾病等而加重贫困，井冈山市加快完善社会救助体系。

第一，扩大临时救助范围。除低保对象外，遇到突发性、临时性、紧迫性问题导致基本生活困难的群众，都可以申请临时救助。对未列入低保对象的贫困户，如遭遇重大疾病、意外事故及自然灾害等突发事件导致家庭生活困难加重的，纳入临时救助重点帮扶对象。井冈山市贯彻落实《社会救助暂行办法》，建立了“一门受理、协同办理”机制，在各乡（镇、场）建立了统一的“社会救助受理窗口”，为解决困难群众“救助有门、受助及时”打造“绿色通道”，确保让突遇不测、因病因灾陷入生存困境的群众得到有效救助。

第二，提高临时救助标准。在提高红卡户低保补助标准的同时，市财政统一出资，为“红卡户”中非低保家庭成员每人每月增加 100 元政府救助金。为进一步缓解红卡户农民因病致贫的状况，提高“红卡户”的医疗补偿水平，市财政出资 55.49 万元，为 5549 名“红卡户”家庭成员购买了一份保单金额为 100 元的医疗附加险。被保险人在 2015 年内因病产生符合条件的费用，在新农合报销以及新农合大病保险报销后剩余的所有医药费用，不减起付线，直接按 60%的比例报销，最高报销限额 6 万元。在新农合基本医疗保障的基础上为贫困户人身安全又增添了一道保障。如井企集团石市口分场张余梅因肾移植术后排斥住院，总费用高达 59907.62 元，新农合及大病保险报销了 42566.7 元，医疗附加险还报销了 10404.5 元，个人实际只花费了 6936.42 元。

第三，拓宽临时救助筹资渠道。为增强贫困户抵御突发事故带来的风险，井冈山成立了爱心扶贫基金会，建立了以财政固定投入为主、社会多方筹集为辅的筹资制度。每年从旅游门票总收入和土地净收益中各提取 10%注入基金。同时，发动卫计委、教育、人力社保等部门和妇联、残联、慈善协会、红十字会等人民团体和社会组织，积极拓宽资金渠道。为加强对基金的使用管理，出台了《井冈山爱心扶贫基金使用和管理暂行办法》，对资金的使用范围、额度和申请流程进行了明确。市财政局设立了爱心扶贫基金专项账户，实行专账管理，封闭运行。在方便贫困对象的前提下，严格基金的审批程序。对支付给贫困户个人的补助或救助资金由财政部门直接拨付至贫困户“一卡通”账户，对帮扶的恢复生产性基础设施资金实行报账制管理，对金额较大的购买性支出实行政府统一采购，杜绝资金被骗取、套用、挪用和贪污。

三、筑牢可持续脱贫的基层

农村卫生基础设施落后，特别是贫困村卫生室“空白”是健康脱贫工作的主要短板之一。落后的基础设施建设和就医条件严重制约了基层医疗卫生工作的开展，给当地居民基本医疗服务带来不便，为补齐这块最短“短板”，南城县大力实施村级卫生室改扩建工程，严格按照省标准化卫生室建设标准，确保房屋、外观标识、设备设施、乡村医生“四到位”。2016年，全县12个乡镇150个行政村确定村卫生室185个，上岗人员381人，无空白村，其中达到省卫生计生委制定的村卫生所建设配置标准占总数的90%以上。同时，南城县不断加快对贫困村乡村医生的培训工作，把基础设施建设和人员技术培训相结合，保证卫生室建设完成后的正常运转，保障贫困村群众的基本医疗需求，为辖区居民提供及时的基本医疗服务。

让贫困户看得起病、看得好病、少生病是健康扶贫的关键点和落脚点。南城县在对贫困人员进行精准识别的基础上，对因病致贫贫困户所患疾病、治疗花费及家庭收入等基本情况进行立档，将这些重点人群作为健康扶贫“攻坚点”，建立健全了“光明·微笑”工程、儿童“两病”和尿毒症免费血透救治等长效机制，通过基本医疗保险、大病保险、医疗救助扶助等多种保障政策的组合、叠加，构筑起多重医疗保障网。2016年上半年，全县共为贫困家庭重性精神病患者实施免费救治25人，免费完成31例白内障复明手术，儿童白血病1例，先天性心脏病完成9例，尿毒症免费血透救治145例。

为了实现医疗资源下沉，南城县围绕“三下乡”活动，经常组织医护人员到贫困村下乡义诊送健康活动。2016年上半年，为村民发放高血压病、糖尿病防治知识，控烟等各类健康教育材料1200余份，并免费测量血压、血糖、做心电图，日接诊量高达360余人次。

同时，南城县密织“防护网”，构建贫困居民重大传染病防控、慢性病防控、职业病防控、公共卫生监督执法、心理健康服务体系，为每户贫困户配备了“家庭医生”，实行签约服务，并优先提供8项基本公共卫生服务。

第十章　赣南等中央苏区脱贫攻坚模式的理论思考

第一节　脱贫攻坚的成效

一、总体情况

精准扶贫、精准脱贫是全面建成小康社会进程中必须克服的关键和难点。江西尤其是赣南等中央苏区是脱贫攻坚战的主战场。自《若干意见》发布以来，党和政府对苏区“输血”、“造血”并举并以增强“造血”功能为主，精准脱贫工作成就巨大，主要表现在以下四个方面。

第一，贫困人口规模大幅下降。江西省贫困人口减少 238 万人，贫困发生率由 12.6%降至 5.7%左右，下降 6.9 个百分点。2015 年，省中央苏区县减少贫困人口 20%，贫困人口下降到 120 万以下。

第二，贫困群众收入稳步提高。江西省贫困地区农民人均可支配收入年均增长 15%以上，高于全省平均水平 2 个百分点。据统计部门数据，38 个重点扶贫攻坚县农民人均收入达到 6556 元，增长 24.9 %，高于全省农民人均收入增幅 12.72 个百分点（其中，17 个国定特困片区县 5797 元，增长 23.1 %；21 个国家扶贫开发工作重点县 5268 元，增长 21.3 %；25 个国定、省定特困片区县 5341 元，增长 21.5 %）；库区移民年人均纯收入增长 16%，达 6717 元。

通过对有劳动能力的扶贫对象，扶持其通过加入合作社或龙头企业，发展产业，增加收入；对无劳动能力的贫困农户，探索通过资产性收益扶贫，增加收入。截至 2016 年 6 月底，全省建成电商脱贫站点 700 个，销售额达 5000 余万元，带动 2000 多户贫困户人均增收 1600 多元；8 个设区市已建成光伏扶贫项目 71157 千瓦，受益贫困人口 11.8 万人，贫困户年人均增收 1200 元。

第三，突出的民生问题基本得到解决。一是农村住房、饮水问题得到全面改善。仅 2015 年，中央苏区共计实施农村危旧房改造 22.65 万户，搬迁移民 8.36 万人，占全省的 78.86%。其中，赣州市全面完成了 69.5 万户改造维修和拆除空心房任务。赣州、吉安、抚州、鹰潭、新余等中央苏区“十二五”规划内农村人口安全饮水问题基本解决。二是农网升级改造、新建和改造农村公路等农村基础设施得到夯实。三是特殊困难群体生活得以改善。

第四，贫困群众自我发展能力不断增强。通过扩大贫困家庭子女就读资助面，提高奖助标准，扶助贫困户子女参加职业学历教育和技能培训（章康华，2016）。农村劳动力就业转移培训力度不断加大，仅 2015 年，共计培训中央苏区内工业园园区务工人员达 7.48 万人。

二、赣州市脱贫攻坚的成效

（一）总体情况

“十二五”期间，赣州市累计脱贫 140 多万人，贫困人口减少 2/3，占全省的 60%；贫困发生率由 29.9%下降到 9.23%，下降 20.67 个百分点；农村居民人均可支配收入由 4182 元提高到 7786 元，是 2010 年的 1.86 倍。2011~2014 年，赣州市贫困人口由 215.46 万人减少到 105.06 万人，农民人均纯收入由 4182 元提高到 6946 元，贫困发生率下降近 16 个百分点。截至 2014 年底，赣州全市还有贫困户 30.82 万户、贫困人口 105.06 万人。2015 年，全市又减少贫困人口 34.82 万

赣州市2010—2014年主要经济指标一览表

指标名称	单位	2010年	2011年	2012年	2013年	2014年
生产总值（GDP）	亿元	1119.47	1335.98	1508.43	1673.31	1843.59
规模以上工业增加值	亿元	290.93	430.35	566.97	635.78	751.49
固定资产投资	亿元	781	1002.3	1110.91	1330.87	1609.77
社会消费品零售额	亿元	375.35	435.74	492.42	559.99	629.59
财政总收入	亿元	128.31	180.32	230.82	280.20	328.53
实际利用外资	亿美元	8.36	9.29	10.24	11.07	12.22
进出口总额	亿美元	16.30	29.23	32.89	33.02	39.00
出口总额	亿美元	13.10	25.23	28.39	29.16	32.03
城镇居民人均可支配收入	元	14203	16058	18704	20566	22935
农村居民人均纯收入	元	4182	4684	5301	6014	6946

图 10-1　赣州经济发展成就巨大

资料来源：刘善庆拍摄。

人。作为精准扶贫的开卷之作，土坯房改造让近 300 万群众告别了透风漏雨的寒屋旧舍。2012~2015 年的三年，赣州市生产总值年均增幅 10.8%，城镇居民人均可支配收入年均增幅 12.2%，农村居民人均可支配收入年均增幅 12.8%。

2016 年以来，赣州市以突出打好“六大攻坚战”为统领，着力抓项目、扩投资、补短板、降成本、优环境，上半年全市经济运行呈现“总体平稳、稳中有进、稳中趋好、稳中有新”的特点，上半年实现地区生产总值（GDP）924.45 亿元，增长 9.4%，增速列全省首位。城镇居民人均可支配收入比 2015 年增长 8.5%，达 13530 元，农村居民人均可支配收入比上年增长 10.4%，达 3210 元。

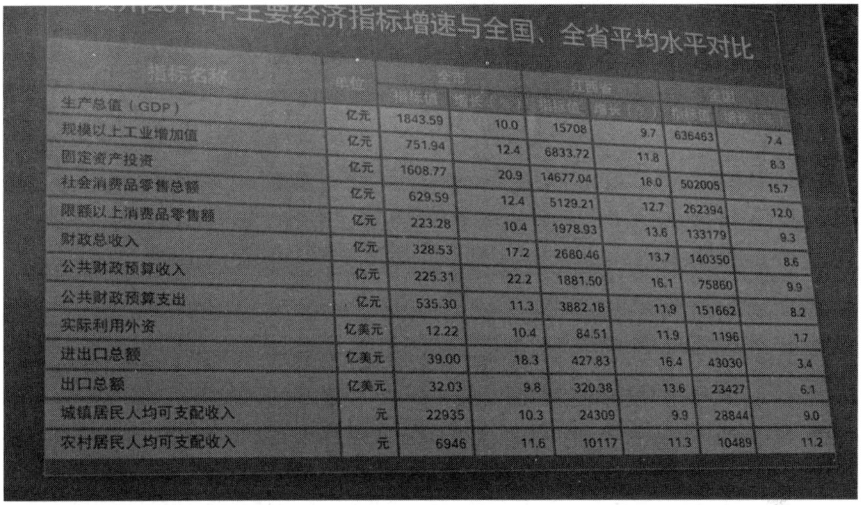

州2014年主要经济指标增速与全国、全省平均水平对比

指标名称	单位	全市		江西省		全国	
		指标值	增长（%）	指标值	增长（%）	指标值	增长
生产总值（GDP）	亿元	1843.59	10.0	15708	9.7	636463	7.4
规模以上工业增加值	亿元	751.94	12.4	6833.72	11.8		8.3
固定资产投资	亿元	1608.77	20.9	14677.04	18.0	502005	15.7
社会消费品零售总额	亿元	629.59	12.4	5129.21	12.7	262394	12.0
限额以上消费品零售额	亿元	223.28	10.4	1978.93	13.6	133179	9.3
财政总收入	亿元	328.53	17.2	2680.46	13.7	140350	8.6
公共财政预算收入	亿元	225.31	22.2	1881.50	16.1	75860	9.9
公共财政预算支出	亿元	535.30	11.3	3882.18	11.9	151662	8.2
实际利用外资	亿美元	12.22	10.4	84.51	11.9	1196	1.7
进出口总额	亿美元	39.00	18.3	427.83	16.4	43030	3.4
出口总额	亿美元	32.03	9.8	320.38	13.6	23427	6.1
城镇居民人均可支配收入	元	22935	10.3	24309	9.9	28844	9.0
农村居民人均可支配收入	元	6946	11.6	10117	11.3	10489	11.2

图 10–2　赣州市 2014 年主要经济指标增速与全国、全省平均水平对比

资料来源：刘善庆拍摄。

（二）一些苏区县（市、区）的情况

在推进脱贫攻坚的工作中，瑞金市按照“建基地、扶产业、带农户”的思路，根据当地自然禀赋和区域特点，大力发展脱贫产业，变输血式扶贫为造血式扶贫，促进产村融合，实现造血共赢，做到每个乡镇有一项主导产业，每个村有一两个致富项目，每户贫困户有致富手段，真正使贫困户能脱得了贫，能富得起来。仅 2015 年，全市就发展起叶坪田坞片区万亩蔬菜基地、院溪村猕猴桃基地和冈面油茶观光基地等各具特色的产业新村 20 多个，1800 多户贫困户走上了产业“造血式”富民的道路；贫困群众受益面达 32%，人均增收 260 余元，全市 2.2 万贫困人口顺利实现了脱贫。

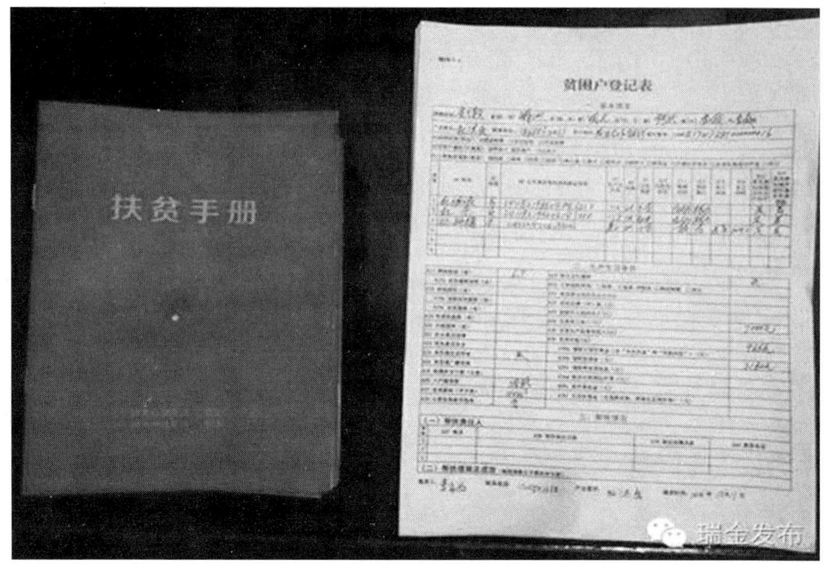

图 10-3　瑞金市的扶贫手册

资料来源：中国散文网 sanwen.net。

2014 年，宁都县举全县之力，扎实开展精准扶贫，采取“产业扶、能人带、企业安、干部帮”等多项措施，帮助 42218 个贫困人口实现脱贫。2015 年，建设完成 164 个基础设施项目，拨付资金 2680 万元；完成 1255 人移民搬迁任务，

图 10-4　瑞金市洁源新村，红军烈属告别土坯房住进新楼房

资料来源：客家新闻网—赣州晚报，2015 年 6 月 30 日。

发放补助资金 319.75 万元；帮助 3227 名贫困群众申报“雨露计划”补助金，通过“惠农一卡（折）通”账户发放“雨露计划”补助金 517 万元；减少贫困人口 42900 余人，贫困人口年人均纯收入增长 9.19%，取得了扶贫成效最好、减贫进程最快的显著成效。

2015 年，石城县贫困人口脱贫 20794 人，脱贫率达 42.9%；农村居民人均可支配收入 6662 元，增长 14.5%。2016 年，全县仍有贫困人口 27725 人，计划今明两年分别脱贫 9704 人，剩余的 8317 人，在 2018 年全部实现脱贫。于都县 2013 年底贫困人口降至 37335 户 181054 人，2014 年底降至 33633 户 135553 人，贫困发生率下降到 12.9%，下降近 8 个百分点。

《若干意见》实施以来，信丰县在扶贫攻坚中共实施项目 1123 个，撬动民间资金 27 亿元，受益群众达 32 万人，农民人均纯收入由 2012 年的 5800 元提高至 2014 年的 8596 元。2015 年以来，信丰县实现脱贫 8750 人，减贫率达 36.26%，建档立卡贫困人口减少到 15378 人，贫困发生率下降至 5.7%。

安远县从县情、实际出发，积极把握扶贫对象、扶贫阶段、扶贫任务的新变化、新要求，以改革扶贫开发方式为途径，以创新扶贫工作机制为动力，推动扶贫开发由“输血式”、“粗放式”、“被动式”、“分散式”扶贫向“造血式”、“精准式”、“参与式”、“整体式”转变，全县扶贫对象由 69700 人减少到 52500 人，减少 24.7%；贫困发生率由 22.4%下降至 16.9%；农民人均纯收入由 5127 元提高到 6113 元。

大余县坚持“产业优、基础好、辐射强、效益佳”的原则，明确了花卉苗木、油茶、蔬菜、生猪、板鸭、养蜂、乡村的游、光伏、竹业、果业十大主导产业。2015 年共脱贫 6845 人，占总贫困人口的 30%。

三、吉安等市一些苏区县（市、区）脱贫攻坚的成效

（一）吉安精准脱贫的成效

通过扎实推进 661 个贫困村搬迁、产业、基础设施、劳务、智力、保障六大精准扶贫，仅 2015 年就改造农村危旧土坯房 64380 户，解决 14 万农村群众和 4.9 万名农村学生饮水安全问题，吉安市贫困人口减少到 27.2 万人。城乡居民收入稳步增加，城镇居民人均可支配收入、农民人均纯收入增幅分别达到 9%、10%，农村居民收入首次突破万元。

2013 年，遂川县被列为省移民进园试点县，力争 5 年内移民 2 万人。仅 2014 年就完成深山移民搬迁 803 户 3436 人，其中进园安置 634 户 2712 人，并让其搬得出、留得住、有就业、能保障。遂川县 2014 年抓好全县 108 个贫困村 146 个项目建设，重点完善贫困村水、电、路等基础设施项目。修建水泥、砂石

路、桥梁68条（座），修建水圳、饮水工程20处，农村群众生产生活条件得到有效改善。截至2014年，遂川县全县贫困人口由2011年底的124000万人下降至79900人。农民人均纯收入由2011年的2125.4元增加到2014年底的5860.5元。2015年，遂川县有105个贫困村销号，6717户25539人贫困人口越过扶贫标准线脱贫。

井冈山市2015年减少贫困人口7016人，下降幅度达46.75%，贫困户人均增收1500元，贫困发生率由2014年13.5%降至2015年的7.15%。

曾有39个贫困村、12万贫困人口的泰和县，一改过去靠政府送钱赠物等“输血型”扶贫模式，步入了以“造血”为本的市场扶贫新境界。2014年，该县实施了64个市场扶贫项目，资金1000万元，其中种植业项目34个、养殖业项目28个、农产品加工项目2个。2014年全县5357人摘掉了贫困帽，使全县贫困人口减至21110人，农村贫困发生率降至4.66%。2015年，全县减少贫困人口6000余人。截至2016年，全县贫困人口降至7003户13718人，贫困发生率下降到3.4%。

自2013年启动扶贫攻坚工作以来，新干县贫困人口减少5917人，贫困发生率降至4.85%。2015年以来，新干县将产业扶贫作为精准扶贫的重心，紧紧围绕促进贫困户增产增收目标，通过资金扶持、干部帮扶、政策引导等多措并举，全县呈现“三有”发展态势，受益贫困户达5000余户。一是有规模。全县新发展绿色蔬菜、优质果业、高产油茶、花卉苗木等扶贫产业1.2万亩。其中油茶3982亩，果树3400亩，蔬菜1500亩，苗木花卉3272亩。二是有创新。产业发展模式由分散经营向合作组织转变，全县累计发展农民专业合作社531家，其中市级示范社14家、省级示范社10家，发展家庭农场350家。三是有特色。全县贫困村形成了桃溪村辣椒产业、山坳村肉牛养殖产业、张坊村莲子产业、荷浦村蔬菜产业、桃湾村油茶产业、沙坑村黑山羊产业、燥石村旅游产业等“一村一品”各具特色的扶贫产业格局，有效地带动当地群众脱贫致富。

2014年，永新县建档立卡贫困户20065户，移民搬迁240户1083人，在贫困村实施美丽乡村建设示范点58个，建设高标准农田1万亩，实施“千吨万人”饮水工程6处，为贫困村修建水泥路165条80.15公里，为133个贫困村落实村庄整治项目383个，帮扶贫困村发展井冈蜜柚5100亩，蚕桑2000亩，冬种油菜、红花1.7万亩，扶持农民专业合作社17个，开展智力扶贫培训7310人次。在“N+贫困户”模式的推动下，永丰县扶贫产业发展迅猛，群众脱贫步伐明显加快。目前，全县贫困人口由2014年的2.66万人减少到2016年的1.3万人，贫困发生率由7.4%下降到3.6%。

（二）抚州等苏区县精准脱贫的成效

抚州全市形成了专项扶贫、行业扶贫、社会扶贫“三位一体”的扶贫大格局。民生工程成效显著，2015 年即完成农村危旧房改造 20144 户；253 个贫困村得到改造，6299 人完成移民搬迁工作；坚持农村饮水安全工程 286 个，解决了 12.1 万农村居民和 3.43 万农村师生的饮水安全问题；公路建设、电网改造取得新进展，农村不通电问题全面解决。截至 2015 年底，全市贫困人口减少到 13.9 万人，比年初减少了 5 万人。上饶苏区县 2015 年完成 4000 户农村危旧房改造，17.5 万人的农村安全饮水问题得到解决，农村公路、电网改造进展较快。苏区县减少贫困人口 2.4 万人，贫困发生率降到 7.47%，较全市低 0.53 个百分点。

从 2014 年开始，乐安县全面实施以“六到户”（精准识别到户、结对帮扶到户、产业扶贫到户、教育培训到户、投入到村到户、社会救助到户）为主要内容的精准扶贫新举措，变“漫灌”为“滴灌”，变“输血”为“造血”，扶贫开发工作取得明显成效。2014 年，该县贫困人口减少近 4000 户 12000 余人，贫困户人均纯收入比 2013 年增长了 20.5%。2015 年，贫困人口继续减少 14000 人。仅 2015 年就争取上级专项扶贫资金 6696.4 万元，实施扶贫开发项目 300 余个。突出产业扶贫，扶持项目增加到 10 项，产业扶贫资金使用覆盖了 70%以上的贫困户。大力实施安居扶贫，在厚发工业区新建移民安置房 720 套，其中 240 套已完工；完成中心村移民安置 636 人，补助 2400 户贫困户农村危房改造资金 3035.9 万元，全县住房困难的贫困户降到 10%以下。扎实推进保障扶贫，安排资金 707 万元，提高了贫困户最低生活保障、大病救助标准和新农合报销比例；加大就学就业扶助力度，统筹资金 440 万元，补助中小学贫困寄宿生 2489 人、考入大学贫困生 123 人、就读职校贫困生 446 人、取得驾驶证和焊接证等中级资格证书贫困对象 668 人。着力强化民生保障。全年民生支出达 17.23 亿元，占财政总支出的 84.1%。新增城镇就业 2607 人、农村劳动力转移就业 4511 人，创业培训 704 人，发放小额担保贷款 8101.4 万元，带动就业 2203 人。城乡低保、农村“五保”、残疾人、城乡居民养老保险待遇等保障水平稳步提高。全县参加新农合人数达 28.77 万人，参合率 99.33%，增长 3.62%，排名全市第一。

南城县把扶贫攻坚作为一项重要的政治任务和民生工程，精准施策，稳步推进，扶贫实效大大提升。全县贫困人口由 2011 年的 6287 户 27576 人减少到 2014 年的 3401 户 9875 人；贫困发生率由 2011 年的 11.3%降到 2014 年的 3.8%。2015 年城镇居民人均可支配收入 26505 元增长 9.6%，农村居民人均可支配收入 13017 元增长 10.8%。精准扶贫工作取得阶段性成效，实现了 1547 人的精准脱贫目标，异地扶贫搬迁 679 户 2715 人，贫困发生率由 13.1%降到 3.8%。

第二节　赣南等中央苏区脱贫攻坚的主要特点

一、以脱贫攻坚工作统领经济社会发展全局

赣南等中央苏区坚决贯彻习近平总书记关于扶贫工作“六个精准”、“五个一批”、“两不愁”、“三保障”的要求，坚持以脱贫攻坚统领经济社会发展全局，以精准扶贫、精准减贫、精准脱贫为目标，齐心协力决胜同步小康。坚决把脱贫攻坚作为第一民生工程和头等大事，进一步凝聚共识，增强责任意识，强化打赢脱贫攻坚战“军令状”意识，全力推进精准扶贫、精准脱贫，确保打赢这场输不起的脱贫攻坚战。按照“发展产业、支持创业、安排就业、政府兜底”的工作思路，坚持上下联动，努力形成领导带头、以上率下、部门联动、协力推进的大扶贫格局。通过大扶贫推动基础设施、产业发展、城镇化水平、生态环境质量、公共服务均等化跃上新台阶。

在新常态下，赣南等中央苏区的脱贫攻坚有了新认识、新理念、新举措、新作风。集中表现就是紧抓供给侧结构性改革的机遇，大力补脱贫“短板”，发展产业。扶产业既是扶贫、脱贫的根本，也是脱贫攻坚的“短板”。革命老区发展需要“输血”，但更需要“造血”与“活血”，产业支撑是脱贫致富的核心要素。立足于资源优势和区位优势，发掘内生动力，确保项目发展与地方特色优势无缝对接，使产业发展落地生根，开花结果。通过产业发展，不仅促进了贫困群众参与产业、实现创业与稳定就业，持续增收，而且为脱贫攻坚注入了不竭动力。

二、以五大发展理念指导脱贫攻坚工作机制创新

在中共十八届五中全会上，习近平同志系统论述了创新、协调、绿色、开放、共享“五大发展理念”，强调实现创新发展、协调发展、绿色发展、开放发展、共享发展。

始终坚持创新发展理念引领精准脱贫方略。适应新常态，必须把创新作为第一驱动力，着重在理念、思路、思维方式、体制机制等方面加大创新力度。在创新发展的今天，扶贫工作需要改变过去粗放式的管理方式，转向精准扶贫，由“大水漫灌”向“精准滴灌”转变；需要改变过去由扶贫部门大包大揽的现象，更多地向基层下移权力，更多地转向督办落实、综合协调；需要创新和完善扶贫体制机制，按照习近平总书记提出的“六个精准”、“五个一批”的要求，确保精

准扶贫到村、到户、到人，确保扶到根上、扶到点上。加强顶层设计，构建“1+N”脱贫攻坚支撑体系。创新扶贫目标体系，创新资源资金项目整合机制，创新扶贫和脱贫攻坚方式；在专项扶贫上，创新扶贫资金整合机制，放大信贷扶贫投入机制，健全扶贫资金使用绩效监管机制。在行业扶贫上，建立部门集中力量投入机制，推进投融资机制创新，推动贫困地区公共服务均等化；在社会扶贫上，搭建社会扶贫信息服务平台，建立健全驻村工作队精准扶贫到村到户到人的包保责任制，切实不脱贫不脱钩；建立社会力量参与扶贫的激励机制，创新社会扶贫的投入机制；打造社会扶贫的公益品牌，聚集社会资源向贫困地区、贫困对象倾斜。

始终坚持协调发展理念统筹精准脱贫方略。脱贫攻坚是一项复杂的系统工程，不能与经济社会发展的其他工作割裂和对立起来，需要统筹协调，正确处理发展与扶贫的关系，发展不忘扶贫。坚持扶贫就是发展的观念，把扶贫作为贫困地区新的经济增长点来抓，协调处理“内修”与“外修”的关系，为扶贫提供强大持久的动力和不竭的资源。正确处理脱贫与扶贫的关系，协同推进片区攻坚与精准扶贫、插花扶贫与重点县扶贫的关系，正确处理内力和外力的关系，立足自力更生，发掘和激发贫困群众脱贫致富的内生动力。与此同时，积极争取外力加大对贫困地区的帮扶力度。正确处理当前与长远的关系。将治标与治本相结合，确保精准扶贫效果和精准脱贫成效的长期性和可持续性。

始终坚持绿色发展理念引领精准脱贫方略。习近平总书记说过：“决不能以牺牲环境为代价，换取一时的经济增长；以牺牲后代人的幸福为代价，换取当代人所谓的富足。”绿水青山就是金山银山。根据贫困地区贫困县、贫困村、贫困户的实际情况，有针对性地制订扶贫规划，合理布局产业和项目，强化生态保护，实现绿色化可持续发展，确保扶贫开发利国、利民、利生态。赣南等中央苏区绝大多数贫困地区都在深山老林区，对于这些地区而言，更应该注重人与自然和谐，经济与生态协调发展，筑牢生态安全屏障。大力发展生态新产品，坚持旅游扶贫、电商扶贫等方式助民富民。深入挖掘贫困农村潜在绿色资源亮点，紧紧围绕生态环境、区域文化发展主线，抓住绿色旅游、绿色养殖、绿色文化优势，进一步推动“绿色经济”，防止脱贫农民因生态恶化返贫致贫，努力走出一条脱贫致富和环境保护“双赢”的可持续发展道路。

始终坚持开放发展理念促进精准脱贫决战决胜。在脱贫攻坚中，需要解放思想和观念，体现在平时的工作和具体行动中，把贯彻中央精准扶贫、精准脱贫方针政策、省（市）重大部署与各地实际情况结合起来，把工作推动和市场机制结合起来，把增强自身造血功能和突破固有思维定式结合起来，创造性地开展工作。既发挥当地资源禀赋，又深挖借梯上楼；既尊重客观条件，又充分发挥主观能动性；既要学习经济发达地区的经验和先进理念，又要打破条条框框，放开一切能放开的领域、地域、行业，开放一切能开放的资源，抓住机遇，以更加开放的心态、宽广的胸怀、开明的政策和优越的发展环境，促进当地经济又好又快发展。

始终坚持共建共享理念引领精准脱贫方略。习近平同志提出的“五大发展理念”，把共享作为发展的出发点和落脚点，指明了发展价值取向。发展为了人民，发展依靠人民，发展成果理应由人民共享。共享不只是理想，而有实实在在的内容。这就是以推进社会公平正义为前提，以推进精准扶贫、精准脱贫、缩小收入差距为抓手，以推进区域、城乡基本公共服务均等化为保障，以推进共同富裕为目标。

全面建成小康社会，最大的短板是贫困地区。坚持共享发展，就是要补齐贫困地区这一发展最大的短板，实施脱贫攻坚工程，实施精准扶贫、精准脱贫，对贫困家庭分类扶持，因人而异，因户施策。通过加强基础设施建设、安居工程、财政与金融扶贫、社会扶贫、产业扶贫、党建扶贫、异地搬迁扶贫、教育扶贫、兜底扶贫等措施解决脱贫问题，真正满足人民对美好生活的向往。

三、不断完善脱贫攻坚体系

所谓“顶层设计”，就是运用系统论的方法，从全局的角度，对某项任务或者某个项目的各方面、各层次、各要素统筹规划，以集中有效资源，高效、快捷地实现目标。实施精准扶贫是一项复杂的系统工程，需要不断探索和完善科学的战略体系、政策体系、管理体系、制度体系，强化顶层设计。

2015 年 6 月 18 日，习近平总书记在贵州召开部分省区市党委主要负责同志座谈会时，就加大力度推进扶贫开发工作提出了“切实落实领导责任、切实做到精准扶贫、切实强化社会合力、切实加强基层组织”的具体要求。

切实落实领导责任，确保脱贫规划落到实处。习近平总书记指出，在脱贫攻坚战中，坚持党的领导，发挥社会主义制度可以集中力量办大事的优势，中央层面承担脱贫工作的统筹责任，省级层面负总责，市（地）县级层面抓具体落实工作。建构党政一把手负总责的扶贫开发工作责任制，建立以片为重点、工作到村、扶贫到户的工作机制。具体来讲就是，中央要做好政策制定、项目规划、资金筹备、考核评价、总体运筹等工作，省级要做好目标确定、项目下达、资金投放、组织动员、检查指导等工作，市（地）县要做好进度安排、项目落地、资金使用、人力调配、推进实施等工作。

要压实领导责任，严格执行脱贫攻坚一把手负责制，市、县两级组建扶贫攻坚领导小组，各级干部都要在脱贫攻坚中找准定位，把脱贫责任扛在肩上、脱贫任务抓在手上。压实主体责任，各县（市、区）要把脱贫攻坚作为“十三五”期间头等大事和第一民生工程来抓，乡镇（场）一级要集中精力抓脱贫攻坚和维护稳定。要压实帮扶责任，健全单位定点扶贫、干部结对帮扶机制，确保所有贫困村都有驻村工作队，所有贫困户都有帮扶责任人（李炳军，2016）。建立市、县、乡、村四级帮扶机制，实行领导挂乡（镇），单位联村，党员干部包户，形成“党政领导亲自抓、相关部门配合抓”的良好工作格局。

切实做到精准扶贫，确保扶贫工作事半功倍。扶贫开发贵在精准，重在精准，成败之举在于精准。在开展扶贫工作中，坚持在扶持对象精准、项目安排精准、资金使用精准、措施到户精准、因村派人（第一书记）精准、脱贫成效精准上想办法、出实招、见真效。因人因地施策、因贫困原因施策、因贫困类型施策，区别不同情况，做到对症下药、“精准滴灌”、靶向治疗，不搞“大水漫灌”、走马观花、大而化之。因地制宜研究实施“四个一批”的扶贫攻坚行动计划，确保贫困人口 2018 年如期实现精准脱贫。

切实强化社会合力，确保扶贫工作整体推进。重点围绕贫困户增收，坚持专项扶贫、行业扶贫、社会扶贫等多方力量、多种举措有机结合和互为支撑的“三位一体”大扶贫格局，健全中央部门对口支援、党政机关定点帮扶、干部结对帮扶的扶贫机制，广泛调动社会各界参与扶贫开发积极性。坚持政府投入在扶贫开发中的主体和主导作用，进一步理顺管理体制，科学划分各级各部门事权，明确部门职责分工，整合各类扶贫资源，提高财政资金使用效率。增加金融资金对扶贫开发的投放，吸引社会资金参与扶贫开发，多渠道增加扶贫开发资金，真正形成全社会扶贫“大合唱”的局面。

切实加强基层组织，促使扶贫工作稳步发展。做好扶贫开发工作，基层是基础。坚持把基层组织建设作为扶贫工作的长远之计，大力实施“固本强基”工程，抓好以村党组织为核心的村级组织配套建设，落实好向贫困村党组织选派第一书记工作，组建驻村工作组（队）进驻贫困村，做到每个贫困村都有驻村工作队、每个贫困户都有帮扶责任人，实现了贫困村全覆盖。增强了基层党组织的凝聚力、战斗力。通过加强基层干部队伍建设，着力创建一批能看、能学、能赶的党建扶贫示范点，通过强化基层党组织的核心堡垒作用，快速实现以点带面、整体推进扶贫工作的效果，使一些基层组织无人管事、无钱办事、无心干事、无章理事等问题得到有效解决，基层党组织成了农民脱贫致富的核心力量。

第三节　脱贫攻坚的赣州模式

一、赣州模式的内涵与机制

《若干意见》明确指出，要通过扶贫攻坚，实现赣南等中央苏区振兴发展，“为全国革命老区扶贫开发、群众脱贫致富、全面建设小康社会积累经验，提供示范。”基于此，本课题组认为，赣州模式的主要内容是：以大力弘扬苏区精神，不断增强人民获得感为根本动力，坚持产业、教育、大病医保兜底三轮驱动、协调发展的模式。赣州模式的动力是不断增强人民的获得感，产业发展是赣州模式的关键性驱动要素，教育发展是赣州模式的根本驱动要素，大病医保兜底是赣州模式的保障性驱动要素。

赣州模式的机制就是“六个一”工作机制。要精准施策，务求实效，突出精、准、实，形成精准扶贫新机制。赣州市紧紧围绕“脱贫攻坚任务三年完成”目标，紧紧抓住“扶持谁、怎么扶、谁来扶”三个关键，按照“六个精准”的要求，以更大的决心、超常的举措，坚决打赢脱贫攻坚战。为此，李炳军提出建立“六个一”工作机制，即每个“攻坚战”由一位市委常委牵头，形成一个规划，制订一个目标，组织一套班子，建立一套工作协调机制，建立一套考核办法（李炳军，2016）。“六个一”工作机制具有很强的可操作性和瞄准性。

赣州市是全国革命老区扶贫开发的主战场，江西省脱贫攻坚的主战场，任务最重、责任最大。赣州市上下坚决贯彻落实中央、省委和市委战略部署，切实把脱贫攻坚作为首要政治任务、头等大事和第一民生工程来抓，明确目标任务，创新脱贫方式，加大资金投入（冷新生，2016）。“六个一”工作机制有利于推动脱贫攻坚战的不断深入。

二、赣州模式的实现路径与方法

（一）赣州模式的实现路径

赣州市坚持宏观扶贫与微观扶贫相结合、特殊扶持与一般扶持并行，全力推进安居工程等基础设施、社会扶贫、财政与金融扶贫、教育扶贫、产业扶贫、党建扶贫、保障扶贫七大精准扶贫举措。安居工程三管齐下，实施安居工程、美丽乡村建设的整村推进和搬迁安置。在社会扶贫上，大力实施对口支援、单位帮扶、结对帮户、到户帮扶。在财政与金融扶贫上，积极发挥财政资金的引导和主导作用，带动金融资金加入扶贫事业。在教育扶贫上，大力实施基础教育和学历教育、职业教育和技能培训，对建档立卡贫困户子女参加中、高等职业学历教育的，除实行免费教育外，在校期间每人每学年给予生活补助金。在党建扶贫上，积极发挥党员、党支部的先锋模范带头作用，示范带动，帮扶贫苦户增强“造血”功能。在保障扶贫方面，提高低保补助标准，落实医疗救助制度，农村低保、“五保”医疗救助对象。

归纳起来，赣州模式的实现主要通过以下四大路径。

图 10–5 兴国县大江古村精准脱贫路径表

资料来源：刘善庆拍摄。

第一，特殊扶持。如前文所述，针对赣州市经济社会发展实际，中央、省里为赣州市量身定制了一系列高含金量的特殊扶持政策，布局实施一大批重大项目、重大平台和试点示范事项，建立健全一系列帮扶机制，做到“输血、造血、活血”并重，拓展发展路径。

第二，民生基础设施先行。革命老区要发展，民生必须优先，而基础设施的建设则是最基础的民生。要想富先修路，这依然是赣州市发展的诀窍。事实上，《若干意见》明确指向了各类基础设施的改善和提升。在精准脱贫工作中，重点扶持贫困村路、水、电、教育、卫生等基础设施建设、教育扶持，做到了济之以急、帮之以需，从而为扶贫开发奠定了比较雄厚的基础。民生基础设施的具体建设情况参见前文以及其他专著的论述。

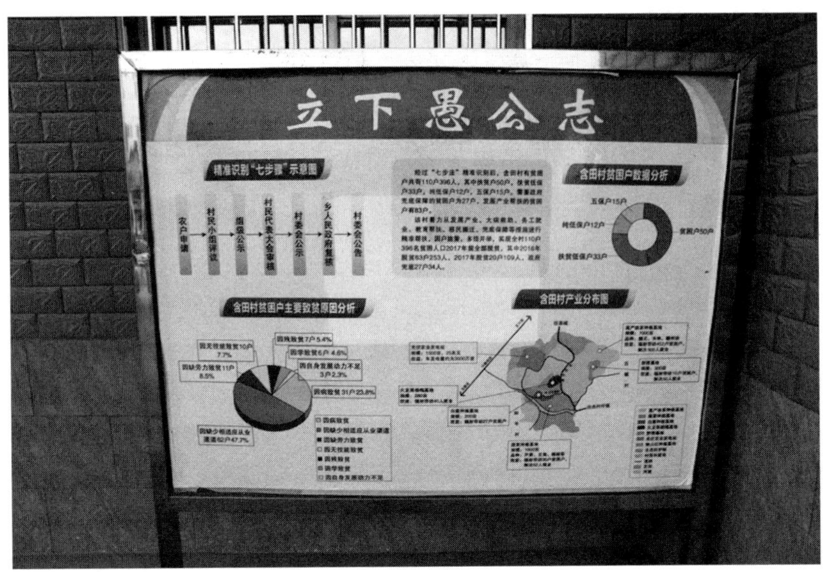

图 10–6　赣州某村贫困户情况以及产业精准脱贫的布局

资料来源：刘善庆拍摄。

第三，产业支撑。赣州苏区积极培育了一批有助于带动贫困户脱贫致富的主导产业和特色产业。没有产业支撑的增长都是空谈（吴敬琏，2016），没有产业支撑的脱贫无法长久。革命老区发展需要"输血"，但更要"造血"与"活血"，而产业支撑就是脱贫致富的核心按钮。产业支撑，就是立足于各地资源优势和区位优势，以现代产业体系支撑县域产业"转型升级"，积极发展新型农村社区配套产业和项目，鼓励和支持农民以及贫苦户就近就业、自主创业，发掘内生动力，让产业项目的发展与地方特色优势无缝对接，落地生根，开花结果。在发展精准扶贫产业时，解放思想，敢于创新，善于创新，打破条条框框，招商引资引进产业，市场运作催生产业，政策支持培育产业，扶持创业创造产业，积极服务助推产业，主攻工业、现代农业、现代服务业，让贫苦户有恒业、有恒心，让新型农村社区可持续发展。通过产业发展，不仅促进贫困户广泛参与产业，稳定就业，大胆创业，持续增收，而且为扶贫攻坚注入永恒动力。

第四，精准扶持。脱贫攻坚不是摊大饼，也不是撒胡椒面。各地气候不同，资源各异，不能搞"一刀切"，或者一个模子。贫困的症结在哪里，根子在何处？需要找准症结、对症下药。"精准滴灌"、"一户一策"、增强自我发展能力，激发创新活力和内生动力，扶贫攻坚才能有序、有力、有效。

大致来说，对贫苦户的精准扶持可以归结成六个方面，即一是从提供脱贫项目上扶持，可以发展投资少、见效快、可持续、贫困人口能够直接受益的产业项目，带动贫困劳动力就地就业增收。二是从提升致富能力上扶持，提供职业教育和劳动技能培训，为贫困家庭培养能够为本家庭提供收入来源的劳动力，切实帮助贫困户“拔穷根”。三是从解决发展资金上扶持，建立稳定增长的财政保障机制，撬动更多的金融资金参与扶贫开发。四是从改善民生条件上扶持，相关部门调整项目布局和资金投向，合力改善贫困地区的发展环境。五是从健全医疗救助上扶持，加强对贫困户、残疾人重特大疾病的医疗救助，加快建立社会救助综合信息系统平台，实现精准救助。六是从完善保障政策上扶持，逐步提高低保标准，稳步提高城乡居民基础养老金标准和对贫困重大疾病患者的保障水平。

（二）赣州模式的工作方法

赣南等中央苏区立下愚公志，打好精准脱贫攻坚战，积极创新脱贫工作方式，全面推行“三个一”的大会战工作法，通过一支队伍、一幅地图、一张清单，全面打响了精准脱贫攻坚战。通过对口支援、单位帮村、干部包户、社会参与、民政托底、结对帮扶、精准脱贫，落实了产业扶持到户、教育帮扶到户、财政与金融帮扶到户、危旧房改造到户、搬迁移民到户、保障兜底到户“六个到户”干部帮扶政策，完成或正在推动整村推进、危旧房改造、搬迁移民、贫困生助学、创业就业技能培训、产业扶持等工作，走出了一条脱贫特色比较突出、实际效果比较明显的扶贫开发新路子。“三个一”工作法的具体内容如下。

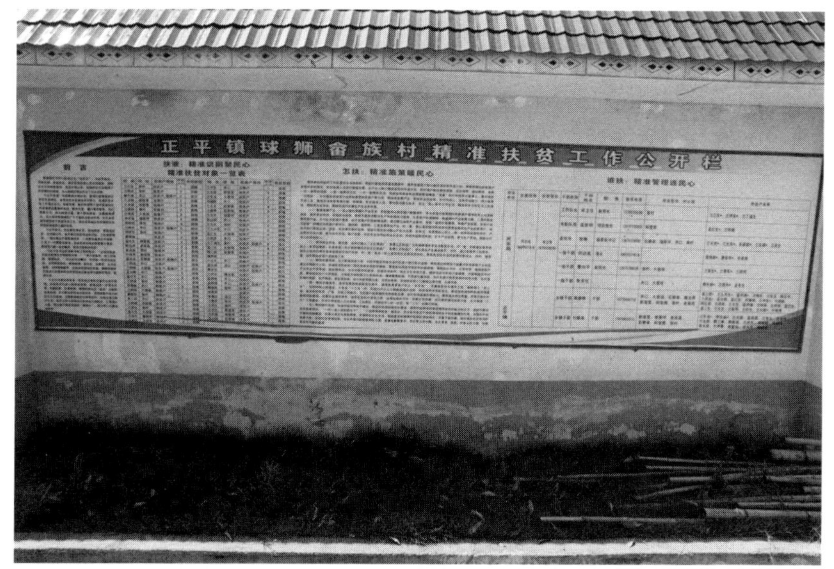

图 10–7　信丰县正平镇球狮畲族村精准脱贫工作

资料来源：刘善庆拍摄。

第一，一支队伍挂帅点将。完善了精准脱贫工作机构，建立县（市、区）乡（镇、场）指挥机构、村有驻村工作组（队）、户有帮扶责任人的扶贫工作网络。指挥长由县（市、区）乡（镇、场）书记担任，指挥机构负责扶贫政策制定和扶贫工作布局。为进一步织密扶贫攻坚工作网络，在各村组建了由驻村领导任总指挥，村第一书记、驻村工作组（队）成员、帮扶干部、村干部共同参与的扶贫攻坚组织领导体系。驻村工作组（队）定期召开工作例会，主要对上期责任清单的帮扶内容一一梳理，再根据各帮扶干部的反馈情况对症下药制定下期帮扶账单。

第二，一幅地图运筹帷幄。根据各贫困村实际情况，精准绘制精准脱贫工作作战图，包括贫困村分布、产业发展规划、贫困人口脱贫情况等。采取“挂图作战”方式，用图表方式清晰直观地列出各村扶贫工作进展情况，使各项帮扶措施及落实情况置于阳光下，确保扶贫工作有的放矢。

第三，一张清单明确期限。责任清单涵盖扶贫方案中主要帮扶措施，特别集中在社会保障、危旧房改造、产业扶贫、创业就业技能培训、教育扶贫等与群众息息相关的惠民政策上。将责任清单以大决战思路倒排时间表，实行“限期脱贫”责任制，准确掌握脱贫情况，实行销号退出机制。

参考文献

［1］黄宗智：《小农户与大商业资本的不平等交易：中国现代农业的特色》，《开放时代》2016 年第 5 期。

［2］唐任伍：《习近平精准扶贫思想阐释》，人民网—人民论坛，2015 年 10 月 21 日。

［3］刘思等：《农民脱贫陷入“能力贫困”难题——基于全国 15 个省 75 个贫困村的调查与研究》，中国农村研究院网，2016 年 6 月 7 日。

［4］吉哲鹏：《国务院扶贫办主任刘永富：精准扶贫要在十方面下功夫》，新华网，2015 年 6 月 24 日。

［5］尹忠海：《聚焦罗霄山　关注江西精准扶贫》，大江网—江西日报，2016 年 3 月 7 日。

［6］国家统计局江西调查总队、赣州调查队：《赣南农村贫困家庭对扶贫政策的期盼与建议，扶贫攻坚情况交流（江西省扶贫和移民办公室主办）》，2015 年 6 月 23 日。

［7］史文清：《坚决打好农村危旧土坯房改造攻坚战》，中国赣州网—赣南日报，2012 年 7 月 28 日。

［8］史文清：《不折不扣完成农村危旧土坯房改造任务》，中国赣州网—赣南日报，2013 年 5 月 21 日。

［9］孙小兰：《产业扶贫是脱贫的必由之路》，人民网，2013 年 1 月 16 日。

［10］王峰：《赣州召开全市扶贫开发工作会议》，赣州市扶贫和移民办公室官网，2016 年 1 月 20 日。

［11］黄仪荣、韩高峰、黄敏：《苏区振兴背景下赣南欠发达地区的规划策略》，《规划师》2014 年第 10 期。

［12］胡宗洪：《以人民幸福为最高追求　推进赣南苏区振兴发展》，《理论导报》2014 年第 9 期。

［13］李伟：《关注因病致贫返贫　重燃美好生活希望》，《苏区振兴论坛》2015 年第 2 期。

［14］彭勇平、黄正坤、郭利平：《赣南等原中央苏区经济社会发展状况调研报告》，《江西省人民政府公报》2012 年第 15 期。

［15］许汉泽、李小云：《“精准扶贫”的地方实践困境及乡土逻辑》，《河北学刊》2016 年第 6 期。